Responsible Parties: Save Democracy from Itself

책임 정당
민주주의로부터 민주주의 구하기

1판1쇄 | 2022년 9월 19일

지은이 | 프랜시스 매컬 로젠블루스, 이언 샤피로
옮긴이 | 노시내

펴낸이 | 안중철, 정민용
편집 | 심정용, 이진실, 윤상훈, 최미정

펴낸곳 | 후마니타스(주)
등록 | 2002년 2월 19일 제2002-000481호
주소 | 서울 마포구 신촌로14안길 17, 2층 (04057)
전화 | 편집_02.739.9929/9930 영업_02.722.9960 팩스_0505.333.9960

블로그 | blog.naver.com/humabook
트위터, 페이스북, 인스타그램 | @humanitasbook
이메일 | humanitasbooks@gmail.com

인쇄 | 천일문화사_031.955.8083 제본 | 일진제책사_031.908.1407

값 20,000원

ISBN 978-89-6437-416-0 94300
     978-89-6437-191-6 (세트)

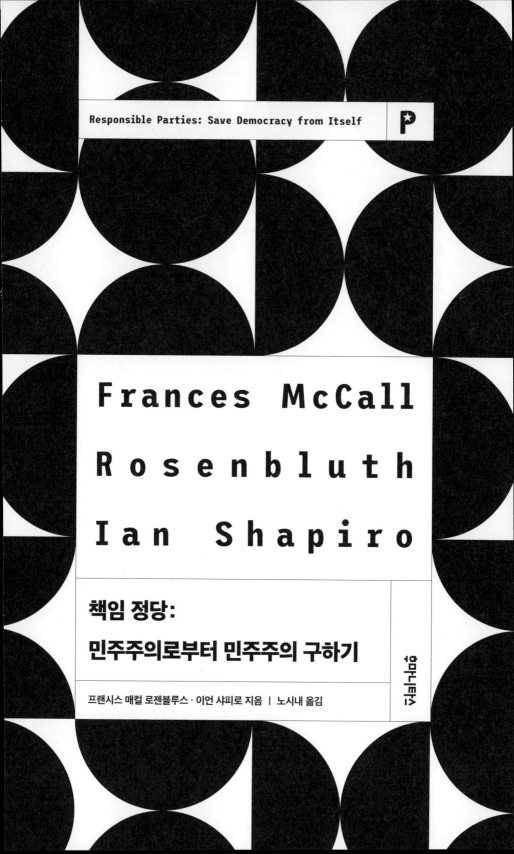

Responsible Parties: Save Democracy from Itself

Frances McCall Rosenbluth

Ian Shapiro

책임 정당:
민주주의로부터 민주주의 구하기

프랜시스 매컬 로젠블루스 · 이언 샤피로 지음 | 노시내 옮김

후마니타스

정당 정부와 의회 정부 중 어느 하나를 선택할 수는 없습니다. 제 말은 정당 정부가 없으면 의회 정부도 있을 수 없다는 것입니다. 그러므로 제 견해로는, 신사분들이 정당 정부를 성토할 때, 그분들은 이 나라를 지금까지 위대하게 만들었고 바라건대 앞으로도 계속해서 위대한 나라로 유지해 줄 통치 체제를 공격하는 것입니다.

• 벤저민 디즈레일리, 영국 하원 연설, 1848년 8월 30일

현대 민주주의는 정당을 고려하지 않고는 생각조차 할 수 없다. 실제로 정당들의 상태는 그 나라 정치체제의 본질을 보여 주는 최고의 증거다.

• E. E. 샤츠슈나이더, 『정당 정부』(1942)

양당제에서 한 정당은 항상 정부를 대표하고 실제로 나라를 통치한다. 그래서 집권 정당은 잠정적으로 국가와 동일시된다. …… 각 정당의 통치는 시간적으로 제한되어 있기 때문에 야당은 통제력을 발휘하는데, 이 통제력의 효과는 자신이 내일의 통치자라는 확신에 의해 강화된다. …… 다당제는 한 사람이나 한 정당에게 완전한 책임을 맡기지 않는다는 것이며, 그 결과 정당 연합으로 탄생한 어떤 정부도 전적으로 책임진다는 느낌을 가지지 못한다. …… 정당 체계의 발생 이래 정당은 경제적 이해관계든 또는 다른 것이든 특별한 이해관계와 당연히 동일한 것으로 간주되었으며, 노동당을 포함한 대륙의 모든 정당이 매우 솔직하게 이런 사실을 인정했다. …… 이와 반대로, 앵글로색슨 정당은 "국가의 이익"에 봉사하는 "특수한 원칙" 위에 세워졌는데, 그래서 정당 자체가 나라의 현재 또는 미래의 국가다. 정당 내의 좌파 진영이나 우파 진영이 이 특수한 이해관계를 대변하며, 통치해야 한다는 필연성이 그것에 제동을 가한다.

• 한나 아렌트, 『전체주의의 기원』(1951)

차례

일러두기

- 본문에서 사용하고 있는 대괄호([ ])와 각주, 미주에서 사용하고 있는 대괄호는 옮긴이의 첨언이다.
- 본문에 직접 인용된 문헌 가운데 국역본이 있는 경우에는 이를 참조했으며, 국역본의 서지 사항과 쪽수를 해당 부분의 각주에 밝혔다. 다만 번역과 표기는 원문을 참조해 일부 수정하거나 그대로 따르지 않은 경우도 있으나 별도로 밝히지는 않았다.
- 외국 인명은 국립국어원 외래어 표기법과 용례를 따르되, 용례나 국적이 확인되지 않은 경우 통용되는 발음에 가깝게 표기했다.

감사의 말

이 책은 통념을 반박하는 책인 까닭에, 원고가 개선될 수 있도록 도와주느라 하고 싶은 말을 꾹 참아 가며 난감함을 견뎌야 했던 동료들에게 여느 때보다 더 큰 신세를 졌다. 그들을 열거하면 다음과 같다. 앤드리아 올드리치, 댄 벌리너, 낸시 버미오, 로버트 보트라이트, 앤서니 버틀러, 존 케리, 로이스 캐럴, 거하드 캐스퍼, 알레산드로 키아라몬테, 알렉산드라 시로니, 게리 콕스, 올레 폴케, 마이클 포토스, 앤드루 게디스, 제인 킹그리치, 마이클 그레츠, 애나 그르지말라-부세, 제이컵 해커, 앤디 홀, 피터 홀, 조너선 홉킨, 크리스 하월, 존 케인, 마르코 클라스니야, 샘 코텀, 프랜시스 크라마르츠, 군나르 헬기 크리스틴손, 폴 라구네스, 조지프 라팔롬바라, 프랜시스 리, 토머스 리퍼, 고트프리트 루데비히, 이언 매클린, 모니카 말레파, 이사벨라 마레스, 데이비드 메이휴, 볼프강 메르켈, 브렛 마이어, 니콜리 나트라스, 줄리아 오스키안, 릭 필데스, 카를로 프라토, 더글러스 W. 래, 요한나 리크네, 데이비드 루에다, 크리스천 살라스, 제러미 시킹스, 로저스 스미스, 수전 스토크스, 로이 서머필드, 피터 스웬슨, 마르기트 타비츠, 캐슬린 실런, 마리아노 토마시, 나디아 우르비나티, 그리고 예일 대학교 출판부의 익명의 심사자. 또한 에이전트 웬디 스트로스먼, 편집자 윌리엄 프룩트, 그리고 제작 및 교열 담당 편집자 마거릿 오첼과 로빈 뒤블랑에게도 감사드린다. 이들은 모두 최종 원고가 좀 더 좋아질 수 있도록 도와주었다. 여러 사람의 도움으로 일이 수월하게 마무리되었다.

우리는 2017년 5월 옥스퍼드 대학교와 2018년 2월 예일 대학교에서 각각 열린 사회과학연구위원회 주관의 "민주주의에 대한 우려" 프로젝트 발표회, 2017년 1월 런던정치경제대학교 비교정치 워크숍, 2017년 3월 비트바테르스란트 대학교 및 리드 대학교 워크숍, 2017년 5월 프린스턴 대학교에서 열린 "민주주의 다시 생각하기" 학술 대회와 멕시코시티 소재 경제연구교육센터CIDE에서, 2017년 6월 옥스퍼드 대학교 주관 "심의deliberation를 넘어선 민주주의 이론" 발표회, 2017년 8월 샌프란시스코에서 개최된 미국정치학회 연례회의, 2018년 1월 예일 대학교가 주관한 "민주주의의 위기" 발표회, 2018년 2월 위스콘신 법과대학 워크숍, 2018년 3월 옥스퍼드 대학교 너필드 칼리지, 베를린 아메리칸 아카데미, 케이프타운 대학교 워크숍 등에서 이 책의 일부 또는 전부를 발표했다. 건설적인 제안을 해준 참가자들에게 깊이 감사드린다.

예일 대학교의 지원으로 훌륭한 연구 조교들을 채용할 수 있었다. 그들의 이름은 다음과 같다. 에이버리 아레나, 요하네스 베링거, 니나 캠벨, 제이콥 칼슨, 그레타 슈방스, 앙젤 들르부아, 아타나시오스 두카키스, 페드로 에나모라도, 루카스 엔텔, 이사벨 구아르코, 비쇼이 메갈라, 앤서니 오어, 시모네 파치, 미구엘 파레데스, 아킬 라잔, 샤오용즈, 라두 시미온, 아난드 스와미나단, 알렉스 워커, 요하네스 비더만, 저우 화하오, 티 줘.

이 모든 학생과 동료의 성실한 노력과 창의적인 도움이 없었다면 『책임 정당』은 훨씬 결점이 많은 책이 되었을 것이다. 그럼에도 책의 오류에 대한 모든 책임은 저자에게 있음을 밝혀 둔다.

Misdiagnosing Democracy's Ills

1장

민주주의의 질병을 오진하다

1960년대 이후 민주주의 세계 전역에서 인민에게 더 가까이 다가가는 정치를 위한 강력한 개혁 운동이 일어났다. 많은 정당이 예비선거, 지방 당원대회* 등의 분권화된 후보 선출 방식을 도입했다. 소수 인종, 소수 민족의 당선을 보장하기 위해 선거구 개편도 이뤄졌다. 당원이 직접 당 지도부를 선출하는 경우가 점차 빈번해지고 주민발안, 주민州民투표, 국민투표의 활용 빈도도 늘어났다. 비례대표제로 의원을 선출하는 여러 나라에서는 유권자의 선택권을 늘리는 추세다. 중앙 집중화된 정당들이 유권자에게 경쟁적으로 정책 공약을 제시하는 폐쇄 명부식 비례대표제와는 달리, 개방 명부식 비례대표제에서는 유권자가 후보자 개인도 선택할 수 있으므로 개인의 책임성이라는 요소가 더해진다.[1]** 이 같은 개혁은 시민에게 더 큰 결정권을 주고, 피대표자인 유권자와 좀 더 가까이 있는 (그래서 좀 더 민감하게 반응하는) 정치인이 선출되도록 한다는 점에서 민주주의의 증진으로 칭송받는다.

* 지방 당원대회caucus
대통령 후보 지명을 위한 전당대회에 참석할 대의원을 해당 지역의 당원들이 모여 선출하는 절차.

** 폐쇄 명부식closed-list과 개방 명부식open-list
각 정당은 입후보자의 이름을 적은 명부를 사전에 제출하는데, 폐쇄 명부식일 경우에는 유권자가 정당에 대해서만 선호를 표시할 수 있고 명부에 기재된 각 후보에 대해서는 선호를 표시할 수 없지만, 개방 명부식일 경우에는 정당에 대한 선호 표시뿐만 아니라 개별 후보에 대한 선호 표시도 가능하다.

그러나 역설적으로 이 분권화와 함께, 유권자가 정치에서 소외되는 현상이 극적으로 증가했다. 미국에서 여론조사가 시행될 때마다 정치인, 정당, 정치제도에 대한 시민의 신뢰도는 갈수록 낮아지는 추세다. 이런 현상은 2016년 도널드 트럼프가 포퓰리즘을 기반으로 대통령에 선출됨으로써 극적으로 불거졌다. 다른 여러 민주주의 국가에서도 기성 체제에 대항하는 정당과 후보의 득표가 급증했다. 유권자는 주민투표와 국민투표에서 정부의 권고 사항을 거부하고, 반 세대 전만 해도 심각하게 받아들이지 않았을, 기성 체제에 대항하는 인물들을 뽑는다. 하지만 그렇게 뽑힌 사람들은 또 금방 인기를 잃기도 한다. 분노한 유권자들은 무력감에 몸부림치며 자신들이 선출한 정치인을 상대로 반영구적인 전쟁을 벌인다.

유권자들이 갖는 불만의 원인은 여러 가지다. 신도금 시대*는 초부유층에 전대미문의 부를 선사했으나 대다수 사람들의 월급은 수십년 동안 그대로였다. 2008년 금융 위기로 수백만 명이 집과 저축한 돈을 잃었지만, 정부는 대형 은행에 구제금융을 제공했고 은행들은 금융위기에 일조한 임원들에게 수백만 달러의 성과급을 지급했다. 부정부패 스캔들이 정부에 흠집을 냈으며, 지도자들은 자리에서 물러나야 했다. 미국과 그 외 서방 정부들은 가망 없는 중동 전쟁에 수조 달러를 퍼

• 신도금 시대New Gilded Age
도금 시대는 남북전쟁 후 19세기 말에 미국이 철강·철도·자동차 중심의 공업국가로 변신하면서 거대 자본가의 등장과 급속한 경제 번영을 겪은 시기를 가리킨다. 진짜 금이 아닌 것에 번쩍거리는 금칠(gilded)을 했다는 의미여서, 비판적인 뜻이 담겨 있다. 21세기에 들어 정보통신·금융·미디어 산업의 발달로 초부유층이 계속 부를 늘리게 되자, 미국에 신도금 시대가 도래했다는 표현이 널리 쓰이고 있다.

부었으나 별 성과도 없이 채무만 급속히 늘어났으며, 난민 위기가 촉발되었고, 반서구 테러리즘이 무섭게 증가했다. 저성장과 인구 고령화가 정부 예산에 재정 압박을 가해 건강보험과 연금에 대한 우려가 가중되었다. 유권자가 화를 낼 이유는 많다.

그럼에도 명백한 역설이 실제로 존재한다. 1960년대 이래 분권화의 형태로 진행된 민주적 개혁이 오히려 유권자 불만을 야기한 독립적이고 중요한 요인이라는 것이다. 분권(화) 개혁은 정치의 기능 장애를 심화시키고 대다수 유권자와 심지어 개혁 옹호자에게도 자멸적인 정책을 만들어 낸다. 의사 결정과 정치인에 대해 유권자의 직접 통제를 강화하면 민주적 책임성이 증가한다는 일견 자명한 진리가 실제로는 반대 효과를 낸다. 치료법이, 알고 보니 환자의 피나 뽑아내는 방혈放血 요법이더라는 얘기다. 고치려던 질병에 아무런 효과도 없거나 (더 흔하게는) 오히려 병세를 더욱 악화시킨다. 민주주의를 제대로 기능하도록 하려면 이 추세를 뒤집어야 한다. 이어지는 글에서 우리는 이를 입증하고 그 방법을 살펴볼 것이다.

이 책의 논지는 "시민에게 권력을 돌려주는" 방침을 선호하는 주류 학계 및 일반적인 견해에 배치된다. 관례적으로 세계 각지의 자문위원회들은 신생 민주 정부에게, 정치 지형을 다당제로 분산하는 비례대표제의 도입을 권고한다.[2] 2015년 3월부터 실시된 칠레의 선거제도 개혁은 정당 명부 후보의 순위를 결정하는 데 유권자가 직접 영향을 미칠 수 있도록 함으로써, 후보 결정에 관한 정당 지도부의 통제력을 약화시켰다. 영국의 주요 정당은 지도부를 선출하는 데 당원의 참여를 높이고 국민투표를 받아들였다. 미국 정치학계는 예비선거로 인해 유권자의 의식이 높아짐으로써 지방 공공재의 질이 향상된다고 평가한다.[3] 지난 수십 년간 계속되어 왔으며 최근 대통령들의 치하에서 더욱 가속화된 행정부 권력의 확대는, 다양한 분권화 노력과 계획에 새로 활력을 불어넣고 있다. 우리는 이처럼 강력한 대세를 거스르는 이야기를 할 것이다.

풀뿌리 분권화가 유권자 소외라는 현상을 키운다는 역설을 해결할 열쇠는, 정당이야말로 민주주의 정치의 핵심 기관임을 이해하는 것이다. 정당들은, 폭넓은 유권자층을 위해 장기적으로 유익한 정책을 고안하고 실행하고자 서로 경쟁할 때 유권자에게 가장 잘 봉사할 수 있다. 조지프 슘페터는 정당의 부정적인 측면을 다음과 같이 표현했다. "정당과 머신 정치*는 유권자 대중이 우르르 몰려가는 것 말고는 달리 행동할 능력이 없다는 사실에 대한 대응일 뿐이다."⁴ 슘페터의 통찰보다 좀더 건설적인 버전도 있는데, 이 또한 옳으며 호소력도 더 크다. 즉 정당들은 먼 미래를 내다보며 정책 선택의 효과에 대한 적절한 정보에 투자할 강력한 유인이 있기 때문에, 장기적 결과를 고려하고 각 정책안이 서로에게 일으키는 비용까지 감안해 이슈들을 다각적으로 종합한 내용을 유권자에게 제시할 수 있다는 것이다.

좋은 공공 정책에 초점을 두는 사람이라면, 실현 가능성과 책임성 있는 정강 정책을 놓고 대중의 폭넓은 지지를 얻기 위해 경쟁할 수 있는 규율 잡힌 두 개의 정당(또는 선거 연합)을 만들어 내는 선거제도를 옹호하게 된다. 이런 체제는 미국처럼 정당이 내부적으로 약해서 일관성 있

• 머신 정치machine politics
19세기부터 20세기 초반까지 미국 지방 정치를 무대로 이권을 제공하고 그 대가로 지지표를 얻는 활동을 주로 했던 비공식 정치조직을 '정치 머신'이라 하며, 이를 통한 정치를 머신 정치라 한다. 정치 머신은 비민주적인 조직이었지만 최소한 유권자의 요구에 반응하고자 했으며, 부패했지만 거대 이익집단들의 요구를 통제하는 기능을 수행하기도 했다.

표 1.1

정당의 크기와 힘

	양당제·대규모 소선거구제	다당제·다양한 규모 비례대표제
강	영국	북유럽
약	미국	동유럽, 중남미

는 정책을 제시하지 못하기 일쑤인 제도보다 우수하다. 또한 유럽 대다
수 국가에서 볼 수 있듯이, 개별적으로는 강하나 지향점이 다른 정당들
이 유권자의 투표와 상관없이 선거 후 연합해 버리는 것보다 낫다. 그리
고 중남미나 동유럽의 여러 국가처럼 대통령이 공공 재정에 막대한 부
담을 지워 가며, 상대하기 쉬운 의원들을 하나씩 친히 골라 가며 거래를
통해 입법적 교착 상태를 우회하려 드는 것보다 성장과 복지를 위해 바
람직하다.

　강한 양당제는 전통적으로 웨스트민스터 체제로 알려져 있다. 이
제도는 지역구마다 한 명의 의원을 선출해서 1인 대표 선거구제 혹은
소선거구제로도 불린다. 당 지도부는 의원들에 의해 선출되며 의원들
의 신임을 받아 유임된다. 지도자들은 선거에 출마할 후보를 선정하는
데 중요한 역할을 담당한다. 따라서 장기적으로 [의회에서 뒷자리에 앉는 일
반 의원인] '백벤처'backbendcher와 [의회에서 앞줄에 앉는 당 지도급 인사인] '프
런트벤처'frontbencher는 서로서로를 선출하고 재선출하게 된다. 우리의
핵심 주장은 규율 잡힌 양대 정당이 경쟁하면 대다수 유권자의 장기적
인 이익에 봉사하는 정책을 생산할 가능성이 크다는 것이다. 앞으로 논

의하겠지만 최근 영국 정치가 다양한 방식으로 나빠졌다고는 해도, 웨스트민스터 체제는 여전히 다른 체제보다 우월하다.

분권화 개혁을 매력적으로 보는 잘못된 이해는 대부분 체제를 체제로서 평가하지 못하는 데서 비롯된다. 전형적으로 개혁 세력은 기존 체제에서 민주성이 불충분해 보이는 어느 한 측면에만 주목해 개혁안을 고안하지만 그것이 가져올 연쇄 효과는 간과한다. 우리는 대표성 향상 및 풀뿌리 차원의 민주적 통제라는 이름으로 꾸준히 거론되는 것들, 즉 예비선거, 당원대회, 지도부 직선, 소수 인종이 다수를 이루도록 하는 선거구* 획정, 임기 제한, 주민발안 등에 대한 최근 논쟁을 분석해 이런 주장을 설명하고 뒷받침할 것이다. 여성과 소수 인종이 흔히 기성 정치에 맞서 싸우는 아웃사이더임을 고려할 때 직관적으로는 반대일 것 같지만, 취약 집단의 관점에서도 강하고 중앙집권화된 정당이 최선의 선택이다.

정치적 분권화는 흔히 왜곡된 결과를 낳는다. 예비선거와 당원대회는 극렬 소수파가 후보를 선출할 수 있게 한다. 공화당 의원들에 대한 티 파티Tea Party의 영향력, 그리고 2015~16년 예비선거에서 대표성이 극히 부족한 5퍼센트의 미국 유권자들이 도널드 트럼프를 공화당 대통령 후보로 지명한 일은 그런 왜곡 효과를 분명하게 보여 준다. 영국에서는 제러미 코빈이 노동당 현직 의원들의 대표 불신임 투표에서 찬성

* 소수 인종 다수 선거구majority-minority districts
인종적 소수집단이 선거구 전체 인구의 다수를 이루는 지역구를 말한다. 미국 하원의원 선거구가 대표적인데, 2010년 인구조사 이후 조정된 선거구를 기준으로 보면 122개 선거구가 소수 인종 다수 선거구였으며, 이는 전국 435개 하원 선거구 가운데 약 28퍼센트를 차지했다.

172표, 반대 40표로 패배했음에도, 일반 당원들이 당 대표를 직접 선출할 수 있었기 때문에 적극적인 당원들의 지지를 업고 노동당 대표로 재선되었다. 한편 소수 인종 다수 선거구로의 개편은 오히려 소수 인종의 이익에 봉사하는 정당을 약화시키는 경우가 많다. 또한 임기 제한은 대다수 유권자가 지긋지긋해 하는 교착 상태를 증가시킨다. 상대방의 임기가 끝날 때까지 기다리면 될 텐데 무엇 하러 임기 말의 의원들을 상대하겠는가? 주민 발안은 유권자의 선호를 좌절시키기 일쑤인 근시안적 결정을 초래한다. 이 단편적인 개혁들은 민주주의를 증진하기는커녕 허물어뜨리는 루브 골드버그 장치*를 탄생시킨다.

잘못된 방향 전환: 미국 민주당

"민주당의 대문을 개방했더니 2000만 명이 나가 버렸다." 1972년 대통령 선거에서 당시 민주당 후보 조지 맥거번이 리처드 닉슨에게 참패한 뒤 그 원인이 된 몇 가지 사건을 반추하며 꺼낸 말이다.[5] 맥거번은 일반 투표에서 23퍼센트가 넘는 득표율 차이로 패하고 선거인단 투표에서는 520 대 17이라는 미국 역사상 가장 압도적인 차이로 패배했다. 그의 이 솔직한 언급은, 자신의 주도로 민주당에 도입한 [대통령 예비선거 제도] 덕택에 대선 후보로 지명받기는 했으나 결국 그로 인해 처참한 대선 결과

* 루브 골드버그 장치
미국 만화가 루브 골드버그가 고안한 장치. 단순한 결과를 얻기 위해 복잡한 과정을 거치도록 설계된 기계.

를 마주해야 했던 개혁 조치에 대한 적절한 평가였다. 바이런 셰퍼가 표현한 대로, 그 개혁은 "대통령 선거제도에 혁명적 변화가 일어났다는 것, 즉 체계적으로 기획하고 중앙에서 강제하는 미국 역사상 최대의 전환이 대의원 선출 제도에 이루어졌음"을 나타냈다.[6]

맥거번이 말하는 피해는 그의 패배를 훨씬 넘어서는 것이었다. 이 것이 민주당규에 가져온 변화는, 1960년대 민권 개혁에 대한 백인 노동계급의 분노를 이용한 닉슨의 남부 전략을 확고히 하는 데 도움을 주었다. 그 전략은 닉슨의 승리에 기여한 것 외에도 결과적으로 1980년대 '레이건을 지지하는 민주당원'의 등장과 30년 후 도널드 트럼프를 지지하는 백인 노동계급 열혈 지지층의 등장을 가져왔다. 사실 여기서 우리가 염려하는 피해는 그보다 훨씬 크다. 당시 개혁은 정당의 공직 후보를 선출하는 가장 좋은 방법이 무엇인지에 대해 잘못된 생각을 퍼뜨림으로써, 미국의 양대 정당과, 민주주의 세계에서 비슷한 제도 개혁을 실행한 많은 정당들에게 피해를 입히고 있다.

이 개혁은 혼란스러웠던 1968년 시카고 민주당 전당대회 이후 맥거번과 도널드 프레이저 의원이 공동으로 위원장을 맡은 위원회에서 제안한 것이다. 그보다 앞선 6월, [대선 후보 지명을 둘러싼 경쟁자] 로버트 케네디가 암살되면서 휴버트 험프리 부통령과 유진 매카시 상원의원 간의 경쟁 구도가 확립되었다. 2개월 전 예비 후보 매카시는 반전 이슈를 내세워 [케네디와 함께 린든 존슨에 대한] 당내 반란을 주도했으며, 그 결과 린든 존슨 대통령은 [불출마를 선언함에 따라] 후보 경쟁에서 밀려난 상태였다. 험프리는 반전 후보들이 80퍼센트를 득표한 13개 주 예비선거 가운데 어디에도 참여하지 않았으나 당의 보스들은 은밀한 계획을 통해 그를 후보로 지명했다. 그러자 분노가 널리 확산되면서 [시카고 전당대회에서] 시위대와 경찰이 폭력적으로 대치하는 상황에 이르렀으며, 그로 인해 당 지도부는 근본적인 개혁에 동의할 수밖에 없었다. 조지 월리스 앨라배마 주지사가 [민주당을 탈당해] 제3당 후보로 출마하는 불리한 조건에서 험프리가 선거 결과 [공화당 후보] 닉슨에게 패배함에 따라 민주당은 더더욱 개혁을 거부할 수 없었다.[7]•

맥거번-프레이저 위원회는 "민주당에 대한 대중의 통제는 당의 생존에 필수"라고 인정하면서 "당의 가장 중요한 의사 결정, 즉 대통령 후보 지명에 의견을 내려는 모든 민주당 지지자들에게 문호를 개방"하고자 했다. 1968년 선거전에서 드러난, "대선 후보 지명 과정의 심각한 결함"은 두 가지 주요 개선책의 필요성을 제기했다. 즉 후보 지명과 공약 작성 과정의 모든 측면에 흑인·여성·청년의 대표성을 대폭 늘리고, 의사 결정 권한을 당내 엘리트로부터 풀뿌리 당원에게 광범위하게 이전하는 것이었다.[8]

이런 변화를 위해, 전국 전당대회와 주별 지역당 수준에서 이제까지 잘 대표되지 못했던 집단들이 "공정하게 대표"될 수 있도록 고안된 "적극적 우대 조치"가 시행될 것이었다.[9] 이는 정치적 대표와 관련해 적극적 우대 조치가 시행된 출발이었는데, 이후 선거제도 개편으로 이어져, 의회에 소수자 후보가 더 많이 선출될 수 있도록 "소수 인종 다수 선거구"를 설정하는 데 이르렀다. 이 주제는 3장에서 다룬다. 우리는 대표의 다양화를 위해 그보다 더 나은 방법이 있다고 주장한다. 이는 건강한

• 조지 월리스는 1968년 대선 당시 민주당을 탈당해 인종분리주의 철폐 반대, 주의 권리 수호를 내세우며 미국독립당을 창당, 대통령 후보로 출마했다. 남부 지역 백인 보수파들의 지지하에 46석의 선거인단을 확보했으며, 결과적으로 민주당의 표를 분산시켰다.

정치 경쟁을 해로운 정치 경쟁과 맞바꾸는 대가를 치르지 않아도 되는 방법이다.

민주당 내에서 "적극적 우대 조치"는 폭넓은 기반을 갖는 경제적 이익들로부터 멀어지는 방향 전환의 시작이었으며, 결국 무지개 연합이라는 기치 아래 조직된 제시 잭슨이 대선에 출마하기에 이르렀다. 잭슨은 1984년 대선에서 패배했지만, 흑인 후보가 전국 차원에서 도전한 최초의 시도라는 점에서 그의 선거전은 맥거번-프레이저 정당 개혁에서 시작된 민주당의 이미지, 즉 민주당은 그동안 제대로 대표되지 못했던 집단들의 연합이라는 이미지를 공고히 하는 데 도움이 됐다.[10] 이 같은 당의 진화로 말미암아 민주당은 우리가 4장에서 옹호하는, 폭넓은 이익을 기반으로 하는 정당이 되기보다는 비례대표제를 실시하는 나라에서 특징적으로 나타나는 선거 연합처럼 기능하게 되었다. 또한 맥거번이 쓸쓸하게 시인했던 비용을 치러야 했다. 즉 닉슨의 남부 전략에 영향을 받은 전통적인 백인 민주당 지지자들이 소외되면서 이후 수십 년간 너나없이 그들의 표를 노리게 되었는데, 1970년대 말과 2008년 금융 위기 때처럼 경제가 어려운 시기에 특히 그랬다. 이런 상황에서는 '무지개'에서 소외된 색깔 하나가 흰색이라는 사실이 뼈아프게 드러났다.[11]

맥거번-프레이저 개혁의 또 다른 측면은 분권화로, 이는 담배 연기 자욱한 밀실에서 흥정하는 악명 높은 당 보스들의 손에서 권력을 빼앗아 오기 위한 것이었다. 당 간부는 더 이상 당연직 대의원이 될 수 없었으며, 주별 정당 위원회는 대의원을 최대 10퍼센트까지만 선정할 수 있게 되었다.* 대리 투표 및 (소수의 반대를 다수의 견해에 구속하는) 단위 선

---

* 이와 같은 분권화 개혁 이후 1980년까지 민주당의 득표율이 계속 감소하고

출제*는 금지되었다. 새 제도는 공식화되었고, 모든 의사 결정의 투명성이 크게 향상될 것으로 기대되었다. 비용, 회비, 기타 진입 장벽을 축소하고 당원 자격도 다른 정당에 이미 가입한 사람만 아니면 누구든지 가입할 수 있도록 개방했다. 당원이 확대됨에 따라 후보 지명, 정강 작성, 전당대회 개최 등 모든 측면에 강력한 풀뿌리 통제가 이루어졌다. 민주당에 대한 민주적 통제는 시대의 대세였다. 이에 질세라, 공화당도 곧 여러 가지 비슷한 개혁 조치를 도입해 여성, 소수자, 젊은 유권자의 대표성을 높이고 아래로부터의 통제를 위해 전당대회를 [당원과 일반 시민에게] 개방하려고 시도했다.[12]

이 개혁의 주요 결과는 양당 모두에서 예비선거의 중요성이 커졌다는 점이다. 예비선거는 20세기 초 진보주의 시대**의 산물이지만, 지금 우리가 알고 있는 거의 성스러운 지위를 획득하게 된 것은 1970년대 이후의 일이다. 예비선거는 오랫동안 의회 선거의 흔한 특징이었다. 대선

선거에서 패배를 거듭하자, 선거에서 당선되기 어려운 후보가 당원과 지지자의 인기만을 바탕으로 당의 후보로 결정되는 문제가 선거 패배의 요인으로 지적되었다. 이에 따라 또 한 차례 개혁을 통해 1984년부터 당연직 대의원인 슈퍼 대의원 제도를 도입함으로써 다시 당 지도부의 영향력을 높였다. 현재 슈퍼 대의원의 비율은 15퍼센트 정도다.

• 단위 선출제unit rule
어느 주의 대의원단이 다수결로 특정 후보에 대한 지지를 결정하면 전국 전당대회에서 소수 반대자까지 포함해 그 주의 대의원단 전체가 해당 후보에게 표를 몰아주어야 한다는 규칙.

•• 진보주의 시대Progressive Era
미국에서 사회운동과 정치 개혁이 활발히 이루어졌던 1890년대에서 1920년대까지의 시기를 가리킨다. 당시 진보주의는 공업화, 도시화, 정치 부패가 초래한 문제점에 주목해, 머신 정치와 정치 보스들을 겨냥해 정치 부패를 일소하고 직접 민주주의를 확대하고자 했으며, 독점금지법을 통해 거대 재벌의 독점을 규제하고자 했다.

의 경우에는 후보의 당선 가능성을 당 조직이 확신할 수 있도록 하려면 큰 주의 예비선거에서 인상적인 결과를 얻어내야 했다. 그러나 (에스티스 키포버가 1952년에 경험했듯이) 그것만으로는 부족했다. 한국전쟁이 교착 상태에 빠지고 매카시즘이 대두하면서 트루먼 대통령의 인기가 급락하는 가운데, 키포버는 대다수의 예비선거에서 승리했는데도 그를 신뢰할 수 없는 이단아로 여긴 당 보스들의 거부로 후보 지명을 받지 못했다.* 이는 도널드 트럼프가 2016년 여름에 남부 예비선거를 싹쓸이하는 동안 공화당 주류가 충격을 받고 꼼짝도 하지 못했던 것과 대조된다.

1968년 민주당은 17개 주에서, 공화당은 16개 주에서 대선 예비 선거를 치렀다. 20세기가 끝날 무렵 그 수는 각각 40개 주, 43개 주로 증가했다.[13] 또한 예비선거는 공석이 된 모든 의석과 관련해 주목받는 행사가 되었으며, 현직 의원에 도전하는 수단으로서도 그 비중이 커지고 있다. 그 결과 당 지도자가 아니라 적극적 지지자들이 후보를 선정하고 공약을 작성하게 되어, 정당이 여러 이익을 폭넓게 대표하는 능력은 한층 더 약해졌다. 약해진 양당 경쟁 체제는 감세를 위해 선거 자금을 지원하는 매우 부유하고 세속적인 유권자층과 문화적 정통성 고수를 최우선으로 여기는, 사회문제에 보수적인 가난한 백인 집단의 강력한 연합을 공화당 내부에 탄생시켰다. 넓은 범위의 정당 경쟁을 유도하는 미국의 다수대표제plurality electoral rules는, 정치적 분열을 이용하기에 더

---

* 1952년 민주당 대선 후보에 나선 에스티스 키포버 상원의원은 뉴햄프셔 경선에서 트루먼을 누르고 압도적인 표차로 승리했다. 충격을 받은 트루먼은 사퇴하고, 이후 키포버는 15차례 예비선거 가운데 13개 예비선거에서 승리했다. 그러나 당시 예비선거는 대선 후보 선출의 절대적 기준이 아니어서 키포버에게 거부감을 갖는 민주당 보스들이 애들레이 스티븐슨 일리노이 주지사를 대선 후보로 지명했고, 스티븐슨은 공화당 아이젠하워에 대패했다.

나은 위치에 있는 조직적 집단들을 이길 수 없었다.

일부에서는 미국 정치가 최근 크게 양극화됨에 따라 정당들이 규율 있게 당파적 노선에 따라 투표하는 경향이 커졌다고 주장한다.[14] 그러나 통과되지 않을 것이 뻔한 법안에 투표만 하는 행위와는 달리, 진지하게 법률을 제정하려면 여당 내부의 반대파 의원들 때문에 모자란 표를 보충하기 위해 보통은 야당과 그 지도부의 지지가 필요하다. 2010년 도드-프랭크법*과 오바마케어, 그리고 2017년 공화당 감세법처럼 드물게 당내 이견 없이 엄격하게 당 노선에 따라 법이 통과되려면, 로비스트는 물론이고 선거구에 특혜를 주어 자기 당의 개별 의원들을 매수해야 한다. 입법이 완료될 즈음이면 그 법안들은 결탁과 특혜로 뒤범벅이 된다. 이것은 널리 인기를 얻지 못할 것이 뻔한 법안을 정당들이 통과시키는 기이한 광경을 설명해 준다. 이런 상황에는, 일견 당에 규율이 있어 보이지만 실은 그 반대라는 사실이 감추어져 있다. 즉, 의원들이 협소한 이익들의 편에서 이 체계를 최대한 이용하고 있다는 사실 말이다.

• 도드-프랭크법

2010년 버락 오바마 행정부가 제정한 광범위한 금융 개혁법이다. 정식 명칭은 '도드-프랭크 월스트리트 개혁 소비자 보호법'(Dodd-Frank Wall Street Reform and Consumer Protection Act)으로, 월스트리트로 대변되는 대형 금융회사들에 대한 규제와 감독을 강화하는 한편, 금융 소비자를 보호하는 것을 주요 내용으로 한다. 도드-프랭크법이 제정된 계기는 미국을 강타한 2008년 금융 위기였다. 따라서 이 법은 금융 위기 발발의 주요 요인이었던 금융 파생 상품의 거래 투명성을 높여 위험 수준을 줄이고, 대형 금융회사에 자본 확충을 강제하고, 금융 감독 체계를 개편하는 내용을 담고 있다.

웨스트민스터, 너마저?

미국의 시민교육을 모유 삼아 자란 독자는 이 책이 옹호하는 민주적 경쟁 모델이 영국 의사당 건물 한쪽에 인접한, 노르만 시대 이전에 세워진 오래된 사원의 이름을 따왔다는 것을 알면 기분이 언짢을 것이다. 지금 우리가 아는 웨스트민스터 체제는 오늘날 높이 평가되는 특징들을 원래부터 지니도록 고안된 것은 아니었다. 그 특징들은 여러 세기에 걸쳐 진화했으며, 그중 일부는 최근 들어 잘못된 분권화 개혁으로 위축되기 시작했다. 그래도 웨스트민스터 체제는 채택할 수 있는 민주적 정치 경쟁 모델 가운데 여전히 가장 우수한 모델에 속한다.

웨스트민스터 체제는 다수대표제와 의회 중심제 정부 형태에서 비롯된 두 가지 가장 중요한 이점을 제공한다. 첫째, 정당의 규모가 크기 때문에(대체로 양당제다) 양당이 정치적 중간을 지향하도록 만든다. 양대 정당의 선거 경쟁은 특정한 방향으로 정책에 영향을 주려고 하는 협소한 집단들의 이익보다는 다수 유권자의 이익을 고려하는 정기적인 훈련의 장이다. 둘째, 의회 중심제라는 사실이 당 지도부에 정책 의제 관리에 필요한 힘을 부여한다. 왜냐하면 의회 중심제에서는 규율 없는 정당은 불신임 투표로 밀려날 가능성이 커서 당원들이 정책 의제를 통제하는 데 필요한 영향력을 지도부에 위임하기 때문이다.

흔히 논평가들은 대영제국 체제의 이전이나 모방으로 정치제도상 경로 의존성을 형성한 대다수 영어 사용권 국가를 다른 민주주의 선진국들과 구별한다. 이 구별은 웨스트민스터 모델의 전통적 요소를 간직한 영국과 캐나다에 대해서는 (지역 정치의 부상과 예비선거 및 기타 유감스러운 개혁 실험에 의해 다소 오염되기는 했어도) 여전히 얼마간 타당성이 있다.

그러나 오스트레일리아와 특히 뉴질랜드 같은 나라는 웨스트민스터 체제를 크게 약화시키는 선거 개혁을 도입해 오늘날 자국의 작동 방식에 그런 계보가 미치는 영향력을 감소시켰다. 더 중요한 점은, 그런 이분법은 웨스트민스터 모델이 잘 작동할 때 보이는 특징인 강하고 고도로 규율 잡힌 정당과, 미국식 체제를 시작부터 괴롭혀 온 만성적으로 약한 정당을 나누는 더 중대한 구분을 간과하고 흐린다는 것이다. 건강한 민주주의는 크고 강한 정당에 의존한다. 그렇지 않으면 정당은 잘못된 집단들 틈에서 잘못된 방식으로 잘못된 사항에 관해 경쟁한다.

내부적으로 규율 있고 위계가 잡힌 정당이 비민주적으로 보일지도 모르지만, 당 지도부의 권위는 당의 백벤처가 그들 공동의 이익을 위해 부여하는 것이다. 그들은 모두 한배를 타고 있다는 것을 안다. 일관성 있는 정책을 제시해 장기적으로 당에 대한 인식이 좋아지면 선출과 재선에도 유리하다는 것을 이해한다. 그리고 그런 일관성을 제공하는 당 지도자의 역량에 대한 확신을 잃으면 새 지도자를 뽑으면 된다는 것도 다들 알고 있다. 1990년 마거릿 대처와 2016년 데이비드 캐머런의 신속한 사퇴가 그 점을 잘 보여준다. 다수 유권자를 폭넓게 포용하고 다수에게 유리한 합의 사항을 집행할 만큼 규율 있는 정당은 우리가 민주주의 사회에서 가질 수 있는 최선의 정당이다. 이때 유권자는 그 정당이 무엇을 옹호하는지도 알고, 그 정당이 선거에서 승리해 집권하면 무엇을 이행할지도 안다.

웨스트민스터 모델도 바람직할 뿐이지 완벽한 것은 못 된다. 정치 경쟁의 모든 매력적인 속성에는 그것에 상응하는 결함이 있기 때문이다. 다수의 이로움을 위해 소수가 희생되는 것은 중대한 단점이다. 특히 일부 유권자가 어떤 사안에서 영구적으로 소수 진영일 때 그러하다. 우리는 3장에서 이 문제를 자세히 다루고, 이에 대한 많은 표준적 해결책이 상황을 더 악화시킨다는 점을 지적할 것이다.

웨스트민스터 모델은 내부로부터도 위협받고 있다. 브렉시트*는 계획 없이 파편적으로 이루어진 정치 양태가 잘못 꼬인 최근의 사례다. 2015년 나이절 패라지가 이끄는 맹목적 애국주의 성향의 영국독립당**이 크게 인기를 얻자, 데이비드 캐머런 총리가 이끄는 보수당에서 일부 당원이 의회 선거를 앞두고 당의 공식 방침인 친유럽 정책을 고수하는 일에 불안감을 드러냈다. 영국의 다수대표제 덕분에 영국독립당은 원내에서 극소수인 상태로 남아 있었다. 그러나 특히 접전을 벌인 일부 선거구에서는 보수당 후보들이 자기 당 지도자 데이비드 캐머런이 조롱한 바 있는 "유럽에 대한 지겨운 불평"에 동조해, 영국인을 위해 영국 일자리를 지키겠다고 큰소리쳐 가며 극우 진영의 반이민 노선에 장단을 맞췄다.

캐머런은 브렉시트에 관해 국민투표를 시행할 필요가 없었다. 의회의 다수 그리고 사실상 양당의 대다수 의원이, 영국이 유럽연합 회원

* 브렉시트Brexit
영국의 유럽연합 탈퇴를 의미한다. 영국은 2016년 국민투표를 통해 유럽연합 탈퇴를 확정하고 2020년 1월 31일에 정식으로 탈퇴했다.

** 영국독립당UKIP
1993년 창당한 우익 포퓰리즘 정당으로, 영국의 유럽연합 탈퇴를 주장한 단일 이슈 정당이었다. 2014년 유럽의회 선거에서 27.5퍼센트의 득표율로 1위를 차지하고 영국 지방 선거에서도 크게 의석을 늘리면서 유럽연합 탈퇴 여론에 기여했으나, 탈퇴가 이루어진 후 당의 목적이 약화되면서 당세도 약해졌다. 2006년부터 2016년까지 당 대표를 역임했던 나이절 패라지는 2019년 탈당해 브렉시트당을 창당한 뒤 브렉시트가 마무리되자 2021년 1월 영국개혁당(Reform UK)으로 당명을 변경했다.

국으로 남는 쪽을 선호했다. 엄밀히 따지면, 막대한 금융 서비스 수출과 유럽연합의 개방적인 이민 제도로 인한 낮은 노동 비용을 고려할 때 유럽연합에 남는 편이 영국 경제에 더 유익하다는 점에는 의심의 여지가 없었다. 그러나 캐머런은 "민주성을 더 높이라"는 광범위한 압박을 받고서 2016년 여름 영국의 유럽연합 탈퇴 여부를 놓고 국민투표를 시행했다. 그는 브렉시트로 몰아가는 움직임이 실패할 것이라고 확신했다. 당시 실시한 여론조사마다 대다수 영국 국민이 유럽연합 회원국 지위가 영국 경제에 압도적으로 이익임을 인정하고 있었고, 국민이 선출한 대표자들도 의회에서 국민을 대표해 이미 그렇게 판단한 상태였다. 그러나 이민 문제를 붙잡고 늘어지는 열성 브렉시트 지지 세력이 유럽연합 잔류를 옹호하는 세력보다 높은 투표율을 보임으로써, 영국 국민의 광범위하고 장기적인 이익을 우선시했을 의회의 토론과 표결[의 기회]을 영국 유권자들로부터 강탈하는 결과를 가져왔다.

브렉시트 투표는 캐머런의 재임 기간 5년 중 세 번째 국민투표였다. 의회가 갖는 우월한 지위는 영국의 오랜 명물이었지만, 이는 그 우월성의 부식이 가속화되고 있다는 뚜렷한 징조였다. 우리는 4장에서 웨스트민스터 체제가 자초한 또 다른 상처를 살펴볼 텐데, 이것 역시 민주주의의 증진을 비현실적으로 추구한 데서 발생한 부작용이다. 권력이 다른 기관과 지방으로 이전됨에 따라 의회 정치인들은 자기들이 영향력을 미치기 어려워진 결과에 책임져야 하는 상황에 놓였다. 고정 임기 의회제*를 도입해 총리가 직권으로 선거를 실시할 권한을 제거하자 당

• 고정 임기 의회제
영국 의회는 2011년에 통과된 고정 임기 의회법(Fixed-term Parliaments Act 2011)에 근거해 2015년 5월 7일을 시작으로 5년마다 의회 선거를 치르게 되었다. 이

지도부는 약화되었고, 지도자와 후보를 선출하는 새 제도들*도 같은 결과를 가져왔다. 이런, 그리고 이와 관련된 변화는 웨스트민스터 체제의 중추이자 최대 강점인 정당의 응집력을 약화시킨다. 웨스트민스터 체제는 회복력도 있고 아직 완전히 무너지지는 않았지만, 민주주의의 증진이라는 이름으로 도입한 변화를 번복하기란 어렵다. 하지만 체제를 더 약화시키는 방식으로 개혁을 지속함으로써 일을 더욱 어렵게 만들어서는 안 된다.

유럽의 비례대표제

서유럽 민주주의 국가들은 제2차 세계대전 이후 경제적 역동성에, 강력한 노동자 권리와 시민 복지를 결합하는 인상적인 성과를 남겼다. 비례대표제는 각 정당이 획득한 득표율에 따라 의석을 배분한다. 이 나라들은 의회 민주주의 체제이므로 강한 지도자들이 일관된 정강 정책을 기초로 자기 당과 다른 당을 서로 경쟁시킬 능력을 얼마간 보유한다. 비례대표제에서는 전형적으로 어느 한 정당이 노동조합을 대표한다. 동시에 이 나라들의 번영은 재화·서비스·인민의 자유로운 국가 간 이동에 의존한다. 이익집단 정치와 상대적으로 자유로운 무역의 결합은 고용

법이 통과되기 전까지는 영국 국왕이 총리의 건의에 따라 임기 종료 전에 의회를 해산하고 총선을 치를 수 있었다. 즉 총선 시기를 조정하는 막대한 권한이 사실상 총리에게 있었던 것이다.
* 이는 이 책 4장에서 상세히 설명된다.

주와 노동자 사이에 인상적인 합의를 낳았고, 이를 바탕으로 유럽과 세계 시장에서 경쟁력을 지닐 고도의 숙련 노동력에 투자할 수 있었다. 이 나라들은 노동자 보호책을 잘 갖추고 있으며 세후 소득이 높고, 고용보험과 실업 급여, 건강보험, 연금도 더 후하게 지급한다.

유권자의 시각에서 비례대표제의 한 가지 결점은 선거 후 어떤 연립정부가 구성될지 모르기 때문에 연립정부에 책임을 묻기가 어렵다는 점이다. 선거 후 연립정부에 참여하는 정당들은 서로 결탁해 의안을 통과시키고 그 비용을 나머지 국민에게 슬그머니 전가하려는 유혹을 받을 수 있다.[15] 잘 조직된 집단들끼리의 거래는 보통의 유권자가 원하는 수준보다 높은 물가 및 세금으로 이어질 수 있다. 그만큼 비용을 들인 결과로 공공복지가 향상된다면 대가를 지불할 만한 가치가 있을 수도 있다.[16] 하지만 일부 비례대표제 국가는 스웨덴처럼 선거 전에 미리 연합 세력을 형성하거나, 아니면 독일과 최근 유럽연합의 사례처럼 국내 총생산의 일정 비율을 정부의 지출 한도로 지정하는 방식으로 그 결점을 완화했다.

유럽과 그 찬미자들에게는 슬픈 일이지만 노동 및 진보적 분배와 관련해 비례대표제가 지니는 장점은 앞으로 축소될 가능성이 있다. 세계화와 기술 발전은 조직된 기업[이익/집단/세력]에 비해 조직된 노동[이익/집단/세력]을 약화시켰고, (노동조합에 의해 잘 대표되지 않는) 장기 실업자가 급증하고 있다. 제조업이 쇠퇴하면서 노조 조직률은 감소하는 추세이며, 그와 더불어 각국 사회민주주의 정당의 주요 지지 기반도 사라지고 있다. 그 결과 사민주의 세력은 여러 개의 좌파 정당으로 분열되는 현상을 겪고 있다.

좌파 진영의 분열은 비례대표제를 위험한 우파 포퓰리즘에 노출시

컸다. 네덜란드의 헤이르트 빌더르스, 오스트리아의 노르베르트 호퍼, 이스라엘의 베냐민 네타냐후의 부상은 과격 세력의 지배 가능성이라는 비례대표제의 주된 취약점을 보여 준다. 만일 영국이 비례대표제를 채택한 국가였다면, 2015년 선거에서 영국독립당이 1석이 아니라 100석 가까이 차지해서 집권 연정 파트너 후보로 진지하게 고려되었을 수도 있다.[17] 비례대표제에서는 과격 세력이 자신들의 호소를 온건하게 조정할 유인이 적고, 대중을 극렬 소수와 고도로 양극화된 정치의 볼모로 잡을 수 있는 능력이 커진다. 예비선거를 시행하는 소선거구제와 마찬가지로, 비례대표제는 극렬 소수에 봉사하는 정치인에게 너무 쉽게 보답한다.

정치적 래브라두들?

1988년, 개 사육자 월리 콘론은 오스트레일리아 왕립 안내견 협회를 위해 래브라도와 푸들을 교배했다. 그의 목표는 래브라도처럼 성품이 순하고 푸들처럼 털이 많이 안 빠지는 견종이었다. 그 결과 오늘날 '래브라두들'labradoodle이라는 명칭으로 알려진 순하고 개털 알레르기를 덜 유발하는 견종이 적어도 일정 빈도로 태어났다.

마치 개 품종처럼, 선거제도에도 으레 바람직하지 않은 속성이 딸려 오게 마련이다. 웨스트민스터 모델은 크고 내부적으로 강한 정당들 간의 경쟁을 통해 좋은 공공 정책을 산출할 확률이 가장 높지만, 중위투표자*에서 멀리 떨어진 유권자에는 잘 반응하지 못한다고 흔히 비판받는다. 반대로 비례대표제는 정당의 유권자 대표성은 더 크지만, 연정을 구성하기 위해 교섭할 때 협력할 정당이 선호하는 사항을 들어주는 데 따르는 비용을 일반 대중에게 떠넘길 수 있다. 친기업 정당은 친농민 정당의 협력을 얻어내려고 소비자에게 물가 상승 부담을 지우더라도 농업 보조금이나 수입 식품 관세 인상에 동의하기 쉽다. 대조적으로 다수대표제에서는 선거전이 시작되기 전에 정치적 중도 근처에 놓인 양대 정당으로 사회적 이익들을 결집시켜 더 큰 책임성을 실현할 수 있다. 그 외에도 (지역적 대표성이냐 아니면 전국적 대표성이냐, 정치인과의 개인적 유대감이냐 아니면 정강 정책에 대한 충성심이냐 하는 것처럼) 선거제도의 여러 특징들은 하나를 택하면 다른 하나를 잃게 되는 속성을 지니지만, 우리는 여기서 대표성 그 자체를 위한 대표성보다는 좋은 공공 정책에 중점을 두고자 한다.

선거제도의 설계자들은 개 사육자들이 하는 것 이상으로 지략을 모아, 각기 다른 제도의 장점을 결합해 하나의 제도를 만들고자 했으나 부분적인 성공만 거두었다. 때로는 바람직하지 않은 형질이 우세하게 나타나 래브라두들 대신에 성격도 까칠하고 털만 빠지는 '푸들도'poodledor에 해당하는 선거제도가 탄생하기도 한다. 선거제의 특징이 예상치 않은 방식으로 상호 작용할 때 땜질해 만든 제도가 의외의 좋은 결과일 수도 있지만 나쁜 방향으로 우리를 놀라게 할 수도 있다.

이에 더해 정치에 존재하는 특성은, 정당은 사육자이면서 동시에

• 중위 투표자median voter
투표자를 이념적 성향이나 특정 정책에 대한 선호도 같은 일정한 척도에 의해 일렬로 세운다고 가정할 때 중앙값에 해당하는 투표자. 예컨대 총 투표자가 9명일 때 좌파, 중도, 우파 투표자가 각각 3명이라면 중위 투표자는 중도 성향을 띠지만, 만일 2명, 2명, 5명이라면, 중위 투표자는 우파 성향을 띤다.

견종이라는 점이다. 사육자는 가장 만족스러운 견종을 창조하고 싶어 할 뿐이지만, 정치인은 자신의 선출 전망을 높이는 선거제도를 원한다. 작은 정당은 책임성보다 대표성을 우선시하고, 큰 정당은 그 반대다. 정당들이 어떤 속성을 택해 어떻게 결합하느냐는 입법 과정에서 이루어질 전략적 거래를 반영한다. 그 결과가 래브라두들이 될지 푸들도 될지는 통찰력, 성취 전략, 우연성 등의 다양한 조합에 달려 있다.

프랑스와 독일이 대표하는 두 가지 선거제도 모델은 다수당의 지위를 추구하는 대형 정당을 두면서도 입법 과정에 영향력이 없는 소수파 집단의 목소리를 함께 포용하려고 시도한다.[18] 프랑스의 결선투표제는 강력한 후보들 중 어느 하나가 승리하는 데 군소 정당이 영향력을 미칠 수 있도록 하여 군소 정당의 역할을 제도화한다. 광범위한 지지 기반을 확보하려는 소망이 훌륭하긴 하지만, 이 제도는 강도 높은 선호를 갖는 소집단에 거부권을 주어 프랑스에서 정책 개혁의 실현을 극도로 어렵게 만들었다. 그 결과 요란한 정치 극장이 펼쳐졌을 뿐만 아니라, 다수대표제를 채택했더라면 성취할 수 있었을 수준보다 더 낮은 성장과 더 높은 실업을 겪었다.

독일 경제가 세계의 부러움을 사다 보니, 정당 득표율로 의석을 배분하되 다수대표제에 의한 지역구 당선자로 일정 의석을 채우는 독일식 연동형 비례대표제가 오래전부터 세계의 관심을 받아 왔다. 외견상 타당하고 경제 번영의 숨겨진 요인일 수도 있는 이 제도는, 국내 상황을 개선하려는 기존 및 신생 민주주의 국가 여러 곳에서 연이어 모방되었다. 뉴질랜드·이탈리아·일본·멕시코 등이 전부 독일 체제를 변형해 도입했으나 이를 옮겨 오는 과정에서 양당제의 중요성, 하향식 정당 운영 방식, 그리고 연정 합의에서 공공복지를 희생하는 결탁을 금지하는 것

등 일부 핵심 요소가 상실됐다. 그뿐만 아니라 독일 제도 또한 저성장, 이민 문제, 정당 분열(특히 좌파 진영에서 두드러진다)의 압력으로 금이 가기 시작했다. 이에 대해서는 뒤에서 자세히 살펴볼 것이다.

작고 약한 정당

미국 양당처럼 규모는 크지만 약한 정당은 이익집단에 휘둘려 소극적인 정당 경쟁 상태를 조성하는 반면에, 규모도 작고 약한 정당은 유권자에 대한 책임성이 가장 약하다. 중남미 대다수 국가에서 채택하고 있으며 전 세계 수많은 민주주의 운동가들이 옹호하는 개방 명부식 비례대표제는 선출될 가능성이 높은 명부 윗자리를 놓고 정치인들에게 당내 경쟁을 시킨다. 당내 경쟁으로 말미암아 모두가 자기 이익만 챙기는 혼란스러운 선거 상황이 조성되면, 정치인들은 표를 얻는 대가로 특혜를 약속할 유인이 생기므로 고질적인 부정부패가 이뤄지기에 알맞다.

　협소한 지지층에 기반하고 내부적으로 약한 정당을 양산하는 정치 체제는 '푸들도'에 해당한다. 보기에는 아주 민주적인 것 같지만, 뇌물과 특혜로 유지되는 연정을 낳는다. 중앙 정부 예산 약탈 정치pork-barrel politics는 지역 유권자에게 혜택을 주기 위해 쓸모없는 다리 따위나 건설하는 불필요한 예산 집행을 지속하며, 투표율을 높여 줄 수 있는 지방 유력자들의 주머니를 두둑하게 한다. 그로 인한 부정부패는 해로운 경제정책 및 결과를 가져온다. 앞으로 살펴보겠지만, 동유럽 여러 나라가 이런 방향으로 가면서 독재자의 포퓰리즘에 취약해지고 있다.

개혁의 경로

위계적 정당이 건강한 민주주의에 필수라는 점은 정치의 큰 역설이다.[19] 정당이 유권자에게 정보를 알리고 유권자를 동원하는 비용을 감당할 수 없을 경우, 이익집단에 비해 대단히 불리한 입장이 된다.[20] 하지만 이 역할을 효과적으로 이행하기 위해서는, 집권하면 실행할 정책을 둘러싸고 정당들이 반드시 서로 경쟁해야 한다.

만약 크고 강한 정당이 최선이라면 의사 결정, 후보 선정, 지도부 선출에 대한 당의 통제력 약화는 풀뿌리 민주주의의 증진이라는 환상을 심어 줄 뿐이다. 현실적으로 그런 조처는 대다수 유권자를 희생시키고 극렬 소수에게 힘을 실어 주며, 포획•과 부정부패, 그리고 애초에 인민이 통제의 분권화를 요구한 이유였던 무반응성을 부추긴다. 내부적으로 위계질서가 강한 정당은 약속한 정책, 특히 장기적인 경제성장과 발전에 중요한 정책을 실행하기에 가장 적합하다. 정당의 고유한 가치와 명성이 커질수록 더 많은 유권자들은 그 당이 장기적으로 비용을 치러야 하는 근시안적 조치를 취하지 않을 것이라고 신뢰할 수 있게 된다.

가장 바람직한 개혁은 정당을 강화하는 한편, 예비선거와 지방 당원대회 같은 지역 단위의 선출 기제를 약화시키고, 국민투표나 당원의 지도자 직선처럼 인민 지배의 환상을 심어 주는 장치들을 제한하는 것이다. 비례대표제에서 최선의 방침은 공약의 우선순위를 분명하게 알릴 수 있는 선거 연합을 강화하고, 당원 모집과 당 홍보를 당이 관리함

• 포획capture
공공 이익을 위해 일하는 기관이 특수 이익에 지배되는 현상을 가리키며, 규제경제학자 조지 스티글러가 소개했다.

으로써 당의 기강을 확립하는 일이다. 그런 조치의 목표는 정당의 내부 경쟁을 줄이는 한편 책임성을 갖춘 정당이나 정당 연합의 규모를 키워, 광범위하게 규정된 정책 목표를 두고 경쟁하도록 하는 것이다.

변화는 어렵다. 분권화 개혁이 유익하다고 오해하는 현상이 너무 널리 퍼진 데다가 주로 현직에 있는 이들이 그런 현상의 수혜자이기 때문에, 그 흐름을 역전시키려는 시도는 강력한 저항에 부딪힐 수밖에 없다. 우리는 성공할 가망이 있는 특정한 개선안을 제도별로 설명할 것이다. 그러나 우리의 더 큰 목표는 논의의 틀을 바꾸는 것이다. 다시 말해 왜 강한 정당이나 내구성 있는 정당 연합끼리 경쟁하는 것이 장기적으로 대다수 유권자의 이익에 가장 유리한지 사람들을 이해시키는 것이다. 시민이 이 점을 인식하지 못하면, 소외되고 환멸에 찬 유권자들은 상황을 악화시키는 조치를 계속해서 요구할 것이다.

미국 건국 시기의 정치 지도자들은 이와 같은 정당의 중요성을 뒤늦게 깨달아 헌법에는 미처 추가하지 못했으나 자기들이 세워 놓은 헌법적 틀 안에서 이를 확립하려고 서둘렀다. 1800년 존 애덤스의 연방당 Federalist Party 정권에 맞서 대통령 선거전을 벌이던 토머스 제퍼슨은 정치적 지지를 대폭 늘릴 필요도 있지만 더 나아가 차기 선거에서 유권자의 호의를 얻을 만한 정책을 마련하려면 의회에서 다수 의석이 필요하다는 점을 내다보았다. 제퍼슨과 그의 동시대인들은 이 전략의 두 가지 핵심 요소를 이해했다. 하나는 광범위한 유권자에게 호소할 수 있는 일련의 정책 대안이고, 다른 하나는 선출됐을 때 장기간에 걸쳐 그 방안들을 꾸준히 이행할 수 있는 능력이었다. 제퍼슨과 매디슨은 그것을 실천하는 방안으로 민주공화당을 결성했다. 즉, 국가 이익을 폭넓게 정의해 유권자가 판단하도록 제시하고, 나중에 자기들이 없어도 존속할 수 있는 정당을 구축한 것이다. 이로써 유권자는 단기적으로 얼마간 비용이 들더라도 특히 경제성장과 개발 면에서 장기적으로 훨씬 유리한 정책을 선택할 수 있게 되었다. 제퍼슨과 매디슨은, 책임 정당의 발전과 무관하게 설계된 체계의 한계 내에서 최선을 다했다. 그러나 훗날 이루어진 개혁은 상황을 악화시키고 말았다.

광범위하고 장기적인 정책을 제시할 능력은 정당마다 차이가 난다. 민주주의의 설계와 관련해 이루어진 미국의 실험은 (잘못된 출발, 실수, 지속적인 결함으로 가득해) 아무리 의도가 좋아도 민주주의를 제대로 작동하게 하는 일이 얼마나 어려운지를 보여 준다. 이어지는 장에서 우리는 다양한 민주적 경쟁을 분석해 유권자의 이익에 가장 부합하는 제도적 특징을 설명하고, 왜 그 특징들이 자주 거부되거나 폄하되는지, 그리고 어떻게 하면 그것들을 해체하고 재설계할 수 있는지를 제시할 것이다. 어떤 민주주의 체제도 완벽하지 않으며, 얻는 것이 있으면 꼭 잃는 것이 생긴다. 그러나 어떤 체제는 다른 체제에 비해 건강한 경쟁과 민주적 책임성을 좀 더 잘 도모하며, 파편화된 정치와 당내 경쟁에서 벗어나 정강 정책 중심의 정치와 정당 간의 경쟁을 지향하는 개혁을 통해 향상될 수 있다. 하지만 지난 수십 년 동안 대부분의 개혁이 잘못된 방향으로 이루어졌다.

여기서 중심 과제는, 숱한 비난을 받고 있지만 현대 대의제 민주주의의 핵심 제도인 정당의 권위를 되살리는 것이다. 1942년 E. E. 샤츠슈나이더는 정당을 "현대 정부의 주요 특징 가운데 하나"로서 "정당이 빠진 현대 민주주의는 상상도 할 수 없을" 만큼 필수적이라고 보았다.[21] 8년 후 그는 미국정치학회 정당분과위원회 보고서 "좀 더 책임 있는 양당제를 향하여"*의 주요 저자가 된다. 우리는 그 내용을 12장에서 살

퍼본다. 당시 정당분과위원회가 권고한 내용과는 반대로 정당은 강화되기는커녕 약해졌다. 부분적으로는 인구학적 변화와 정치자금의 해로운 효과도 원인이었지만, 정당을 더 민주적으로 만들겠다는 성급한 시도도 그 요인이었다. 변화의 첫걸음으로서, 여론 주도층과 정당 개혁가들이 이런 자멸적 관점의 속박에서 해방될 필요가 있다. 그래야 일관성 있는 정책 공약을 마련할 수 있고, 그 공약을 실행에 옮길 능력이 있는 후보들을 고를 수 있다.

정치 경쟁이 정치적 책임성을 위해 필수적이라면, 미국식 선거구제는 지난 몇 십 년 동안 그 제도에 가해진 변화에 비추어 급진적인 구조 조정이 필요하다. 이상적인 세상에서라면 유권자가 염려하는 다양한 사안과 관련해 전 국민이 갖는 다양성을 모든 선거구가 그대로 반영해야 할 것이다. 각 선거구의 중위 투표자는 전국 중위 투표자와 비슷할 것이고, 그러면 그들이 선출한 대표자들은 정책의 우선순위에 관해 합의하기가 비교적 수월할 것이다. 원내 일반 의원들은 입법 작업을 완료하고 당의 평판을 보호하기 위해 당 지도부에 기꺼이 권한을 위임할 것이다.

이런 설정은 미국의 지역적 다양성 때문에 앤드루 레펠드가 권하는 식으로 지역과 무관한 선거구를 도입하지 않는 한 불가능하다.[22] 또 그렇게 극단적인 해결책은 그 자체로 병폐를 낳게 된다.[23] 좀 더 현실적인 방안으로서, 우리는 의회 선거에서 경쟁이 활발하게 이루어질 수 있도록 개혁 주도자들이, 좀 더 다양한 인구들로 이루어진 , 더 큰 규모의 선거구를 요구해야 한다고 주장한다. 이 같은 제안은 최근의 역사적 흐

• American Political Science Association's Committee on Political Parties, *Toward a More Responsible Two-Party System*(New York: Rinehart, 1950).

름에 역행하는 것으로, 각 주 의회는 바로 정반대의 목적을 위해 가차 없이 선거구를 개편해 왔다. 즉, 자기 당에 유리한 선거구의 수를 최대한 늘리는 한편, 극도로 안전한 선거구를 조성해 그곳에서 반대당의 지지표가 최대한 사표화되도록 했다.[24] 이는 대다수 선거구에서 유일하게 의미 있는 경쟁은 예비선거뿐이고 정당 간의 경쟁은 뒷전으로 밀려난다는 것을 의미했다.

일부 비례대표 체제에서는 선거 연합, 정치적 결탁을 제한하는 연정 협정, 그리고 신규 당원 충원을 관리함으로써 개방 명부제의 해악을 줄이는 다양한 방식을 실험해 왔다. 이런 방안들은 실행되면 좋은 개혁이지만, 정반대의 목적으로 작동하는 다른 개혁 조치(이를테면 전당대회와 심지어 평당원에게도 연정 협정 거부권을 주는 일)에 의해 좌절될 때가 많다. 그렇게 되면 약한 정당을 강화하고 협소한 유권자 기반을 확대하기가 더 어려워진다.

정치제도는 기초부터 새로 설계되는 일이 드물기 때문에 현재 서 있는 곳을 출발점으로 삼아야 한다. 하지만 정치제도를 개혁할 때에는 그 방향을 올바로 설정해야 한다.

The Means and Ends of Democratic Competition

2장

민주적 경쟁의 수단과 목적

그 어떤 정부도 언제나 모든 사람이 원하는 모든 것을 줄 수는 없다. 정부가 채택하는 거의 모든 정책에서 승자와 패자가 생긴다. 모든 사람이 이익을 얻는 경우에도 그 이익을 분배할 방법은 많아서, 여전히 상대적 승자와 상대적 패자가 생긴다. 그런 이유로 민주주의 체제에서 제정되는 그 어떤 법도 "인민"의 의지를 완벽하게 반영하지는 못한다. 그러나 민주주의 체제 그 자체에 대해서는 그렇게 말할 수 없다. 유권자 전체로 해석되는 인민에게 가장 이로운 체제는, 누구나 때때로 패자가 된다는 사실을 고려해 판단할 때 다른 대안보다 우수한 체제다. 선거는 대다수 유권자가 원하는 것의 대부분을 거의 언제나 제공하는 정부를 배출해야 한다.

그렇다면 매번 또는 거의 언제나 패배하는 사람들은 어떻게 할 것인가? "개별화되고 고립된" 소수minorities로 불리곤 하는 사람들에 대한 관심은 물론 정당하지만, 이와 관련해 우리는 헌법재판소를 이용해 입법부의 권력을 제한하는 전형적인 해결책을 거부하고자 한다.[1] 그 대신 우리는 제임스 매디슨의 주장에 동의한다. 매디슨은 어차피 가장 필요할 때 무시되기 일쑤인 외부 견제(그는 이것을 "양피지 방벽"*이라고 불렀다)보다는 정치인들에게 다수의 전제를 방지할 유인을 주는 편이 낫다고

* 양피지 방벽parchment barriers
종이에 적힌 권리 보호 조항은 권력을 견제하는 데 큰 효과가 없다는 점을 강조한 표현.

언급했다.[2] 그러나 매디슨은 젊었을 때(36세에 『페더럴리스트』*Federalist Papers*를 집필했다) 공화제에서는 분립된 권력 기관이 서로 경쟁함으로써 다수의 전제를 막을 수 있다고 여긴 데 반해 좀 더 나이가 들어서는 다수의 지배를 수용했는데, 우리는 그가 수용한 이 다수 지배를 기반으로 논리를 전개할 것이다.[3]

우리가 취하는 접근법의 핵심은, 가능하면 정부가 거의 언제나 대다수 유권자에게 유익한 정책을 추구하되 그 정책 때문에 손해를 보는 사람들이 부담하는 비용을 제한하는 방식으로 해당 정책을 추진할 수 있도록 정치를 구조화하는 것이다. 그것은 특정한 결정이나 결과에만 집중하려는 유혹을 거부하고, 그 대신 정치 경쟁을 뒷받침하는 역학 관계에 주의를 기울인다는 뜻이다. 여기에 초점을 두면 정부를 구성할 권한을 놓고 경쟁하는 두 개의 강한 정당 또는 두 개의 강한 선거 연합이, 요청되는 임무를 수행하기에 어째서 다른 대안들보다 적합한지, 왜 지난 수십 년 동안 이루어진 분권화 개혁이 잘못되었는지, 그리고 그 부식 효과를 완화하기 위해서는 무엇을 해야 할지가 드러난다.

개별적인 결정보다 정강 정책을 평가하라

어떤 결정의 민주성은 그것만 따로 떼어 놓고 평가해서는 안 된다. 만약 인민이 특정한 의사 결정을 집합적인 고려로부터 자유롭게 분리해 낼 수 있다면 체제에 불가피하게 손상이 온다. 바로 그렇기 때문에, 존 로크는 정치 질서를 뒤집을 혁명의 위험을 감수할 의사가 있는 것이 아니라면 모든 사람은 다수결에 구속되어야 한다고 적었다. 그렇지 않을 경우 "하나의 몸, 하나의 공동체로 행동하고 존속하는 일은 불가능하다."[4] 만일 사람들이 자기가 싫어하는 결정에 따르지 않아도 되거나, 필요에 따라 자신들이 이길 확률이 더 높은 토론장으로 옮길 자유가 있다면 시간이 지남에 따라 (시민의 관점에서 보더라도) 왜곡된 결과가 초래되기 쉽다.

건강한 민주주의는 유권자와 입법자가 주어진 특정 사안을 어떻게 처리하고 싶은지, 그리고 그와 관련된 다른 사안들은 어떻게 다루고 싶은지를 함께 고려해 평가하는 일에 달려 있다. 그렇지 않으면 인민은 치러야 할 비용을 고려하지 못한 채 선택을 내릴 수도 있다. 가장 자명한 경우가 '재정 지원 없는 위임명령'•이다. 누가 비용을 부담할지를 참작하지 않고서 건강보험이나 연금에 대한 권리처럼 큰 비용이 드는 권리를 생성하는 결정이 여기에 해당한다. 무엇이 희생될지 고려하지 않고 지출을 삭감하거나 감세하는 결정도 마찬가지다. 한 사안만 따로 떼어놓고 여론을 조사하면 흔히 대다수가 감세를 지지하며, 어차피 대다수가 내지도 않는 유산세•• 까지 낮추고 싶어 한다. 그러나 감세할 경우 [미국 연방 정부가 지원하는 노인 및 장애인 건강보험인] 메디케어Medicare 제도의 처방약 혜택처럼 국민이 소중히 여기는 혜택을 잃게 된다는 점을 함께 제시하면, 감세에 대한 지지는 사라진다.[5]

• 재정 지원 없는 위임명령unfunded mandates
중앙정부가 재정 지원 없이 특정 행정기관에 일정한 대국민 사무를 의무화하는 것.

•• 유산세estate tax
미국 연방세인 유산세는 2022년 기준으로 유산 총액이 1206만 달러를 넘지 않는 한 면제되므로, 실질적으로 납부 대상에 해당되는 사람이 드물다.

이 같은 괴리는 여론조사만이 아니라 실제 정치에서도 나타난다. 1978년에 캘리포니아 주 재산세를 부동산 산정 가치의 1퍼센트 이하로 제한하는 주민 발의 13호가 단일 사안 주민 발의 투표에 회부되어 거의 투표자 3분의 2의 찬성으로 통과됐다. 하지만 대다수 캘리포니아 주민은 그 결과 공립학교의 질이 하락하자 속상해 했다. 만약 주민들에게 재산세와 학교 재원을 결부시켜 고려하도록 했더라면 투표 결과는 달라졌을 수도 있다. 이 논점은 다음과 같이 일반화될 수 있다. 즉, 모든 정책은 사람들이 관심을 갖는 다른 정책에도 영향을 준다. 정책을 하나만 따로 떼어 고려할 때 우리는 그 사실을 간과하게 된다. 유권자가 상호작용을 고려할 수밖에 없도록 여러 사안을 한데 묶어 다루는 정치체제만이 유권자의 욕구를 총체적으로 해결할 수 있다.

주민 발의 13호를 지지한 사람들 가운데 일부는 자녀가 없거나, 자녀가 사립학교에 다닌다는 등의 이유로 공립학교의 질 저하를 개의치 않았다. 그렇지만 이 사람들도 다른 유권자에게는 학교의 질보다 아마 덜 중요했을 수 있는 범죄율 축소나 국경 경비 강화 같은 여타 사안에는 확실히 관심이 있었다. 이런 다양한 이슈를 한데 묶어서 많은 유권자(바라건대 대다수 유권자)가 일관되게 자기 당에 투표하도록 설득하는 일이야말로 정당의 임무다. 이것은 유권자의 선호, 특히 유권자의 투표 양태를 결정할 수 있는 선호의 배분에 경쟁 정당보다 더 세심하게 신경 쓴다는 것을 의미한다.

이 작업을 잘하기 위해서는 중기적 시각을 갖추는 능력이 필요하다. 다음 분기의 실적에만 연연하는 기업 임원이 회사와 주주에게 해로운 결정을 내리기 쉽듯이, 오로지 차기 선거에만 신경 쓰는 정치인은 자기 당과 지지자에게 해로운 결정을 내리기 쉽다. 역시 캘리포니아 주에서 발의된 주민 발의 187호는 1994년에 큰 표 차로 통과되어 서류 미비 이민자가 비응급 의료나 교육 혜택을 받지 못하도록 했다. 당시 어려움에 처해 있던 피트 윌슨 주지사는 이 법을 옹호해 연임에 성공했지만, 중남미계 인구를 공화당에서 대거 이탈하게 만들었다(공화당은 그 대가를 캘리포니아 주에서 지금까지 계속 치르는 중이다).[6] 2016년 힐러리 클린턴은 버니 샌더스로부터 공개 지지를 받는 조건으로 환태평양경제동반자협정TPP 지지를 포기하고, 중앙당의 힘을 약하게 만들 민주당 후보 지명 절차 변경안을 수용했다(5장 참조). 경제와 정당의 중기적 건전성에 초점을 두는 후보라면 그런 변화를 거부했겠지만, 클린턴은 샌더스를 지지하는 유권자의 표가 필요했기 때문에 현재를 위해 미래를 희생시켰다.

소규모 유권자 집단의 비위만 맞추는 일은 단기적 성과주의만큼이나 파괴적인 결과를 가져올 수 있다. 협소한 유권자 층에 빚진 정치인은 대다수 유권자에게 가장 이로운 정책과 상충하는 근시안적 의제의 포로가 될 수 있다. 수출 지향 산업에 종사하는 유권자에게는 통화 약세가 유리하다. 그래야 그들이 만든 상품이 해외에서 가격 경쟁력이 높아지기 때문이다. 반대로 수입 부문 종사자는 흔히 외국 물건의 가격을 낮추는 통화 강세가 유리하다. 이때 어느 한 유권자 집단이 특별히 적극적이고 강한 영향력을 발휘한다고 해서 단기적 정세에 따라 움직이기보다는, 장기적으로 경제성장을 최대화하는 환율을 유지하려고 노력함으로써 대다수 유권자가 계속 충성스러운 지지자로 남도록 유인을 제공하는 것이 더 바람직한 접근법이다.

왜 두 개의 정당으로도 충분한가?

양당 체제에서는 두 개의 정당이 집권을 열망하며, 어느 한 당이 집권에 실패하면 다른 당이 성공한다는 것을 서로 인식하고 있다. 이것은 승자가 독식하고 패자는 모든 것을 놓치는 정치다. 다당제에서는 상황이 더 불분명할 수밖에 없다. 다당제에서는 심지어 규모가 큰 정당도 자기 당 혼자서는 정부를 구성할 가능성이 거의 없다는 것을 안다. 그러므로 정당들은 여러 당이 다양하게 연합해 진지하게 집권을 노리게 될, 선거 직후의 불확실한 상황에 대비해 계획을 세워야 한다. 정당들이 미리 선거연합의 결성을 선언하면 이런 불확실성이 일부 완화될 수 있지만, 정부를 구성하기 위해서는 선거 후에 여전히 군소 정당과의 협상이 필요할 수 있다. 집권 연합은 이념적으로 가까운 정당들로 구성될 수도 있고 그렇지 않을 수도 있으며, 대형 정당들로 구성될 수도 있고 그렇지 않을 수도 있다. 이렇게 달라질 수 있는 선거 후의 전망은, 선거운동의 방식 및 다음 선거가 돌아오기까지 (여야 모두) 서로를 상대하는 방식과 관련해 정당에 다양한 유인으로 작용한다.

승자가 모든 것을 차지하는 양당제에서, 협소한 유권자 층에 호소하는 일은 위험부담이 크다. 이는, 노사 교섭에서 중재자가 양측의 양보를 끌어내면 안 되고 반드시 어느 한 측의 최종 제안 중에서만 골라야 하는 "최종 제안"last-best-offer 중재 방식이 갖는 위험과 약간 비슷하다. 최종 제안 중재 방식에서 양측은 둘 다 허세를 부리거나 중재자가 보기에 무리한 요구를 하지 않을 강력한 유인이 생긴다. 이때 영리한 전략은 내 지지층을 위해 최대한 강경한 입장을 취하되, 중재자가 내 주장을 상대방의 논리보다 타당하다고 판단하도록 설득하는 것이다(상대방도 물론 똑같은 노력을 기울이고 있다는 것을 나는 알고 있다). 예상할 수 있듯이 이런 중재 방식을 취하면 일반적으로 양측의 제안이 서로 크게 동떨어지지 않는 효과가 생긴다.

같은 논리로 양당제에서는, 정당들이 다수 유권자에게 유익한 정책이라고 신뢰성 있게 주장할 수 있는 정강 정책을 버린 채 소수 유권자의 격렬하거나 특이한 요구에만 부응했다가는 패배하기 쉽다. 다른 모든 조건이 동일하다고 가정했을 때, 정당은 자기 당이 선호하는 정책이 특히 이념적으로 중도인 유권자 층에 지우는 비용을 최소화해 가능한 한 반대 진영이 넘볼 수 있는 유권자를 남기지 않고자 할 것이다. 물론 2016년 미국 대통령 선거에서 보았듯이 "다른 모든 조건"은 늘 동일하지 않다. 왜 그런 일이 생기는지는 5장에서 살펴본다. 하지만 전형적으로 양당제에서 중도좌파인 정당은 대개 기업과 소비자 이익집단을 최대한 안심시키려고 신경 쓰고, 중도 우파인 정당은 대부분 노동자 보호, 보건, 사회보장 등에 신경 쓸 것이다. 영국 노동당이 당의 핵심 지지층뿐만 아니라 기업과 런던 금융가의 이익에 부응했을 때 가장 융성했다는 점, 그리고 영국 보수당이 국민건강보험에 대한 재정지출 삭감 효과를 억제하는 지혜를 배운 점도 우연인 것만은 아니다.

요컨대 양당제에서 두 정당은 핵심 지지층의 이익만 챙기는 일을 자제하고 존 메이너드 케인스가 비유로 들었던 미인 뽑기 시합에서처럼 행동할 강력한 유인을 갖는다. 케인스가 생각해 낸 이 가상의 시합에서 참가자는 미인 사진 100장 중에서 가장 매력적인 얼굴 6개를 골라야 하는데, 모든 참가자에게 가장 많은 표를 얻은 얼굴 6개를 뽑은 사람이 승리한다. 케인스의 의도는 증권 시장의 주식 가격 변동을 설명하는 것이었다.* 양당의 정치 경쟁의 경우 평균적인 주식 투자자가 아니라 중위 투표자에게 가장 가까이 다가가는 당이 승리한다는 점에서 차이는 있으나 케인스의 기본적인 통찰력은 여기서도 유효하다. 공직을 추구하는 정치인은 자신과 핵심 지지층이 원하는 것뿐만 아니라 다른 인민 대다수가 원하는 것도 생각해야 한다.[7]

다당제에서는 정당들이 그와는 다른 선거 셈법에 직면한다. 정당은 핵심 지지층 이외에 다른 누구에게 지지를 호소해야 할지 잘 모르기 때문에 일단 핵심 지지층으로부터 최대한 지지를 얻어내야 한다. 이념적 중도로 이동하면 도움은 되지만 자칫하면 좌우 양쪽으로부터 동시에 공격당할 수 있다. 2015년 그리스의 중도 정당들이 바로 그런 일을 겪었는데, 그때 급진 좌파 연합 시리자SYRIZA가 극우 정당 독립그리스인ANEL과 함께 연정을 구성해 집권했다.[8] 선거 기간에 지지 기반을 넓힐 명확한 방향이 없을 경우, 모든 정당에게 가장 자명한 전략은 핵심 지지층을 최대한 끌어내고 협상은 나중에 걱정하는 것이다. 낸시 로젠블룸은 당파성이 공동의 과제를 추진하는 가운데 다른 당과도 일체감을 가지도록 확장될 수 있으며, 그것이 건강한 민주적 경쟁을 위해서는 필수적이라고 지적한 바 있다. 하지만 이런 정당들은 건전한 당파성을 발달시키기는 어렵다.[9]

핵심 지지층에 집중해서 호소하다 보면 입장을 완화하기가 어려워질 수밖에 없다. 입장 완화가 어떤 형태를 띠어야 할지도 분명하지 않거니와, 핵심 지지자들은 대체로 운동가들이고 신념이 확고한 사람들이어서 타협을 좋아하지 않는다. 게다가 선거 후 협상력을 극대화해야 할

• 그는 주식 투자자가 어떤 종목이 그 자체로 유망해 보여서 선택하기보다 그 종목을 유망하게 보는 사람이 많으리라고 생각해 선택하는 심리를 보여 주었다.

필요성 때문에 정당들은 미리부터 과격한 입장을 취함으로써 차후 협상에서 작전상 유리한 고지를 차지하려고 한다. "최종 제안" 중에서만 선택한다는 제약 조건이 없는 중재에서 바로 이런 일이 자주 발생한다. 즉, 양측 모두 각자의 입장을 강하게 내세워야 나중에 자신들이 양보했다고 주장할 수 있게 된다.

정당의 수가 늘어나서 녹색당, 반이민자 정당, 종족이나 종교에 기반한 정당 같은 단일 이슈 정당들이 생기게 되면, 극단적이고 유연성 없는 태도가 더 확산되기 쉽다. 이런 정당의 지지층은 해당 정당의 존재 이유인 그 단일 이슈를 양보하려 하지 않을 것이고, 정당의 지도부는 선거 이후의 불확실성에 직면해 지지 유권자의 기대를 저버리고 싶지 않을 것이다. 이런 정당은 핵심 지지층의 높은 투표율이 필요하며 그 핵심 지지층이 (적어도 당장 임박한 선거일까지는) 대체로 고정된 집단임을 인식하고 있다. 따라서 정당이 난립할수록 각 당의 정강 정책은 더 경직되고 배타적이 되기 쉽다. 군소 정당의 난립은 2015년 이스라엘 의회 선거에서처럼 정당의 의석 확보 요건인 최소 득표율을 높여 완화할 수 있다. 최소 득표율을 2퍼센트에서 3.5퍼센트로 상향 조정하자, 역사적으로 서로 적대했던 아랍계 3개 정당이 합당해 13석을 얻고 이스라엘 의회 크네세트에서 세 번째로 큰 정파가 됐다.[10] 이렇게 봉쇄 조항을 엄격히 하면 정당들의 난립은 줄어들지만, 비례대표제가 안고 있는 근본적인 문제, 즉 정당들이 중위 투표자를 향해 수렴될 이유가 없다는 점은 해결하지 못한다.

또한 이스라엘 아랍계 정당의 예는 비례대표제에서 봉쇄 조항의 상향 조정이 정당 난립 문제를 해결하기에도 한계가 있다는 것을 보여준다. 가령 최소 득표율을 그보다 더 높인다고 해서 아랍계 정당이 다른 군소 민족 정당(예컨대 우익 유대인 정당)과 합치지는 않을 것이다. 현 체제에서 중도좌파 시온주의자 연합은 의회 다수를 구성하려면 우파 정당들을 필요로 하지만, 만약 이스라엘이 양당제이고 유권자의 20퍼센트를 차지하는 160만 아랍계 이스라엘인 대다수에 호소하는 것만이 집권할 유일한 길이라면, 중도좌파 시온주의자 연합은 우파 정당들이 거부하는 정책안을 추진할 강력한 유인을 발견하게 될 것이다. 그런 정책안으로 가장 자명한 사례는 요르단 강 서안 지구의 유대인 정착촌을 철수시켜 진정한 두 국가 체제를 실현하는 것이지만, 다른 방안도 있을 수있다. 예컨대 점령 지역 팔레스타인 주민에게 선거권을 확대하는 방안도 시도해 볼 수 있다. 특정 정책안은 제쳐 놓고라도, 160만 아랍계 유권자를 고려해야 하는 양당제가 성립되면 현재의 지배적인 양상과는또 다른 경쟁 역학이 생성될 것이다. (소수자 권리에 관해서는 다음 장에서 더자세히 논할 것이다.) 물론 별 효과가 없을 수도 있다. 확실한 것은 아무것도 없다. 그러나 잠재적 다수에게 소수의 이익을 챙기도록 선거제도로유인을 부여하는 일은 문제 해결의 가장 좋은 출발점이다.

비례대표제에서 정당들로 하여금 중위 투표자 쪽으로 모이게 하는유인이 없다는 난점은 선거 후 협상에도 영향을 미친다. 모든 정당은 협상이 어떻게 타결되든 그 내용이 현 의회에만 적용된다는 사실을 알고있다. 미래의 선거는 그때 가서 또 어떤 연합이 성립될지 알 수 없으므로 현재 정부 구성을 위해 맺어야 하는 협정에 영향을 주지 못한다. 즉다당제에서는 정당 연합이 '단기적'이라는 뜻이다. 아무도 정당 연합이미래에 던지는 메시지를 생각할 이유가 없다. 이것은 양당제에서 '장기적' 연합들이 포괄 정당을 형성하는 것과 대조되는데, 이 경우 선거 때마다 매번 동일한 집단들이 연합해서 선거전을 치를 것이라는 사실을 모든 사람이 알고 있다.[11] 물론 여기에도 예외는 있어서, 1856년 이후 미국에서 휘그당이 몰락한 일이나 1920년대 초 영국 노동당이 자유당을 대체한 것과 같은 변화가 있었지만, 정당 연합의 양상을 재편한 이 예외들은 오히려 원칙을 증명한다. 즉 양당제에서 양대 정당은 대부분의 경우 정체성과 평판을 오래 유지하는 내구성 있는 연합을 기반으로 구축된다. 이것은 말하자면 결혼에 가깝고, 다당제에서의 정당 연합은 가벼운 연애에 가깝다.

또한 다당제에서 연합 당사자들은 합의 사안의 비용을 다른 사람들에게 억지로 떠넘길 강력한 유인을 갖는다. 노사의 연합은 파업을 피하는 데 합의하는 조건으로 노동자의 임금과 고용을 강하게 보호할 수 있지만, 그 대가로 소비자 가격이 오르고 실업이 증가할 수 있다. 양당제에서는 양당이 장기적 평판을 구축해야 하고 자신들이 덜 신경 쓰는 유권자가 반대편을 지지할까 봐 염려한다. 따라서 양당은 자기 당의 정책이 다른 이들에게 부과하는 비용을 최소화해야 할 유인을 갖는다. 반면에 다당제의 특징인 단기적 연합은 더 기회주의적인 성향을 띠기 쉽다. 다음 선거를 앞두고 각 당은 비인기 정책을 연정 파트너의 탓으로 돌리려고 할 가능성이 크다. 양당제에서는 정부가 그런 사치를 누리지 못한다.

연립정부에 참여하는 정당은 흔히 경제에 유익한 정책을 희생시켜서라도 지지층에 보답하려는 유인을 갖는다. 심지어 그 경제정책이 자기 지지층에 유리하더라도 그러하다. 이 상황은 전형적인 죄수의 딜레마를 닮았다. 이때 양측은 상대가 어떻게 행동하든 공동의 이익에 기여하지 않는 편이 자신에게 유리하다. 이런 유인은 우리가 여기서 고려하는 상황처럼 죄수의 딜레마가 '일회성'일 때 특히 강력하다. 이 경우에는 지속적인 관계 속에서 상대방의 협조를 유도하기 위해 단기적 비용을 감수하는 쪽을 선택하기란 불가능하다.[12] 가장 쉬운 길은 연합에 참여하는 정당들이 각자 자기 지지층에게 가장 유리한 것을 지금 당장 얻어 내는 것이다. 예컨대 이것은 양당제인 영국 정부가 다당제인 독일보다 신중한 금융 규제법을 제정하는 데 좀 더 성공적인 이유를 설명해 주는데, 독일에서는 대형 은행들이 자신들의 이익을 보호해 주는 은행 법규들을 단단히 고수하면서 자본시장에서의 경쟁을 저해하고 있다.[13] 5장에서 논의하겠지만, 일반적으로 양당제보다 다당제에서 정부 지출이 더 크다는 것(그러나 그 지출은 광범위한 경제 이익을 증진시키기보다 지지자들에게 직접 보답하는 방식으로 이루어진다는 것)이 우리의 예측이다.

충성스러운 야당의 핵심적 역할

양당제에서는 집권하지 못한 정당이 공식적으로 "충성스러운" 야당loyal opposition이 된다. 이들의 임무는 두 가지다. 첫째, 야당은 정부의 입법 정책을 비판하고, 그 취약한 점을 지적하며, 거짓말을 하지 못하도록 감시함으로써 정부를 계속 긴장시킨다. 이 감시 기능은 민주정치보다 먼저 존재했다. 18세기 영국에서 등장한 이 기능의 목적은, 왕이 각료를 감시하고자 해도 필요한 정보를 각료들이 통제하고 있는 상황에서, 각료를 어떻게 신뢰할 것인가에 대한 왕의 근심을 덜어 주기 위한 것이었다. 그리하여 폐하의 충성스러운 야당은 폐하의 각료들을 감시할 수단과 유인을 부여받았다. 이는 왕이 의회 다수당을 상대로 협상력을 유지

하는 데에도 도움이 됐다.[14]

양당제에서는 충성스러운 야당이 유권자 대중을 대표해 이 역할을 수행한다. 다당제에서는 이 장점이 포기되는데, 일관된 정강 정책을 갖춘 통일된 야권이 존재하지 않기 때문이다. 양당제에서는 야당이 미래에 연정 파트너가 될 수 있다는 점을 계산해 일부러 공격에 힘을 빼고 사정을 봐주거나 하지 않는다. 선거에 패한 후 분열하지도 않는다. 오히려 차기 선거전을 위해 힘을 기른다. 이와는 대조적으로 비례대표제에서는 집권에 실패한 야권 정당들이 서로 갈라설 유인을 갖는다. 다당제의 야당들은 연정에 자리가 생기면 들어갈 수 있도록 정부의 비인기 정책을 못 본 척할 수도 있다. 유권자를 위해 야당의 감시가 가장 필요할 때조차 현 정부가 멋대로 하도록 내버려 두는 것이다.

공식 야당*의 또 다른 임무는, 혹시 집권하면 이행할 정책 대안을 갖춘 상태로 대기하는 믿음직한 예비 정부가 되는 것이다. 물론 현 정부가 실행 중인 정책에 적용하는 것과 똑같이 엄격한 잣대가 야당에 적용되는 것은 아니지만, 그럼에도 야당은 선거에서 공약으로 내세우고 선출되면 법제화할 자신의 정책을 충분히 설명하고 옹호해야만 한다. 그렇게 하지 못하면 미국 공화당이 2017년 건강보험 사안에서 경험했듯이, 결국 그 대가를 치르게 된다. 공화당은 2016년 행정부와 입법부를 한꺼번에 장악해 오바마 정부의 부담 적정 보험법**을 자신들의 대안으

• 공식 야당official opposition
영연방 국가에서 제1 야당을 가리키는 용어로, '충성스러운 야당'과 동의어다.
•• 환자 보호 및 부담 적정 보험법Patient Protection and Affordable Care Act
2014년부터 시행된 오바마 행정부의 대표적인 개혁 정책으로, 차상위 계층을 위한 의료 혜택 보장과 건강보험 가입자 수 확대를 목표로 했다. ① 저소득자

로 교체할 수 있는 위치에 도달하기 전부터, 이미 세 차례 선거에서 연속으로 부담 적정 보험법 폐기 운동을 벌였고, 폐지 법안을 60차례나 의회 표결에 붙였다. 그러나 공화당에 믿음직한 대안이 없다는 사실이 분명해지자 부담 적정 보험법 폐기에 대한 지지는 급속히 추락했다. 비례대표제에서는 야당이 이런 식으로 책임지는 일이 없다.

양당제에서 공식 야당은 정치적 지위뿐만 아니라 제도적 지위를 누린다. 야당 지도자가 선임한 예비 내각의 각료들은 행정 조직의 지원을 받고, 기밀 정보에 접근할 수 있으며, 보안 보고를 받는다. 야당은 각 위원회에도 공식적으로 참여해, 의회에서 양당 지도자의 관계와 비슷하게 각 위원회의 야당 대표들이 여당 소속 위원장들을 비판한다. 이런 제도적 지위는 야당을 영구히 완파해야 할 적으로 보는 것이 아니라, 유권자가 현 정권의 실적을 평가할 때 고려할 수 있는 정책 대안을 갖춘 잠재적 정권으로 간주함으로써 야당의 지위를 높여 준다.[15]

비례대표제에는 이런 장점이 부족하다. 야당의 핵심 지지자들은 자신이 지지하는 당의 가치를 믿지만, 집권하면 무엇을 하겠다는 야당들의 주장을 살펴보면 신뢰가 가지 않는다. 요컨대 하나의 유력한 야당이 존재해야 유권자가, 현 상태를 대체할 수 있는 믿음직한 대안에 대해 신뢰성 있는 정보를 확보하는 데 드는 비용이 절감된다.

이와 관련해 양당이 모두 중위 투표자에게 호소하면 양당 사이에

가 정부 지정 보험에 가입할 때 보조금 지급, ② 보험사가 건강 상태를 이유로 가입자를 차별하는 행위 금지, ③ 건강보험 미가입자에 벌금 부과 등을 주요 내용으로 한다. 이 정책으로 2016년 기준 건강보험 미가입자 수가 대략 절반으로 줄어들어 2000만-2400만 명이 추가로 건강보험 혜택을 받게 된 것으로 추산된다.

정책적 차이가 거의 없어질 것이라고 누군가 이의를 제기할 수도 있다. 특히나 요즘은 정강 정책을 집중 여론조사 및 초점 집단을 통해 검증할 수 있는 시대이므로, 중위 투표자를 뒤쫓는 정당들은 정책이 비슷하게 겹칠 것이다. 그러니 무슨 선택의 여지가 있다고 하겠는가? 이런 반박은 이론적으로는 그럴듯한 시나리오일 수 있다. 하지만 현실적으로 정당은 선거에 나서는 후보자들 개인의 신념과 동기는 물론 당원과 기부자로부터 많은 압박을 받으며, 이것이 당이 채택하는 정책에 영향을 준다. 게다가 후보들이 중위 투표자를 잘못 파악하는 일도 자주 생긴다. 2016년 6월 데이비드 캐머런이 브렉시트 국민투표를 시행한 일, 그리고 1년 후 테리사 메이가 조기 총선을 실시했다가 보수당이 과반 의석 확보에 실패한 일을 생각해 보면 알 수 있다.

실제로 정당마다 정책이 비슷할 때는 유권자의 선호가 명확하기 때문인 경우가 많다. 미국에서는 그 어떤 당도 사회보장 연금(노령·유족·장애 연금)이나 메디케어를 포기하지 못한다. 영국에서는 노동당이든 보수당이든 국민건강보험 폐지는 상상도 하지 못한다. 제도의 비용과 적용 범위 같은 세부 사항을 둘러싸고 당의 입장이 달라서 충돌은 할지언정, 제도 자체를 유지하는 것은 양당의 정강에서 골자를 이룬다. 이때 선택의 여지가 없다는 것은 장점이지 단점이 아니다. 대다수 유권자가 원하는 것을 인식해 반영하는 것이기 때문이다.

정당들이 경쟁하는 상당수의 사안은 유권자들 사이에서 그만큼 강력한 합의가 이루어지지 않는 것들이다. 환경 규제, 거시 경제 관리, 교육 재정 지원, 국유화, 보조금 지급, 교통 체계의 민영화, 소수민족과 소수 종교 집단의 수용 같은 사안은 정강마다 차이가 있고, 집권 이후 입법화하는 정책도 서로 다르다. 그런 차이는 특정 유권자층에 대한 약속을 이행하기 때문에 나타나는 것이기도 하지만, 또 한편으로는 중기적으로 어떤 정책이 대다수 인민에게 유리할지를 정당들이 상반되게 평가하고 있음을 반영한다. 대다수 인민에게 유리한 정책이야말로 양당제의 장기적 연합이 추구할 수밖에 없는 목표다. 집권당이 여기에 실패하면 유권자는 돌아선다. 20세기 초 영국 자유당이 그랬듯이, 어떤 정당이 터무니없이 실패하면 새로운 정당이 나타나 그 정당을 대체할 기회가 열린다. 자금이 필요하다고 해서 대다수 유권자보다 기부자의 이익에 더 신경을 쓰는 등 두 당 모두 한심한 성적을 보이면, 포퓰리스트 정당이나 심지어 반체제 정당이 득세할 길이 열린다.

일당 우위 체제

양당제가 다당제보다 좋다면 일당제가 양당제보다 좋지 않을 이유는 무엇인가? 실제로 일부 민주주의 국가에서는 한 정당이 수십 년 내내 재집권했다. 이런 현상은 주로 멕시코·인도·남아프리카공화국 같은 신생 민주주의 국가에서 볼 수 있는데, 우수한 조직력과 자유의 전령이라는 존경받는 지위를 가진 해방 운동 조직은 집권당에 오를 수 있는 우월한 위상을 갖는다. 때로는 다른 요소도 영향을 미친다. 일본 자민당은 냉전 시기에 미 점령군이 좌익 정당들을 체계적으로 억압해 준 덕분에 초기에 유리한 고지를 선점했다. 일당 장기 지배의 원인이 무엇이 됐든, 일부 논평가는 그것이 안정을 가져오고 장기적 안목을 갖춘 계획을 가능하게 한다고 호평한다.

그러나 일당 우위 민주주의 체제는, '거의 언제나 다수의 이익에 봉사'한다는 [민주주의 정치의] 목적을 이루기 어렵다. 당내 경쟁만이 유일하게 유의미한 정치 경쟁일 때 후견주의와 부정부패가 초래된다. 지배 정당은 자신의 독점적 지위를 보호하기 위해 그 지위를 위협할 수 있는 집단과 개인을 매수하고자 하는 유혹을 받는다. 분열된 야권은 거기에 필적하는 매력적인 보상을 나눠 줄 능력이 없으므로 정부에 대적하지 못하고 더욱더 무력해진다. 게다가 집권당의 지배적 위치가 난공불락으로 보이면 잠재적 야권 인사가 자신의 유일한 선택지로서 집권당에 들어갈 유혹을 느끼게 되고, 그러면 정책 대안을 잘 갖춘 야당이 생길 가능성이 약해진다. 때로는 이것이 거의 코미디 같은 양상을 보이기도 하는데, 아파르트헤이트 시대에 집권했던 남아공 국민당의 잔류자들이 스스로 해체하고 2004년 8월 아프리카 국민회의에 입당한 것이 바로 그런 예다.[16]•

　　건강한 야당의 견제를 받지 않는 일당 우위 체제는 중기적 경제 성과를 저해하면서까지 부문별 이익집단에 혜택을 주며, 흔히 심각한 부정부패를 드러낸다.[17] 요컨대 정책으로 경쟁하는 일이야말로 건강한 민주주의의 생명소다. 이를 위해서는 크고 강한 두 개의 정당이 가장 좋다. 정당이 둘을 초과하면 문제가 생긴다. 둘 미만이면 문제는 더 심각하다.

• 1914년 창당한 남아공 국민당은 강력한 인종차별 정책으로 악명이 높았다. 아파르트헤이트 정책이 폐지된 후인 1994년에 아프리카민족회의와 연립 정권을 구성했다가 1996년 연정에서 탈퇴하고, 1997년 이미지 쇄신을 위해 신국민당으로 당명을 바꿨다. 그러나 1999년과 2004년 총선에서 연이어 참패하고 결국 아프리카 국민회의로 통합되었다.

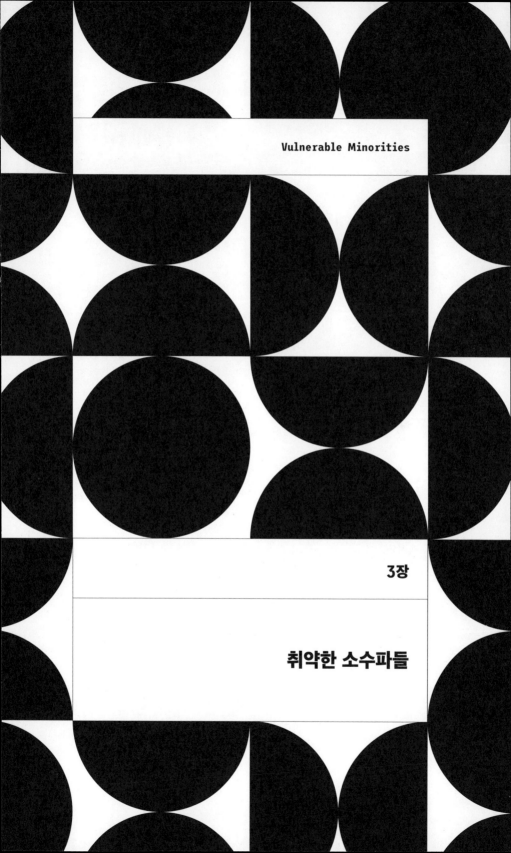

Vulnerable Minorities

3장

취약한 소수파들

대다수 인민이 원하는 사항의 대부분을 거의 언제나 처리해 주는 체제라 하더라도 그런 혜택을 받지 못하는 사람들은 늘 있는 법이다. 이런 고질적인 적대의 한 가지 명백한 근원은 인종주의이지만 신분·계급·종교, 기타 신념의 차이도 체계적 배제의 요인이 될 수 있다. 흔히 이 요인들은 서로 겹치면서 배제를 강화시키는데, 이를테면 이라크에서 다수 시아파가 부, 권력, 그리고 수입 좋은 공공 부문 일자리에 소수 수니파의 접근을 막는 것이 그런 예에 해당한다. 강한 적대감이 오래 지속되면 배제되는 자는 반체제적(포퓰리스트이거나 반정부적인) 정당 및 운동에 가담할 가능성이 있다. 충성스러운 야당이 거의 또는 전혀 긍정적인 역할을 하지 못할 때 충성스럽지 않은 야당이라는 유령이 고개를 든다.

이런 가능성 때문에 다수대표제 정치majoritarian politics에서는 소수의 운명에 특별한 관심을 가져야 한다. 이를 위해서는 잠재적인 전제로부터 소수를 직접 보호하는 방안을 생각해 볼 수도 있고, 다수가 소수를 짓밟지 않을 유인을 갖도록 선거 경쟁을 재구성할 수도 있다. 아랍계 이스라엘인에 관한 앞 장의 논의는 강력한 양당제 속에서 소수를 보호할 유인을 구축한다는 점에서 우리가 후자의 전략을 선호함을 보여 준다. 그 근거를 좀 더 자세히 설명하기에 앞서 소수자에게 직접 보호막을 쳐 주는 대안부터 논의하겠다. 이는 각계에서 영향력 있는 논리이지만, 그런 개혁은 자칫하면 우리가 막으려고 하는 배제를 오히려 더 심화시키기 쉽다.

그런데 우리는 먼저 취약한 소수와 강력한 소수를 구별해야 한다. 역사적으로 민주주의에 대한 요구는 부와 권력을 내놓을 생각이 전혀 없는 엘리트의 손에 부와 권력이 집중됨으로써 유발되었다. 민주주의 운동이 진전을 이루면서, 그런 엘리트도 그제야 소수자 권리의 장점을 발견했다. 남아프리카공화국의 국민당NP 정권은 아파르트헤이트 시대에 백인으로만 구성된 의회에서 야권을 함부로 대하고 인종주의 정책에 (약하게나마) 맞서는 남아공 사법부의 노력을 묵살했다. 이에 대해 쏟아지는 비판은 무시했다.[1] 하지만 의회에서 국민당이 견고하게 점했던 우위는 1990년 초에 진정한 다수 지배가 등장할 조짐 앞에서 순식간에 무너졌다. 그러자 국민당은, 결국 성공하지는 못했지만, 헌법상의 소수자 보호 조항을 이것저것 적용해 달라고 요구하고 선거제도를 통해 권력 분담을 보장받으려고 끈질기게 싸웠다.[2]

  약자를 보호하기 위한 조항을 강력한 엘리트가 자신들에게 유리하게 이용할 수 있다는 발상은 새로운 것이 아니다. 알렉시 드 토크빌이 1835년 『미국의 민주주의』에서 다수의 전제가 지닌 위험에 대해 경종을 울린 목적은, 민주주의에 의해 파멸되는 것보다는 민주주의에 양보함으로써 그 "야생 본능"을 길들이는 편이 낫다고 프랑스 지배 엘리트 동료들에게 경고하기 위한 것이었다. "민주주의가 봉건 체제를 파괴하고 군주도 무너뜨렸는데 중간계급과 부유층 앞에서 순순히 물러날 것이라고 누가 생각하겠는가?"[3] 토크빌은 자신이 겨냥한 독자층이 이 메시지에 무관심하다는 사실에 좌절했지만, 이 책의 뒤에서는 이 메시지를 민감하게 받아들인 이들도 있었다는 것을 살펴볼 것이다. 취약한 집단을 보호하는 개혁은 마지노선 정도에 불과할 때가 많다. 더 나쁜 경우, 힘 있고 돈 있는 자들이 개혁된 제도를 장악해 자신의 유리한 고지를 방어하는 일에 이용한다.

헌법적 보호막

다수의 횡포를 방지하는 가장 중요한 방법은 다수 지배의 법적 권한을 제한하는 것이다. 적어도 매디슨이 미국 헌법에 최초의 10개 수정 조항을 써넣은 이래 표준적인 접근법은 구체적인 보호조치를 법 규정으로 확립하는 것이었다. 미국은 남북 전쟁이 끝난 뒤 미국에서 가장 취약한 소수자를 분명하게 언급하면서, 노예제를 철폐하고, 평등한 시민권과 법의 보호를 보장하고, "인종, 피부색, 또는 이전의 노예 상태"에 근거한 투표권 차별을 금지하는 수정 조항을 추가로 도입했다. 여러 나라가 미국 모델을 뒤쫓아 권리장전을 도입하고 그 이행을 독립적인 사법부나 헌법재판소에 위임했다.

이것은 얼마나 효과적이었을까? 미국 역사는 경고의 메시지를 들려준다. 남북전쟁 수정 조항들 가운데 마지막 조항이 비준되던 1870년 무렵 재건 시대*는 이미 저무는 중이었다. 율리시스 S. 그랜트 대통령이 이끄는 공화당 행정부가 몇 가지 [부정부패] 스캔들과 1873년 경기

• 재건 시대Reconstruction Era
링컨의 노예해방 선언이 있었던 1863년부터 남북전쟁 후 1877년까지의 국가 재건 시기를 가리킨다. 미국 민권 역사상 중대한 발전이 이때 이루어졌는데, 미국 수정 헌법 제13조(노예제도의 금지), 14조(노예 출신 흑인에게 동등한 시민권 부여), 15조(참정권 부여에 있어서 인종차별 금지)가 차례로 통과되었다. 이 3개 수정 조항을 '남북전쟁 수정 조항'이라고 부른다.

침체를 겪고 1874년 중간선거에서 크게 패배해 민주당미국 민주당

이 상원 의석을 대폭 획득하고 하원도 장악하자, 소수자 보호에 대한 대통령의 강행 의지는 줄어들었다. [소수자 보호에] 적대적이었던 연방대법원은 수정 조항들을 아주 좁게 해석해 흑인을 인종주의적 위협으로부터 보호하려는 수정 조항의 목적 달성을 가로막았다.[4] 남부에서 공화당은 분열되어 주 의회에서 차례로 지배력을 상실했다. 전쟁에서 졌다는 사실을 결코 인정하지 않았던 남부 백인들의 인종 통합 거부 의지는 북부 백인들의 인종 통합 강행 의지보다 강력했다는 것이 곧 분명해졌다. 정치인들은 여기에 부응해 흑인의 투표권을 박탈하고 수십 년간 인종주의적 입법을 지속했는데, 이런 상황은 1960년대가 될 때까지 크게 견제받지 않았다.[5]

어쩌면 십여 년에 걸친 군정과 엄청난 규모의 경제 재건 정책도 미국 남부에서 짐 크로 체제*가 등장하는 일을 막을 수 없었을지도 모른다. 분명히 수정 헌법은 눈에 띄는 효과를 거의 발휘하지 못했다. 미국 흑인들은 계속해서 끔찍한 차별 상태에서 살다가 죽어 갔고, 법체계를 통해 운명을 개선할 기회란 드물었다. 1938년 '미국 대 캐럴린 프로덕츠 컴퍼니' 판결에서 미국 연방대법원은 "개별화되고 고립된 소수"에 대한 편견이, 소수자 보호를 위해 "통상 의지하게 되는 정치과정의 작동을 심각하게 제약하기 쉬운" 경우 그 편견에 각별한 주의가 요구된다고 인정했다.[6] 이 판결은 분명히 미국 흑인들이야말로 보호가 필요한 소수자라는 연방대법원의 정의에 부합했지만, 이 또한 재건 시대의 수

• 짐 크로Jim Crow 체제
재건 시대에 흑인의 지위가 향상된 것에 불만을 품은 남부 주들을 중심으로 1870년대부터 1960년대까지 인종 분리 정책이 시행되었는데, 이를 가리킨다.

정 헌법만큼이나 흑인들을 위해 별로 해준 것이 없었다. 15년 후 법원은 마침내 학교의 인종 분리를 위헌으로 선언했다.[7] 헌법학자들은 흔히 브라운 대 교육위원회 판결*을 소수자 보호의 획기적 계기로 거론하지만, 사실상 학교의 인종 분리를 철폐하는 데 제한적으로나마 진전이 있었던 것은 더 나중의 일이었으며, 그것도 주로 [의회의] 입법 정치를 통해 성취된 것이었다.[8]

놀라운 일은 아니다. 헌법적 보호의 강제는 매디슨의 표현처럼 양피지 방벽[에 불과한 권리 보호 조항]이 입법부의 권력을 견제할 수 있는지에 달려 있는데, 이것은 그가 『페더럴리스트』 제48번에서 말했듯이, 효과 없는 견제 장치다. 매디슨은 정부 조직들[행정부, 사법부, 입법부] 사이의 경쟁이 입법 권력을 견제할 수 있기를 바랐지만, 그는 행정부의 역량을 과소평가했다.[9] 동시에 그는 사법부의 견제력을 분명히 과대평가했다. 지난 역사와 다른 나라의 경험이 보여 주는 바에 따르면 사법부는 선출된 정부의 선호로부터 멀어지는 일이 드물고, 멀어질 때도 여론을 거스르기보다는 주로 여론을 따라간다.[10] 그렇다면 사법부가 소수에 대한 다수의 적의를 견제하리라 믿기 어렵다. 민주주의 국가는 비민주주의 국가보다 소수자의 권리 보호 면에서 더 낫지만, 그런 민주주의의 역량을 법원이 더 높여 주는 것은 아니다. 선거제도에 소수자를 보호할 유인을 담는 방안으로 언제나 문제가 해결되는 것은 아니지만, 그것 말고 다른 해결책이 없다는 것은 분명해 보인다.[11]

---

* 브라운 대 교육위원회 판결Brown v. Board of Education
백인과 유색인종이 같은 공립학교에 다닐 수 없도록 한 남부 주들의 인종차별법에 위헌 결정을 내린 미국 연방대법원의 1954년 판례.

소수자와 선거제의 유인

권리장전과 그것을 강제하는 법원이 효과 없는 양피지 방벽에 불과하다면, 취약한 소수를 보호하도록 선거제 자체를 설계해 보면 어떨까? 아렌트 레이파트는 선거전이 벌어지면 곧 국민들이 종족별로 갈려 분쟁이 격화되는 "극심하게 분열된" 사회를 위해 이 방안을 제안했다. 미국 흑인이나 인도의 불가촉천민처럼 오랜 세월 차별로 고통을 받든, 이라크 수니파처럼 무력에 호소하든, 소수집단은 민주주의 경쟁 체제에 의해 보호받기 어렵다. 이런 상황에서는 선거제를 증오와 공포의 협곡을 피해 설계해야 한다. 이를 달성하는 가장 좋은 방법은 소수에게 확실한 거부권을 부여함으로써 다수가 소수의 의사를 수용하도록 강제하는 것이다. 이는 결과적으로 "엘리트로 구성된 카르텔"이 합의에 의해 통치하는, 이른바 협의 민주주의consociational democracy를 낳을 것이다.[12]

한 가지 명백한 어려움은 집행과 관련된 것이다. 애덤 셰보르스키는 만약 민주주의를 파괴할 힘을 지닌 세력이 민주주의 체제가 아닌 다른 가능한 대안을 선호할 경우 그 어떤 민주주의 체제도 존속할 수 없다고 강조한다.[13] 다수 세력이 헌법재판소의 판결도 존중하지 않는데 무엇 때문에 협의 체제를 더 존중하겠는가? 이것은 협의 체제가 존중받는 나라에서는 그런 체제가 사실상 불필요하고, 협의 체제가 필요한 나라에서는 어차피 그런 체제가 존중받지 못할 것임을 암시한다. 도널드 호로비츠와 브라이언 배리 같은 비판자들은 협의 체제가 파벌 분쟁을 방지한 전적이 없다는 점을 지적한다. 그렇다면 호로비츠의 지적처럼 레이파트가 인과관계를 반대로 이해했을 가능성이 크다. 즉, 레이파트가 유럽의 오래된 협의 체제가 가져온 특성으로 든 "절제와 유동성"은 사

실상 협의 체제를 가능하게 한 요인이었다는 얘기다.[14]

또 한 가지 어려움은, 개별화되고 고립된 소수를 보호하기 위해 설계된 제도가 도리어 치료하려던 병을 지속시키는 경향이 있다는 점이다. 이때 정치인들은 극단적인 신념의 차이를 덜 강조하고 유권자의 지지를 끌어낼 다른 기반을 찾아야 할 이유를 갖지 못하며, 오히려 신념의 차이를 강조하는 노선에 따라 인민을 동원하는 것이 유리하다. 미국에서 도입한 소수 인종 다수 선거구 제도에서 이 현상이 나타난다. 이런 선거구에서는 정치인이 소수 인종 문제를 강조할 유인이 있으나 다른 선거구에서는 그것을 무시할 이유가 충분하다. 이것은 소수 인종의 문제를 다루기 위한 방안이 아니라 미국 정치에서 앞으로도 인종 문제를 계속 논쟁거리로 남겨 두는 확실한 방법이다. 사실 소수 인종 다수 선거구 제도는 대체로 저소득층이고 민주당을 찍는 흑인 유권자를 그 선거구로 집결시킨다. 이로 인해 인종과 계급의 차이는 서로를 완화시키기보다 상호 강화될 가능성이 높아진다. 레이건 정부의 법무부가 1980년대에 소수 인종 다수 선거구의 확대를 지지한 것도 알고 보면 전혀 이상하지 않다.

선거제를 소수 보호의 수단으로 사용하자는 견해를 따르는 일부 저술가들은 심한 인종적 분열이라는 조건에 맞춰 추진하면서도 더욱 악화시키는 것은 피하는 좀 더 교묘한 장치를 고안했다. 이를테면 호로비츠는 정치인들이 자기가 속한 인종 이외에 다른 인종 집단의 이익에도 부응하도록 다양한 방안을 제안했다. 선거에서 투표자가 두 번째와 세 번째로 선호한 후보들에게 가중치를 부여하는 표 계산법도 여기에 해당한다. 또 다른 대안은 나이지리아처럼 종족 집단들이 각기 일정 지역에 집중되어 있는 경우, 후보자가 하나 이상의 지역에서 일정한 득표율을 얻을 것을 요건으로 삼는 방법이다. 한편, 라니 기니에는 투표자가 여러 후보에게 분산해서 투표하거나 한 후보에게 여러 표를 줄 수 있는 누적 투표 제도를 제안한다.[15] 이런 제안들의 목적은 선거 결과에 유권자의 강력한 선호가 반영되도록 하면서도 그와 동시에 정치인들에게 그런 선호를 강화할 유인을 주지 않는 것이다.

이런 식으로 선호를 반영하는 방안들은 아직 널리 도입되지 않고 있으며, 이를 시도한 곳에서도 지속적인 성공을 거두지 못했다. 한 가지 중대한 어려움은, 그런 제도들이 유권자가 이해하기에 너무 복잡해서 정당성을 갖지 못할 수 있다는 점이다. 1993년 클린턴 대통령이 법무부 민권부장으로 지명한 라니 기니에의 정치적 운명은 이를 극적으로 보여 주었다. 기니에의 글들이 1인 1표 원칙을 침해해서 흑인의 투표권을 신장하려는 시도라고 맹렬하게 공격당하자 클린턴이 지명을 재빨리 철회한 것이다.[16] 기니에가 흑인에게 투표권을 더 많이 주자고 제안한 것이 전혀 아니었다는 점에서 이는 부당한 조치였다. 하지만 이 일화는 투표제를 복잡하게 만드는 일에는 정치적 한계가 따른다는 것을 잘 보여 준다.

그런 한계를 제쳐 두더라도, 특정 인종에 대한 선별적 대우를 부작용 없이 강력하게 반영할 수 있는 방책만으로는 충분하지 않다. 정말 필요한 것은, 분리되고 고립된 소수를 만들어 내는 선호 자체를 애초에 감소시킬 유인을 창출하는 방책이다. 정당들이 다른 유권자를 소외하지 않으면서도 소수자의 표를 얻기 위해 경쟁하고, 그것을 경쟁 정당보다 더 잘해 내는 것이 자기 당의 이익에 부합한다고 여길 때라야 비로소 그런 일이 나타날 수 있다. 소수자를 다수대표제 정치로부터 보호하는 방패를 치기보다는, 소수자의 표를 놓고 경쟁하는 일이 정당에 이익이 되도록 정치 경쟁을 구조화하는 것이 더 좋은 접근법이다.

다당제하에서 고립된 소수

다당제에서는 특정 종족이나 종교를 지지 기반으로 하는 정당들이 의회에서 더 큰 대표성을 누릴 수 있지만, 앞서 논의한 아랍계 이스라엘인 문제는 그럼에도 불구하고 그들이 그런 상황에서 얻어 낼 수 있는 이점이 제한적이라는 사실을 보여 준다. 아랍계 이스라엘인처럼 진정으로 "개별화되고 고립된" 소수의 경우(우파 유대교 정당들은 여기에 해당하지 않는다) 이스라엘 정부에 참여할 수 있는 전망은 거의 없다. 다른 정당들로부터 어떤 약속을 받아 낼 만한 힘이 없으므로, 이미 약하고 분열된 야권 중에서도 가장 힘없는 구성원이 될 수밖에 없다.

그렇다고 해서 취약한 소수집단의 대표자가 의회에서 힘의 균형을 깰 수 있는 위치를 이용해 양편 모두에게 양보를 받아 내는 때도 있다는 점을 부인하려는 것은 아니다. 아이러니하게도 19세기 중반 영국의 노예무역을 둘러싼 분쟁에서 그런 가장 극적인 사례 하나를 찾아볼 수 있다. 이 당시에는 정당들이 이후 시대에 비해 현저히 힘이 약했는데, 대서양 노예무역 폐지가 열렬한 관심사였던 소수 야당 휘그당이 1835년에서 1857년까지 연속으로 여섯 번의 선거에 걸쳐 하원에서 힘의 균형을 깰 수 있는 위치를 점했다.[17] 바로 그랬기 때문에 휘그당은 당시 들어서는 정부마다 계속 노예무역 폐지를 종용해 결국 영국 재무부와 국가 경제에 수천만 파운드의 비용이 발생함에도 불구하고 폐지를 강행할 수 있었다.[18]

이런 극적이고 예외적인 사례는 오히려 원칙을 증명한다. 여기서 논의되는 부류의 소수자들은 광범위한 반감의 대상이므로 주류 정당은 그들과 집권 연합을 형성하려고 하지 않을 것이다. 그리고 종족에 기반한 정당은 자신들에게 존재 이유를 부여하는 정체성에 호소해야만 유권자를 동원할 수 있으므로, 자신들에 대한 반감이 완화되도록 정당 이념을 조정할 가능성은 작다.

그러므로 개별화되고 고립된 소수가 직면한 어려움에 대한 해답이 다당제라고 상정하는 것은 설득력이 없다. 만약 인도나 미국이 비례대표제를 채택했더라면 불가촉천민이나 흑인을 대표하는 정당이 등장했을 수도 있으나 이스라엘 의회의 아랍계 정당들보다 소수자 이익 보호 장치의 역할을 더 잘 수행하지는 못했을 것이다. 힘이 들더라도 더 유망한 처방은, 양대 정당이 차별받는 집단의 표를 얻기 위해 차별 완화에 힘쓰게끔 유인을 부여하는 것이다.

양당제하에서 취약한 소수

잘 기능하는 양당제에서는 양대 정당이 선거의 승패를 좌우할 수 있는 소수 유권자를 두고 경쟁할 유인을 갖는다. 또한 양당은 그럴 경우에도 다른 지지자들을 필요 이상으로 소외하지 않을 유인을 지닌다. 그렇게 하지 않으면 자기 당에 해가 되기 때문이다. 하지만 인종주의나 다른 분파 갈등이 깊은 곳에서는 그러기가 쉽지 않다. 정당의 지도부는 자기 당의 전통적 유권자층을 잠식하려는 상대 정당의 예측 가능한 시도에 맞서 더 광범위한 연합을 지탱해 줄 포용적인 정책을 고안할 수 있어야 한다. 미국 선거 정치에서 소수 인종의 역사는 정당에 꼭 필요한 힘이 결여되면 이것이 얼마나 힘든지 유익한 교훈을 남긴다. 흑인들은 법정보다는 선거 정치를 통해 더 많은 것을 성취했지만, 그 진전은 더뎠고 아무리 좋게 봐도 불완전했다.

아이라 카츠넬슨은 "뉴딜 정책 이전 반세기 전체를 아울러 흑인의 권리를 보호하기 위한 의회의 모든 노력은 실패로 돌아갔다."라고 지적한다.[19] 경제적 약자를 위해 새로운 혜택을 약속한 뉴딜 정책도 여러 면에서 이 패턴을 답습했다. 남부 민주당은 프랭클린 루스벨트 정부가 추진하는 입법 의제를 짐 크로 체제를 유지하는 데 이용할 볼모로 삼았다. 그들은 사회보장을 비롯한 복지 제도의 수혜 대상에서, 흑인 인구가 압도적인 농민과 가사 노동자를 제외하도록 요구했을 뿐만 아니라 대통령이 린치 금지법을 지지하면 대통령의 다른 입법 의제가 희생되는 대가를 치를 것이라고 위협했다.[20] 대다수의 북부 백인은 이 같은 인종주의에 반대했지만, 그 반대의 강도가 남부 백인이 인종주의를 옹호하는 강도에는 못 미쳤다. 반세기 전의 재건 시대 때처럼 북부 사람들은 입장을 굽히고 말았다.[21] 선거 정치를 통해 미국 흑인의 이익을 보호할 전망은 여전히 어두웠다.

1960년대에 와서 잠시 상황이 변한 것처럼 보였으나 사실은 그렇지 않았음이 곧 드러났다. 1960년에 존 F. 케네디는 강력한 민권 공약을 기반으로 대선에 출마했다. 선거가 박빙 양상이었기 때문에 케네디는 보수적인 남부를 달래기 위해 텍사스 상원의원 린든 존슨을 부통령으로 선택할 수밖에 없었다. 완강하게 적대적인 남부 의원들이 주요 상임위원회를 장악하고 있는 의회에서, 민권법안은 난항을 겪을 것이 분명했다. 1963년 6월 정부는 드디어 민권법안을 의회로 보냈지만, 민권법에 대한 대중적 지지를 구축하기 위한 케네디의 노력에도 불구하고 법안은 그가 그해 11월에 암살될 때까지도 의회에서 통과되지 못했다.

대통령이 된 린든 존슨은 민권을 그의 사명으로 삼아 세상을 놀라게 했다. 그는 민권운동 지도자들과 함께 전국 유세를 하면서 대중의 지지를 구축했고 입법 전략가로서 놀라운 기량(부통령이 되기 전에 상원 다수당 원내대표를 지내면서 연마한 기량)을 발휘해 민권법안이 통과되도록 유도했다.[22] 1964년 6월, 역사상 최초로 상원은 민권법안에 대한 의사 진행 방해(필리버스터)를 표결로 종결했다. 만약 정치가 '다른 수단에 의한 전쟁'war by other means이라면, 민권법안에 대한 투표는 남북전쟁의 정치적 재현이었다. 북부의 민주당과 공화당 소속 상하원 의원들은 법안에 압도적으로 찬성표를 던졌고, 남부의 양당 의원들은 반대했다.

존슨은 법안에 서명하면서 보좌관에게 "우리는 한 세대 동안 남부를 잃게 되었다."라고 말한 것으로 전해진다.[23] 그가 정말 그렇게 말했는지는 확실치 않으나 그런 우려에는 일리가 있었다. 존슨의 소망은 자신이 제시하는 나머지 공약들이 남부 민주당에 충분한 호소력을 발휘해 그들이 민권법을 참고 받아들이도록 하는 것이었다. 그리고 그는 배리 골드워터 공화당 후보와 경쟁한다는 이점이 있었다. 골드워터는 뉴딜 및 연방 정부의 빈곤 퇴치 노력에 완강하게 반대한 오랜 전력이 있고, 남부의 많은 백인 민주당원들은 그 두 정책을 좋게 보고 있었다. 존슨과 민주당이 남부 사람들의 경제적 이익에 집중한다면 남부에서 살아남을 터였다. 북부에서야 어차피 공화당 지지자들도 북부의 민주당 지지자들과 같은 비율로 민권법에 투표했다.

단기적으로 그런 정책 묶음bundling은 효과가 있었다. 이 묶음에는 민권법과 더불어 '빈곤과의 전쟁'War on Poverty이라는 슬로건으로 더 잘 알려진 1964년 경제기회법Economic Opportunity Act of 1964, 그리고 노령 및 장애 연금 등 사회보장 확대, 메디케어와 메디케이드* 신설,

일련의 도시 재생 계획 등이 담겨 있었다. 1964년 11월, 존슨은 44개 주에서 승리하고 일반 국민투표에서 61퍼센트를 득표해 큰 표 차로 대통령에 당선되었다. 민주당은 2 대 1 비율로 하원 의석을 차지했고 상원에서도 68석을 얻어 의사 진행 방해를 당할 일이 없었다.* 골드워터가 민주당의 '위대한 사회'** 정책안에 반대했다는 사실이 정말로 남부 민주당원들에게는 민권에 대한 자신들의 적대감보다 더 중요한 요소로 작용한 것으로 보였다. 그러나 골드워터가 민주당으로부터 탈취한 남부의 주들은 앞으로 다가올 일의 전조를 알렸다.***

민권법에 대한 남부 백인의 반발은 선거가 끝나자 거의 바로 전개되었다. 흑인 유권자 등록 운동이 남부 전역에서 난폭한 반대에 부딪히면서 결국 1965년 3월 셀마 행진****으로 이어졌다. 노골적인 폭력 장면

---

* 메디케어와 메디케이드
메디케어는 연방 정부에서 지원하고 운영하는 건강보험 제도로 65세 이상의 노인들과 65세 미만이더라도 특정한 장애나 질병을 가지고 있는 사람들을 대상으로 하며, 메디케이드(Medicaid)는 저소득층을 위해 연방 정부와 주 정부가 함께 운영하는 건강보험 제도이다.
* 연방 상원에서 법안을 단독 처리할 수 있는 의석수가 상원 의석 100석 가운데 60석이다. 그래서 이를 '슈퍼 60석'이라고 부른다.
** 위대한 사회Great Society
1964년 린든 존슨 대통령이 내세운 선거 슬로건이자 비전으로, 루스벨트의 '뉴딜', 케네디의 '뉴 프런티어' 정책의 맥락을 이어받고 심화한 사회복지 혁신 계획이다. 노인에 대한 의료 지원, 청년을 위한 교육 지원, 노동자의 최저임금 인상, 흑인에 대한 법률 구조와 민권 향상 등을 약속했다.
*** 존슨의 대승에도 불구하고 남부의 애리조나, 루이지애나, 미시시피, 앨라배마, 조지아, 사우스캐롤라이나 6개 주에서 골드워터가 이겼는데, 이 가운데 루이지애나, 조지아, 사우스캐롤라이나는 이전 선거에서 케네디가 이긴 주였다.
**** 셀마 행진
1965년 3월 민권운동가들이 흑인 참정권을 요구하며 앨라배마 주 셀마에서

이 텔레비전을 통해 그대로 전달되면서 여론에 불을 지폈고, 그 결과 투표권법이 신속하게 제정되었다. 이번에도 역시 남부에서 초당적으로 법안에 반대했지만, 북부에서도 초당적으로 다수가 찬성함으로써 법안이 통과되었다.

그러나 이것이 선거 계산법을 확실하게 바꾸어 놓지는 못했다. 물론 그때 민주당이 통과시킨 각종 인기 있는 정책들(뉴딜 이래 복지가 최대로 확대되었다)로 미루어 1968년 선거에서도 1964년의 결과가 반복되지 않을 것이라고 장담할 수는 없었다.

여기서 베트남전쟁은 예외였다. 베트남전쟁과 그 후유증은 미국 정치의 궤도를 바꾸어 놓았다. 그로 인해 인종 문제는 지역적 이슈에서 당파적 이슈로 변했고, 흑인에 대한 보호가 뒷전으로 밀렸으며 양당의 힘이 더욱 약해졌다. 베트남전쟁은 존슨에게도 개인적으로 비극이었다. 그와 보좌관들은 이길 수 없는 전쟁임을 이미 오래전부터 알고 있었음에도 '위대한 사회' 정책안을 이행하는 데 반드시 필요한 매파의 지지를 얻어내기 위해 전쟁을 지속했다.[24] 1968년 3월, 전쟁에 대한 여론이 나빠짐에 따라 존슨은 재선에 출마하지 않겠다고 선언할 수밖에 없었다. 존슨 대신 [예비선거에 참여하지도 않았던] 휴버트 험프리 부통령이 후보로 지명되면서 촉발된 갈등[1968년 시카고 민주당 전당대회 폭력 사건]을

주의 수도 몽고메리까지 87킬로미터에 이르는 거리를 고속도로를 따라 행진한 사건이다. 당시 셀마는 흑인 유권자 등록 운동의 중심지였으며, 같은 해 2월 비폭력 시위 중이던 민권운동가 지미 리 잭슨이 경찰의 총탄에 살해되면서 셀마 행진이 촉발됐다. 3월 7일에 시도된 1차 행진은 경찰의 폭력 진압으로, 3월 9일 마틴 루터 킹 목사의 주도로 이루어진 2차 행진은 법원의 불허로 무산됐으나 3월 21일 3차 행진에서 몽고메리에 도착했다. 이 일은 선거에서 인종차별을 금지하는 1965년 투표권법 제정에 크게 기여했다.

계기로 맥거번-프레이저 위원회가 성립되었으며, 이는 민주당의 모습을 바꿔 놓았다.

이런 변화를 초래한 압력은 앞서 언급했듯이 밀실 정치에 대한 반격에서 비롯된 것이기도 했지만, 리처드 닉슨의 남부 전략(민권법 시행에 열의를 보이지 않음으로써 남부 백인의 인종주의에 호소하는 작전)에 대한 반응이기도 했다. 이것은 과거에 공화당을 지지했던 흑인 유권자들이 남부 전역에서 무너지고 있던 민주당 쪽으로 돌아서는 현상을 가속화했다. 애초에 소수 인종 다수 선거구를 만들려고 했던 것은, 소수자를 분산시켜 영향력을 축소하려는 인종적 게리맨더링에 대한 하나의 대응책이었다. 그러나 소수자들 다수를 한 선거구에 채워 넣은 결과 그 선거구에서는 소수자의 영향력이 커졌지만 그 주변 선거구에서는 영향력이 줄어들었다.[25]

결과적으로 취약한 소수에게 역효과가 발생했다. 맥거번-프레이저 위원회는 먼저 대의원 선정에 할당제를 도입하고, 이후 같은 논리를 적용해 흑인의 대표성 증진을 위해 소수 인종 다수 선거구를 (특히 남부에서) 강력히 추진했는데, 이는 민주당에서 묘사적 대표*가 시작되었음을 의미했다. 소수 인종 다수 선거구는 그 수도 적고, 유권자 분리 문제와 관련해 지리적 구분**이나 반경쟁적인 선거구 재획정이 상대적으로 더 중요한데도 세간의 관심은 소수 인종 다수 선거구로 지나치게 편중되었다. 그럼에도 민주당이 이 방침을 포용했다는 것은 이익에 기반한 정치보다 정체성에 기반한 정치를 우선시하는 데 주력하기로 했음을

* 묘사적 대표descriptive representation
인종·젠더·계급 등의 속성을 피대표자와 공유하는 대표자에 의한 대표.
** 지리적 구분geographic sorting
같은 정치 성향을 지닌 주민들이 같은 선거구로 집중되어 있는 현상.

선명하게 드러냈다.

물론 묘사적 대표의 출현이 미국 정체성 정치의 출발점은 아니다. 흑인을 위한 묘사적 대표가 많아지기를 바라는 이들은 백인 정체성 정치가 남긴 유산, 다시 말해 흑인이 투표권을 얻은 후에도 흑인들이 공직에서 배제되어 온 오랜 인종주의의 역사에 대응했던 것이다. 그것은 맞불 작전이었다. 그러나 정체성 정치는 정체성 정치를 불러오고, 궁극적으로 모든 사람이 상처를 받는다.

민주당은 점차 다양한 소수자들을 골고루 포용하게 되면서 백인 노동계급 유권자들로부터 멀어지고 말았다. 이들은 무지개 연합이 확실히 빠뜨린 유일한 집단이었다. 아이러니하게도 이 때문에 공화당은 백인 노동계급 유권자의 경제적 이익에 부응하지 않고서도 손쉽게 그들의 표를 끌어올 수 있었다. 공화당은 인종 정체성 정치에 대한 이들의 분개를 이용해 이들이 임금 정체와 일자리 증발보다는 인종 문제로 주의를 돌리도록 교란했다. 그리하여 앨리 러셀 혹실드가 『자기 땅의 이방인들』*에서 설명하는 레이건 지지파 민주당 세력과 티 파티 지지 세력(이들은 곧 트럼프 지지층이 되었다)이 등장했다. 이들은 흑인의 권리 신장 때문에 자신들이 불이익을 당한다는 제로섬 게임의 관점에서 사회를 바라보는데, 백인 빈곤층의 분개 대상인 소수자가 누리는 정책적 혜택이란 대부분 환상일 뿐임에도 그런 인식이 전통적인 민주당 지지층의 분열을 더욱 부추기고 있다.[26]

인종별로 정당이 갈리는 현상은 흑인들에게도 도움이 되지 않았

• 앨리 러셀 혹실드 지음, 유강은 옮김, 『자기 땅의 이방인들 : 미국 우파는 무엇에 분노하고 어째서 혐오하는가』(이매진, 2017).

다. 명목상 세속 정당인 인도 국민회의와 무슬림들의 관계와 비슷하게, 흑인들이 민주당에 정치적으로 연계되자 그들의 표를 당연하게 여기게 된 당에서 흑인의 정치적 영향력은 축소되었다.[27] 흑인들이 2008년과 2012년 버락 오바마의 대선 출마 때에 비해 2016년 힐러리 클린턴이 출마했을 때 투표율이 낮았던 것처럼 투표장에 가지 않는 방법도 있지만, 그들의 '퇴장'exit이 위협이 되지 않을 때에는 불만을 표시하는 방법 치고는 그 대가가 크다. 한편 공화당의 입장에서는 흑인의 지지 없이도 승리할 수 있다면 굳이 흑인 표를 얻으려고 애쓸 이유가 없다. "대체 당신들이 잃을 게 있는가?" 2016년 트럼프가 흑인들에게 득이 될 만할 것을 아무것도 제시하지 않은 채 날카롭게 던진 말이다.[28]

그리하여 인종에 따라 당이 갈리는 현상은 자본의 이동성 증가, 노동조합의 약화, 금권정치, 기타 관련 요인들에 의해 촉진되던 미국 정치의 우경화에 한몫했다. 빌 클린턴은 공화당의 다수당 지위를 잠식하기 위해 중도로 이동하는 "삼각 측량"* 전략으로 유명했다. 공화당은 같은 전략을 쓸 필요 없이, 민주당 혼자 움직이라고 내버려 둘 여유가 있었고, 규제 개혁이나 조세 등의 분야에서는 심지어 목표 지점을 좀 더 오른쪽으로 이동시킬 수 있었다.[29] 흑인은 민주당에 영향력이 없는데 공화당은 인종 문제를 발판 삼아 저소득 백인 지지층을 확대하게 되자, 선거 경쟁을 통해 우경화에 제동을 걸 방법은 거의 없어졌다.

민주당의 정당 개혁과 선거구 개편으로 의회에서 흑인의 묘사적

• 삼각 측량 전략triangulation tactic
클린턴 대통령이 1996년 대선을 앞두고 구사한 재선 전략으로, 좌우의 중간에서 양편의 장점을 조합하면서도 좌우를 초월하는 제3의 꼭짓점을 형성해 중간층 유권자의 지지를 획득하는 전략을 가리킨다.

대표성은 증가했으나 그 대가는 막대했다. 양당이 모두 흑인의 지지를 얻기 위해 경쟁해야 했다면 흑인에게 더 유리했을 터이나, 그렇게 되지 못해 1960년대 이래로 민권법이나 투표권법에 필적할 만한 입법적 성취가 전혀 이루어지지 않았다. 요즘 같아서는 민권법이나 투표권법이 제정될 수 있다는 상상조차 하기 어렵다. 공화당은 1960년대에는 남부 이외의 지역에서 흑인의 지지를 얻기 위해 경쟁했지만, 요즘은 전국적으로 흑인 투표율을 억제하는 것이 그들에게 유리해졌다.

이 전술은 최근 몇 십 년 동안 공화당이 임명한 대법관들이 지배하는 연방대법원에 의해 방조되었다. 투표권법에는 투표와 관련해 차별이 극심했던 지역의 경우 연방 정부의 사전 승인을 받아야만 선거법을 개정할 수 있다는 규정이 있었는데, 2013년 연방대법원이 이 규정에 위헌 판결을 내렸다. 루스 베이더 긴즈버그는 소수 의견에서 "폭우가 내리는데 당신이 그 비를 맞고 있지 않다는 이유로 아예 우산을 내다 버리겠다는 것과 같다."라고 언급했다.[30] 물론 비는 계속 내리는 중이다. 이 판결이 있기 전에도 21세기로 넘어오면서 투표를 억압하는voter suppression 법들이 이미 잔뜩 등장한 상태였고, 이 판결이 내려지자 사전 승인 요건의 적용을 받았던 여러 주에서 재빨리 그런 투표 억압 방안들을 입법화했다. 보수 전략가들은 백인 인구 비율이 감소하더라도 백인의 투표율을 높임으로써 상황을 유지할 수 있다고 주장했다.[31] 상원에서든 하원에서든 위헌 판결을 받은 규정을 다시 복원하려는 시도가 진전을 이룰 가능성은 없다.

여성의 사례는 이와 대조된다. 어느 당도 여성의 표를 당연시하지 않는데, 이는 양당 모두 여성의 표를 얻기 위해 경쟁해야 한다는 것을 뜻한다. 그 결과 1970년대 이후 출산, 돌봄 노동, 임금, 성희롱에 대한 보호를 포함해서 고용과 관련해 젠더에 근거한 차별을 줄이는 일에 여러 가지 진전이 있었다. 남편이 아내를 강간해도 기소되지 않고 폭력적인 남편을 상대로 아내가 소송을 제기할 수 없었던 법적인 예외도 둘 다 폐지되었다. 미국 헌법에 성차별 금지를 명시하기 위한 성평등 헌법 수정안ERA은 비록 비준받지 못했지만, 레바 시겔은 위와 같은 진전들이 사실상의 ERA라고 일컬었다.[32]

여기서 얻을 수 있는 교훈은, 인종주의가 뿌리 깊을 경우, 개별화되고 고립된 소수를 위해 보호책을 고안하는 일이 양당제에서조차 쉽지 않다는 것이다. 그러나 소수자 보호와 관련한 최대의 성과들은 분권화와 그것이 부추긴 격렬한 정체성 정치가 정당을 약화하기 전에 이루어졌다는 점에 주목하자. 정체성 정치의 효과는 특히 민주당에 치명적이었다. 왜냐하면 인종차별을 문제 삼는 과정에서 전통적인 지지층과 1960년대 이후 당으로 끌어들인 정체성 집단들이 대립하게 되었기 때문이다. 공화당이 선거에서 우선순위로 삼는 중남미계 유권자들의 경우는 이 문제가 덜했다.[33] 2016년 대선에서 도널드 트럼프는 노골적인 외국인 혐오성 공약을 내세웠음에도 중남미계 표 가운데 28퍼센트를 획득했다. 반면에 힐러리 클린턴을 88 대 8의 비율로 선호했던 흑인들은 민주당 내에서 여전히 별 영향력을 발휘하지 못하고 있는데, 이는 흑인들의 이익에 부응할 유인이 적기 때문이다.

민주당이 1960년대 후반에 더 광범위한 연합을 구축하는 입장을 취했더라면 상황은 다르게 전개되었을 수도 있다. 민주당이 당의 내부 개혁과 닉슨의 남부 전략 이후 정체성 정치에 그토록 크게 투자하기보다는 새로 투표권을 얻은 소수자들과 전통적인 민주당 지지층을 하나로 결속했더라면 더 유리했을 것이다. 이는 예컨대 메디케이드를 확대해 젊은 유권자층을 위해 건강보험을 단일 보험자 방식*으로 개혁하고 공공 교육을 강화하는 등의 정책에 초점을 두었어야 했다는 뜻이다. 민주당이 이런 정책을 펼쳤더라면 남부 전략의 골자인, 백인 정체성에 기반한 배제적 정치의 매력도 둔화되고, 전통적인 민주당 지지층과 새로 투표권을 얻은 소수자들에게 동시에 호소할 수 있었을 것이다.

만약 민주당이 이런 관점을 가졌더라면 인종에 근거한 적극적 우대 조치처럼 당에 분열을 불러오기 쉬운 정책에 신중하게 접근했을 것이다. 소수 인종을 위한 적극적 우대 조치는 실제로는 그렇지 않은데도 불공평한 제로섬 게임으로 묘사되기 쉽다. 왜냐하면 자신을 노예제나 인종차별의 수혜자로 여기지 않고 또 실제로도 대부분 그렇지 않은 사람들에게 정책의 가시적 비용이 전가되기 때문이다. 채용에서 소수 인종을 우대하는 조치 때문에 논란이 벌어지는 전형적인 장소는 경찰국과 소방국이다. 돈이 있어서 자신과 자녀를 보호할 수 있는 엘리트층은 별로 영향을 받지 않는다. 1995년에 마이클 린드는 "생각은 좌파"이고 "생활은 우파"인, 잘난 체하고 거만한 백인 상류계급이 민주당의 전통적 지지층인 저소득 유권자층을 소외하는 정책을 지지할 것이라고 예견했다.[34]

그런 방식보다는 사회적 약자의 지원을 옹호하되 그것을 인종과 연관 짓지 않거나, 아니면 해당 정책에 관련된 소수자의 지위가 명시되는 경우 그 정책의 비용을 부담할 사람들을 위해 보상책을 마련했으면

• 단일 보험자 방식
건강 보험료를 시민들의 세금으로 충당하는 보편적 건강보험 제도를 가리키며, 이 제도에서 의료 비용은 단일한 공적 기구, 즉 국가의 담당 기관이 지불한다.

더 좋았을 것이다.[35] 그러나 이후의 상황 전개로 미루어 린드의 경고는 선견지명이었던 것으로 드러났다. 민주당과 공화당 모두 경제 분야에서 우경화됨에 따라 양당은 주로 사회문제와 정체성 문제에서 차별화를 시도했다. 민주당은 린드가 경고했던 대로 사회적 진보를 들먹이는 거만한 엘리트와 다양한 소수집단으로 이루어진 연합이라는 궁지로 스스로를 몰아넣었다. 정치에서 필연이란 없지만, 2016년 힐러리 클린턴에게 "한심한 무리"basket of deplorables로 조롱받은 백인 유권자들의 입장에서는 자격 없는 소수의 "새치기"를 열심히 도와주는 민주당에게 버림받았다고 여길 만했다.[36]

대표성이라는 측면에서 보면, 소수 인종 다수 선거구보다는 이른바 불가촉천민으로 알려진 [인도의] 피억압 계급Depressed Classes을 대상으로 지정 선거구에서 148개 의석을 할당하기로 한 1932년 [인도의] 푸나 협정Poona Pact 체제와 유사한 제도를 추진하는 편이 더 나았을 것이다.[37] 그랬다면 남부에서 민주당이 약화되거나 흑인 표를 둘러싼 정당 간 경쟁이 축소되는 현상을 겪지 않고서도 소수 인종의 묘사적 대표성을 확대할 수 있었을 것이다. 공화당이 남부를 장악하는 데 소수 인종 다수 선거구가 기여한 역할은 과장되었다는 데즈먼드 킹과 로저스 스미스의 견해는 옳을지도 모른다.[38] 그러나 이런 선거구는 민주당에 상징적인 손실을 가져다줄 뿐만 아니라 현 상황을 개선하는 일도 분명히 어렵게 만든다. 비록 버락 오바마가 미국 대통령으로서 재선까지 성공함으로써 흑인의 묘사적 대표성이 부각되었을지라도, 자신들이 영향을 미칠 수 없는 당에 대한 흑인들의 의존도는 그런 선거구 제도 때문에 심화된다.

1960년대 말 이후로 양당이 약해지자 백인 노동계급을 소외해 가며 묘사적 대표성을 개선해도 소수의 이익은 향상되지 않는 허탈한 상황이 초래되었다. 적극적 우대 조치를 둘러싸고 온갖 분열과 논란이 일어났지만, 그 주된 수혜자는 소수의 흑인 엘리트였고, 그 혜택마저도 수십 년 동안 정체된 상태다.[39]

1960년대 이후의 분권화 개혁은 광범위한 유권자층을 통합할 수 있는 포용적 중도좌파 노선의 민주당 후보가 당선되기 어렵게 만들었다. 마찬가지로 분권화 개혁 때문에 점차 티파티에서 제기되는 정책 의제의 볼모가 되어 가는 공화당도 중도 성향의 모든 종족 및 인종 집단 유권자의 지지를 모을 만한 정책을 제시하기 어려울 것이다. 그러나 미국보다 양대 정당의 힘이 훨씬 강한 영국에서는 이것이 가능하다. 다음 장에서 그 점이 분명해질 것이다. 대체로 영국의 정당들은 정체성 정치가 야기하는 배제의 욕구를 잘 억제해 내며 모든 인종 집단의 지지를 받기 위해 경쟁한다.[40] 이것은 다시 각 정당에 다양한 배경의 입후보자들을 출마시킬 유인을 만들어 주고 인종적 게리맨더링을 불필요하게 만든다.[41] 이와는 대조적으로 미국에서는 민주당도 흑인들은 잘 도와주지 못하고 있으며, 그렇다고 공화당이 선거에서 흑인 유권자에게 접근하는 방식을 가까운 시일 내에 바꿀 가능성도 적다. 5장에서 다루겠지만 미국의 정당들은 1970년대 훨씬 전부터 약했다. 뉴딜 때도 그랬듯이, 배타적인 집단들이 이제까지 정당들을 인종차별적 의제에 붙들어 놓는 일이 흔하게 일어났던 것도 정당이 약하기 때문이었다. 그러나 지난 몇십 년 동안 이루어진 개혁들은 상황을 더 나쁘게 만들었다.

Big Strong Parties: Westminster

4장

크고 강한 정당: 웨스트민스터 체제

영국이 유럽연합 탈퇴 문제를 전통적인 웨스트민스터식 절차에 맡겼더라면 2016년 6월 국민투표로 탈퇴를 결정하는 일은 생기지 않았을 것이다. 두 주요 정당(노동당과 보수당)의 다수 의원들은 유럽연합에 남기를 원했으며, 만약 의회에 결정권이 있었다면 브렉시트는 부결되었을 것이다.[1] 그러나 당내의 시끄러운 우파에 응답하기 위해 보수당 소속 데이비드 캐머런 총리는 (이전에도 선거제 개혁 및 스코틀랜드 독립 관련 국민투표가 의회의 선호를 반영했듯이) 국민투표가 의회의 선호를 반영할 것으로 예상하고 통상적인 의회 절차를 정지시켰다. 하지만 "탈퇴 찬성"이라는 투표 결과가 온 나라에 충격을 주었다. 유럽연합에 남기를 바란 유권자들 가운데 투표하지 않은 사람이 많았던 반면, 현상 유지를 반대하는 유권자들이 예상보다 많이 투표장에 나갔다.

정부가 멀리 내다보고 거의 언제나, 대다수 인민에게 장기적으로 이익인 정책을 집행하는 능력을 갖췄다는 점에서 영국은 잘 운영되고 있는 나라다. 영국은 인기 높은 국민건강보험 제도 외에도 후한 양육 수당 제도를 갖추고 있으며, 탄소 배출량 감소를 위해 독일보다 높은 휘발유 소비세를 부과한다.[2] 또한 영국 시장은 무역, 기술혁신, 투자에 개방되어 있다. 경제정책에서 지향하는 바가 다른 두 당이 번갈아 가며 집권하지만, 이런 식의 정책 전환을 통해 유권자들은 정책 아이디어를 매번 하나씩 시행해 볼 수 있는 기회를 누린다. 그 결과 1990년대에 보수당 정부가 노동당의 전유물이던 수도 국유화 문제를 해결해 낸 일처럼 때때로 창의적인 해법이 나오기도 한다. 보수당이 생각해 낸 이 규제 자산 기반 모델*은 거대 기업의 수입을 경쟁 시장 수준으로 제한하는데, 현재 유럽과 중남미의 대다수 지역에서 전력·공항·수도·자산을 규제하는 방식으로 널리 활용되고 있다. 미국에서도 실리콘밸리 기술업체들을 규제하기 위한 방안으로 규제 자산 기반 모델이 제안된 적이 있으나 미국 정치는 영국에 비해 과점 기업들이 취하는 경제적 이윤을 제한하는 방침을 쾌히 수용하지 않는 것으로 나타났다.[3]

그렇지만 영국 유권자들도 다른 어떤 나라의 유권자와 마찬가지로 상황이 잘못 돌아갈 때는 정치인을 비난한다. 특히 유권자가 굉장히 분노한 경우, 선거만으로 정치인들의 책임을 묻기 어렵다고 절망하면서, 정책과 정치인을 고르기 위한 또 다른 규칙을 찾는데, 이를테면 풀뿌리 유권자의 참여를 통한 후보 선정, 선거제 개혁, 지역 자치체로의 권력 이양 및 국민투표를 요구한다.[4]

최근 세계경제에서 나타난 몇 가지 변화(예컨대 기업이 자국이 아니라 해외에서 일자리를 창출하거나 노동자를 기술로 대체하는 일이 용이해진 현상)로 인해 웨스트민스터 모델뿐만 아니라 그 어떤 정치체제라도 큰 도전을 받고 있다. 그러나 실업 문제를 정치체제의 탓으로 돌리면 그 문제를 해결하기보다 상황을 더 나쁘게 만들기 일쑤였다. 만약 우리의 판단이 옳다면 영국이 이 도전에 가장 잘 맞서기 위한 방안은, 지난 30년간 서서히 그래 온 대로 유서 깊은 헌법을 내동댕이칠 것이 아니라, 선거구의 규모를 키워 내부적으로 더 큰 다양성을 지닌 선거구들을 생성함으로써 미

• 규제 자산 기반 모델RAB

공공 프로젝트에 민간 투자를 허용해 운영의 효율성과 서비스의 질을 높이되 소비자가 부담하는 요금이 너무 높아지지 않도록 규제하는 방안.

래에 대한 양당의 두 비전이 활기차게 경쟁할 수 있도록 하는 것이다. 정당은 당의 의원들이 대표하는 선거구가 서로 비슷한 속성을 지닐 때 좋은 공공 정책을 가장 잘 만들어 낼 수 있다. 그래야 당 지도부가 정책을 세우고 집행할 수 있도록 의원들이 상부에 의사 결정 권한을 흔쾌히 위임할 것이기 때문이다. 또한 내부적으로 다양성을 지닌 선거구만이 정당들로 하여금 나라 전체의 이익을 생각하도록 한다.

웨스트민스터 체제의 탄생

웨스트민스터 체제가 어떻게 장기적 해법을 목표로 포괄적인 정책을 세우는지 이해하려면 역사를 살펴봐야 한다. 웨스트민스터 체제는 [제우스의 머릿속에서 튀어나온] 아테나 여신처럼 누구의 머릿속에서 갑자기 탄생한 것이 아니다. 그것은 누가 보더라도, 처음부터 최적의 기능을 갖고 있었던 것이 아니라, 끊임없는 수정과 조정의 산물이었다. 1743년 프랑스 철학자 샤를 루이 드 세콩다 몽테스키외 남작은 영국 헌법이 거의 완벽하다고 생각했는데, 입법·행정·사법의 "권력분립"이 시민들을 절대 왕권의 전횡으로부터 보호해 주는 것처럼 보였기 때문이다. 그러나 그의 생각은 지나간 역사에 근거했다. 1649년 찰스 1세의 처형, 1651년 내전에서 의회파의 승리, 그리고 윌리엄과 메리의 즉위로 이어진 1688년 명예혁명 등 일련의 권력 투쟁을 거치면서 의회는 군주를 의회 다수 세력과 협력해야 하는 행정 수반으로 그 역할을 축소했던 것이다.[5]

1688년 이후 약 한 세기 동안 영국 왕실은 징세와 지출에 필요한 동의를 얻기 위해 상당한 자원을 들여 의회 다수를 관리했다. 의회는 잠재적으로 협상에서 유리한 위치에 있었으나 군주는 분할 통치 전략을 구사할 수 있었다. 17~18세기 영국사의 대가 아치볼드 포드는 국왕이 어떤 식으로 금전, 후원, 표창 등을 이용해 의회 양원을 구슬렸는지 열거한다. "정부의 지원금은 각료의 공보 활동 보조, 연금 지급, 독점 선거구* 매수에 사용되었으며 가두 행진, 유권자에 대한 무료 맥주 제공, 지역 상인 후원 같은 선거운동 전략에도 쓰였다. 또한 후원을 통해 유권자들에게 일자리를 주고, 지지자들을 의회 말단 공무원으로 채용하고, 의회와 선거구에서 정부를 위해 표를 끌어다 줄 수 있는 사람들의 친구·친척·자식에게도 한 자리씩 안겼다. 한편 표창은 '물욕의 미끼에 넘어가지 않는 사람을 허영이라는 미끼로' 유혹했다."[6] 왕은 매년 상원에 새로운 의원을 임명해 원내에 충성파의 수를 늘렸다.[7]

문제는, 1741년 데이비드 흄이 지적한 대로 왕이 의회 다수 세력을 충성파로 만들기 위해 얼마나 큰 비용을 들여야 하느냐였다. 흄에 따르면 의회를 좌지우지하려는 왕의 "부패"하고 "부당"한 노력은 그 노력이 의회의 지배적인 관점과 부합할 때 가장 효과적이었으며, 그것은 왕실에 비용 절감 전략이 필요하다는 점을 시사했다.[8] 당시 의회 다수였던 휘그당은 상업 이익을 대표했고 잉글랜드 내전에서 스튜어트 왕가에 반대한 세력의 후예로서, 지주 엘리트의 이익을 옹호할 공산이 큰 왕실이 강해지는 것에 반대했다.[9] 윌리엄과 메리는 휘그당이 새로 즉위하

• 독점 선거구close borough
의원 선출의 실권이 한 사람 또는 한 가문에 의해 좌우되던 선거구로, 1832년 선거법이 개정되면서 폐지되었다. 부패 선거구(rotten borough) 또는 포켓 선거구(pocket borough)라고도 부른다.

는 자신들을 겨냥해 분통을 터뜨릴 수 있다는 점을 잘 알고 경계했다. 그러나 1694년 선덜랜드의 백작, 로버트 스펜서가 윌리엄과 메리에게 조언했듯이 토리당도 네덜란드에서 온 이 신참 군주들이 아니라 이전 왕조를 지지한 바 있었다. 선덜랜드의 백작은 "휘그당 출세주의자들은 훨씬 더 능력이 있고, 하원에서 토리당보다 더 큰 지지를 받으며, 명예혁명 후속 입법Revolution Settlement을 처리하는 데 철저히 헌신적임을 지적했다."[10]

의회 다수와 협력하라는 선덜랜드 백작의 조언이 설득력이 있었든 없었든 어차피 상황은 그 방향으로 밀려갔다. 윌리엄과 메리는 1688~97년 프랑스를 상대로 9년 전쟁을 수행하기 위한 필수 자금을 비롯해 어떤 법률을 제정하려면 의회의 승인이 필요하다는 엄정한 현실을 받아들이고 의회와의 협상을 중개할 각료들을 임명했다.[11] 이후 토리당이 1710년도에 잠시 점했던 양원 다수당 지위를 1714년 선거에서 상실한 이후, 휘그당 내각이 다음 반세기를 지배했다.[12]

18세기 내내 왕과 내각은 정책에 영향을 주기 위해 정치인에게 금전을 제공했으며, 그로 인해 영국 정치에서 가장 부패한 시대가 펼쳐졌다.[13] 오랫동안 다수당이었던 휘그당을 비롯해 당시 의회의 당파 분류는 오늘날 웨스트민스터 체제의 정당들과는 알아보기 힘들 만큼 연결이 안 된다. 당시에는 많은 의원들이 2인 선출 선거구에서 선출되었다. 그것은 같은 당파 소속 후보자들이 합동으로 유세할 수도 있고, 또는 온건하게 표현해서 유권자에게 "과잉 친절"을 베풀어 자당 후보 지지자의 표마저 얻으려고 시도할 수 있다는 것을 의미했다. 게다가 일부 선거구에서는 유권자의 수가 적어서 "선거 때 맥줏집의 맥주통 꼭지에서 공짜 맥주가 몇 주 동안 줄줄 흘러내리고 …… 표를 매수하는" 전략이 효과를 보장했다.[14] 실제로 의원들은 선거에서 유리한 결과를 얻어내는 대가로 의회에서 자신들이 행사할 투표를 팔 수 있었다.[15] 역사가 윌버 애벗은 휘그당과 토리당 모두 근대 정당의 3대 핵심 요소, 즉 통치에 대한 이론, 안정성과 지속성을 가진 조직, 그리고 의회 다수가 되어 행정부를 통제하려는 목적을 갖추었다고 언급한다. 여기서 빠진 요소는 당의 규율이었다. 이 정당들이 힘이 약했던 이유는 개별 의원들이 당의 방침에 따르기보다 유권자의 비위만 맞추면 의원직을 유지할 수 있었기 때문이다.[16]

토리당은 18세기의 대부분을 야당으로 보냈다. 후사가 없었던 앤 여왕에 이어 즉위한 하노버 왕가의 왕들은 휘그당이 의회 다수라는 단순한 이유로 휘그당 각료들을 선호했다.[17] 현 상태를 유지하려는 왕의 의지는 토리당을 좌절시켰다. 스튜어트 왕조의 복고를 지지해 휘그당에 의해 탄핵을 당한 토리당의 전임 지도자 볼링브로크에 따르면, 바로 "휘그당의 폭력 때문에 [토리당은] [자코바이트] 왕위 요구자*를 지지할 수밖에 없었고," 그래서 18세기 전반에 토리당이 하노버 왕가를 상대로 저항과 음모와 모반을 꾀했다는 것이다.[18] 1727년 총선 이후 토리당은, 지역구 선거가 경쟁적이 되고 정당을 중심으로 이루어지는 19세기가 될 때까지 하원에서 의석수의 4분의 1을 넘기지 못했다.[19]

18세기에 토리당 의원들이 장기간 하원에 출석하지 않는다는 평판을 얻은 것도 그럴 만하다. 1718년 뉴포트 지역 의원인 니컬러스 모리스 경은 "이 의회는 궁정이 요구하는 사항을 어느 한 가지도 거부하지

• 자코바이트 왕위 요구자Jacobite Pretender
1688년 영국에서 일어난 명예혁명에 의해 퇴위당해 망명한 스튜어트 왕조 제임스 2세의 직계 남손들은 장자상속의 원칙에 따라 자신들이 왕위를 계승해야 한다고 주장하면서 18세기 중반까지 정권을 동요시켰는데, 이들을 가리킨다.

않을 것이 분명한데" 자신이 굳이 왜 400마일이나 떨어진 런던에 있는
의회에 가서 "당혹스러워하고 조롱받아야 하느냐"라는 상당히 일리 있
는 의문을 제기했다.[20] 몇몇 토리당 의원은 궁정으로부터 떡고물이라도
떨어질까 하여 1741년 2월 총리인 로버트 월폴 경에 대한 불신임 결의에
서 휘그당과 함께 불신임에 반대하는 표를 던졌다.[21] 내각의 부패한 뒷거
래에 의해 정당들이 약하고 무색한 존재가 되자 1760년대에 역사가 루이
스 네이미어와 존 브룩이 정당정치의 사망을 선언한 일은 유명하다.[22]

정부의 의제를 지배하는 일은 의회 다수당이 거머쥐게 되는 큰 상
이었다. 린다 콜리는 토리당이 야당이던 시절에도 당의 핵심 지도부가
계속해서 의회 다수를 목표로 삼았다는 증거를 찾아냈다. 그러나 토리
당은 선거에서 이길 수 있는 전략을 세우지 못했다.[23] 그러려면 우선 의
회의 느슨한 정파들이 규율 잡힌 정당을 형성해야 했는데, 선거 경쟁의
장소가 부패 선거구*와 중대선거구에서 규모가 크고 경쟁이 더 치열한
소선거구로 바뀌면서 의외의 결과가 초래되지 않았더라면 그들은 아마
그 일에 성공하지 못했을 것이다. 영국 인구가 늘어나면서 매수 작전으
로 선거에서 이기기 어렵게 되자, 왕의 총애를 받기보다는 유권자에게
매력적인 정강 정책을 제시하는 것이 더 중요해졌다.[24]

군주의 영향력에 종말을 고하는 종소리가 천천히 굉음을 내며 울
려왔다.[25] 왕의 영향력이 단계적으로 축소됨에 따라, 선출된 다수당 대
표가 이끄는 강력한 내각이 등장했다. 바로 이것이 오늘날 우리가 알고
있는 웨스트민스터 체제다. 하원이 최초로 전체 예산을 통제한 순간으

• 부패 선거구rotten borough
  앞서 나온 독점 선거구와 동의어.

로, 게리 콕스는 1837년의 왕실 비용법*을 지목한다. 이로써 다른 정당과의 경쟁에서 지면 그 어느 때보다도 잃을 것이 많아지자, 정당 지도자들은 국고를 축내려고 들 수 있는 백벤처들 사이에서 연합의 구도가 바뀌는 양태를 더 철저히 감독하고 통제하는 조치를 취했다. 이들은 1832년 1차 선거법 개정을 통해 부패 선거구를 줄이고 2인 선출 선거구를 없애는 절차를 개시해 1884년에 종결했는데, 이런 선거구에서는 의원들이 종종 정당보다는 개인에 대한 충성심을 배양하려는 유혹에 넘어갔기 때문이다.[26] 중산층의 증가에 부응해 선거법이 개정됨에 따라 유권자 수가 확대되었으며, 그 결과 선거구를 금전으로 매수하기 어렵게 되면서 규율 잡힌 정당의 출현이 앞당겨졌다.

정부가 1885년에 선언한 목표는 1인 1표 제도에 좀 더 가까워지는 것이었으나, 그것의 의도하지 않은, 그러나 중요한 결과는 규모가 크고 경쟁적인 선거구들을 만들어 냄으로써 정당의 규율이 강화된 것이었다. 1832년과 1867년 선거법 개정에서 살아남았던 부패 선거구들은 더 큰 선거구로 흡수되었다. 게다가 영국 중부와 북부의 제조업 중심의 자치구들은 1832~1867년 사이에는 인구밀도가 희박해 투표 매수에 취약했으나 이제는 뇌물로 표심을 좌우하기에는 인구가 너무 많아졌다.[27] 이 기간에 정부가 특혜 산업에 지급한 보조금의 GDP 대비 비율이 하락한 점은 많은 것을 시사한다.[28] 정당에 소속된 정치인들은 개인적 추종자를 거느리기 위한 경쟁을 일단 그만두자 일관성 있는 정강 정책

• 왕실 비용법Civil List Act
왕실 비용이란 영국 군주의 가계를 지원하고 왕관의 명예와 존엄성을 유지하는 데 드는 모든 비용을 의미한다. 1837년의 왕실 비용법으로 왕실의 모든 수입이 재무부로 이전되었다.

을 수립할 권한, 그리고 여당의 경우에는 그것을 이행할 권한을 당 지도부에 위임하는 것이 유익하다는 사실을 깨닫게 되었다. 이로써 공직에 출마하는 후보의 선정과 재선정을 개별 의원들이 아니라 당이 통제하게 되었다.[29]

[휘그당의 후신인] 자유당 정치인을 지망했던 금융 저널리스트 겸 문인 월터 배젓은 1867년에 개별 의원이 발안하는 법률안이 줄어들고 내각 발안 법률안이 선호되는 현상을 지적하면서, 그런 전환을 "효율적인 비밀"efficient secret이라고 일컬었다.[30] 당의 기강이 강화됨으로써 의원들은 당의 정강 정책을 기반으로 출마할 수도 있고 영국 납세자들에게 더 낮은 비용으로 더 많은 입법을 달성했다고 생색낼 수도 있었다. 그러니 이만큼 효율적인 것이 있겠는가? 당 지도부가 내각을 통제함으로써 권력을 장악하는 것처럼 보였지만, 실은 이것이 백벤처들을 위해서도 더 나은 체제였다. 그것이 바로 강한 당 지도부가 주는 이점이었다. 배젓이 말한 대로 이것은 '효율적'이었지만, 직관적으로 이해되는 것은 아니어서 무심한 관찰자의 눈에는 명백하게 드러나지 않는다는 점에서 '비밀'이었다.

존 스튜어트 밀 같은 일부 위대한 사상가들도 정당의 내부 경쟁을 근절하는 일의 중요성을 미처 알아채지 못했다. 하지만 공정하게 말하자면, 배젓도 그런 변화가 체제 전반에 걸쳐 최초의 효과를 발휘하고 나서야 비로소 강한 내각의 가치를 알아보았다.[31] 도시 중산층이 주요 지지 기반인 자유당은 보수당* 의원들이 대표하는 지방 선거구의 수가 많다는 점을 제일 한탄했다. 이 상황은 자유무역을 비롯한 자유당의 우

• 1834년에 토리당이 보수당으로 재창당했다.

그림 4.1

영국의 중대선거구(1832~1950년)

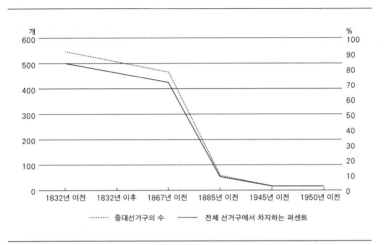

출처: Matthew Roberts, "Electoral Reform Dilemmas: Are Single-Member Constituencies out of Date?" *History & Policy*, February 3, 2011, http://www.historyandpolicy.org/policy-papers/papers/electoral-reform-dilemmas-are-single-member-constituencies-out-of-date(검색일: 2017-12-22).

선 과제들을 선호하는 여러 목소리를 좌절시켰다. 1850년대에 자유당 정치인 존 러셀은 지방에서 최다 득표율을 얻는 보수당 표를 잠식할 요량으로, 선거구마다 유권자 1인당 2표로 의원 3인을 뽑는 제도를 옹호했으나 성공하지 못했다.[32] 역시 자유당 정치인이던 존 스튜어트 밀도 비슷한 이유에서, 유권자가 자기 선거구가 아닌 지역에서 출마한 후보 또는 전국 명부 후보에 투표할 수 있게 하는 토머스 헤어의 1859년 방안을 토대로 한 1867년 법안을 지지했다.[33]

헤어, 러셀, 그리고 밀의 바람은 지방 선거구에 갇혀 있는 자유주의 성향의 투표자들을 "해방하는" 것이었으나, 규모가 상대적으로 작은 정당들은 특히 대선거구에서 당내 경쟁으로 분열될 경우 자칫하면 보호주의적 이권의 포로가 될 수 있다는 점을 미처 인식하지 못했다. 그들은 차라리 선거구의 크기를 늘려서 선거구가 다양한 이익을 지닌 유권자들을 포함하도록 하는 방법을 고려해 볼 수도 있었을 것이다. 아마 그랬으면 서로 다투던 파벌들이 타협할 수밖에 없게 되어 당이 강화되고, 그 결과 약하고 분열된 정당이 겪는 손실을 피할 수 있었을 것이다. 어쨌거나 그들의 개혁안은 통과되지 못했다. 보수당이 지방에서 자기 당이 유리한 선거제를 변경하는 데 반대했으며, 자유당 또한 당의 규모와 힘이 축소될지 모른다는 우려 때문에 다수 의원이 이를 반대했다. 의회에서 확실하게 다수를 점할 수 있는 정당이 괜히 비례대표제에 찬성한다는 것은 칠면조가 추수감사절에 찬성하는 것과도 같다.[34]

웨스트민스터 체제의 역학

두 개의 크고 규율 있는 정당이 경쟁하는 체제는 일부 내용이 겹치기는 하지만 다섯 가지 이유에서 영국 유권자에게 이롭다. 첫째, 이 체제에서 선거로 다수 지위를 획득하거나 유지하려면 어느 정당이든 폭넓은 호소력을 갖는 정책을 제시해야만 한다. 유권자는 단일 이슈 이익집단들 사이에서 추진되는 정치적 결탁 때문에 발생하는 "추가" 비용을 부담하도록 요구받지 않으며, 정당들은 최저의 비용으로 최상의 협상 결과를 제시하기 위해 노력해야 한다. 다른 유권자들이 널리 공유하지 않는 강력한 선호를 지닌 집단의 관점에서는 중도 정치가 부담스러울 수 있으나, 그들의 대안은 명백하게 더 안 좋다. 소집단의 강도 높은 선호를 만족시키느라 중도 유권자들이 자신은 원하지도 않는 비싼 정책의 비용을 물어야 하기 때문이다.

둘째, 소선거구제에서는 반란을 도모하는 의원들이 당에서 퇴출될 위험이 커지므로 당의 규율이 진작된다. 소선거구제는 진입 비용이 높아서 새로 정당을 만들기 어렵기 때문에 당에서 퇴출되면 "구원의 여지가 없다." 유권자의 입장에서도 비현실적인 약속을 남발하는 후보에게 투표하기보다는 양대 정당 가운데 하나를 지지하는 것이 합리적이다. 소선거구제에서는 양당 중 하나가 의회 다수당이 될 가능성이 높기 때문에 유권자는 선거에서 어떤 선택을 하면 될지 이해하기 쉽다. 즉, 유권자는 자신의 이익을 대변해 줄 가능성이 제일 커 보이는 정당을 고르면 된다. 이 웨스트민스터식 산술과 관련해 인용할 만한 역대 최고의 문장으로서, 어느 유권자가 다음과 같이 농담했다고 전해진다. "내가 지지하는 당이 내세우는 후보라면 그 후보가 돼지여도 뽑아 줄 것이다."[35] 그 돼지는 최소한 의회에서 예측 가능한 방식으로 투표할 것이기 때문이다.

셋째, 경쟁하는 정당이 둘뿐일 경우 정치 경쟁은 유권자가 이해하기 쉬운 경제적 이익을 중심으로 이루어지는 경향을 보인다. 이는 선거의 책임성을 증가시킨다. 정치적 야심가들이 비경제적 사안을 내세워 유권자의 관심을 경제적 복리로부터 멀어지게 하려고 시도할 수 있지만, 규율 잡힌 양대 정당이 다수 득표를 위해 경쟁할 경우에는 대다수 유권자가 가장 관심을 갖는 사안들에 대해 치열한 논의가 이루어질 수밖에 없다.[36] 그러면 유권자는 양당의 정강 정책 가운데 의회에서 다수로 통과되어 실행될 가능성이 있는 것을 선택한다.

넷째, 영국에서 선거운동은 비용이 덜 드는데, 왜냐하면 정당들이 개별 인물에 의존하거나 개인적 호의를 베풀어 경쟁하기보다 정강 정책으로 겨루기 때문이다.[37] 이것은 당연히 유권자에게도 유리하다. 하지만 그것보다 더 중요한 점이 있다. 정당이 부유한 기부자로부터 기부금을 받을 필요가 없다면 그들의 지지를 정책으로 보답하지 않아도 된다. 자유로운 기업 활동을 중시하는 보수당도 유리한 규제 방안과 과점적 지대를 제공하느라 애쓸 필요가 없다. 보수당 정부는 일반적으로 친기업적이지만, 그렇다고 부유층에게 지나치게 양보해서 중위 영역에서의 득표를 포기할 이유가 없다.

다섯째, 소선거구제는 정부에 책임을 물을 수 있는 강력하고도 통일된 야당을 창출한다. 19세기부터 유권자들이, 어느 정당이 지배할지를 결정하는 확고한 심판자가 되자 두 가지 일이 동시에 일어났다. 집권당은 입법 의제에 대한 장악력을 강화했고, 야당은 심문관의 역할을 도맡았다.[38] 이런 영국의 체제에서 야당은 부정부패, 공약의 불이행, 그리고 선거에서 이길 목적으로 부실한 제안을 내놓는 행태 등을 밝혀 낼 강력한 선거상의 유인을 지닌다. 유권자는 야당이 조금도 방심하지 않는 "직업적 비판자"의 역할을 할 것으로 믿고 이에 의지할 수 있다.[39] 정부가 무능함을 드러낼 때 더 나은 아이디어를 제공하려면 주요 양당이 모두 정보에 밝고 정책에 몰두해야 하고, 그것이 유권자의 이익에도 부합된다. 그런 의미에서 제러미 월드런이 암시하는 대로 영국의 대중은 강력하고 "충성스러운" 야당의 역할을 확고히 지지한다. "'충성스러운 야당'에서 '충성'이라는 단어는 어떤 명시된 충성의 대상을 가리키기보다는 야당이 헌법 체계 내에서 어떻게 간주되어야 하는지를 가리킨다고 봐야 한다."[40]

실제로 의회는 충성스러운 야당의 봉사에 대한 대가로 재정적인 지원을 제공했다. 1951~64년 노동당이 오랫동안 야당이었던 시절, 하원은 야당의 연구자와 직원을 위해 국고에서 활동비를 지급해 야당이 충분한 정보를 보유한 "예비 정부"로 기능할 수 있도록 했다.⁴¹ 이런 방침은 야당이 장기간에 걸쳐 일관성 있는 원칙을 갖췄다는 평판을 구축하면서, 미래의 정부로서 기능할 수 있게 돕는다. 야당은 집권할 때까지 10년 내지 20년을 기다려야 할 수도 있지만(어떤 정치인들에게는 정치 경력 전체에 해당하는 기간이다), 대중의 신뢰를 잃는 것이 두렵기 때문에 "기회주의적으로 행동할 여유가 없다."⁴²

20세기 영국의 정당들

영국에서 서서히 발전한 일련의 관행들은 결코 하나의 고정적인 형태로 굳어지지 않았지만, 웨스트민스터 모델의 핵심적 특징(강력한 두 개의 정당)에 쏟아진 전 세계의 칭송은 20세기 중반에 절정에 이르렀다. 상원의 힘을 약화한 1911년의 조치*는 정당들이 사실상 단원제에서 권력 다툼을 벌이게 된다는 것을 의미했다. 하원을 장악하기 위한 필사적 대결은 많은 이들의 눈에 민주주의의 본질을 포착해 낸 것으로 보였다. 영국 의회를 가장 통찰력 있게 해설한 인물 중 한 명인 앤서니 킹은 이렇

---

* 1911년 의회법(Parliament Act 1911)에 따라 영국 상원은 조세·지출 등 재정과 관련된 하원의 법안을 거부할 수 없게 되었으며, 여타 공적 법안의 입법도 저지는 하지 못하고 지연만 할 수 있게 됨으로써 입법 기능상 하원의 우위가 확립되었다.

게 표현했다. "1960년대까지만 해도 영국 헌법을 완벽에 가까운 것으로 간주하는 견해가 거의 보편적이었다. 규모가 아주 작은 자유당만이, 황금기 이후 자신들의 당세가 더욱 쪼그라든 상황 때문에 …… 단순 다수 선거제도의 부당함과 선거제 개혁의 필요성에 대해 가끔씩 쓸데없이 투정했을 뿐이다."[43]

[17세기에 출현한 보수당과 자유당에 비해] 상대적으로 최근[1900년] 웨스트민스터에 등장한 노동당은 산업화의 결과 노동계급이 탄생한 이후인 20세기에 와서 자유당을 대체했다. 노동당은 (노조 조합원과 사회주의 단체들 같은) 외부자들의 집단으로 출발해, 오랜 세월 토리당(보수당)과 휘그당(자유당)이 지배해 온 의회에 진출하고자 했다. 웨스트민스터 체제는 소선거구제를 택하므로 매번 거대 양당이 우위에 섰고 여타 정당이 차지할 수 있는 공간은 매우 좁았다. 웨스트민스터 체제의 이 같은 특징은 대공황 이후 1930년대에 영국 최초의 파시스트 정당을 창당하려던 오즈월드 모즐리의 시도로부터 영국을 구해 냈으며, 오늘날에도 영국독립당 같은 극우 정당의 성공을 막아낸다.[44] 그러나 자유당의 관점에서는, 이런 체제에서 노동당의 득세는 자신들의 파국을 의미했다.[45]

보수당은 노동당을 거꾸로 뒤집은 네거티브 필름의 이미지와도 같아서 광범위한 유권자들의 기반 없이 귀족 및 의회주의자들의 집단으로 출발했다. 하지만 소선거구 선거 경쟁에서 이겨야 할 필요성 때문에 보수당과 노동당은 기능적으로 상당히 비슷해질 수밖에 없었다. 양당 모두 의회에서 다수를 점하려고 경쟁하다 보니 노동당은 1920년대에 이미 혁명적 수사법을 대부분 포기했고, 보수당은 지지층에게 친숙하게 다가가는 법을 배웠다. 헌법사학자 아이버 제닝스는 웨스트민스터 체제의 정당들을 다음과 같이 파악했다. "정당의 본질은, 그리고 조직

측면에서의 목적은, 하원과 상원 의원들로 구성된 **원내 정당***이다."
정당의 기원이 무엇이든 선거에서 이기는 것은 생존 수단이며, 양원의
의원들은 당을 능숙하게 승리로 이끌어 줄 지도자가 필요하다.[46] 보수
당과 노동당은 상대방을 독재적인 조직으로 묘사하곤 하지만, 주로 선
거에서 지고 나서 의원단의 신임을 잃을 경우 두 정당 모두에서 '독재적
인' 지도자는 밀려난다.

웨스트민스터 체제의 정당은 당내의 반대 의견을 심각하게 받아들
인다. 의견이 일치하지 않아 외부로 내보내는 메시지가 불분명해지면
유권자에게 혼돈을 주고 선거를 망칠 수 있기 때문이다. 적어도 정당이
후보 개인의 장점이나 재력이 아닌 정강으로 겨루기 시작한 1880년대
이후로는 당내 반대 의견을 억제하고, 정치적 이단아들의 후보 공천을
막고, 유권자에게 명확하고 중도적인 입장에서 호소할 권한을 당 지도
부에 위임하는 것이 백벤처들의 이익에도 부합했다.[47] 이 논리를 이해
하지 못하는 의원들은 대체로 정치 생명이 짧다.[48]

당의 지도자가 [자기 당 의원들로부터] 정부 정책에 찬성표를 끌어내
는 가장 강력한 전략은 신임투표를 이용하는 것이다. 1992년 보수당 의
원 20여 명이 존 메이저 총리의 마스트리흐트 조약** 가입 결정을 무산
시키기 위해 야당과 손잡았다. 그러나 메이저 총리가 마스트리흐트 조

• 원내 정당parliamentary party
한 정당의 당원 가운데 의원으로 당선되어 의회에서 활동하는 당원들을 따로
구분해 통칭하는 용어로 주로 영국에서 사용된다. 한국에서 사용하는 원내
정당, 교섭단체 등과는 의미가 다르다.
•• 마스트리흐트 조약
유럽연합조약이라고도 한다. 이 조약으로 유럽공동체가 유럽연합으로 정식
출범했다.

약에 대해 신임투표를 실시해 그 표결에서 지면 의회를 해산하고 새로 선거를 치르겠다고 선언하자 반대파가 뜻을 굽혔다. 이로써 당내 반대 세력은 무력화되고 신임투표는 339 대 299표로 통과되었다.[49]

경제 쇠퇴의 정치적 여파

1960년대와 1970년대의 큼직큼직한 장애 요인들(스태그플레이션, 아일랜드 폭력 사태, 오일쇼크)은 웨스트민스터 체제가 정책적 재앙을 막아 준다는 일반적인 인식에 흠집을 냈다. 대영제국은 미국의 헤게모니에 자리를 내주었고, 유럽은 자체적으로 활발한 공동체를 형성하는 중이었으며, 영국은 이제 "유럽의 환자"가 되었다. 이는 현실을 개탄하는 것으로 끝날 문제가 아니었다. 영국 경제가, 비용은 커지고 나눌 수 있는 편익은 작아졌다는 것은, 공동 이익의 영역이 객관적으로 축소되었음을 의미했다.

그런 장기 불황의 시대에 여당을 지낸 노동당에서는, 여전히 전국의 중위 투표자를 겨냥하던 당 지도부와 긴축정책 속에서 뒤처진 느낌을 받던 적극적 당원들 사이에 분열이 생겼다. 이 현상은 이후 선진 각국의 중도좌파 정당에서 발생할 갈등의 전조였다. 제조업 일자리의 소실은 이 갈등을 증폭시켰는데, 왜냐하면 그로 인해 영국의 노동조합회의TUC에서 공공 부문 노조들이 차지하는 비율이 상대적으로 커졌고, 공공 부문 노조는 제조업 노조와는 달리 수출 경쟁력을 위해 임금 인상 요구를 자제할 유인이 적었기 때문이다.[50] 브리스톨을 대표하던 토니

그림 4.2

영국 총선의 정당별 득표율(1832~2001년)

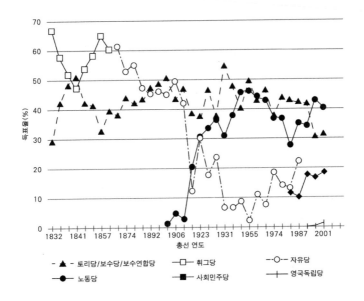

출처: spartacus-educational.com의 자료를 재구성.

벤 의원은 1974년 같은 노동당 소속 헤럴드 윌슨 총리를 공격하면서 "노동자와 그 가족을 위해 권력과 부를 근본적이고 불가역적으로 이전"하라고 촉구했다.[51]

당 지도부를 교체하기에는 하원 의원 수가 부족했기 때문에, 벤과 그의 동조자들은 "노동당 민주화 운동"을 벌여 당 지도부로부터 권력을 빼앗고자 했다. 이것은 당의 상명하달식 지도 체제, 즉 배젓이 말한 "효율적인 비밀"에 대한 일격이었다.[52] 그러나 1979년 노조가 일부 열성 당원들이 지지한 정당 예비선거제 대신 자동으로 현직 의원을 후보로 재지명하는 방침을 지지함으로써 그 책략은 실패했다.[53] 이로써 노동당 내부의 권력 다툼은 미해결 상태로 연기되었다.

1979년 마거릿 대처가 승리하자 노동당 내 좌파는 "공동 소유권을 확대하고, 산업민주주의를 증진하고, 정부에 자본의 국내외 유출입에 대한 통제력을 부여하는 것을 골자로 하는 산업법 법안을 제출"해야 한다는 위기의식을 갖게 되었다. 토니 벤은 1983년도 총선을 위해 2만 단어로 노동당 공약을 작성해 유럽경제공동체 탈퇴, 핵무기 프로그램 철회, 미국의 핵 기지 퇴출, 정부 차입 및 지출 증가, 노동당 내에서 노조의 힘 강화를 촉구했다.[54]

아무리 스태그플레이션 때문에 불확실한 세상이라 해도 유권자들은 그렇게까지 과격한 변화를 받아들일 준비가 되어 있지 않았다. 역시 노동당 소속인 제럴드 코프먼 의원은 1983년 노동당 공약을 "역사상 가장 긴 자살 유서"라고 칭했다. 그가 보기에 선거에서 참패하기 딱 알맞은 내용이었기 때문이다. 그런 공약이 나온 것은 당 지도부가 중앙에서 공약을 단단히 통제한다는 것을 반영했다.[55] 이런 체제는 지도자가 중위 투표자에게 호소할 수 있는 공약을 제시할 능력과 의지가 있을 때는 꽤 잘 작동하지만, 이 당시에는 노동당의 극좌 세력이 지도부를 장악하고 있었다.

노동당은 중도로 이동하기를 꺼리다가 거의 20년이나 야당으로 지냈고, 그러는 동안 일부 노동당원은 영원히 소수당에 머무를까 우려해 자유당과 손잡고 비례대표제 도입을 추진했다. 비례대표제의 도입은 노동당이 단독으로 의회 다수당이 되는 일을 포기한다는 것을 뜻했지

그림 4.3

하원의 의석 비율(1886~2015년)

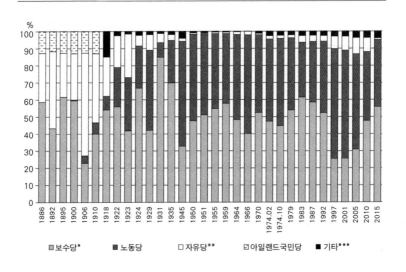

□보수당*　■노동당　□자유당**　⊟아일랜드국민당　■기타***

출처: 1918년 이전 자료: spartacus-educational.com. 1918년 이후 자료: Lukas Audickas, Oliver Hawkins, and Richard Cracknell, UK Election Statistics: 1918-2017, 2017, pp. 13, 24, no. CBP7529, House of Commons Library, London.

주:
*1918년 보수연합, 1931~35년 국민당, 국민자유당, 국민노동당 후보, 1945년 국민당과 국민자유당 후보, 1945~70년 국민자유당 및 보수당 후보 포함.
**1918년 연립자유당, 1918~22년 독립자유당, 1922년 국민자유당 포함. 1983~87년은 자유당/사회민주당 연합, 그리고 1992년부터는 자유민주당의 득표율.
*** 아일랜드 국민당은 1918년 총선 이후 '기타'에 포함.

만, 또 한편으로는 그렇게 되면 다수 지위를 얻자고 중도 노선을 취할 필요 없이 진정한 좌파 정당으로 떠오를 수 있었다. 또한 비례대표제는 자유당과 연정을 구성할 가능성을 열어 주었고, 이와 관련해 토니 블레어 노동당 당수와 패디 애시다운 자유당 당수가 1997년 총선을 앞두고 여러 차례 대화했다. 그러나 블레어가 이끄는 노동당이 1997년 총선에서 중도 노선 공약으로 압승을 거두고 1999년 스코틀랜드, 웨일스, 그리고 유럽 의회에서 비례대표 방식으로 시행된 선거에서 고전하자 비례대표제에 대한 블레어의 관심은 신속히 사그라졌다.[56]

블레어는 노동당 소속 총리로는 역사상 가장 오랫동안 재임했다. 1994년 당 대표에 오른 블레어는 전임 대표들인 닐 키넉과 존 스미스가 시작한, 당내 극좌파와의 싸움을 계속 이어 갔다. 그로부터 1년 이내에 그는 "생산·분배·교환 수단의 공동소유"를 촉구하는 당헌 4조를 폐지하고 그것을 모든 사람을 위한 기회 확대라는 표현으로 대체하기 위한 중요한 표결에서 승리를 거두었다.[57]

이 승리는 사회주의 이행을 위한 의회주의적 경로를 모색한다는 노동당의 역사적 사명에 종말을 고했다. 블레어는 1997, 2001, 2005년 총선에서 세 차례 연속으로 대승을 거둠으로써 당을 중도로 이동시켰으며, 그 중도 자체도 세계 공산주의의 붕괴와 노조의 약화로 인해 점점 우측으로 이동하고 있었다. 그는 영국 중앙은행의 독립, 런던 금융가에 대한 지속적인 규제 완화, 그리고 [1998년] 대학 등록금 도입을 비롯한 교육과 보건 분야의 시장 친화적 개혁을 포용했다. 또한 그는 보수당이 물려준 민영화 방침을 계속 유지했다. 블레어는 결국 조지 W. 부시의 "테러와의 전쟁"을 지지했다가 아프가니스탄과 특히 이라크에서 상황이 완전히 실패로 돌아감에 따라 총리에서 물러났다. 그러나 그가 노동당 대표로서 이룬 성공은 아무리 강조해도 지나침이 없으며, 그가 총선에서 세 차례 승리를 이끌었던 것은 그가 물러난 후 노동당이 2010, 2015, 2017년에 연속으로 패배한 것과 대비된다.[58]

블레어파Blairites는 자신들이 시행한 개혁이 노동당을 현대화했다고 즐겨 표현했지만, 위 선거 성적에서도 알 수 있듯이 그것은 희망적 사고였던 것으로 드러났다. "현대화"라는 용어는 낡아 버린 정당의 불가역적인 변환을 암시한다. 하지만 현실은 별로 그렇지 못했다. 미국의 신민주파*와 마찬가지로 블레어의 신노동당 노선은 2008년 금융시장이 붕괴하자 그들이 펼쳐 온 규제 완화 정책 및 런던 금융가와의 야합이 수많은 전통적 지지자들을 저버렸다는 것이 드러나면서 비싼 대가를 치렀다. 전국적인 탈산업화와 [조지아·앨라배마·미시시피·루이지애나·사우스캐롤라이나 주를 가리키는] 미국 남동부Deep South에 맞먹을 만큼 빈곤한 런던 북부의 서비스업 경제를 배경으로, 블레어파에 대한 당내 반발은 신속하고도 가차 없이 진행됐다.[59]

당 대표 선출의 민주화

상당히 중앙 집중화된 통제를 특징으로 하는 노동당 같은 정당에서는 당 대표 선출을 둘러싼 투쟁이 중요할 수밖에 없다. 토니 블레어를 승계한 고든 브라운은 가능한 한 최후의 순간까지 총리직을 유지했으나**

• 신민주파New Democrats
미국 민주당 내부의 중도 정파를 가리키는데, 클린턴 행정부 시절에 당내에서 우위를 점하며 강력한 영향력을 발휘했기 때문에 클린턴 민주파라고도 불린다. 사회·문화 이슈에 대해서는 진보 성향을, 경제 재정 분야에서는 중도 우파 성향을 보인다.
•• 노동당은 2010년 5월 총선에 패배했으나 보수당도 원내 과반을 차지하지 못해 고든 브라운이 총리로 재선출되었다. 그러나 브라운은 연정 파트너 후보인 자유민주당과 연정 협상을 진행하다가 실패하자 총리직에서 사임했다.

2010년 5월 총선에서 노동당이 패배한 후 노동조합은 브라운의 뒤를 이을지 모르는 블레어파 데이비드 밀리밴드 전 외무장관을 강력하게 공격하면서 그의 동생 에드 밀리밴드를 지지했다. 노조가 그렇게 하기에 유리한 위치에 있었던 이유는 당 지도부를 선출하는 절차가 풀뿌리 지지자들의 참여를 확대하는 방향으로 변했기 때문이다.

1980년대 이전에는 원내 노동당*이 당 대표를 선출했다. 그러다가 1981년에 당내 좌파는, 1979년 마거릿 대처에게 패배한 잘못을 해럴드 윌슨과 제임스 캘러헌의 중도파 정부 탓으로 돌리면서, 당 대표 선출을 선거인단 투표 방식으로 바꿨다. 그리하여 원내 노동당, 노조, 지역 당원의 투표 비중은 각각 3분의 1이 되었다. 그중 노조와 지역 당원의 경우 그 구성원들의 직접 투표가 요건이 아니었기 때문에 활동가들이 특정 후보에게 몰아서 투표하는 블록 투표bloc vote를 할 권한을 부여받았다. 이것은 당내 좌파의 입지를 강화했으나 이 때문에 "4인방"[셜리 윌리엄스, 로이 젠킨스, 데이비드 오언, 빌 로저스]이 탈당해 사회민주당SPD을 창당함에 따라 당이 분열되었다. 사회민주당은 결국 자유당과 합당했다.[60]

1983년 총선에서 노동당이 참패해 마거릿 대처가 이끄는 보수당과 나머지 모든 정당의 의석수 차이가 43석에서 144석으로 세 배 이상 늘어나자 노동당 내 좌파를 향해 거센 반발이 일었다. 이 반발은 블록 투표로도 막을 수 없었다.[61] 사임한 마이클 풋 당 대표를 대체한 중도 성향의 닐 키녁은 선거인단의 투표 방식으로서 1인 1표제 도입을 추진했다. 10년을 투쟁한 끝에 중도파가 결국 승리를 거두고 1993년에 1인 1

---

* 원내 노동당Parliamentary Labour Party, PLP
의회 내 노동당 소속 의원들, 즉 노동당 의원단을 가리킨다.

표제를 도입했다. 그 이듬해에 이 새 제도에 의해 토니 블레어가 대표로 선출되었다. 하지만 블레어처럼 선거인단을 구성하는 세 집단 모두에게 강력한 지지를 받으면, 블록 투표든 1인 1표든 결과에는 큰 차이가 없었다. 블레어의 후임인 고든 브라운도 선출되기에 충분한 표를 얻어 다른 후보에게 크게 도전받지 않았기 때문에 제도 내의 잠재적 긴장은 2010년이 되어서야 비로소 표출되었다. 그와 더불어 1인 1표제가 원내 노동당이나 중도파 당원들을 보호해 주지 못한다는 것도 분명해졌다.

이즈음 당 대표 후보로 선정되려면 원내 노동당으로부터 최소한 12.5퍼센트의 지지를 받아야 했다. 선거인단은 원내 노동당 및 유럽 의회 의원, 개별 당원, 그리고 노조와 사회주의 단체 같은 연계 조직들이 각각 전체 구성원의 3분의 1씩을 차지했다. 선호 투표제*를 취함으로써 과반수를 득표한 후보가 나올 때까지, 가장 인기 없는 후보로부터 여타 후보자들에게로 표가 재분배되었다. 데이비드 밀리밴드는 원내 노동당으로부터 가장 많은 지지를 받았고, 1차 투표에서도 37.8퍼센트의 득표율로 동생보다 3.5퍼센트를 더 얻으면서 최다 득표했다. 그러나 예기치 않게 4차 투표에서 에드 밀리밴드가 형을 누르고 승리했다.[62]

간발의 차이로 원내 노동당을 누른 노조와 그 연계 조직들은 노조의 힘과 인기가 쇠퇴하던 시대에 어떻게든 원내 노동당을 약화할 다른 방법을 찾겠다는 결심이 컸다. 이들의 지지를 등에 업은 에드 밀리밴드

---

* 선호 투표제alternative voting
투표자가 모든 후보에 순위를 매겨 투표한 뒤 과반 득표자가 없으면 최소 득표한 후보부터 탈락시키고 과반 득표자가 나올 때까지 반복해서 투표하는 제도로 즉석 결선 투표제로도 알려져 있다.

는 당내 좌파를 지도자로 뽑을 것이 확실하면서도 노조에 아첨하는 것처럼 보일 부담이 없는 자발적 활동가와 지지자들에게 힘을 실어 주는 개혁을 꾀했다. 이 조치는 대중정당으로서 노동당의 유산과 이미지에 도움이 됐지만, 원내 노동당은 한층 더 약해졌다.

원내 노동당은 이미 당 대표 선출에 영향을 미치기에는 너무 약한 위치에 있었다. 원내 노동당에 할당된 선거인단의 3분의 1 중에는 유럽 의회 노동당 의원 13명이 포함되어 있었는데, 이들에게는 웨스트민스터에서 돌아가는 일을 통제하는 어려운 과제에 신경을 쓸 유인이 없었다.[63] 그러나 2014년에 이 모든 것이 무의미해졌다. 밀리밴드가 선거인단을 순수한 1인 1표제로 바꾸도록 밀어붙이는 한편, 비당원 "지지자"도 3파운드만 내면 투표에 참여할 수 있도록 제도를 개방했기 때문이다.[64] 이 개혁은 이듬해 밀리밴드가 총선에서 데이비드 캐머런에게 완패해 대표직에서 물러났을 때 소기의 효과를 발휘했다. 원내 노동당이 강력히 반대하고 거의 모든 노동당 주류가 반대했음에도, 오랜 세월 백벤처였던 당내 좌파 제러미 코빈이 압승을 거두어 당수에 올랐기 때문이다.[65]

제러미 코빈의 당선으로 영국 정치에서 가장 초현실적이라고 할 만한 시대가 열렸다. 처음부터 그는 자기 당 프런트벤처와 항구적인 전쟁 상태에 돌입했다. 예비 내각의 각료들이 연달아 사임하자 2016년 6월 원내 노동당 의원들 사이에서 불신임 투표가 제기되었고, 이 투표에서 코빈은 172 대 40으로 패배했다. 그러나 2015년 선거 전에 약 29만 2000명으로 감소했던 풀뿌리 당원들이, 이제는 언계 집단과 비당원 지지자를 제외해도 50만 이상으로 늘어나 있었다.[66] 3개월 후 코빈은 당 대표 선거에서 61.8퍼센트를 득표해 재선되었다.[67] 이에 원내 노동당의 80퍼센트 이상이 거부한 인물이 원내 노동당을 지휘하는 이 상황을 납득하기 어렵다고 보는 사람이 많았다. 특히 급격한 세율 인상, 대학 등록금 폐지, 보건·복지 관련 공공 지출 대폭 증가, 노조의 권리 강화, 철도·우편, 기타 공익사업의 재국유화 등 다수가 반대하는 정책을 코빈이 지지했기 때문에 더욱더 그러했다.[68] 그래서 차기 총선이 예상되는 2020년이 되기 훨씬 전에 코빈이 퇴출될 것이라는 전망이 일반적이었다.

그러나 단기적으로 정치에서는 경쟁자보다 약간만 덜 무능하면 된다. 2017년 4월 보수당이 처참한 브렉시트 국민투표로 재난을 자초했기 때문이다. 테리사 메이 총리는 노동당이 수세에 놓인 동안 유권자로부터 브렉시트 절차와 관련해 개인적 권한을 위임받을 요량으로 조기 총선을 선언했다. 하지만 기억에 남을 만큼 지극히 무능력한 선거전을 치름으로써 선거 전 여론조사에서 20퍼센트포인트나 앞섰던 지지율을 추락시키고 보수당이 점했던 의회 다수의 지위도 내주고 말았다.[69] 메이는 우파 정당인 북아일랜드 민주연합당DUP과 연정을 구성해야 했을 뿐만 아니라 코빈에게 노동당 당수로서의 생명을 연장해 주었다. 코빈은 총선에서 노동당을 연속으로 세 번이나 패배로 이끌었지만, 그럼에도 노동당은 30석을 추가로 확보하고 보수당과의 득표율 차이도 2.3퍼센트포인트로 좁혔다.[70] 기대 이상의 극적인 성과를 거두는 바람에 코빈은 얼마간은 지도자로서 난공불락의 지위를 누릴 수 있었다.

코빈은 이 행운을 이용해, 노동당 운영과 관련해 추가로 분권화 개혁을 추진했다. 그는 당 대표 후보로 출마하기 위해 필요한 원내 노동당의 지지율을 10퍼센트로 축소하고, 신규 당원이 다음 선거에서 투표할 자격을 얻기 위해 충족해야 하는 대기 기간 요건도 폐지했다. 이에 불만을 품은 어느 당내 중도파는 이렇게 말했다. "우리가 지금 벌이고 있는 이 영구적인 운동이란" 코빈의 정책 의제를 따르도록 "의원들의 영향력을 약화하고, 그들의 의견을 무시하고, 그들을 고분고분하게 길들이는 것이다."[71] 코빈은 의기양양했다.

그러나 그것은 필시 헛된 도취였을 것이다. 막심한 피해를 입은 보수당은 또 다시 조기 총선을 소집하는 것을 꺼릴 테고, 민주연합당도 소수 여당 정권에 영향력을 미칠 수 있는 기회를 놓쳐 가며 보수당을 무너뜨릴 확실한 유인이 없었다. 2023년에 있을 총선은 노동당이 총선에서 마지막으로 승리해 본 지 18년, 마지막으로 집권당을 해본 지 13년 만의 선거가 될 것이다. 야당으로 그렇게 긴 세월을 보냈고, 코빈도 다음 총선 때면 74세가 된다.[*] 보수당이 브렉시트 참사와 2017년 참패에 새로 또 어떤 실수를 추가해 코빈에게 다우닝가 총리 관저의 열쇠를 넘겨줄 가능성은 얼마든지 있다. 하지만 그렇게 되더라도 코빈은 야당 시절에도 잘 관리하지 못했던 원내 노동당을 집권 후에도 지휘하느라 애먹을 것이다. 일관된 정책은 고사하고 그 어떤 정책도 이행하기 어려울 것이다.

보수당이 2015년 총선에서 거둔 승리를 데이비드 캐머런과 테리사 메이가 신속하게 날려 버린 일 때문에 보수당이 역사의 쓰레기통으로 향하고 있다는 인상을 받을 수도 있지만, 그렇다면 이 당의 회복력을 과소평가하는 것이다. 정당으로서의 긴 생명력으로 보나 집권당으로서의 세월로 보나 영국 보수당은 민주주의 세계에서도 독보적인 존재다.[72] 이 성공의 대부분은 로버트 필 경이 1834년 탬워스 선언[**]에서 확

---

[*] 2018년 이 책이 출간된 이후 2019년 12월 영국 총선에서 노동당이 대패하고, 이후 2020년 노동당 대표 선거에서 키어 스타머가 당선되었다.

[**] 탬워스 선언Tamworth Manifesto
1834년 로버트 필 전 내무장관은 왕의 요청에 따라 총리직에 오르면서 자신의 지역구인 탬워스에서 노동자들의 참정권을 확대하는 선거법을 지지하는 등 몇 가지 강령을 발표했다. 이 선언은 지주와 귀족의 이익을 대변했던 토리

언한 적응력 있는 보수, 즉 지킬 수 있는 것을 지키기 위해 바꿔야만 하는 것을 바꾼다는 정신 덕분이다. 이런 정신에 입각해서 필 경은 그보다 두 해 앞서 대개혁법*을 "심대한 헌정 문제의 불가역적 해결"로서 수용했다. 이 법에 의해 유권자가 50퍼센트 늘었는데 당시에 이는 급진적인 변화로 보였다. 1867년에는 유권자 인구가 두 배, 1884~85년에는 세 배로 늘어나게 됨에도 말이다.[73] 20세기 초에 자유당이 영국의 제2 정당 자리를 노동당에 내주고 물러가는 동안에도 보수당은 매번 새로운 현실에 적응하고 집권당이 될 가장 유력한 경쟁자로 살아남았다. 벤저민 디즈레일리가 사망하고 2년이 지난 1883년, 영국 일간지 『타임스』는 디즈레일리를 가리켜 이렇게 언급했다. "조각가가 대리석 안에 갇혀 있는 천사를 알아보듯, 그는 자기표현이 어눌한 영국 대중 속에서 보수적인 노동자를 알아보았다."[74] 앞으로도 영국 유권자층에게 광범위하게 호소할 수 있는 보수당의 역량을 무시해서는 안 된다.

당 운영에 관해서도 보수당은 세월이 흐름에 따라 필요한 만큼, 그러나 조심스럽게 변화했다. 특히 지도부 선출을 민주화하라는 압력에 대한 보수당의 반응에서 이것이 두드러지게 나타난다. 전통적으로 원내 보수당**은 추기경들이 교황을 뽑듯(비공식적인 대화를 통해 마침내 누군가가 드러나도록 하는 방식으로) 당 대표를 뽑았다. 보수당이 처음으로 공식

당을 해체하고 새로운 보수당을 창당하는 계기가 되었다.

* 대개혁법Great Reform Act
1832년 1차 선거법 개정의 별칭으로, 이 개정을 통해 도시 상공업자, 소규모 지주, 소작농, 10파운드에 해당하는 집세를 내는 사람 등 중간 계층 남성이 선거권을 부여받았으며, 그 결과 새로 유권자가 크게 증가했다.

** 원내 보수당Parliamentary Conservative Party, PCP
의회 내 보수당 소속 의원들, 즉 보수당 의원단을 가리킨다.

선거를 통해 당 대표를 선출한 것은 1965년의 일로, 에드워드 히스가 원내 보수당의 확실한 과반수 지지를 얻어 두 명의 경쟁자를 물리쳤다. 당 대표를 상대로 도전장을 낼 수 있는 장치가 여전히 없었음에도 10년 후, 히스가 총선에서 세 차례 패한 뒤 약해진 자신의 권위를 강화하려고 당 대표 선거를 시행했던 것이 새로운 시대를 여는 계기가 되었다. 바로 이 선거에서, 이길 가능성이 없어 보였던 마거릿 대처가 도전자로 나서면서 모두의 예상을 뒤집고 히스에게 패배를 안겼기 때문이다. 대처는 이후 15년간 보수당을 이끌었고 그중 11년은 총리를 지냈으나 유럽에 대한 그의 논란 많은 입장[유럽 통합에 반대한 것]과 인기 없는 인두세* 때문에 차기 총선에서 의석을 잃을 것을 염려한 백벤처들이 반란을 일으켜 1990년에 물러났다. 이 일로 인해 지도자의 권위는 당에 승리를 안겨 줄 수 있는 능력에 상당 정도 달려 있다는 원칙이 확립되었다. 백벤처들은 지도자가 실패할 성싶으면 권한을 거둬들일 터였다.

1998년 보수당은 당 대표 선출을 웨스트민스터의 의원들만 독점하지 말고 선출 절차의 민주성을 확대하라는 압력에 마침내 굴복해, 의원들은 최종 후보 2인까지만 뽑고 그 가운데 한 명을 전체 당원이 선출하는 제도를 도입했다. 이 방식은 코빈 같은 대표를 배출할 가능성은 적지만, 원내 보수당이 선호하지 않는 후보가 당수가 될 수 있다는 것을 뜻했다. 실제로 2001년에 원내 보수당의 3분의 2는 중도파 케네스 클라크를 지지했으나 대처파 이언 덩컨-스미스가 당원 투표에서 60퍼센

* 인두세poll tax
대처가 1989년에 도입한 주민 부담금 제도로, 모든 성인에게 단일 세율을 과세하는 역진세였기 때문에 커다란 반발을 불러일으켰다. 대처가 퇴진한 후 폐지되었다.

트의 지지를 얻어 당선되었다.[75] 그러나 그것은 행복하지 못한 결혼이었다. 덩컨-스미스는 2년 후 불신임 투표로 물러났고, 사기가 떨어질 대로 떨어진 보수당은 마이클 하워드를 경선도 없이 당 대표로 뽑았다. 그는 보수당이 6년 사이에 벌써 네 번째로 선출된 당수였다. 하워드는 2년 후 사퇴했는데, 이라크 전쟁으로 토니 블레어의 인기가 떨어졌음에도 노동당이 2005년 총선에서 야권보다 66석을 더 얻어, 세 번 연속 승리를 거두면서 의회 다수를 확보했기 때문이다.[76]

보수당의 대표 선출 방식은 지금도 여전히 결과를 예측하기 어렵게 만든다. 결선투표 제도는 2005년 데이비드 캐머런과 데이비드 데이비스의 경우처럼 결선 후보를 중도파 2인으로 추려 낼 수도 있지만, 또 어떤 때는 2001년에 덩컨-스미스가 각기 다른 5명의 후보 가운데 우연한 수혜자가 됐던 것처럼 엉뚱한 선택으로도 이어지기 쉽다.[77] 이런 의견에 대해 이견은 있지만, 원내 보수당은 2016년 6월 데이비드 캐머런의 사임 후 그런 결과를 막아 낸 것으로 보인다. 당시 유력 후보는 테리사 메이와, 카리스마 있는 전 런던 시장으로서 브렉시트를 요란하게 주도해 온 보리스 존슨이었다. 존슨의 선거 참모 마이클 고브 법무장관은 선거운동 기간에 존슨이 총리직에 부적격이라며 그를 배신하고 그 대신 자기가 총리가 되려고 했다.[78] 존슨은 후보에서 물러났지만, 고브와 나머지 후보들도 두 차례 투표 끝에 낙선하거나 사퇴하면서 메이가 경쟁자 없이 혼자 남았다. 만약 존슨과 메이가 당원 투표에서 대결했으면 존슨이 승리했을 가능성도 충분하다. 원내 보수당이 보기에 메이가 결국 지도자로서 문제점을 드러냈다 하더라도, 존슨이 총리였으면 문제가 더 많았을 것이다.*

보수당 대표 선출의 분권화는 노동당이 택한 경로보다는 원내 보수당의 힘을 덜 약화했으나 문제가 없는 것은 아니다. 대표 선출 방식을 민주화하려는 영국 정당들의 의욕은 다른 곳의 양상을 모방한 것이다. 그것은 당원을 유치하고 지지자를 동원해 참여를 독려하는 민주주의의 자연스러운 확장으로 보였다. 그러나 새로 동원된 당원과 열성 당원이 당 의원들의 입장을 대표하지 않을 때에는 그 원내 정당들 내부에 균열이 생길 수밖에 없다. 백벤처들이 지역구에서 내걸고 출마해 이길 수 있는 공약을 지도자가 제공해 주리라 확신하지 못하면, 백벤처와 지도자의 관계에 긴장이 생길 수밖에 없다. 당원 직선제를 통해 지도부를 선출하게 되면 이런 어려움이 증폭되고 당의 운영이 어려워진다. 즉, 겉보기에 민주주의가 증진되는 것 같지만 실은 그렇지 않은 것을 위해 비싼 대가를 치르는 것이다.

후보 선출

후보 선정을 민주화하기 위한 노력은 1980년대 초에 노동당이 현직 의원을 비롯한 의원 후보 전원을 선거 때마다 지역당이 다시 선정하도록 결정하면서 성공적으로 출발했다.[79] 좀 더 최근에는 여성의 권리가 신장하고 유권자의 종족적·인종적 다양성이 커짐에 따라 영국의 각 정당은 유권자층을 더 잘 반영하기 위해 묘사적 대표성을 높이려고 시도해 왔다. 이 작업은 대체로 중앙에서 지시하는 방식으로 이행되었는데, 왜

• 그러나 결국 2019년 총선에서 보리스 존슨이 총리가 되었다.

나하면 연계 집단들의 강력한 추천이 개입되는 전통적인 지역구 기반의 공천 절차는 압도적으로 중년 백인 남성 후보를 배출했기 때문이다. 노동당은 전원 여성 후보제*를 도입해 다양성을 높이고자 했다. 이 방식으로 노동당의 여성 의원 비율은 1992~2010년 사이에 14퍼센트에서 31퍼센트로 증가했다. 보수당도 여성과 소수민족 후보자를 우선 공천자A-List로 분류[해 최종 후보자로 선정할 것을 지역구에 권고]하는 제도를 도입했으나 같은 기간에 이들의 증가세는 노동당의 그것보다 완만했다.[80] 그러나 이 같은 개선도 그사이 더뎌져서, 2017년 전체 의원 가운데 여성의 비율은 약 22퍼센트였고 소수민족 출신은 4퍼센트에 불과했다.[81]

이런 시도가 한계에 부딪힌 이유는 부분적으로는 자격을 갖춘 후보가 드물어서이기도 하지만, 대부분은 지역당의 반발 때문이었다. 지역당은 자신들에게 익숙한 그 지역 출신 후보를 선호했고, 명단 작성에 적용된 자격 요건에도 불구하고 노동당의 전원 여성 후보제나 보수당의 우선 후보 명단에 들어간 후보들을 자질이 부족할 것으로 예단하면서 거부하는 경향을 보였다.[82] 이런 어려움 때문에 정당들은, 변화하는 전국 유권자들에게 호감을 얻기 위한 원내 지도부의 노력과 더불어, 지역에서 신뢰를 얻고 갈등을 줄일 수 있는 묘사적 대표성을 높일 방법을 모색했다. 특히 보수당은 미국 당원대회 제도와 비슷하게 100~500명 정도가 모여 후보자를 선출하는 예비선거 방식을 실험했다. 결과는 엇

---

* 전원 여성 후보제AWS
정당이 특정 선거구의 총선 후보가 반드시 여성이기를 바랄 때 예비 경선에 여성 후보만 내보내는 것을 말한다. 전원 여성 후보제는 1997년 영국 총선에서 노동당이 최초로 채택했다. 그 결과 노동당의 여성 하원의원 수가 37명에서 101명으로 늘었다.

갈렸다. 투표율은 저조했고, 투표자들은 자기 지역에서 잘 알려진 후보를 압도적으로 선호했으며, 후보들은 중년 백인 남성이 압도적으로 많았다. 하지만 지역구 투표자가 우편으로 후보를 선정하는 "우편 예비선거"에서는 여성 후보 선정에서 좀 더 큰 성과가 있었다.[83]

이 같은 개혁과 관련해, 아직 자료가 많지는 않지만, 그래도 몇 가지를 조심스럽게 관측해 볼 수 있다. 젠더 다양성을 확보하는 가장 효과적인 수단은 중앙에서 부과하는 전원 여성 후보제와 우선 공천자이나 이는 지역의 강력한 저항 역시 불러온다. 그 저항에 응해 예비선거제를 도입하면 20세기 초에 이를 처음 도입한 미국 진보주의자들*이나 1970년대에 이를 부활시킨 후세대 개혁가들도 전혀 상상하지 못했던 의도하지 않은 결과를 초래하게 된다. 만약 영국 정당들이 후보 선정에 지역의 참여를 늘리면 새로 힘을 얻은 지역 당원들은 필경 상명하달식 정책이 민주적이지 않다고 불만을 쏟아 낼 것이다. 그러면 당은 후보 선출 과정에 대한 통제력을 완전히 상실할 위험에 처한다.

형편없이 낮은 예비선거 투표율에도 위험이 도사리고 있다. 이 경우 특히 특정 정당 후보의 당선이 확실시되는 지역에서는 그 당의 후보를 선정하는 절차가 자칫 대표성 없는 투표자들(전형적으로 당내 이념적 비주류)의 적대적 장악에 취약해질 수 있다. 예컨대 보수당 후보의 당선이 확실한 지역에서는, 보수당 당원이지만 당에 애착이 없으며, 2017년 [총선에서] 거의 몰락하다시피 한 영국독립당을 과거 지지했던 투표자들이 후보 선정을 주도할 수 있다.[84] 좌파의 경우는 강경파 노동당 투표자

• 진보주의자들Progressives
미국 진보 시대[1890-1920년대]에 정치적 부패와 각종 사회문제에 맞서 개선을 요구하던 개혁 운동가들.

가 노동당 후보의 당선이 확실한 지역에서 같은 일을 벌일 수 있으며, 그러면 원내 노동당의 지도력은 더 약화되고 미국 경선이 시달려 온 온갖 병증이 재탕될 수 있다. 이런 교훈을 받아들였다는 신호가 일부 보이기는 한다. 보수당은 2017년 예비선거 확대 방안을 철회했다. 어쩌면 도널드 트럼프가 공화당을 접수하는 엄청난 광경을 보면서 그 위험성에 주목하게 됐을지도 모른다.

　미국인들이 너무나 잘 알고 있듯이 예비선거를 통해 묘사적 대표성을 공격적으로 추구하는 데에는 추가적인 비용이 뒤따른다. 단적으로 돈이 많이 든다. 후보들이 자비로 예비선거 운동을 하거나, 기부금을 받거나, 아니면 노조 같은 조직으로부터 자금을 지원받아야 하는 어려움은 공공자금의 지원이 없을 경우 한층 더 가중된다. 자금에 대한 의존성이 커질수록 정당은 여러모로 약화될 뿐만 아니라 저소득자가 출마하기도 어려워진다. 영국의 양대 정당은 여성과 소수자의 묘사적 대표성을 높이기 위해 노력해도 경선에 참여할 시간과 돈이 없는 저소득자들은 후보로 나오지 못한다는 것을 깨달았다. 비용이 많이 드는 후보 선정 방식을 채택하면 앞으로 문제는 더 나빠질 것이다.[85]

소선거구제의 강점과 약점

영국의 웨스트민스터 체제가 강력한 양당제 선거제도를 위한 이상적 조건에서 언제나 약간 벗어났던 이유는 영국의 선거구가 비교적 작고 서로 상당히 다르기 때문이다. 독일의 혼합형 선거제에서 소선거구의 평균 인구는 22만2000명이고, 미국 선거구의 평균 인구는 71만 명이 넘지만, 전형적인 영국 선거구의 규모는 7만 명 이하다.[86] 런던과 나머지 지역 간의 소득 격차가 점차 확대됨에 따라 선거구 간의 차이가 야기하는 문제점이 더욱 두드러지고 있다. 이를테면 탈산업화된 지역구를 대표하는 의원들은 전 국민을 위한 정책보다는 지역민의 구제에 더 치중한다. 의원들이 모습을 자주 드러내고 지역에 활발히 개입함으로써 오히려 지역구 유권자들의 선호에 구속되지 않을 여지를 마련할 수도 있지만, 이 전략에도 한계가 있다.[87] 영국 제도* 전역의 불균등한 경제 수준은 브렉시트를 초래한 분노의 분포 양상과 놀라운 연관성을 보여준다. 우리는 마지막 장에서 이 문제를 완화하는 최선의 방법은 선거구의 수를 줄이고, 크기를 늘리고, 다양성을 높이는 것임을 논할 것이다.

또한 영국의 정당들은 전국적인 수준에서 중도 유권자층과 적극적인 당원들 사이에 존재하는 긴장을 해소해야 하는 도전에 직면해 있다. 적극적인 당원들의 선호는 유권자 대중의 선호보다 더 극단적이고 과격할 확률이 높다. 양당의 대중조직은 "향후 하원을 이끌어 가고자 경쟁하는 당을 위해" 활동하며 "이를 통해 전체 유권자는 주기적인 총선에서 양당 가운데 하나를 선택할 수 있게 된다."[88] 그러나 1983년에 마이클 풋이 그랬듯이,** 때로 이 대중조직들은 뜻을 굽히느니 차라리 선거에서 지는 편을 택할 수도 있다.[89] 이념적 순수성을 지키기 위해 선거에서 지면 당의 몫으로 돌아오는 파이의 크기는 작아져도 그 파이에서

* 영국 제도British Isles
영국 전역과 아일랜드, 그리고 주변의 여러 작은 섬으로 이루어진 지역
** 당시 노동당 대표였던 그는 1983년 총선에서 한층 좌경화된 공약을 내세웠다가 보수당에 참패했다.

자신들이 차지할 수 있는 몫은 커지므로, 다음 선거에서 더 나은 결과를 얻기를 바라며 기다리는 동안 당내에서 힘을 길러 논쟁의 조건을 유리하게 확립할 수 있다.[90]

웨스트민스터 체제는 많은 영국인들이 생각하는 것 이상으로 잘 작동한다. 좌우 양쪽의 유권자들은 중도 유권자를 위해 투쟁하는 크고 강한 정당의 대표성에 의문을 던지지만, 비례대표제나 분권화가 더 나은 무언가를 안겨 줄 것이라는 희망에는 신빙성이 없다. 비례대표제가 정당들을 노조원, 국수주의자, 녹색주의자들만 만족시키는 협소하고 과격한(강한) 신념으로 무장시켜 의회로 돌려보낼 것이라는 예측은 옳다. 하지만 자유민주당이 2010~2015년 보수당 연립정부에 참여했다가 지지율이 급락하는 낭패를 겪었고, 또한 여러 유럽 국가에서 연이어 정당 분열의 장관이 펼쳐지면서 통치가 어려워진(심지어 정부의 구성마저 어려워진) 점으로 미루어, 영국에서 비례대표제에 대한 요구는 단기적으로 잦아들 확률이 높다. 그러나 1970년대에 그랬듯이 유권자들과 논평가들이 경제 실패를 정치체제의 약점 탓으로 오해해 멀쩡한 정치체제를 고치려고 작정하는 경우, 선거제 개정에 대한 압력은 다시 등장할 것이다. 그런 상황이 전개되면 비례대표제에서 형성되는 연정에 의해 통치가 쉬워질 수도 있으나 반대로 더 어려워질 수도 있다는 점을 국민에게 인식시키는 것이 중요하다. 또한 장기적으로 연정은 대다수 유권자에게 거의 언제나 유익한 정책 프로그램을 추진하기보다는 자기 구성원에게 유리한 정책을 흥정하고 그 비용을 나머지 사람들에게 전가할 가능성이 크다.

민주주의를 증진한다는 논리로 후보와 지도자 선출 방식을 분권화하려는 시도 역시 또 다른 심각한 위험을 불러올 수 있다. 정당은 지도부와 백벤처들이 함께 같은 방향으로 끌어당기며 결속력 있는 팀을 이룰 때 가장 잘 작동한다. 이런 이상적인 상태는 결코 완벽하게 구현될 수 없지만, 그래도 그것을 지향하는 개혁이 그로부터 멀어지는 개혁보다는 언제나 더 바람직하다. 그렇기 때문에 지도자를 직접 선출하는 것은 좋은 생각이 못되며, 후보자 선정 방식을 분권화하기 위한 예비선거나 다른 장치의 도입도 마찬가지다. 정당의 지도자들은 지역구에서 승리할 수 있는 후보를 찾아내고 국민의 폭넓은 지지를 얻을 수 있는 국가 정책을 개발할 강력한 유인을 갖는다. 그 두 가지 임무를 잘해 내지 못하면 선거에서 패배하고 지도자로서 살아남지 못한다. 지역구 당원들도 후보 선정에 관여해야만 필요한 정보를 얻고 당 후보의 당선을 위해 노력할 의욕이 생긴다. 그러나 지도자들은 선거전을 위해 더 큰 그림을 염두에 두므로, 후보를 걸러 내는 작업에서는 지도자들의 역할이 필수적이고 다른 무엇보다 중요하다.

5장

크지만 약한 정당 : 미국식 변형

2009년 크리스마스 전날 미국 상원은 '환자 보호 및 부담 적정 보험법', 일명 '오바마케어'를 통과시켰다. 이 법안은 상원의 의사 진행 방해를 막기 위해 필요한 최소 60표를 획득하고 다시 하원에서 온갖 절차적 장애물을 통과해, 3개월 후 오바마 대통령의 서명을 받았다. 이미 오래전에 이루어졌어야 할 일이었다. 해리 트루먼이 국민건강보험 도입을 시도했으나 1950년에 실패했고, 이후 드와이트 아이젠하워(1953~54년), 존 F. 케네디(1962년), 리처드 닉슨(1973~74년), 지미 카터(1977~78년), 빌 클린턴(1993~94년)이 차례로 실패를 거듭했다. 유일하게 이룬 부분적 성공은 메디케어뿐이었다. 1965년 존슨 행정부 시절에 제정된 메디케어는 인기 있는 단일 보험자 방식이지만 65세 이상의 노령 인구에만 적용된다.[1] 이런 역사적 배경에 비추어 오바마케어의 통과는 대단한 성취였다.[2]

또한 그것은 아슬아슬한 성취였다. 2008년 미네소타 주에서 거둔 당선에 이의가 제기되어 2009년 6월 말까지 판결을 기다려야 했던 앨 프랭큰 상원의원까지 더해도 민주당은 표가 모자랐는데, 알린 스펙터 공화당 상원의원이 2009년 4월 민주당으로 당적을 옮기면서 비로소 문제가 해결되었다. 표 하나하나가 절실했기 때문에 개별 상원의원들은 오바마케어를 지지해 주는 대가로 대단한 이권을 뽑아 낼 수 있었다. 스펙터는 새로 입당한 민주당에서 이례적으로 상급 직책을 약속받았다.[3] 벤 넬슨 네브래스카 주 상원의원은 이른바 "콘허스커* 뇌물," 즉 이 주

의 메디케이드 제도 확대를 위한 재정을 연방 정부가 무기한 지원한다
는 약속을 받아 냈다. 오바마케어 입법의 향방에 가장 결정적인 한 표를
쥐고 있던 사람은 [상원의 의사 진행 방해를 막기 위해 필요한 60표를 채워 줄 수
있는] 조지프 리버먼 코네티컷 주 상원의원이었다. 리버먼은 무소속이
지만 민주당 당원대회에 참여했고 민주당의 건강보험 법안에 지지 의
사를 표했다. 그러나 그는 표결 열흘 전에 마음을 바꿔 "공공 보험 옵션"
(민간 보험업체의 정직한 경영을 유도하고 민간 보험회사에 가입하기 어려우면 정부가
운영하는 공공 보험에 가입할 수 있도록 보장하는 방안)을 빼지 않으면 법안을 지
지하지 않겠다고 밝혔다. 이로써 공공 보험 옵션은 삭제되고 말았다.

　이런 결과는 놀랍지 않았다. 코네티컷 주는 미국 사보험 업계의 본
거지로, 이들이 리버먼의 선거운동에 기부해 온 금액이 50만 달러가 넘
었다. 소비자 보호 운동가 웬들 포터는 공공 보험 옵션이 빠진 법안이라
면 차라리 "보험업계 보호 및 수익 보장법"이라고 부르는 것이 낫다며
민주당 정책 위원회에 경고했다.[4] 보험업계는 바라던 것을 얻었지만,
메디케어를 점진적으로 전 국민에게 확대할 수 있었던 건강보험제도의
도입이 가로막히는 희생이 뒤따랐다. 그 대신 미국은 1600~2000만 명
에게 적용 범위를 확대했으나 거의 2800만 명이 여전히 무보험 상태로
방치되어 있는 불안정한 제도를 갖게 되었다.[5] 공화당은 2016년 행정
부와 입법부를 동시에 장악하고서도 오바마케어를 폐지하기에는 표가
부족했다. 그러나 2017년 10월 트럼프가 오바마케어를 무력화하는 대
통령 행정명령을 발동해 저소득층의 보험 가입을 위한 보조금 수십억

　• 콘허스커cornhusker
　옥수수 껍질을 벗기는 사람이나 기계를 뜻하는 용어로 네브래스카 주민들을
　일컫는 별명.

달러를 삭감하고, 고용주들이 단합해 직원들을 위한 보험 상품 중에서 저가 대안을 골라 비용을 절감할 수 있도록 허용함으로써 부담 적정 보호법의 핵심인 위험 및 비용 분산의 논리를 훼손했다.[6] 2개월 후 제정된 2017년 '감세 및 일자리법'Tax Cuts and Jobs Act은 모든 개인의 건강보험 의무 가입 조항을 없앴다. 그러면 건강한 젊은이들은 보험에 덜 가입할 터이니 보험료가 큰 폭으로 인상될 것이 확실했다.[7]

이 힘겨운 여정은 1947년 영국의 국민건강보험법 제정과 극명한 대조를 이룬다. 클레멘트 애틀리 총리가 이끌던 전후 노동당 정권은 1942년 베버리지 보고서의 권고에 따라 잉글랜드와 웨일스 지역에 단일 보험자 방식의 국민건강보험 제도를 일거에 신설했고, 이후 아무 도전도 받지 않았다.[8] 재정이나 보장 범위에 관해 지엽적인 분쟁이 있기는 해도 국민건강보험의 유지 자체가 문제의 대상이 된 적은 없다. 심지어 1980년대에 복지국가 축소를 사명으로 삼았던 마거릿 대처조차 감히 여기에 손댈 생각을 하지 못했다. 국민건강보험은 언제나 변함없이 영국에서 가장 인기 있는 공공 제도의 위치를 지켜 왔으며, 영국 올림픽 선수단, 영국군, 심지어 영국 왕실보다도 높은 평가를 받는다.[9]

이렇게 상이한 결과를 낳은 두 정치체제 사이에는 여러 가지 차이점이 있지만, 가장 중요한 차이는 미국 정당이 약하다는 점이다. 미국 정당이 약한 원인의 일부는 헌법에 내재한다. 또한 인구학적인 요인도 있다. 즉, 주요 지역들 및 도시와 시골은 큰 인구학적 차이를 보이는데, 이는 선거구마다 유권자 구성이 서로 매우 달라서 전국의 축소판과는 거리가 멀다는 것을 뜻한다. 또한 특히 1970년대 이후에 각 정당이 분권화를 결정한 것도 정당이 약화된 또 다른 원인이다. 이런 요인들이 합쳐진 결과 미국은 양당제의 주요 장점을 누리지 못하고 있다. 정당은 정책 프로그램을 중심으로 힘을 모으는 데 큰 어려움을 겪고, 집권당으로서 정책을 이행할 때는 더 큰 어려움에 봉착한다. 오바마케어는 주요 정책 개혁안을 엄격하게 당파적 노선에 따라 입법화한 몇 안 되는 최근 사례 중 하나였다. 그럼에도 불구하고 오바마케어의 입법과 그 후의 여파를 살펴보면, 대다수 유권자의 장기적인 이익에 봉사하는 정책을 정부가 법으로 제정하기 어렵게 하는 약한 정당 체계의 상흔이 보인다.

미국 정당이 약한 원인

미국 건국의 아버지들은 국가를 출범시킬 때 정치적 분절화fragmentation를 꾀했다. 당시 북아메리카 식민지들은 서로 매우 달랐기 때문에 근본적으로 분권화하지 않으면 공화국은 존재할 수 없었다. 대규모 농장 경제 중심의 남부는 노예제와 자유무역을 선호했고, 원산업* 지역인 북부는 노예제를 거부하고 신생 산업을 보호해 줄 보호무역을 선호했다. 이런 지역적 차이는 인구 비례를 따르지 않는 강력한 연방 상원**에 의해 그 상태로 한 세기 동안 유지되었으나, 미국이 서부로 팽창하고 남부가 소수 지위로 전락하게 되자 결국 남북전쟁이 촉발되었다. 그렇지만 연방제는 살아남았다.

---

* 원산업proto-industrial
산업혁명 이전 시기에 농촌에서 발달한 수공업을 가리키는 용어로 이것이 확대되면서 산업혁명으로 이어질 수 있는 사회경제적 여건을 형성했다.
** 상원은 인구 비례와 무관하게 주마다 2석이 주어진다.

주州의 권리는 미국 정치의 분권화 사례 가운데 하나로, 지금도 끈질기게 이어지고 있는 지역사회의 악성 인종주의를 보호했다. 20세기에 들어와 선출직 판사들과 함께 머신 정치에 맞서 싸운 진보주의자들, 그리고 정당 보스들로부터 정치적 통제력을 빼앗은 반란 세력 주도의 "민주화 개혁"도 분권화된 정치체제의 또 다른 사례에 해당한다. 첨예한 갈등 속에서 치러진 1968년 시카고 전당대회를 계기로 민주당은 정당의 분권화를 확대했고, 공화당도 풀뿌리 지지자들에게 호소하는 데 뒤지지 않기 위해 이를 모방했다.

캘리포니아 주민 발의 13호를 비롯해 사형, 낙태, 최저임금, 대마초 합법화, "일할 권리" 같은 사안을 주민 투표로 결정하는 각종 주민 발안들은 여러 주에서 기업 이익 단체든, 종교 운동 조직이든, 아니면 각양각색의 단일 이슈 운동가들이든 간에, 조직화된 집단들의 표적이 되었다. 이렇게 도입된 "개혁 방안들"이 전부 합쳐져, 정당이 선거에서 이기려면 유권자의 이익을 광범위하게 대표해야 한다는 압박을 점점 더 약화시키고 있다. 양당 간의 정당 경쟁이 약해지자 공화당 내부에서는 감세 정책을 지지해 공화당에 선거 자금을 후원하는 최고 부유층과, 무엇보다 문화적 정통성을 고수하려는 백인 빈곤층 사회 보수주의자들 간에 강력한 동맹이 형성되었다. 폭넓은 정당 경쟁을 추동하는 미국의 단순 다수 선거제도도 정치적 분절화의 이점을 잘 활용할 수 있는 위치에 있는 조직적인 집단들 앞에서는 무력했다.

시차 임기제*에 의한 상하원 및 대통령 선거 일정 또한 정당 약화

• 시차 임기제staggered election
미국에서는 연방 의회의 상원과 하원, 대통령이 각기 서로 다른 주기로 선출된다. 임기가 2년인 연방 하원은 2년마다 전원을 선출하며, 임기가 6년인 연

의 다른 요인들을 증폭시킨다. 백악관을 장악한 정당은 중간선거에서 항상 의석을 잃는다.[10] 이는, 2008년에 민주당이 겪었듯이, 상하 양원과 대통령 선거에서 승리해 의회에서 주도권을 잡더라도 원하는 법을 제정할 수 있는 시간이 얼마 없다는 것을 의미한다. 민주당은 2010년 선거에서 하원 다수당의 지위를 빼앗기고 상원에서도 대단히 큰 타격을 입으리라는 사실을 몰랐지만, 주요 법안을 통과시킬 기회가 점점 사라질 것임은 잘 알고 있었다. 민주당은 힘이 약해지기 전에 할 수 있는 일을 해야 했고, 그래서 스펙터, 넬슨, 리버먼 등이 찬성표를 담보로 특혜를 받아 내기도 쉬웠다. 그리하여 민주당은 부담 적정 보험법안을 서둘러 통과시켰으며, 그 과정에서 좀 더 폭넓은 보장 범위를 원했던 풀뿌리 민주당원들을 실망시키고 훗날 가해질 정치적·법적 공격에 취약한 타협안을 수용하고 말았다.[11]

　백악관과 의회를 각각 다른 당이 장악하는 경우 다수당 의원들은 중간선거에서의 승리가 자신들의 협상력을 높여 줄 것으로 기대할 수 있다. 그러나 한편으로 그들은 대통령의 거부권 행사 가능성에 직면한다. 오바마 정부 때 공화당이 부담 적정 보험법을 폐기하려고 수십 번이나 투표했지만 대통령의 거부권 발동으로 무산되었다. 하지만 백악관을 장악하지 못했어도 의회를 장악한 정당이 입법을 달성할 수 있을 때가 있다. 닉슨 행정부 시기에 민주당이 장악한 의회는 환경·보건·안전과 관련된 주요 법률을 통과시켰고, 민권법의 적용을 여성에게 확대했으며, 인적 자원을 위한 지출을 크게 늘렸다(1970~75년도에 인적 자원 지출액이 제2차 세계대전 이래 처음으로 군비를 초과했다).[12] 하지만 예측하기 어려

　　방 상원은 의원들을 3분의 1씩 나눠 2년마다, 대통령은 4년마다 선출한다.

운 요소에 좌우되는 부분이 크다. 이를테면 이 사례에서 닉슨은 공화당이 의회 다수당이 될 전망이 없는 상황에서 베트남전 종전으로 국방비 지출이 줄었다는 이점을 누렸고, 민주당이 요구하는 입법 의제를 받아들이는 대가로 자기 외교정책에 의회의 지지를 얻으려는 목적도 있었다. 이와는 달리 대통령이 완전히 비협조적인 상황에서 입법을 달성하려면, 상하 양원에서 모두 3분의 2의 다수를 얻어내야 한다. 이는 어려운 일이며 거의 언제나 의회의 강력한 초당적 협력이 필요하다.[13] 의회 다수당이 다른 당 소속 대통령과 함께 법을 제정할 수 있는 경우에도 어떤 의제를 정강 정책에 따라 추진하는 것과는 큰 차이가 있다. 주도권, 공적功績, 책임의 소재가 필연적으로 흐려지기 때문이다.

오바마케어가 겪은 우여곡절은 정당의 입법 의제가 당내 예비선거 경쟁에 취약하다는 점을 보여 준다. 알렌 스펙터로부터 요긴한 표를 받았지만, 민주당은 2010년 당내 예비선거에서 도전자로부터 그를 지켜주지 못했다. 그리고 그 도전자는 공화당 소속 팻 투미에게 패배해 그해 민주당이 상원에서 공화당에 다수당의 지위를 내주는 데 한몫했다.[14] 리버먼도 2006년 선거에서, 앞서 3년 전에 이라크 전쟁을 지지했던 일 때문에 민주당의 지원에도 불구하고 예비선거 도전자에게 패한 적이 있다. 이를 계기로 그는 무소속으로 상원의원 4선에 도전했는데, 코네티컷 주 상원에서 다수당 원내대표를 지내며 다진 세력 기반, 코네티컷 주 법무장관으로서 얻은 인기, 2000년 대선에서 앨 고어의 러닝메이트로 일반인에게 잘 알려진 점을 발판 삼아 당선에 성공했다. 그러나 그에게 투표한 유권자층이 공화당과 무소속 쪽으로 쏠려 있다는 점(민주당 지지자의 33퍼센트, 무소속 투표자의 54퍼센트, 공화당 지지자의 70퍼센트가 그를 지지했다), 그리고 보험업계의 후원금에 크게 의존한 점 때문에 리버먼은 민주당에 비싼 대가를 요구하기에 딱 알맞은 존재가 되었고, 결국은 그가 공공 보험 옵션의 삭제를 초래하고 말았다.[15]

예비선거 경쟁의 의미에 대해 토론할 때 주로 미국 정치에서 현직 의원이 누리는 유리함이 부각된다.[16] 현직 의원의 절대다수가 재선된다는 점에서 리버먼과 스펙터의 사례는 예외라 할 수 있다. 그러나 현직자의 유리함은 최근 몇 십 년 동안 줄어드는 추세다.[17] 게다가 새로운 인물이 예비선거에서 현직 의원에 맞서 출마했을 때 성공하는 경우가 많지 않다는 것을 보여 주는 자료들은 대부분, 2009년 티파티가 등장해 상당한 자금과 노력으로 공화당을 우경화하는 데 성공하기 이전의 자료다. 그 후로 공화당에서는 이념적으로 경도된 인물들이 도전자로 나서는 일이 많아졌다.[18]

예비선거의 효과를 잘 보여 주는 자료를 접하기 어려운 이유는 이미 자리를 잡은 후보들이 예비선거에서 새로운 후보의 도전을 저지하기 위해 흔히 선수를 치기 때문이다. 2009년 존 매케인 애리조나 주 상원의원은 예비선거에서 극우 성향의 J. D. 헤이워스 전 하원의원의 도전에 직면해 기후변화에 관한 자신의 입장을 여러 번 바꿨다. 이후 몇 년 동안 상하 양원의 공화당 의원들은 그와 비슷한 도전이 쏟아지는 가운데 어떻게 처신하면 좋을지 알아챘다. 그리하여 2014년에는 공화당 의원 278명 중 불과 8명만이 기후변화가 인재人災라는 점을 인정했다.[19] 절대로 증세하지 않겠다는 맹세에 서명해야 '세제 개혁을 지지하는 미국인들'Americans for Tax Reform 같은 조직의 위협을 피할 수 있었던 그 앞 세대 공화당 의원들도 비슷하게 처신했다.[20] 그리고 예비선거에서 도전자가 이기는 경우가 생각보다 드물다고 해도 리버먼과 스펙터처럼 도전자에게 패한 유명한 사례들 때문에, 그런 잠재적 위협에 대한 일반적 인식이 강화되었다. 좀 더 최근에 와서는 2014년에 하원의 공화당 2인자 에릭 캔터가 버지니아 주에서 도전자에게 패배하고 2017년에는 루서 스트레인지 앨라배마 주 상원의원이 (공화당 상원 지도부와 트럼프 대통령의 강력한 지지를 받았음에도) 초강경 극우 로이 무어에게 패함으로써 그런 인식은 더욱 굳어졌다.

예비선거에서 현직자의 유리함보다 중요한 것이 무엇이든 간에, 현직자의 유리함 자체가 당의 지도부를 강화하지는 않는다는 점에 유의해야 한다. 현직자가 꽤 넓은 범위에서 우위를 점하고 있다는 것은 대다수 의석이 안전한 의석이라는 사실을 나타낸다. 이는 인구 이동으로 인해 민주당 성향의 주에서는 민주당 성향이, 공화당 성향의 주에서는 공화당 성향이 더 강화되고, 민주당 표가 도시에 집중됨으로써 초래된 결과다. 또한 각 주 의회에 의한 당파적 및 초당파적 선거구 개편과 소수 인종 다수 선거구의 증가도 이런 결과에 한몫했다.[21]

공석이 된 안전한 의석에 어떤 후보를 출마시킬지를 결정하는 일에 지도부가 영향을 미칠 수 있다 하더라도, 이것은 마치 교수에게 종신직을 부여하는 것과도 비슷해서 일단 그러고 나면 그에게 영향을 미치기 어렵다. 예비선거 경쟁에 취약한 현직자라면 당 지도부가 원하는 사항보다는 패배 가능성에 더 신경 쓸 것이고, 취약하지 않은 현직자라면 자기 선거구 유권자의 이익이 지도부의 희망 사항과 어긋날 때 지도부를 두려워할 이유가 없다. 바로 그래서 수전 콜린스 메인 주 상원의원이, 2017년 오바마케어를 폐기하려는 공화당 지도부에 반기를 들 수 있었다. 콜린스 의원은 당내 예비선거를 쉽게 통과했으며, 2014년 본 선거에서도 3분의 2가 넘는 득표율로 민주당 도전자를 패배시켰다.[22] 콜린스가 3년 후 주지사 출마를 고려하자 공화당은 그가 사임할 경우 그

자리를 공화당 의석으로 유지할 수 있는 후보를 낼 자신이 없었다.[23] 그런 의미에서 콜린스는 당이 건드릴 수 없는 존재였다.

그렇다고 다루기 힘든 현직자를 당 지도부가 예비선거로 위협할 수 있는 것도 아니다. 예비선거는 보통 투표율이 낮고 당내 강경파에 해당하는 적극적 지지자들이 좌지우지하는 것으로 악명 높다. 그러므로 현직자보다 선거구의 중위에 더 근접한, 지도부가 전형적으로 필요로 하는 후보자를 내고 싶다고 해서 예비선거에서 그런 도전자가 나오기를 바라다가는 자칫하면 오히려 더 강경한 후보가 나와 총선에서 의석을 잃을 위험부담이 크다. 그렇기 때문에 당이 그런 식으로 현직자를 위협한다고 해도 별로 효과가 없다. 트럼프 행정부가 2017년 3월에 같은 경험을 했다. 하원의 극우 의원 단체 프리덤 코커스Freedom Caucus는 당시 오바마케어 폐기 법안이 자신들이 보기에 충분히 보수적이지 않다는 이유로 지지를 거부했다. 그러자 트럼프가 예비선거에서 [트럼프 행정부의 오바마케어 폐기 법안을 지지하는 다른 후보들에게] 도전받고 싶으냐고 위협함으로써 설득하고자 했으나 소용이 없었다.[24] 더 그럴듯한 위협은 다른 방향에서 시도되었는데, [트럼프의 선거 참모이자 백악관 수석 고문인] 스티브 배넌이 2018년 중간선거에서 강경 극우 도전자들을 공화당 현직 의원들과 맞붙이려던 계획이 여기에 해당했다. 하지만 그런 계획은 총선에서 다수 지위를 상실할 위험을 초래한다.[25]•

• 실제로 2018년 중간선거에서 민주당은 하원에서 41석을 새로 얻어 전체 435석 중 235석을 차지함으로써 안정적인 과반을 확보하고 하원을 8년 만에 탈환하는 데 성공했다.

약한 정당과 돈의 역할

오바마케어의 여정은 입법 의제에 돈이 어떤 영향을 미치는지 살펴볼 수 있는 하나의 창구를 제공한다. 리버먼과 스펙터의 사례가 보여 주듯이, 자금이 충분한 당내 예비선거 도전자는 당 지도부가 지원하는 기성 현직자들마저 퇴출할 수 있다. 이례적으로 리버먼은 무소속으로 정계에 복귀할 수 있었지만, 예비선거에서 당선된 다른 도전자의 처지와 비슷하게 선거 자금을 대준 단체들에게 빚진 입장이 되었다. 물론 돈이 입법부와 입법 의제에 영향을 미치는 방식은 이것 말고도 많다. 정당의 지도자들이 백벤처 및 상임위원회 위원장들에 비해 10년 전보다 더 많은 정치 후원금을 끌어오고 있다는 증거가 있다.[26] 그 자료는 해석하기도 쉽지 않고, 또 어차피 후원금은 전체적인 그림의 일부분(어쩌면 앞으로 비중이 줄어들 수도 있는 부분)이다. 시티즌스 유나이티드 판결*이 내려진 이후, 추적이 어려운, 기업의 "검은돈"의 지출이 크게 증가하고 있지만, 금전 또한 수정 헌법 제1조가 보호하는 표현의 자유를 적용받는다고 판단했던 1976년 판결이 계속 미국 정치를 괴롭히고 있다.[27] 정치 후원금이 정치 후보들과 선거운동에 더욱 중요해졌는데, 주목할 점은 후원금 기부자가 예비선거 투표자보다 더 극단적인 선호를 지닌다는 것이다. 이는 후보들을 중위 투표자로부터 멀어지게 하는 또 하나의 요인으로 작용했다.[28] 리처드 필데스가 지적한 대로 의회는 일련의 개혁법을 제정함으로써 이 문제를 더욱 악화시켰다. 예를 들어 정당에 기부할 수 있

* 시티즌스 유나이티드 판결Citizens United v. FEC
기업이나 노조가 선거운동에 기부할 수 있는 금액 한도를 없앤 2010년 연방 대법원 판결.

는 금액을 제한한 2002년 초당적인 선거운동 개혁법, 일명 매케인-파인골드법은 후보 개인들과 독자 지출* 쪽으로 더 많은 돈이 흘러드는 결과를 초래했다.[29]

오바마케어 사례는 미국처럼 정당이 약한 체제에서는 강력한 정치 자금 로비스트들이 마치 다당제의 군소 정당처럼 기능할 수 있다는 것을 보여 준다. 다시 말해 이들은 서로 호혜적 거래를 맺고 그 비용을 타자에게 외부화한다. 오바마케어 사례에는 두 가지 주요 로비가 개입되었다. 하나는 보험업계, 다른 하나는 제약업계였다. 보험업계의 주요 관심사는 공공보험 옵션을 막아 단일 보험자 방식을 차단하고, 가입 의무 조항을 밀어붙여 수백만의 (대부분 건강하고 따라서 비용이 덜 드는) 신규 가입자를 유치하는 것이었다. 대형 제약회사들은 비용 통제를 가장 우려했고, 특히 메디케어 파트 D**에 담긴 규정, 즉 정부가 제약회사를 상대로 가격을 협상할 수 없도록 금지한 규정을 오바마가 폐기하겠다고 공약한 점을 염려했다. 메디케어 파트 D는 그 자체가 2003년 조지 W. 부시 행정부 때 대형 제약회사들과 미국은퇴자협회AARP가 로비해서 얻은 결과물로서, 노인에게 무료 처방약을 제공하는 대신 향후 10년간 납세자가 4000~5000억 달러의 예상 비용을 부담하도록 되어 있었다.[30] 대선 주자로 나선 오바마는 메디케이드와 미국 보훈부의 경우처럼 메디케어도 의약품 가격을 협상할 수 있도록 가격 협상 금지 규정을 철폐하

---

* 독자 지출independent expenditure
특정 후보의 당선이나 낙선을 위해 운동하는 단체가 후보자와의 조율 없이 독자적으로 사용하는 정치자금.

** 메디케어 파트 D
메디케어 제도 수혜자에 대한 처방약 보험 혜택을 규정했다.

고, 그렇게 해서 절감한 돈을 보험 미가입자 수백만 명의 보험 가입 확대에 쓰겠다고 공약했다.

집권한 오바마와 의회 지도자들이 법안 작성을 시작하자 그 작업이 대형 제약회사들과의 전쟁을 의미한다는 사실이 분명해졌다. 오바마의 정책 자문들은 비용을 통제하지 않고 건강보험을 확대했다가는 니중에 큰 문제가 생길 수 있다는 점을 분명히 했지만, 제약업계는 가식적인 태도를 보일 뿐 조금도 뜻을 굽히지 않았다.[31] 그러다가 결국 제약업계가 10년 동안 800억 달러의 비용 경감을 약속함으로써 눈가림식 합의가 이루어졌다. 하지만 메디케어 처방약 가격 협상 금지안을 폐기한다는 위협을 거둬들임으로써 오바마가 제약업계에 절감해 준 금액은 1560~3000억 달러였으며, 그로 인해 업계가 누린 순편익은 760~2200억 달러에 달했다.[32] 보험업자들도 여기에 뛰어들어 법안에서 공공 보험 옵션을 삭제하고 가입 의무 조항은 유지하라고 계속 압력을 넣었다. 두 집단이 법안을 통과시키기 위해 강력하게 로비하자 오바마는 모든 "이해관계자들"의 건설적인 참여가 이루어졌음을 세상에 알렸다.[33] 이런 결과는 잡아먹히지 않으려면 식탁에 앉아야 한다는 속담을 떠올리게 한다.

그리고 실제로 그랬다. 대형 제약회사들은 메디케어 처방약 가격 협상을 하지 않아도 되므로 큰 이득을 보았고, 보험업계는 의무 가입 조항도 얻고 리버먼의 의사 번복으로 공공보험 옵션도 없애 버렸다. 좋은 소식은 이전에 보험이 없었던 최소한 1600만 명이 새로 보험 혜택을 받게 됐다는 사실이다. 저소득자를 위해 보조금도 지원되있다. 안 좋은 소식은 이 법률이, 앞으로 받게 될 공격에 근본적으로 취약했다는 점이다. 약값 협상도 불가능하고 각 보험 시장마다 최소한 경쟁자 하나가 존재하도록 보장하는 공공보험 옵션도 없었으므로, 약값과 보험료가 (그와

그림 5.1

상하원 양당 의원이 받은 제약업계의 정치 후원금(1990~2018년)

하원의원이 받은 제약업계의 정치 후원금

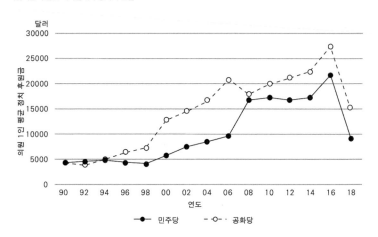

상원의원이 받은 제약업계의 정치 후원금

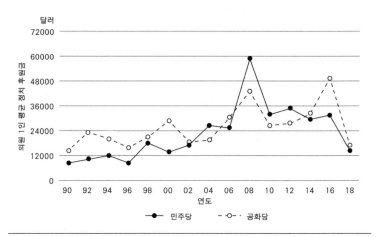

출처: OpenSecrets.org의 자료를 재구성.

함께 정부 보조금으로 인한 비용도) 인상될 수밖에 없었다.

이 상황은 정당들을 약화시키는 미국 정치 구조의 또 다른 특징, 즉 연방제로 말미암아 더 악화되었다. 절반 이상의 주들이 오바마케어가 구상한 건강보험 시장 내지 "거래의 장" 조성을 거부했다. 이는 연방 정부가 그 일을 해야 한다는 것을 의미했다. 그러다 보니 조세 및 행정 능력의 부담이 과도해져서 오바마케어 자체가 거의 무너질 지경이었다. 또한 공화당이 장악한 주들은 법이 요구하는 메디케이드 확대를 거부하고 법에 따르지 않는 주에 연방 기금의 지급을 보류할 수 있는 행정부의 권한에 도전했으며, 여기에 연방대법원이 주의 손을 들어주었다.[34] 이런 식으로 열 개 남짓한 주에서 비롯된 소모전이 오바마케어를 상대로 지속적인 전쟁을 부채질하면서 법의 생존력을 시험했다.

오바마케어 사례는 돈의 영향력을 저지하는 것이 사실상 불가능하다는 점을 보여 준다. 수정 헌법 제1조가 보호하는 표현의 자유가 금전에도 적용된다고 선언한 1976년 버클리 대 발레오 판례 이래 연방대법원이 내린 판결들은 이 현상을 촉진했다.[35] 사람들이 자주 간과하는 부분은 정치자금의 수요 측면인데, 시차 임기제 때문에 거의 항구적으로 선거전 상태에 있게 되며, 총선뿐만 아니라 예비선거에도 엄청난 비용이 들기 때문에 자금 수요가 증가한다는 점이다. 이것이 2017년 11월에 일종의 희비극적 절정에 이르렀다. 당시 도나 브라질Donna Brazile 민주당 전국위원회DNC 임시 위원장이 폭로한 바에 따르면, 2012년 오바마 대선 운동 때 2500만 달러의 부채를 져 거의 파산 상태였던 전국위원회를 위해 힐러리 클린턴 대선 캠프가 자금을 모아 주는 대신 전국위원회의 재정·전략·인사에 전권을 갖는다는 합의가 2015년 여름에 이루어졌다. 민주당 관계자는 대선 후보 예비선거가 끝나고 나서야 이 전권이 발효될 예정이었다는 눈가림식 변명을 내놓기도 했지만, 이 일은 전국위원회가 처음부터 클린턴 캠프에 휘둘렸다는 일반적 인식을 확인해 준 사건으로 널리 간주되었다. 실제로 브라질이 폭로한 사실은, 어느 논평가의 말처럼 "마치 [미국 드라마에 등장하는 마피아 보스인] 토니 소프라노가 파산한 스포츠 용품 가게를 자금 세탁소로 이용하는 것과 마찬가지로 정당 조직이 유력 대선 후보의 자금 세탁소처럼" 운영되고 있었음을 보여 준다.[36] 미국의 약한 정당들은 필수적인 자금을 제공하는 세력에게 이런 식으로도 장악될 수 있으며, 전략적 의제와 공약에 대한 통제권을 자금을 조달하는 세력에게 빼앗길 수 있다.

2017년 공화당은 오바마케어 폐지 법안과 역진적 조세 개혁 법안들*이 대중적으로 인기를 얻지 못하는 상황에서 이러지도 저러지도 못하는 처지에 놓였다. 공화당은 행정부와 입법부를 모두 장악하고 있었으므로 이 법안들을 통과시키면 다가오는 중간선거에서 법안 통과에 대한 책임을 회피할 수 없었다. 하지만 정치헌금을 기부한 세력들의 독촉이 이어졌다. 감세 법안과 관련해 기부자들은 공화당 소속 크리스 콜린스 뉴욕 주 하원의원에게 요구했다. "통과시키시오. 아니면 다시는 내게 전화 걸지 마시오."[37] 이는 총기 구매자의 신원을 조회하도록 하는 방안처럼 여론이 널리 지지하는 정책인데도 총기 로비 단체의 강력한 반대에 부딪혀 추진하지 못하는 경우와 반대의 상황이다.

---

* 2017년 트럼프 행정부는 법인세 대폭 인하 등 향후 10년간 1조5000억 달러(약 1630조 원) 감세를 골자로 하는 세제 개편 법안을 의회에서 통과시켰다. 현행 최고 35퍼센트인 법인세율을 21퍼센트로 낮추고, 개인소득세 최고 세율을 39.6퍼센트에서 37퍼센트로 내리는 내용을 담았다. 아울러 표준 공제액과 자녀 세액 공제, 상속세 비과세 유산의 규모를 각각 두 배 가까이 늘렸다.

이런 종류의 어려움은 민주당이 거액 기부자에게 점점 더 의존하게 됨에 따라 양당에 공통된 문제가 되었다. 2017~18년 선거 주기에 버니 샌더스 상원의원이 단일 보험자 방식의 건강보험안 "전 국민 건강보험"Medicare for All을 공약으로 내걸려는 것이 분명해지자 낸시 펠로시 민주당 하원 원내 대표는 즉각 이에 대해 성공할 가망이 없다고 선언했다. 그러자 감시 단체들은 주요 건강보험 로비스트들이 초당적 기부자가 되어 현 선거 주기에만 공화당 의원 59명, 민주당 의원 41명, 이렇게 총 100명의 의원에게 25만 달러를 기부한 사실을 재빨리 지적했다. 의회의 호명 투표 결과를 보면 이념적 양극화 현상이 심해진 것 같아도 최근 몇 년 동안 양당 모두 우경화되었다는 점에 학자들은 주목해 왔다. 그 요인 가운데 하나로 이민자와 기타 저소득 유권자층의 낮은 투표율을 들 수 있다.[38] 그리고 이 보험 로비 사례처럼 초당적 기부 행위도 양당을 같은 방향으로 끌어당긴다.[39]

허울뿐인 규율

미국 정당들이 최근 수십 년간 점점 더 양극화되고 내부적으로 동질화되었다는 인식은 널리 퍼져 있다. 잘 언급되지는 않지만 예비선거 제도가 여기에 일정한 역할을 했다. 당파적 및 초당파적 게리맨더링, 소수 인종 다수 선거구, 도시화, 그리고 공화당과 민주당 성향의 주가 갈리는 현상도 여기에 기여했다. 의회를 장악하는 것이 양당 모두에게 달성 가능한 목표라는 점도 양극화가 심해진 또 다른 이유다. 프랜시스 리에 따

그림 5.2

상하원 양당 의원이 받은 건강보험업계의 정치 후원금(1990~2018년)

하원의원이 받은 건강보험업계의 정치 후원금

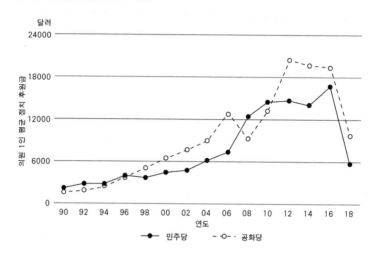

상원의원이 받은 건강보험업계의 정치 후원금

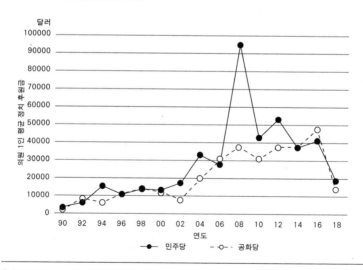

출처: OpenSecrets.org의 자료를 재구성.

르면, 승리가 현실적으로 가능하다는 점은, 양당이 이념 차이를 날카롭게 드러내고 상대방을 공격함으로써 자신을 차별화할 새로운 유인을 제공했다.[40] 1994년에 공화당은 40년간 민주당이 하원에서 이어 나갔던 장기 지배를 끝냈다.[41] 같은 기간에 민주당은 단 6년을 제외하면 상원도 꾸준히 지배했다. 이와 대조적으로 1994~2016년 사이에는 하원에서 다수당이 두 번(2006, 2010년) 교체되고 상원에서는 네 번(2001, 2003, 2006, 2014년) 교체되었다.[42]

또한 정당들은 일견 좀 더 힘 있고 규율도 잡힌 것처럼 보인다. 한때 서열에 따라 고참 의원들이 차지했던 상임위원회 위원장을 당 지도부가 결정하고, 정당이 모금한 정치 후원금의 상당 부분을 지도부가 관리해 일반 의원에게 배분한다. 이런 변화를 반영하는 징표로 흔히 의회의 호명 표결 결과가 거론된다. 40년 전에 비해 요즘 양당 의원들은 다른 당에 맞서 합심해서 투표하는 경우가 많다.[43] 유권자에게 명료한 정책 프로그램을 대안으로 제시하는, 내부적으로 일관성 있는 정당이야말로 민주주의에 필수라고 주장하는 이 책의 관점에서는, 이런 상황 전개가 희망적으로 보일 수도 있다. 이 현상과 그에 따른 초당적 협력의 감소에 불만을 제기하는 논평가들이 많다. 그렇다면 우리는 왜 이런 사태 전개에 비판적일까?

그 이유는, 일견 규율처럼 보이는 것들이 대부분 허상이고 미국의 제도적 체계가 유발하는 다른 유해한 효과에 대응하기에도 충분하지 않기 때문이다. 제임스 커리와 프랜시스 리는 미국 체제에서 호명 표결은 진지한 입법 행위라기보다는 겉으로 보여 주기 위한 입장 표명에 가깝다고 지적한다. 예컨대 공화당 의원들이 오바마 정권 때는 오바마케어 폐지 법안에 그렇게 여러 번 찬성했으면서(대통령의 거부권 행사로 통과되지 못할 것을 잘 알았다) 정작 정권이 바뀐 2017년에도 이를 폐지하지 못했다는 사실은 당의 규율이 허상임을 극적으로 보여 준다. 정당의 힘을 가늠하는 더 확실한 지표는 호명 표결보다는 법안을 통과시키는 능력인데, 자료를 보면 정당의 힘이 그리 강하지 않다는 사실이 현저하게 드러난다. 이 점과 관련해 커리와 리는 1970년대 이후로 거의 달라진 점이 없다고 지적한다. 역사적인 입법을 비롯해 제정되는 대부분의 법률은 대체로 초당적 지지를 받아 통과된다. 소수당의 다수가 반대하면 법안이 통과되기 어렵고, 다수당도 당의 정책을 법제화하는 능력이 40년 전보다 나아지지 않았다. 다수당의 입법 성과는 의회가 덜 양극화된 모습을 보이던 시절보다 대체로 더 저조하다. 다수당이 법안 통과에 성공하는 경우는 일반적으로 양원 중 최소한 한곳에서 반대당의 다수로부터 찬성표를 얻고, 반대당의 최고 지도자들 중 최소한 한 사람의 지지를 받았을 경우다.[44]

커리와 리의 연구 결과는 양극화된 호명 표결을 정당 규율의 지표로 보는 것이 잘못임을 시사한다. 그렇지 않다면 정당들이 집권했을 때 공약을 정책으로 전환하는 일에 어려움을 덜 겪을 것이다. 지금 보면 오바마케어의 통과는 이례적인 일이었음을 알 수 있지만, 그 과정에서 민주당은 자신들이 공약했고 앞으로도 이 법을 수호하기 위해 필요한 공공보험 옵션과 의약 가격 결정 방식을 지켜 내지 못했다. 양극화된 정강 정책이 당 내부에서 광범위하게 지지받는 현상은 그 정강 정책을 작성한 당내 강경파에게 예비선거에서 도전받을까 봐 우려하는 현직 의원들의 두려움을 보여 주는 것 같다. 그러나 그런 정강 정책은 그 의원들이 출마한 선거구의 중위 투표자가 가진 선호와 어느 정도 거리가 있을 수 있다.[45] 이 괴리는 후보들이 선거운동을 할 때 구체적인 정강 정책을 옹호하는 데 주저하는 이유를 설명해 준다. 그것이 실제로 무엇을 의미하는지는 말하지 않은 채, "폐지하고 교체하라!" 같은 구호를 내걸고 선거운동을 하는 것이 더 쉽다. 어쩌면 인신공격이 난무하는 것도 동일한 현상의 반영일 수 있다. 많은 후보들이 보기에, 당의 정강 정책을 옹호하다가 비싼 대가를 치르느니 차라리 인신공격 전략을 택하는 것이 더 나을 수도 있다.

　당 지도자들은 법안을 통과시키기 위해 당내 각종 당원대회에서 공동보조를 촉구할 힘이 현저하게 부족하다. 의원들은 당연히 자기 지역구의 중위 투표자 쪽으로 경도되지만, 그러다가 지도부가 원하는 위치로부터 다소 멀어지는 경우도 종종 생기게 된다. 게다가 예비선거의 투표자들은 흔히 의원들을 지도부와는 또 다른 방향으로 견인해 중위에서 멀어지게 하는데, 이들의 견인력은 당 지도부의 견인력보다 강하다.[46] 상원에서 이는 놀랄 일이 못 되는데, 지역별 차이가 워낙 크다 보니 공동보조를 촉구할 수 있는 권한을 지도부에게 넘길 유인이 별로 없기 때문이다. 2017년 공화당이 오바마케어를 폐지하려고 시도했을 때 지도부의 힘이 얼마나 약한지가 적나라하게 드러났다. 공동보조를 독려하기는커녕, 법안 작성자들은 마치 머리 두 개가 서로 반대 방향으로 달린 동물처럼 갈피를 못 잡았다. 그들은 랜드 폴과 수전 콜린스 같은 상원의원들의 상반된 요구 사이에서 밀고 당기며 불가능을 가능으로 만들겠다고 헛수고를 했다.[47] 하지만 하원 지도부의 고질적인 나약함도, 상원보다는 덜 분명하지만, 마찬가지로 중요하다.

　하원의 지배 양상은 지난 몇 십 년간 크게 변했다. 데이비드 로드의 지적에 따르면, 1970년대에 이루어진 민주당의 정당 개혁은 한때 막강했던 주요 상임위원회 위원장들의 힘을 약하게 만들고 당 지도부의 권한을 강화했지만, 그와 함께 민주당 하원 의원총회의 권한을 강화함으로써 이들이 당 지도자를 선출하고, 소속 의원 50명의 요청으로 총회를 소집하고, 일부 상임위원회 위원장 지명자를 승인하거나 교체할 수 있게 되었다.[48] 공화당 하원도 1994년 이후에 민주당과 비슷한 개혁 방안을 도입해 상임위원회 위원장 선정에서 연공서열을 타파하고, 당 지도부로 통제권을 중앙 집중화하되 공화당 의원총회가 지도부를 선출 및 재선출하도록 했다. 이처럼 중앙화와 분권화가 동시에 시도된 것은 모순적이라는 비판이 일각에서 제기되었으나 총선에서 이기고 싶어 하는 대규모 정당의 관점에서는 일리 있는 조치였다. 규율 잡힌 정당의 진정한 의의는, 일반 의원들이 당 지도부로 권한을 위임하는 데 동의함으로써 지도부가 선거에서 이길 수 있는 강령을 마련하고 그것으로 집권해 그 강령을 이행하는 것이다. 만일 지도부가 그 일에 실패한다면 일반 의원들은 지도부에게 퇴진을 요구할 것이고 또 그럴 수 있어야만 한다.

그러나 도입한 개혁 방안들은 그런 도전을 수행하기에 역부족이었다. 이를 보여 주는 한 가지 징후는 지도부가 제 몫을 해내지 못해도 물러나지 않는 현상이다. 공화당 하원의원들은 1994년 이전에 이런 경험을 수십 년이나 했다. 민주당의 경우는 가장 최근의 예로서 낸시 펠로시 민주당 하원 원내 대표가 바로 그런 사례다. 펠로시는 하원 선거에서 네 차례 연속으로 민주당을 패배로 이끌었음에도 2016년 11월 76세의 나이로 8번째 민주당 하원 원내 대표직을 유지했다.[49] 의회 중심제라면 상상도 할 수 없는 결과였다. 의회 중심제에서는 승리를 쟁취하지 못하는 지도자들을 백벤처들이 오래 참아 주지 않기 때문이다. 이는 미국에 분명한 역설을 초래한다. 정당의 지도자들은 백벤처들을 단속해 당의 정책을 지지하도록 촉구할 힘이 부족한데, 일반 의원들은 성과가 부족한 지도자를 교체할 의사나 능력이 없다. 당 지도자들은 안전하지만 무력하다.

이런 현상의 한 가지 원인은 대통령제에서는 실패의 책임이 여러 곳으로 분산된다는 데 있다. 모든 사람이, 백악관을 장악한 정당은 중간 선거에서 의석을 잃게 되리라 예측한다. 의회 지도자들이 대통령의 의제를 입법화하면 그것들이 인기·없다 해도 의회 지도자들의 탓으로 비난받지는 않으며, 입법화하지 못하면 대통령 지도력의 실패로 묘사되기 쉽다. 1994년에 클린턴 정부의 건강보험 개혁 방안이 완전히 실패했던 일이 바로 그런 경우다. 빌 클린턴은 그 직후 중간선거에서 참패한데 대해 "자신에게 일정 부분 책임이 있음"을 시인했다. 그로부터 16년 후, 오바마는 "어제저녁 내가 완패했다"[50]고 인정했다. 대통령에게 책임을 물을 능력이 없는 의원들은 자기 당 지도자에 대해서도 왜 책임을 물어야 하는지를 알지 못할 수 있으며, 특히 당 지도자들이 정치자금을 모금하는 등 다른 방식으로 성과를 낼 때는 더욱 그러하다. 2017년 6월 조지아 주에서 열린 보궐선거에서 민주당이 패했을 때 (마치 의회 중심제에서 보궐선거 패배 책임을 지도자에게 묻듯이) 마침내 당내에서 펠로시의 사임을 촉구하는 움직임이 일었다. 그러나 사임이 실현될 가능성은 적었다. 펠로시가 하원 역사상 가장 능력 있는 정치 후원금 모금자라는 점 때문이었는데, 그는 지난 선거에서만 1억4000만 달러 이상을 모금했고 15년 전에 당 지도부에 오른 이래 총 5억 달러 이상을 모금했다.[51]

예전보다 더 많은 자금이 지도자 쪽으로 흘러들고 있다 해도, 그것이 당의 규율을 강화하는 장치가 되지는 못하고 있다. 규율을 강화하려는 하원 지도자들의 노력을 연구한 캐스린 피어슨은 1980년대 이후로 "당에 대한 충성도와 관계없이, 차기 선거에서 취약한 의원들이 가장 많은 자원을 지원받았다"고 밝힌다.[52] 이것이 그리 놀랍지 않은 이유는,

그렇게 하지 않을 경우 현직 의원이 예비선거에서 더 충성심이 없는 후보로 교체되거나, 다른 당에 의석을 빼앗기거나, 또는 둘 다여서 당 지도부에 큰 타격이 될 수 있기 때문이다. 강경파 후보가 예비선거에서 온건파 후보를 근소한 차이로 이길 경우 총선에서 그 당의 득표율은 9~13퍼센트 하락하며, 총선에서 그 후보가 의석을 얻을 확률은 35~54퍼센트 하락한다고 앤드루 홀은 지적한다.[53] 요컨대 충성심이 모자라는 현직 의원에게 자금을 주지 않겠다고 위협하는 것은 통상 자멸적인 행위이므로, 당 지도부가 그런 식의 징계를 포기하는 것은 당연하다.

이 모든 요인들로 말미암아 의회 지도자들은 자신들의 태생적 약점을 감당하기에 역부족이다. 대통령 소속 정당은 중간선거에서 겪게 되는 역풍에 속수무책이며, 상원 지도자들은 선거 주기가 돌아올 때마다 [시차 임기제에 의해] 다시 뽑게 되는 상원 의석 3분의 1에 대해 아무 통제력이 없다. 입법 활동의 결과와 관련해서도 다수당 대표의 수완이 아무리 좋아 봤자 다른 원院과 대통령의 결정에 의존할 수밖에 없다. 게다가 주로 대통령이 언론의 주목을 독식하므로 원내 정당 지도자들은 대중적 서사를 주도할 능력이 별로 없고, 따라서 당의 정강 정책은 대중의 의식 속에 잘 스며들지 못한다. 심지어 1994년에도 유권자의 대다수는 (그것이 하원을 한 세대 만에 재탈환하기 위한 공화당의 핵심 의제였는데도) "미국과의 계약"Contract with America이 뭔지 들어 본 적이 없었다.[54] 2017년 앨라배마 주 상원 보궐선거에서도 드러났듯이, 의회 지도자들은 극도로 부적합한 인물의 후보 지명을 막기 위해서조차 후보를 거부할 수도 고를 수도 없다.[55] 앞에서 살펴본 대로 지도자가 선거 결과에 영향을 미치기 위해 할 수 있는 가장 중요한 일은 자기 당 후보들을 위해 모금을 하는 것이다. 하지만 그 중요성마저 감소할 수 있다. 시티즌스 유나이티드

판결 이후로 외부 단체들의 선거비용 제공이 정당의 모금에 비해 상대적으로 중요해지고 있기 때문이다.[56]

무력한 지도부와 무력한 일반 의원들

길들일 수 없는 것을 길들이려고 애쓰다가 겪는 난항은 지도자들을 좌절시킬 수 있고, 때로는 리버먼이 부담 적정 보험법에서 공공보험 옵션을 없앤 것처럼 절망적인 결과를 가져오기도 한다. 또 그렇다고 해서 일반 의원들이 스스로 의제를 설정하거나 결과를 통제할 수 있는 것도 아니다. 양원의 다수당 대표와 상임위 위원장들이 어떤 방안을 본회의에 상정할지를 결정하며, 일반 의원들은 여기에 별 영향을 주지 못한다. 심사 배제 요청 제도*를 활용해 법안에 대한 표결을 강제하는 방법도 있으나 이용하기가 극도로 까다롭다. 그러려면 의원 과반수가 이 요청에 서명해야 하며, 과거에는 과반이 넘지 않으면 요청인을 비밀로 했으나 1993년부터는 모든 요청인을 처음부터 공개하고『의회 의사록』*Congressional Record*에 담아 발표했다. 이것은 그렇지 않아도 어려운 의견 조율을 더욱 어렵게 만든다. 심사 배제 요청으로 법안이 본회의에 상정되는 경우는 드물고, 상정되더라도 통과되는 일은 거의 없다. 물론 심사 배제 요청으로 위협하면 경우에 따라 지도부가 표결을 허용할 수도 있지만, 지도부에

• 심사 배제 요청 제도discharge petition
신속한 입법 절차를 위해 위원회의 심사를 배제하고 본회의에 직접 상정하는 제도.

가장 불만이 많은 의원들이 이 수단을 사용할 확률은 낮다. 이들은 전형적으로 원내 비주류이므로, 다수당에서 절대 과반을 확보할 능력이 없거나 자기 당 지도부의 의사를 거슬러 다른 당과 협력하는 쪽으로 기울어지기 때문이다.

지도자가 싫어하는 법안을 통과시키기 위해 일반 의원들이 입장을 조율하기도 어렵지만, 일반 의원들의 입장을 조율해서 지도자를 직접 위협하는 것은 훨씬 더 어렵다. 앞서 살펴보았던 것처럼 낸시 펠로시는 2016년 자신의 리더십에 대한 도전을 손쉽게 진압했다. 2010년 공화당이 하원을 탈환했을 때 하원의장이 된 공화당 존 베이너 의원은, [연방 정부의] 부채 한도를 올리고 연방 정부 셧다운*을 막기 위한 주요 법안을 제정하고자 민주당과 협력했다가 [하원의 극우 의원 단체인] 프리덤 코커스와 기타 보수 세력의 불만을 샀다.[57] 그러나 그를 의장에서 몰아내려는 두 차례의 시도는 실패로 돌아갔고, 그가 은퇴한 후 뒤를 이은 폴 라이언에 대해서도 보수 세력은 마찬가지로 불만을 품었다. 얼마 지나지 않아 라이언은, 앞서 베이너에게 보수적 대의의 배반자라는 딱지를 붙였던 『브레이트바트 뉴스』*Breitbart News*와 기타 보수 매체의 표적이 되었다.[58]

법안을 통과시키려면 지도자들이 반드시 중도로 움직이거나 심지어 다른 당과 협력해야 하는데 예비선거에서 당내 강경파 후보가 선출된다면, 그런 체제에서 풀뿌리 지지자 소외 현상이 나타나는 것은 불가

• 셧다운Government shutdown

정부 폐쇄라고도 하며, 정부 예산안이 의회를 통과하는 데 실패하거나 대통령의 서명을 받지 못할 때 연방 정부가 운영을 중단하는 상황을 말한다. 최소한의 핵심 부서를 제외한 모든 부서의 운영이 중단되며 공무원들은 강제 휴가 명령을 받는다.

피한 결과다. 즉 강경파 후보들의 경우 당선 이후 후보 자신과 지지자들 모두 [중도로 움직이는] 지도부의 모습에 배신감을 느낄 수밖에 없지만 그들이 할 수 있는 일은 별로 없기 때문이다. 이들은 법안 지지를 거부함으로써 지도부의 노력을 방해할 수 있으나, 그렇게 되면 지도부는 어디다른 곳에서 지지를 규합하거나, 안 그러면 손 놓고 있다는 비판에 직면할 수밖에 없다. 어느 경우든 예비선거와 당원대회 투표자들은 자신들이 당을 "돌려받고" 있다고 믿다가는 반드시 실망하게 된다. 정당들은 대다수 유권자에게 장기적으로 호소할 수 있는 정책도 입법화하지 못하고, 애초에 정당 통제의 분권화를 요구했던(그리고 그 분권화를 유리하게 이용했던) 당원 투표자들도 소외한다. 한편 중도 성향 유권자들의 불만도 커진다. 자신이 지지하는 당의 지도자들이 장기적으로 당의 평판을 구축할 수 있는 의제를 실현할 역량은 없으면서 맨날 승산 없는 측면 전투만 해 대기 때문이다.

한 세기 넘게 미국 정치의 전형적인 특징으로 자리 잡은 예비선거를 폐지한다는 것은 너무 먼 이야기이지만 그 폐해를 줄이기 위해 개혁해 볼 수는 있다. 예를 들어 대통령 예비 경선에서 어느 주의 예비선거 투표율이 이전 총선에서 기록했던 해당 주의 정당 득표율에 비해 75퍼센트 미만으로 내려가는 경우 대선 후보 지명 전당대회에 참석한 대의원들은 그 예비선거 결과에 구속받지 않는다는 규칙이 있다면, 당내 과격파 활동가들의 힘을 견제할 수 있다. 더 좋은 방법은 앞서 말한 75퍼센트에 못 미칠 때 당의 현직 상하원 의원들이 대선 후보를 선출하도록 허용하는 것이다. 이 방식은 1824년 이전까지 원내 의원들이 대통령 후보의 지명을 주도하던 제도에서 영감을 얻은 것으로, 이 경우 대통령의 이익이 그가 소속된 원내 정당과 더 가까워질 것이므로 미국 대통령이 의회 중심제의 총리와 약간 비슷해질 것이다.

대선과 유사하게 의회 선거에서도 예비선거 투표율 요건이 충족되지 않을 경우 상하원의 정당 대표들이나 의원총회가 예비선거 결과를 무시하고 후보를 선정하는 방안을 고려해 볼 수 있다. 이것보다 좀 더 건실한 방식은 당의 원내 의원들이 우선적으로 후보 선택권을 갖되, 예비선거 투표율 요건이 충족되었을 경우에만 예비선거 결과를 의원들의 선택보다 우선시하는 방안이다. 이렇게 하면 선정된 후보자와 해당 선거구 또는 주의 중위 투표자 사이에 이념적 간극이 줄어들면서 당 지도부의 힘도 강해진다. 지도부의 이익과 당 소속 상하원 의원의 이익이 더 가까워질 터이니 당의 규율을 유지하기도 쉬워진다. 이런 제도 개혁안을 제시하게 되면 예비선거 투표율이 극도로 저조한 현상이 훤히 드러날 것이라는 점에서 개혁을 정치적으로 설득하기에도 그리 어렵지 않을 것이다.[59]

건국자들의 판단 착오를 더욱 악화하다

미국 정치체제에서 정당이 힘을 갖지 못한다는 것은 놀라운 일이 아니다. 미국 정치체제는 정당이라는 개념을 받아들이지 않았던 사람들에 의해 설계됐다. 조지 워싱턴은 정당을 파벌주의의 온상이라고 비난했다. 제임스 매디슨과 토머스 제퍼슨도 이 견해를 공유했다. 1789년 제퍼슨은 "천당에 가기 위해 정당과 함께해야 한다면 나는 아예 천당에 가지 않겠다."라고 말했다.[60] 그러나 건국자들은 이내 생각을 바꿨다.

1790년대 초, 조직화된 정당이 없으면 알렉산더 해밀턴이 추진하는 연방 정부 중앙집권화 의제를 저지할 수 없다는 사실이 분명해지자, 매디슨과 제퍼슨은 해밀턴의 연방당을 패퇴시키기 위해 [1792년에] 민주공화당을 결성했다. ― 그리고 1800년에 연방당에 승리했다.* 그래도 이 정당들은 여전히 헌법 아래에서 기능했는데, 이 헌법을 만든 사람들은, 정치적 갈등의 조직화[정당]라는 바로 그 개념에 대한 구세계의 전통적 불신을 이어받고 있었다.

그보다 한 세기 전 영국의 휘그당과 토리당은 의회에서 서로 반대 진영을 형성했지만, 미국 독립혁명 당시 18세기 영국에서는 휘그당 내각이 장기 집권 중이었고, 토리당은 이에 저항하지 못하고 무력한 상태였다. 볼링브로크 자작으로 잘 알려진 헨리 세인트 존은 1715년 스튜어트 왕가를 복권시키려다가 실패한 이후 불명예의 시기에 토리당을 이끌면서 초당파적 정부의 장점을 칭송했다. 자신의 당이 바닥으로 떨어진 상황에서 볼링브로크가 정당에 비판적이었던 것은 이해할 만하다. 리처드 호프스태터는 미국 혁명가들이 "[볼링브로크가 토리당 당수였던 시절에 휘그당의 당수였던] 월폴 시대의 부정부패에 대한 비판을 수입해" 자양분으로 삼았다고 언급한다.[61] 그들이 대서양 너머로부터 정당에 대한 이 같은 불신을 수용해 헌법에 담은 것은 자연스러운 일이었다.

그러나 강한 정당에 대한 미국 건국자들의 불신은 볼링브로크의 신념보다 뿌리가 더 깊었다. 에드먼드 버크는 정당 없는 정치가 가능하다는 볼링브로크의 신념을 순진하다고 조롱했다. 정당을 "모두가 동의

---

* 1800년 대통령 선거에서 토머스 제퍼슨이 선출되었고 4년 후 재임했다. 그 뒤를 이어 1808년 선거에서 제임스 매디슨이 대통령으로 선출되었다.

하는 어떤 특정한 원칙들 아래 국익의 증진을 공동의 노력으로 도모하기 위해 모인 사람들의 결사체"로 바라본 버크의 긍정적인 관점은 미국 건국자들의 포부와는 근본적으로 상충했다.[62] 그들은 연방 정부가 국익이라는 가장 기초적인 개념을 넘어선 다른 어떤 것을 증진할 수 있어야 한다는 생각에 꾸준히 적대적이었다.

미국 공화국은 독립 혁명의 비용 문제를 해결하기 위한 방어적 대응책으로서 탄생했다. 영국과의 전쟁은 여러 해 동안 이어졌고, 싫다고 버티는 주들을 설득해 전쟁에 필요한 자금과 군사력을 조달해야 했는데 그러지 못하는 정부의 무능력 때문에 여러 차례 패할 뻔했다. 전쟁이 끝나자 정부는 전쟁 부채를 갚기는커녕 부채 상환 자금을 마련하는 일에도 마찬가지로 무력했다. 이 때문에 기본적인 정부 활동 자체가 어려웠고 국제무역에 참여하는 것도 사실상 불가능했다. 건국자들은 이 문제를 해결하기 위해 자체적으로 국방과 재정을 감당할 수 있는 재원을 갖춰 전국을 통할하는 정부를 탄생시켰다. 그러나 국가적 목표라고 하는 과도한 개념을 추구하는 일은 막을 작정이었다. 연방 정부에 명시적으로 위임되지 않은 모든 권력은 각 주가 보유한다는 수정 헌법 제10조를 주장한 것도 바로 그 때문이고, 의회의 권력을 제한하는 데 집착했던 것도 바로 그 때문이다. 연방 정부는 너무 많은 일을 해서는 안 되었다.

이리하여 미국인들은, 전 국가적 정책을 추구하는 정부에 무관심하고 정당을 경쟁시키는 일에는 더더욱 무관심한 사람들이 설계한 체제를 물려받았다. 하지만 일단 정당이 출현하자 정당은 순식간에 정치 경쟁의 구심점이 되었다. 건국자들은 선거 정치의 역학에 관해 아무것도 몰랐으나, 그들의 선택은 미국에 두 개의 정당을 가져왔다. 이것은 뒤베르제의 법칙, 즉 정당의 수는 각 선거구에서 선출된 대표의 수보다 하나 더 많을 것이라는 법칙 때문이다. 다른 요소들, 특히 선거구의 크기, 예비선거, 결선투표, 그리고 정치적 태도의 지역적 차이가 뒤베르제의 논리와 상반된 효과를 낼 수도 있지만, 미국에서 그런 요소들은 양당체제를 종종 심각하게 압박했을 뿐 파괴하지는 못했다. 하지만 오로지 정당의 숫자만 중요했다면, 미국은 정책 강령을 갖춘 거대 양당으로 구성된 건강한 정치체제를 갖게 되었을 것이다.

그러나 당의 규모만큼이나 중요한 것은 당에 얼마나 힘이 있느냐다. 바로 이 부분에서 건국자들은 생각이 짧았다. 의회로부터 독립되어 선출되는 대통령제, 시차 임기제, 양원제는 모두 원내 정당과 당 지도자들의 힘을 약하게 만든다. 상원의 대표성은 특히 문제가 많다. 1790년에도 버지니아 주의 인구는 델라웨어 주의 12.65배였다. 2010년 무렵에는 캘리포니아 주의 인구가 와이오밍 주 인구의 76배에 이른다.[63] 오늘날 7개 주는 인구가 너무 적어서 하원의원이 한 명뿐인데도 헌법 1조는 각 주에 두 명의 상원의원을 보장한다.[64] 이는 전체 인구 가운데 어떤 4분의 1은 상원의원 62명에 의해 대표되는데, 또 어떤 4분의 1은 불과 6명에 의해 대표된다는 것을 의미한다. 이 같은 불균형은 도시 인구가 증가함에 따라 소규모의 시골 주들이 자동으로 유리해지면서 더욱 악화할 것이다.[65]

오늘날 미국 체제는 많은 측면에서 건국자들이 의도하지 않았던 결과를 보여 주지만, 다층적인 거부권 장치는 건국자들이 정확히 바라던 대로 작동한다. 입법부의 활동을 제약하는 내부 설계는 권력분립 관계에 있는 다른 부서[행정부와 사법부]와 강력한 연방주의 같은 외부적 제약들과 결합된다. 거부권 행사자가 많으면 현상 유지 쪽으로, 그리고 재원이 충분하거나 현상 유지를 전략적으로 잘 다룰 수 있는 세력 쪽으로 강한 편향이 발생한다. 결과적으로 이는 유권자에 대한 입법자의 책임성을 훼손함으로써 유권자들로 하여금 소외감을 느끼게 하고 직접민주주의를 확대하라는 요구를 부추긴다.

건국자들의 이런 유감스러운 선택에 담긴 문제점은, 의도는 좋았으나 방향을 잘못 잡은 후세대의 개혁에 의해 더욱 심화되었다. 20세기 초의 진보주의자들도 그 주범 가운데 하나였다. 지난 세기 초엽에 진보주의자들은 민주주의를 인민에게 더 가까이 다가가게 하려고 예비선거와 당원대회를 도입했는데, 이는 당 지도부를 약하게 만들고 일관성 있는 전국적 정강 정책의 마련을 저해했다.[66] 20세기 중반에 와서 정당들이 당의 리더십을 강화하기는 했으나, 그 대가로 의회 상임위 위원장들의 막강했던 힘이 축소되었다. 하지만 이 중앙 집중화 개혁은 제대로 기능하지 못하는 것으로 드러났으며, 1968년 맥거번-프레이저 위원회가 풀뿌리 당원의 통제력을 강화하는 새로운 시대를 연 이후 예비선거와 당원대회의 중요성이 커지고 당 대의원 선출에 묘사적 대표성이 도입되었다. 그와 같은 개혁의 설계자들이 정당 엘리트들과 하수인들에게서 통제권을 되찾아 온 것은 옳은 일이었으나 그들은 일반 의원들에게 힘을 실어 주는 대신, 예비선거와 당원대회에 일반 당원보다 훨씬 큰 비중으로 참여하는 적극적 지지자들, 그리고 예비선거와 당원대회를 재정적으로 지원하고 장악하는 조직된 단체들에게 권력을 넘겨주었다. 이에 따라 이미 약한 정당이 더욱더 약해지는 효과가 발생했다.

대통령 후보 지명 절차의 분권화는 이 문제점을 더욱 악화했다. 양당의 전국 전당대회에 참석하는 대의원 중에는 당직자이면서 예비선거와 당원대회의 원심력 효과를 제어할 목적으로 참석하는 대의원이 일부 존재한다. 공화당은 그런 대의원이 주마다 세 명씩 있다. 이들은 해당 주의 예비선거 또는 당원대회의 결과에 구속받지 않았지만, 엄밀히 약속된 것은 아니나 1980년 이후에는 전당대회 1차 표결에서 결론이 나지 않았을 경우에만 그런 역할을 할 수 있으리라 강하게 추정되었다.[67] 이 추정은 2016년에 검증되었고, 그 결과 이들이 공화당을 상대로 한 도널드 트럼프의 적대적 인수를 막아 낼 수 없었음이 충분히 증명되었다. 전당대회 전야까지도 트럼프를 저지하기 위한 다양한 방안이 제안되었으나 아무 소용이 없었다.

한편 민주당 주류파는 버니 샌더스를 막아내는 데 간신히 성공했다. 슈퍼 대의원*(당직자와 활동가로 구성되며 전체 대의원의 약 15퍼센트를 차지한다) 가운데 대다수가 각 주의 예비선거가 다 끝나기도 전에 힐러리 클린턴에 대한 지지를 선언했다. 클린턴은 그들이 아니어도 충분한 지지를 받았다는 점에서 슈퍼 대의원들이 최종 결과에 영향을 준 것은 아니었다. 그러나 그들이 일찌감치 지지를 선언한 덕분에 클린턴 진영은 탄력을 받았고 후원금도 클린턴 쪽으로 흘러들었다. 샌더스 지지자들의 상당수는 지지 선언이 클린턴에게 유리하게 작용했으며 이는 불공평하다고 믿었다. 결국 샌더스로부터 힐러리 클린턴-팀 케인 정부 후보를 지지한다는 약속을 받아 내는 대가로, 슈퍼 대의원 대다수를 예비선거 및 당원대회 결과에 구속시킨다는 장래의 개혁과 관련해 합의가 이루어졌다.[68] 그렇게 되면 대통령은 소속 정당에 얽매일 필요가 없어지므로 의회 중심제의 총리와 같은 기능을 하기가 더욱 어려워진다. 투표가 시작되기 전에 이미 당의 주류 세력이 "보이지 않는 예비선거"에

• 슈퍼 대의원superdelegate
민주당 슈퍼 대의원은 예비선거 결과에 구속되지 않고 자유롭게 후보자를 지지할 수 있다.

서 후보를 미리 정하기 때문에 1960년대 이후 예비선거의 중요성이 과대평가되어 왔다고 보는 견해가 한동안 정치학계에서 상식으로 통했다.[69] 그러나 스티븐 가드바움과 리처드 필데스가 지적하듯이, 그런 견해는 언제나 논쟁의 여지가 있었고, 최근 몇 년 사이 존 매케인, 버락 오바마, 도널드 트럼프의 후보 지명 과정을 보면 (민주당이 2016년 버니 샌더스의 후보 지명을 막기 위해 치른 대가는 말할 것도 없고) 정당이 더 이상 후보를 결정하지 못하는 것은 분명하며, 과거에도 언제 그런 결정권이 있었는지 의문이다.[70]

슈퍼 대의원에 대한 불만은 대통령 후보 지명 방식의 비민주성에 대한 거부감의 발현이다. 선거인단 제도 또한 반감을 사고 있는데, 이 제도에 따라 대부분의 주에서는 선거인단이 해당 주에서 최다 득표한 대선 후보에게 표를 몰아준다. 이런 승자독식제는 2016년 대선 때처럼 일종의 이례적인 상황을 낳을 수 있다. 당시 클린턴은 일반투표에서 280만 표 차이, 즉 2.1퍼센트 이상의 표 차이로 앞섰지만, 선거인단 투표에서 트럼프가 304표를 얻어 227표를 얻은 클린턴을 누르고 대통령에 당선됐다.[71] 이로 인해 전국적인 일반투표에서 최다 득표한 후보에게 선거인단이 표를 주게끔 각 주를 사전적으로 구속하는 "전국 일반투표" 방안을 채택하도록 촉구하는 움직임이 나타났다.[72]

일반투표에서 지고서도 대통령에 당선되는 것은 대통령의 정당성을 훼손한다. 트럼프가 민주당 지지자 수백만 명이 불법으로 투표했다는 혐의를 제기하면서 그 숫자를 빼면 실은 자기가 일반 국민투표에서도 승리한 것이라고 끈질기게 우기는 것도 바로 그래서다. 그의 주장은 널리 비웃음을 샀다. 중대한 조작이 있었다는 증거도 없고, 막상막하였던 몇몇 경합 주에서 재검표가 요구되자 트럼프 선거팀이 거기에는 조작이나 의혹의 증거가 없다며 강력하게 반대했기 때문이다.[73] 트럼프는 이후 선거 공정성에 관한 대통령자문위원회를 구성해 자신의 주장을 입증하고자 했으나 이는 곧 당파적 싸움으로 변질되어 법정까지 갔고 그런 다음 해산했다.[74] 이 사안과 관련해 트럼프가 보여 준 거의 희극적인 필사의 시도는 심야 코미디 프로그램의 개그 소재감이었지만, 이 사건이 드러내는 더 중요한 이슈는 선거인단 제도를 개혁해 대통령의 정당성을 강화하는 것은 좋은 생각이 아니라는 점이다. 대통령의 힘은 오히려 더 약화하는 것이 좋고, 그 대신에 의회 지도자들의 힘을 강화하는 것이 낫다.

개혁의 방향을 뒤집어라

미국 정당들의 힘을 키워 주기 위한 노력은 헌법 기초자들뿐만 아니라 미국 대중도 정당에 부정적이라는 사실과 마주해야 한다. 2004년 이후로 양당 모두 과반 지지율을 얻지 못했다.[75] 미국인들은 정당의 무능력을 경멸하면서도 그 무능력을 더 심화시키는 개혁에 유혹받는 경우가 지나치게 많다. 2016년 대선 결과는 이처럼 소외와 개혁의 악순환을 거치며 하향 곡선을 그리던 추세의 극적인 정점이었다. 그러나 개혁을 촉구하는 목소리는 넘쳐도 정작 문제의 근원에 집중하거나 문제 해결을 위한 변화를 제시하는 목소리는 찾아보기 어렵다.

이 상황은 정당을 약한 상태로 유지하고 그런 상태를 다양한 방식으로 심화하는 각종 제도들을 미국인들이 강력하게 지지한다는 점 때문에 더욱 심각해진다. 미국인은 헌법이 실제로 작동하는 방식 때문에 계속 좌절할지라도 자국의 헌법 체계에 애정을 품고 있다.[76] 데이비드 메이휴는 미국 헌법 체계가 결점이 많아도 "바위처럼 단단한" 정당성을 지닌다고 지적한다.[77] 존 히빙과 엘리자베스 다이스-모스의 표현에 따르면 "국민의 마음속에서 헌법 체계는 선이요 빛이다."[78] 헌법을 향한 이 같은 충정은 아이러니하게도 트럼프가 당선되면서 더 강화되었는데, 이를테면 트럼프 때문에 불안해하던 관찰자들은 "트럼프가 자신의 의제를 입법화하지 못하고 있는 것은 체제가 잘 작동한다는 증거다" "헌법이 대통령보다 우위에 있다" "정치 이념과 무관하게 모든 유권자가 견제와 균형이 잘 작동한다는 사실에 환호해야 한다"며 기뻐했다.[79]

이런 반응은 트럼프의 행보에 제동을 건다는 관점에서는 일리가 있지만, 강력한 정당 체제를 갖춘 의회 중심제에서는 트럼프 같은 인물은 아예 선출도 되지 못했으리라는 점을 간과하고 있다. 물론 미국에서 헌법을 개정하려면 엄청난 장애물들을 뛰어넘어야 하므로(설령 미국인이 헌법에 애착이 없더라도 그러하다) 의회 중심제는 앞으로도 도입될 가능성이 없다. 어쩌면 단편적인 개혁만이 미국이 희망할 수 있는 전부일지도 모른다. 그러나 적어도 개혁은 옳은 방향으로 추진되어야 한다. 정당의 무력함을 해결하겠다면서 정당을 계속 약하게 만들면, 결국 아무것도 하지 못하는 정부를 배출하게 된다. 분권화라는 해결책은 마치 스키 타는 사람이 넘어질까 봐 두려워 몸을 뒤로 젖히는 경우와 비슷하다. 그러면 오히려 더 넘어지기 쉽다는 것을 알아차리지 못하기 때문이다. 순간적으로 무서워도 몸을 앞으로 기울이는 것을 배워야만, 자세도 안정되고 앞에 놓인 가파른 지대를 가로지를 수 있게 된다.

Strong Parties in Small European Democracies

6장

작은 유럽 민주국가들의 강한 정당

미국 체제에 기능 장애가 일어나 어디 다른 곳에서 해답을 찾고자 할 때면 스칸디나비아 국가들이 따라 할 만한 모델처럼 보일 때가 많다. 그 체제들이 좀 더 공정하고, 유권자에게 좀 더 많은 선택을 주며, 여성과 소수자를 좀 더 잘 대표한다는 통상적인 주장 말고도, 비례대표제를 옹호하는 미국인들은 스칸디나비아 국가에서 "수십 년간 이어진 다당 연합 체제"가 "미국 의회보다 훨씬 효율적으로" 법안을 통과시킨다고 칭찬한다.[1] 프랜시스 후쿠야마는 모든 정치체제는 "덴마크 수준에 도달해야" 한다는 생각이 제도 설계자들 사이에서 공통의 진리로 통한다고 언급한다.[2] 제프리 삭스는 북유럽 사회가 부정부패와 빈곤이 적고 사회적 신뢰와 기대 수명이 높다는 점을 지적한다. 그는 북유럽식 체제가 "저속한 불평등을 낳는 미국식 자본주의와, 수많은 국가의 경제를 빈사 상태에 빠뜨린 실패한 중앙 계획경제 사이에 실제로 중도가 존재한다는 것을 세상에 설득할 수 있도록 도와주는 개념적 증거"라고 말한다.[3] 이는 과장된 표현일 수도 있지만, 그런 별 악의 없는 비교가 미국의 고장 난 양당제를 북유럽의 유명한 비례대표제로 교체하자는 요구를 부추긴다.

하지만 그 믿음을 유지하기는 쉽지 않다. 북유럽의 사회적 결속은, 고용 안정과 후한 사회보장을 유지하기에 충분한 자금을 제공해 온 제조업 중심의 경제 번영에 상당 부분 의존해 왔다. 그런데 지금 그것에 문제가 생겼다. 복수 정당들의 연정에 의해 통치되며 유럽 공동체 안에서 번영을 추구하는 소규모 유럽 국가들 중에서도 스칸디나비아의 복지 수준은 가장 높은 축에 속한다. 유럽연합에 가입한 나라들은 유럽사법재판소에 보호무역주의를 제재할 권한을 위임함으로써 무역 개방으로 경제 번영을 촉진했다.⁴ 유럽 국가들은 저마다 종합적인 임금 책정에 노사가 협력하는 정도도 다르고, 정부가 그 협상을 따르느냐 아니면 주도하느냐의 여부도 다르다. 그러나 제2차 세계대전 이후 유럽의 소국들은 사회적 연대에 기여할 수 있을 만큼 임금 수준을 유지하겠다는 공통된 포부가 있었고, 또한 그 포부를 실현하면서도 무역국으로서 경쟁력을 유지할 능력이 있었다.

그렇게 잘 쌓아 올린 젠가 탑을 지탱해 주던 핵심 블록을 최근의 경제적 변화가 뽑아 버린 것 같다. 제조업은 숙련 노동자 집단을 대규모로 양성했지만, 서비스 경제는 다양한 유형의 노동자에게 매우 상이한 수준의 기술을 요구한다. 그 기술은 연공서열과는 무관하다.⁵ 그렇다면 이제 관건은 제조업 시대의 노사 협상 구조가 서비스 경제로 전환된 뒤에도 존속할 수 있는가, 존속할 수 없다면 그로 인한 불화가, 관대한 정치가 세워질 수 있었던 기반인 유럽식 복지 모델을 무너뜨릴 것인가 하는 점이다.

2006년에 토니 주트가 주장한 바에 따르면 유럽의 사회민주주의는 [전후의] 군사적 피로감, 마셜 플랜 덕분에 이룩한 전례 없는 전후 경제성장, 유리한 인구 동향, 냉전 시기 북대서양조약기구가 서유럽에 보장해 준 지정학적 안정성이라는 보호막 등이 합쳐진 이례적 상황을 기반으로 한 위태로운 성취였다.⁶ 그는 줄리언 브룩스가 표현한 대로 "유럽이 지난 50년 동안 경험한 탈이념, 탈정치화된, 논란의 여지가 적은 공적 공간은 예외적인 상태일 뿐이다."라고 우려하면서, 일단 큰 위기가 닥치면 기저에 있던 긴장이 엘리트가 확립해 놓은 유럽 체제를 위협

할 것이라고 예측했으며, 이 엘리트들은 유럽연합의 만성적인 민주성
결핍은 해결하지 않고 개탄만 할 사람들이었다.[7] 유럽 복지국가를 가능
하게 했던 우연적 상황들이 현재 사라지는 중인데도, 복지가 잘 지탱되
는 듯한 각국의 국내 정치체제에 사람들은 잘못된 안도감을 품었다. 주
트의 우려는 현실이 되었다. 금융 위기 이후로 유럽 체제의 단점이 부각
되면서 장점을 찾아보기가 점점 어려워지고 있다.

　　연립 정부는 잘 조직된 집단들이 맺는 협상에 의존한다. 이런 협상
은 정치적 결탁으로 보는 것이 적절한데, 왜냐하면 정당마다 가장 원하
는 정책을 내놓아 협상하고 그 비용은 대중에게 전가하기 때문이다. 만
일 옛날처럼 이익집단들이 사회의 거의 모든 영역을 아우른다면 그런
협상이 효과적일 수도 있다. 과거에는 기업이 장기 노동계약을 중심으
로 조직되었고, 노조(소비자와 납세자의 대다수를 포괄하기에 충분할 만큼 수가
많았다)는 자제력을 갖추고 있었다.[8] 그런 카르텔화된 경제는 전통적인
정치 협상을 어렵게 하는 새로운 유형의 노동자들을 포괄하기에는 적
합하지 않다. 제조업 일자리가 더 이상 선진국 경제의 동력이 되지 못함
에 따라 서유럽의 정당 제도는 파편화되고 있다. 그렇게 매력적인 스칸
디나비아에서도 사민주의자들은 좌우 양극단 사이에 끼어 별로 달갑지
않은 정치적 합의를 고려할 수밖에 없는 상황에 놓여 있다.

벨기에: 전조가 보이다

2011년 1월, 벨기에 국민 수만 명이 거리로 나와 정부의 부재를 비난하

는 시위를 벌였다. 시위를 조직한 사람 가운데 한 명인 토마스 데크뢰스는 "정치적 교착상태를 참는 데 진절머리가 난다"고 외쳤다. 그들만 진절머리가 난 것이 아니었다. 무분별하게 확대된 벨기에의 재정 적자에 금융시장이 부정적으로 반응하자, 국왕 알베르 2세가 나서서 이브 르테름 과도 내각 총리에게 잠정 예산 편성을 요청하기에 이르렀다. 벨기에 국민은 2010년 5월 총선을 치른 후부터 2011년 12월 정부가 구성될 때까지 589일이라는 전대미문의 기간을 기다려야 했다. 2014년에도 같은 일이 또 벌어졌다. 벨기에 남부 지방의 분리 독립을 주장하는 정당이 가장 많이 득표했으나 정부를 구성하기에는 부족했다.[9] 이번에도 정당들은 2010년에 그랬던 것처럼 나라를 134일 동안 과도 내각에 맡겨둔 채 정부 구성을 위해 수개월을 괴로운 협상으로 보냈다. 머지않아 이런 결과는 점점 더 일반적인 일이 되었다. 2017년에는 네덜란드의 정당들이 정부를 구성하는 데 1년의 절반 이상을 소비했고, 역사적으로 안정적인 독일마저 9월 총선 이후 여러 달 동안 정부가 없는 상태로 지냈다.

벨기에가 늘 이렇게 정부 구성과 경제정책 결정에 난항을 겪었던 것은 아니다. 제2차 세계대전 이후 벨기에는 유럽의 다른 소규모 민주국가와 마찬가지로 무역 개방, 경제성장, 낮은 소득 불평등이라는 조합을 이루어 냄으로써 세계 최고의 비례대표제 홍보 사례로 등극했다. 경제적 번영에 사회적 유대를 겸비한 모델은 계급 이익이 영원히 충돌할 필요는 없으며 자본주의도 인간적일 수 있다는 희망을 보여 주었다.[10] 유럽이 최상의 위치를 누릴 수 있었던 것은, 높은 임금을 받는 고도로 숙련된 노동자가 고품질의 수출품을 생산한 덕분이었다.[11] 연립 정부는 정당들과 그 각각의 정당에 연계된 생산자 또는 노동자 조직들 간에 지속적이고 생산적인 협상이 이루어질 수 있도록 도왔고, 협상 주체들이

국민을 폭넓게 대표하는 한, 그렇게 합의된 결과의 비용을 배제된 집단들이 떠안지 않아도 되었다.[12]

그러나 유럽의 다른 지역에서 그랬듯이 벨기에도 극우와 극좌 정당이 등장하면서 정치적 중도층이 감소했다. 어디나 마찬가지로 제조업 일자리의 축소는 전후에 구축된 사회적 유대 구조를 강하게 압박한다. 이 공통된 위협에 직면해 비례대표제 국가와 다수대표제 국가의 중요한 차이점은, 비례대표제 국가에서는 저항 정당을 조직하기가 훨씬 쉽다는 점이다. 임금 인상을 억제하는 대신 고용 안정과 높은 고용률을 보장하는 일을 노동당이 더 이상 해내지 못할 경우, 불만이 쌓인 유권자는 노동당 주변에서 불평하기보다는 차라리 새로 생긴 극우나 극좌 정당을 지지하게 된다. 불만스러운 유권자들이 중도가 제시하는 것보다 더 강경한 해결 방안을 원하는 것은 다수대표제나 비례대표제나 같지만, 비례대표제에서는 그들이 의석을 얻는다.

벨기에가 비례대표제를 가장 먼저 도입한 나라에 속하게 된 것은 산업혁명을 거치던 격변기 때였다. 농촌 지주 엘리트가 상업에 깊이 개입했고 도시 엘리트와 같은 종교를 믿었던 영국과는 달리, 유럽 대륙의 가톨릭교도들과 자유주의자들은 종교만 달랐던 것이 아니라 산업화의 바람직한 속도와 방향에 관해서도 견해가 엇갈렸다.[13] 역사의 궤도가 남성 보통선거권 쪽으로 신속하게 이동하던 1892년, 가톨릭교도였던 쥘 반덴페레붐 총리는 노동계급이 이곳저곳에 작은 집단을 이루어 거주하는 선거구에는 비례대표제를 제안하고, 가톨릭교와 농업이 여전히 지배적인 나머지 지역은 다수대표제로 의석을 유지하고자 했다.[14]

이는 곧바로 자기 잇속만 차리는 제안이라고 비난받았으나, 다수대표제를 택할 경우 새로 투표권을 얻은 노동자들의 손에 선거에서 전멸

할 것을 자유주의자들 또한 염려했다. 소규모 선거구에 비례대표제를 도입하는 절충안은 노동계급 표의 대부분을 소수의 밀집된 지역에 계속 한정시킬 터였다. 그러나 새 정당들이 대표성을 획득함에 따라 선거구를 넓혀 전국을 11개 지역으로 분할했다. 현재 이 11개 선거구에서 정당들이 정당 명부식으로 겨루는데, 대형 정당에 유리한 의석 배분법인 동트D'Hondt 방식과 군소 정당의 난립을 억제하는 득표율 5퍼센트의 봉쇄 조항을 활용하고 있다.[15] 또한 의무 투표제는, 작지만 강한 정당을 통한 국민의 폭넓은 참여를 보장한다. 벨기에 헌법은 정책 주도권을 아웃사이더에게 이양할 가능성이 있는 국민투표를 명시적으로 금지한다.

발트 해 위쪽과 아래쪽의 소규모 유럽 민주국가들, 그리고 독일과 이탈리아 같은 큰 나라들도 부분적으로 비례대표제를 채택했다. 가톨릭계 정당과 자유주의 정당이 우려하며 회피한 세력, 즉 새로 투표권을 얻은 산업 노동자들이 이 국가들의 전후 경제정책이 수립되는 데 핵심 역할을 담당했다. 유럽 전역에서 노동자를 기반으로 하는 정당들이 번갈아 가며 연정을 지휘했으며 고용 안정을 강화하고, 임금 협상을 뒷받침하고, 실업자들이 낮은 임금을 감수하지 않아도 되도록 실업 보험을 제공할 수 있었다.[16] 기업 이윤도 보호하고 노동시장에 안정성도 부여하는 "관리된 경쟁"managed competition 체제를 구축할 수 있는 기회를 많은 사용자들은 환영했다.

스칸디나비아 사회민주주의의 과거와 현재

북유럽만큼 사회민주주의적 합의가 잘 정립된 곳은 찾아보기 어렵다. 스웨덴사용자연맹SAF은 심지어 노동조합이 독자적으로 "연대 임금정책"을 쟁취할 형편이 되기 전부터 이미 기업별 및 산업별 임금의 평준화를 원했다.[17] 산업이 꾸준히 성장하고 수출 기회가 늘어나던 몇 십 년 동안 사용자 측이 해고 제한 요구를 받아들인 것은 평화로운 노사 관계와 완만한 임금 상승의 대가로는 저렴한 편이었다. 1938년 스웨덴노조연맹이 건설 노동자들의 과격한 임금 인상 요구를 "가혹할 정도로 질책"한 일을 스웨덴 사용자 연맹이 높이 평가한 것처럼 상호 이익은 계급 대립을 억제했다.[18] 1956년 칼-올로프 팍센 스웨덴사용자연맹 대변인은 기업 간 임금 평준화가, 사용자의 지급 능력에 따라 임금을 각기 설정하는 것보다 "더 집행하기 쉽다"라고 했는데, 이는 기업 간 임금 경쟁을 줄이고자 하는 사용자들의 열의를 보여 준다.[19]

전후 유럽의 번영은 고품질 상품에 대한 꾸준한 수요에 기대고 있었다. 연정에 참여한 힘 있고 비교적 규모가 작은 정당들이 서로 동의할 수 있는 합의를 끌어냈던 것은, 생산성이 지속적으로 향상된 덕분에 노사가 안정적인 고임금의 비용을 소비자에게 전가할 수 있었으며, 또한 소비자의 대다수가 바로 그 체제에서 고임금을 받는 노동자였기 때문이다. 유럽의 인간적 자본주의 모델이 안정적으로 보였던 것은 모든 긍정적인 요소가 함께 잘 어우러지는 방식이었기 때문이다. 누가 그런 체제를 반대하겠는가?

21세기 초가 되면서 이 체제는 양 측면에서 위협을 받았다. 안정적인 제조업 일자리가 줄고 이민자가 대거 유입되면서 내국인을 위해 설계된 복지 제도에 부하가 걸렸다. 그러나 사민주의 정당들은 고용 기회를 늘리고 노동인구 전체의 임금을 개선하기 위해 적극적인 노동시장 정책을 옹호하기보다는 자기 당의 핵심 유권자층인 노동자들을 보호하는 방침에 의지했다. 1970년대와는 달리 성장세도 더 이상 모두가 이익을 얻을 만큼 활발하지 않았다.[20] 그에 따른 부담은 비례대표제가 환경 규제, 경제 규제, 노사 관계 중재에 유리하다는 통념을 깨뜨리게 되었다.

① 환경 규제

흔히 비례대표제는 깨끗한 공기와 같은 공공재를 제공한다는 찬사를 받는다. 서유럽 각국의 연립 정부들은 국민의 에너지 비용 부담을 높이는 한편, 에너지 효율을 높이는 기업에 보조금을 지급하는 방식으로 1973년과 1978년 오일쇼크에 대응해 좋은 평가를 받았다. 이 방안들은 21세기의 환경 악화에 강력히 대처하기 위한 도구가 되어 주었다.[21] 에너지 효율을 개선하는 기업에 보상을 해주고 국민에게 높은 에너지 세금을 부과해 에너지 사용을 줄일 수 있으면 탄소 배출량을 감축하기가 쉬워진다. 이와는 달리 다수대표제를 채택한 나라의 정치인들은 높은 에너지 가격에 대한 여론의 격렬한 항의가 두려워 가격 인상으로 탄소 배출을 줄이도록 유인하는 방안을 배제할 가능성이 있다. 그러나 비례대표제에서는 소비자의 정치적 지지를 잃을 걱정 없이 에너지 가격 인상으로 얻은 세입 또는 지대의 재분배를 추구할 수 있다.[22]

이런 평가는 어쩌면 강한 정당의 장점을 연립 정부의 장점으로 오해하는 것일 수도 있다. 다수대표제이지만 정당에 힘이 있는 영국은 독일과 핀란드에 필적할 만큼 탄소 배출을 규제하고 있으며, 휘발유세도

그림 6.1

15개국의 경제성장(1960~80년)

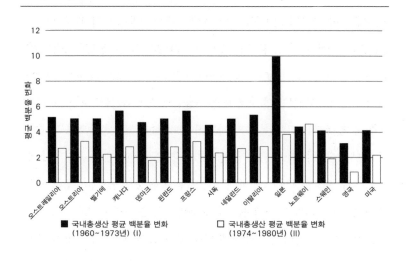

평균 백분율 변화

■ 국내총생산 평균 백분율 변화
(1960~1973년) (Ⅰ)

□ 국내총생산 평균 백분율 변화
(1974~1980년) (Ⅱ)

출처: Peter Lange and Geoffrey Garrett, "The Politics of Growth: Strategic Interaction and Economic Performance in the Advanced Industrial Democracies, 1974~1980," *The Journal of Politics* 47, no. 3 (August 1985), p. 803의 자료를 재구성.

독일·덴마크·노르웨이와 비슷한 수준이다.[23] 일반적으로 연립 정부는 유권자를 우회해 정책을 이행하지만, 영국 양당제의 힘 있는 양대 정당은 공개적으로 논쟁과 토론을 벌이면서도 여느 연립 정부에 못지않게 잘하고 있는 듯하다. 영국 정당들은 연합을 장기간 유지하고 있기 때문에 환경 악화를 용인하는 정책을 옹호하다가는 나중에 비난받을 것임을 우려해야 한다. 이들의 입장에서는 그런 결과를 막기 위해서라도 지지자들에게 정책 논거를 제시하고 설득하는 일이 중요하다.

② 금융 규제

소규모 유럽 국가들은 1990년대의 금융 위기를 비교적 잘 견뎌 냈다. 스웨덴이 1991~92년 금융 위기에 대응한 방식은 훌륭한 위기관리의 교과서적 사례였다. 이때 스웨덴의 중도 우파 정부와 사민주의 야권은 시장 안정화에 힘쓰면서 당파적 싸움을 피했다. 1989년 스웨덴 사회민주노동당 정권은 자본 통제를 폐기해 경제 효율을 개선했으나 그 대가로 스웨덴이 투기성 자본 유출입과 거시 경제적 혼란에 노출되었다. 중도 우파 정당들도 당시 그 정책을 지지했던 터라 아무도 남 탓을 할 수 없었다. 1991년 10월 칼 빌트가 61년 만에 처음으로 보수파 총리가 됐을 때, 그는 사회민주노동당이 시작한 시장 규제 완화와 유럽연합 가입 계획을 계속 추진했다.

스웨덴 의회는 금액과 관계없이 모든 은행 채무에 대해 지급 보증을 할 수 있는 은행지원청을 설립함으로써 예금 인출 사태를 막아 냈다. 또한 정부는 두 개의 은행자산관리 회사를 설립해 은행 자산을 매입하는 방식으로 지급 불능 사태를 예방했다. 15년 뒤 마침내 자산을 매각했을 때 이 두 회사는 정부에 매입 자금을 전액 상환할 수 있었다. 스웨덴은 조세 부담을 전혀 초래하지 않고서도 금융 시스템 붕괴를 막아 냈다. 물론 스웨덴이 소규모 개방경제 국가가 아니었다면, 크로나화의 평가절하를 통한 스웨덴의 수출 증진 효과를 다른 나라들이 수용할 의사나 능력이 없었을 수도 있다. 1970년대의 일본이나 1990년대의 중국처럼, 큰 나라가 약한 통화로 수출을 늘려 국내 경제 문제를 해결하려고 들면 무역 분쟁이 일어나기 쉽다.[24]

③ 노사 관계

제조업 일자리의 감소는 연립 정부 모델에 더 큰 타격을 입혔다. 노동조합이 축소되고 약화됨에 따라 그 정치적 대표자들은 줄어드는 자신들의 힘을 조합원의 임금 인상과 일자리 보호에 쏟으면서 그 비용을 소비자와 실업자에게 외부화하려는 경향을 나타냈다. 또한 노조는 보호무역 및 기타 포퓰리즘 정책을 공약하며 출마하는 정치인들에게 쉽게 넘어가게 되었는데, 그런 공약은 조합원에게 더 유익한 정책들을 가로막는 것이었다.

스웨덴은 1994년 총선 후 다시 사회민주노동당 소속인 잉바르 칼손 총리가 집권했지만, 노조들이 불황기의 세금 인상과 공공서비스 삭감을 심하게 불평했다.[25] 1995년부터 1998년까지 이어진 사회민주노동당과 중도 우파 중앙당Center Party의 협력은 스웨덴의 예산을 안정화했으나 유권자는 좌우 정강 정책의 혼란스러운 결합을 거부했다. 1998년 총선에서 두 당 모두 표를 잃자 사회민주노동당은 녹색당과 좌파당에 지지를 요청할 수밖에 없었다.[26]

고삐 풀린 불평등에 시달리는 모든 민주주의 사회를 위한 해답은 생활임금의 보장이 될 수 있지만, 그 제도를 이뤄 낼 최선의 방법과 관련해 분명한 합의가 없을 경우에는 장기적 비전을 갖춘 정당이 그것을 설득하고 이행하기에 가장 적합하다. 내부자의 이익을 중심으로 하고 외부자가 그 비용을 대도록 임시방편으로 짜인 체제나, 지지자들이 그 비용을 어떻게 조달할지를 고려하지 않는 포퓰리즘 공약은 그보다 훨씬 나쁜 대안이다. 정당이 분열하고, 실망한 유권자들이, 사라지고 있는 번영을 회복하겠다는 국수주의적인 약속에 쉽게 넘어가면 그런 대안이 등장할 위험은 커진다.

그래도 일부 논평가는 여전히 낙관적이다. 캐슬린 텔렌은 각국의 사민당 정부들이 제조업 시대의 잔재인 내부자(핵심 제조업에 종사하는 남성 노동자)와 여성·이민자·실업자 같은 외부자 사이의 장벽을 깨려고 노력해 온 점을 지적한다. 덴마크에서 1982년 중도 우파 정부가 시작한 일련의 노동시장 개혁은 1993년 사민당 내각에 의해 지속되었다. 예컨대 정부는 실업자가 공적 소득 지원을 받으려면 구직 활동을 해야 한다는 요건을 도입했다. 초점을 실업보험에서 노동자 재훈련 쪽으로 전환함으로써 정부는 복지의 목적과 기능에 대한 국민의 신뢰를 확보했다.[27] 적어도 지금까지는 스칸디나비아의 사민당 정부들이 불평등의 확산을 대체로 억제했다.

이것은 지속될 수 있을까? 루치오 바카로와 크리스 하월은 노사 고위 대표자들의 협력이 얼마나 지속될 수 있을지 의문을 제기한다. 한때 "강력하게 조직된 노동운동에 의해 제약받고, 조정 기관을 통해 완만한 임금 인상, 노동시장 유연성, 평화로운 노사 관계를 이룰 수 있는 제도적 역량을 누렸던" 스웨덴 사용자들이 요즘은 전국 단위 및 산별 임금 협상의 기반을 약화시키고자 한다.[28] 점점 간극이 커지는 노사 관계에 정부가 개입해 그 벌어진 틈을 메울 수 있을지는 확실하지 않다. 스웨덴의 제조업 쇠퇴는 노조의 쇠퇴와 좌파 정당의 꾸준한 약화를 가져왔다.

역사적으로 스웨덴의 사회민주노동당은 규모가 크고, 규율이 있고, 약속을 지킬 수 있는 정당이었다. 반면에 우파는 5~6개 정당으로 분열되어 세금·규제·무역·외교에 이르기까지 온갖 정책에서 의견이 엇갈렸다. 그러나 제조업 일자리 감소와 더불어 사회민주노동당이 약해지면서 일부는 녹색당으로 갈라져 나가고, 공산당은 반유럽연합 성향의 좌파당으로 변신했다.[29] 2002년에 확실하게 과반수였던 스웨덴의 좌파 성향 유권자 비율은 2010년 43퍼센트로 감소했다. 1980년대에 45퍼센트였던 사회민주노동당의 득표율도 2010년에 30퍼센트로 하락해 3분의 1이나 줄었다.[30]

5개 보수 정당은 '스웨덴을 위한 연합'*이라는 명칭으로 공동 선거 연합을 꾸리는 전례 없는 전략을 펼쳐 2006년 총선에서 승리했다. 이들은 고용 촉진에 초점을 맞추면서 실업률 감소에 실패한 책임을 사회민주노동당에 물어 비난했다.[31] 인구의 상당 비율이 사회적 이전**의 수혜자이거나 공공 부문 노동자인 나라에서는 감세 공약을 중위 투표자 전략으로 쓰지 않는다. 따라서 프레드리크 레인펠트 온건당 당수는 감세 주장의 강도를 낮추고 노동시장 규제에 정면으로 대항하지 않기로 했다. 2006년 그는 사회민주노동당보다도 더 큰 폭으로 보건 의료 재정을 늘리겠다고 약속했다. 하지만 '스웨덴을 위한 연합' 정권이 노조가 운영하는 실업보험에 대한 보조금을 삭감하는 바람에 노조들은 보험료를 올릴 수밖에 없었고, 이것이 노조원의 수를 더욱 감소시켰다. 사회민주노동당은 좌파당을 제외한 다른 모든 정당에 표를 빼앗겼다. 득표율 감소는 특히 65세 이상의 고령자(2002년 44퍼센트에서 2006년 33퍼센트로 하락), 실업자(46퍼센트에서 38퍼센트로 하락), 이민자(50퍼센트에서 37퍼센트로 하락)에서 두드러졌다.[32]

• 스웨덴을 위한 연합Alliance for Sweden
2004년 온건당·중앙당·기독민주당·자유당 등이 모여 이룬 정당 연합으로, 2014년 총선에서 참패한 뒤 회복하지 못하고 2019년 1월에 해산했다.
•• 국가 및 민간 비영리단체 등이 가구나 개인에게 금전·물품·서비스 등의 복지 혜택을 제공함으로써 소득 이전을 행하는 것을 의미한다.

레인펠트는 2006년부터 2014년까지 총리로 재직하면서 이민자에게 나라를 활짝 개방했는데, 이것이 임금 하향 압박을 초래했다.[33] 이와 동시에, 외국 출신들이 대규모로 유입되면서, 그때까지 많은 시민이 "우리 국민만 누리는" 제도로 이해했던 사회보험에 대한 일부 스웨덴 사람들의 지지를 약화시키는 것처럼 보였다.[34] 이는 빈곤층을 포함하는 모든 사람에게 조세를 부과함으로써 그 세수가 어떤 용도로 쓰이든 모든 사람이 납세를 억울해 하도록 만드는 미국 공화당의 정치적 입장과도 비슷해 보인다. 하지만 그렇게 보는 것은 어쩌면 스웨덴 우파가 앞을 내다보고 의도적으로 정책을 추진한 것처럼 오인하게 만든다. 의도적이었든 아니든 스웨덴 정부가 외국인 노동자를 받아들인 결정은 임금을 낮추는 동시에 이 나라의 유명한 복지 제도에 대한 자국민의 오랜 지지를 약하게 만드는 이중의 결과를 가져왔다.

2014년 총선에서는 스웨덴 사회민주노동당이 아슬아슬하게 최다 의석을 얻어 재집권했다.[35] 이들의 의석 점유율 31퍼센트와 녹색당의 7퍼센트를 합치면, 이 두 당이 구성한 연정은 스웨덴의 전후 역사에서 가장 약한 소수 정부였다. 외국인 혐오 극우 정당인 스웨덴 민주당은 13퍼센트라는 전례 없는 득표율로 사회민주노동당과 온건당에 이어 세 번째로 큰 정당이 되었다. 사회민주노동당 정부는 여타 정당에 여러 가지를 양보해 가며 원내에서 지지를 모으느라 애썼다. 실업과 재정 적자를 줄이려면 우파와 합의해야 했으며, 핵에너지를 단계적으로 폐기하고 탄소 배출을 감축하려면 녹색당 및 좌파당과 합의해야 했다. 또한 복지국가에 대한 지지를 회복하기 위해 사회민주노동당은 이민자 유입을 대폭 제한할 수밖에 없었다.

스위스의 국민투표 민주주의

스위스는 언제나 약간 열외였다. 스위스가 두 차례 세계대전에서 중립국이었던 것은 잘 알려진 사실이며, 제2차 세계대전 후에는 유럽 공동프로젝트와 어느 정도 거리를 두면서도 국가 번영이라는 목표를 위해 국제경제로의 통합에 열중했다. 스위스의 정치체제는 루빅스 큐브처럼 복잡해서, 칸톤(주) 단위에서는 중세적인 직접민주주의를 운영하고, 그보다 상위에서는 국가적 결정을 내릴 수 있는 중층 구조로 되어 있다. 그러나 세계에서 가장 오래 지속된 민주주의 국가로서 국민의 부와 건강과 교육 수준이 세계 최상위인 스위스가 독자적인 길을 가는 것은 이해될 수 있다.

스위스 시민은 1년에 약 네 차례 국민투표로 공공 정책을 결정한다. 또한 비례대표제를 통해 의회 양원을 선출하는데, 이로 인해 다수의 군소 정당이 만들어지고 있다. 정당 명부는 개방형일 뿐만 아니라 유권자가 동시에 여러 개 정당 명부에서 개별적으로 정치인들을 골라 표를 줄 수 있도록 해 정당을 심판할 수 있는 또 하나의 방법을 부여한다.[36] 극단적 분권화를 보완하기 위해서 의회는 의원 선거 결과와는 무관하게 여러 정당으로 구성된 연방평의회를 4년 고정 임기로 선출한다. 모든 주요 정당과 일부 군소 정당이 고루 포함되도록 설계된 연방평의회는 경우에 따라 갈등을 완화하고, 국민투표를 치르는 부담을 피할 수 있다.

미국과 스웨덴의 정부 지출이 GDP의 각각 37퍼센트, 50퍼센트를 차지하는 데 비해 스위스의 정부 지출은 33.5퍼센트로, 다른 여러 나라들보다 조세와 지출 수준이 낮은 편이다. 이는 교육·보건·연금 같은 국내 제도의 편익과 비용 모두 26개 칸톤의 유권자에 의해 동시에 결정되기 때문이다. 1994년에 도입한 국민건강보험은 2015년 GDP의 11퍼센트(9퍼센트인 영국과 17퍼센트인 미국의 중간 수준)의 비용으로, 그것이 국민 건강에 미친 효과는 두드러졌다. 환자는 본인 부담금 형식으로 의료 비용의 약 3분의 1을 부담한다. 스위스 국민연금은 국민을 빈곤으로부터 보호하지만, 후한 금액은 아니다.

2017년 9월 스위스의 좌파와 중도 정당들은 국민연금 수령액을 올리기 위해 부가가치세를 8.3퍼센트로 인상하는 방안을 제시하고 대중의 지지를 구했으나 이 안은 국민투표 결과 반대 53퍼센트, 찬성 47퍼센트로 부결됐다. 이 안에 반대한 정당은 보수적인 스위스 국민당SVP과 친기업적인 자유민주당FDP이었다.[37] 이에 앞서 6월에는 보편적 기본소득 법안도 반대 77퍼센트, 찬성 23퍼센트로 부결되었다.[38] 이렇게 큰 표 차이로 부결된 것보다 더 놀라운 사실은 노동조합이 여기에 반대했다는 점일 것이다.[39] 21세기 자본주의의 현실이, 스위스의 고도로 분권화된 체계가 기반을 두고 있는 대단히 높은 수준의 합의를 침식함에 따라, 사회경제적 실적이 양호한 스위스마저 압박의 징후를 보이고 있다.

유권자의 환멸과 선호 투표제

축소된 종래의 지지 세력을 대신할 새로운 표밭을 찾느라 고심하는 전통적인 유럽 정당들은 유권자가 정당 명부에 오른 후보자에 순위를 매겨 투표하는 방식을 점차 받아들이는 추세다.[40] 이 방식이 새로운 유권자들의 관심을 끌고 참여를 높여 투표율이 오르도록 도와 줄 것으로 정당들은 희망하고 기대한다.

유럽에서 유권자에게 더 많은 선택권을 주기 위해 이루어지는 시도들은 새로운 것이 아니다. 이 추세는 이미 수십 년 전에 기존과는 다르며 비교적 느슨한 정강을 지닌 몇몇 정당에서 시작되었다. 1989년 네덜란드에서, 비사민주의 진보 정당인 민주66D'66은 연정에 참여할 때마다 정당 명부에 개별 유권자의 의사를 반영할 수 있는 수위를 점진적으로 높였다.[41] 오스트리아는 1992년 선거제도를 개정해, 후보자가 의석 획득에 필요한 득표수의 절반 이상을 선호 투표에서 얻었거나, 정당이 받은 득표수의 6분의 1을 선호 투표에서 얻었을 경우, 지역구 의석을 획득할 수 있게 했다.[42]• 벨기에는 사회당과 녹색당이 반대했음에도 1995년에 선호 투표제를 추가했다. 모든 개별 유권자가 제약 없이 후보를 고를 수 있으면 당의 기강과 정강 정책의 일관성이 저해되므로 강한 정당들이 잃을 것이 가장 많았다.[43] 아이슬란드·덴마크·핀란드에서도 비슷한 상황이 벌어졌다.

노르웨이와 스웨덴의 정당 중에서도 특히 명확한 정강 정책을 갖춘 좌파 정당들은 명부를 개방해 유권자를 개입시키는 일을 여전히 주저한다. 이들은 핀란드 및 여타 사례를 통해 유권자의 선호대로 후보자의 순위를 정하면 당의 결속력을 저해하는 당내 반대파 의원들에게 유리할 수 있다는 점을 알고 있다.[44] 그럼에도 대중의 지지가 감소하자 이들은 후보 선정에 유권자의 참여가 확대되도록 얼마간 양보해야 할 압

• 오스트리아는 구역, 지역, 주 3개 수준에서 정당 명부를 제출하는데, 유권자는 정당만 선택할 수도 있고, 각급 명부의 후보자를 선택할 수도 있다. 이 부분은 폐쇄형과 개방형이 섞인 형태로, 개방형 명부에 따라 선호 후보를 선택한 경우를 이야기한다.

박감을 느낀다. 스웨덴의 정당들은 정당 명부의 순번 수정이 인정되려면 새로 변경된 순서 결정 방법에 상당 비율의 투표자가 동의해야 한다는 조건을 달고 선호 투표제를 수락했다. 아이슬란드는 당내 예비선거에서 '순위 지정 최다 득표제'•로 알려진 개방형 정당 명부 방식을 사용해 후보들이 서로 협력하고 당의 정강을 지지하도록 유도한다.[45] 이 나라들이 채택한 이런 방식들은 투표자의 선호가 정당 조직과 규율을 심각하게 약화시키는 현상을 방지한다.[46] 하지만 스웨덴의 정당들은 투표자의 선호 순위를 당내 후보 지원 결정에 활용하고 있는 것으로 보인다.[47] 여기서 문제는, 비슷한 제도를 채택한 에스토니아도 마찬가지지만, 정당의 지도자들이 그런 식으로 투표자의 선호로부터 계속 정보를 얻으면서도, 유권자가 멀리 내다보지 못하고 자신들의 장기적 이익에 어긋나는 요구를 할 때 그것에 굴복하지 않고 견딜 수 있겠는가 하는 점이다.

이 문제를 가장 잘 드러내는 사례 중 일부를 스위스에서 찾아볼 수 있다. 스위스에서 지역 단위로 시행되는 주민 투표는 수많은 공공 정책을 결정하는데, 망명 신청자 가운데 몇 명에게 난민 지위를 인정할 것인가까지 주민 투표로 정했다가 2009년 스위스 연방법원으로부터 위헌 판결을 받았다. 유럽 가치관 조사European Values Survey에 따르면 스위스인이 다른 나라 국민보다 외국인을 더 혐오하지는 않지만, 주민 투표를 하

• 순위 지정 최다 득표제rank-ordered plurality

투표자 일인이 한 표가 아니라 명부의 정원 수만큼 투표할 수 있고 1순위는 1순위 선호 표를 최다 득표한 후보가, 2순위는 1순위와 2순위 선호 표를 합산해 최다 득표한 후보가, 3순위는 1, 2, 3순위 선호 표를 합산해 최다 득표한 후보가 차지하도록 명부 정원을 차례대로 채워 간다. 내가 1순위로 선택한 후보가 1순위가 되고 난 뒤 다음 순위를 집계할 때도 차례로 매번 내 표가 유효하게 집계되므로 다수의 종합적 선호가 명부 전체에 충실히 반영된다.

면 의회가 결정하는 것보다 외국인 혐오적인 표결 결과가 많은 경향이 있다. 이는 특정 사안에 강한 관심을 갖는 유권자들이 투표장에 나가는 비율도 높기 때문이다. 따라서 스위스 연방법원이 난민 관련 의사 결정을 지역 주민 투표가 아니라 지역 평의회에 위임했더니 난민 지위 인정 비율이 60퍼센트나 증가했다는 옌스 하인뮐러와 도미니크 한가르트너의 조사 결과는 그리 놀랍지 않다.[48] 주민 투표가 특정 과격 집단의 선호보다는 공공 이익을 위해 전반적으로 무엇이 최선인지를 기준으로 결정된다면, 그 투표 결과는 강하고 결집력 있는 원내 정당들의 정강 정책에 더 가까워질 것이다.

보조 바퀴를 달고 가는 사회민주주의

성장과 복지의 균형을 훌륭하게 이루어 오랫동안 칭송받았던 유럽의 다당제 정부들이 현재 탈산업화로 말미암아 압박을 받고 있다. 북유럽 국가들은 여전히 복지를 옹호하지만 좌파 정당들은 분열되어 꾸준히 약해지는 추세다. 그러나 유럽의 소국들은 보호주의와 외국인 혐오를 향한 자멸적 정치 충동을 견제하기 위해 유럽연합의 제도적 장치를 어느 정도 이용할 수 있다. 전후 유럽연합 창립의 주도자들과 서명국들은 경제 개방이라는 험한 길에서 "자전거 보조 바퀴"처럼 의지할 수 있는 제도화된 협정의 진가를 잘 알고 있었다.[49] 지금 그 길은 한층 더 험난해졌다. 제조업 노동자가 줄고 그들을 지지층으로 삼았던 좌파 정당들이 약해짐에 따라 작은 유럽 국가들의 특징인 확고한 복지 공약에 불확실성이 감돌고 있다.

　다음 장에서 살펴보겠지만, 규모가 더 큰 유럽 국가들이 내리는 결정은 외부에 강력한 반향을 일으킨다. 이 나라들이 탈산업화로 고전하는 현상에는 훨씬 더 중대한 이해관계가 걸려 있다.

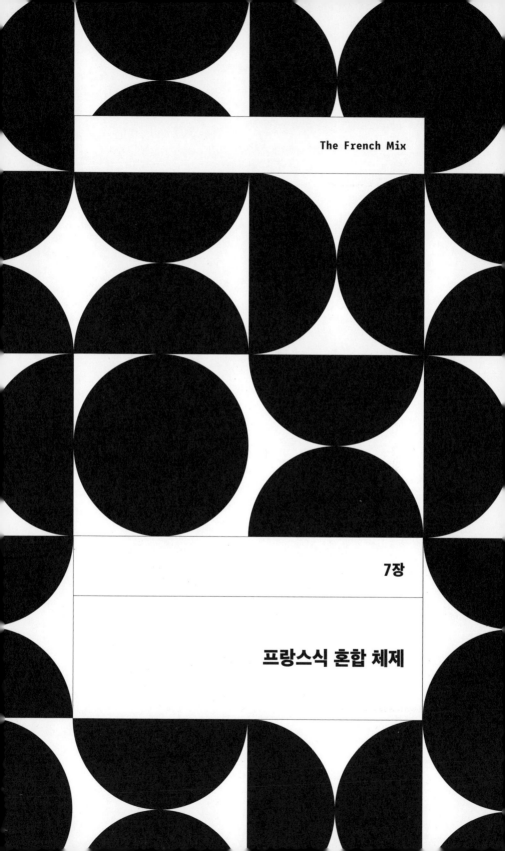

The French Mix

7장

프랑스식 혼합 체제

2017년 5월 프랑스 국민은 무능하거나 극단주의적인 경쟁자들 대신에 정치 초보인 에마뉘엘 마크롱을 대통령으로 선택했다. 대다수 언론은 마린 르펜의 극우 정당 국민전선이 제기하는 위협에 주목했으나, 근본적인 문제는 의회에 유능한 정당 지도자들이 없다는 점이었다.[1] 사회당은 대통령 후보 예비 경선에서 자기들끼리 서로 신랄하게 공격하며 제 살 깎아 먹기 경쟁을 했고, 중도 우파 정당인 공화당은 다가오는 6월 의회 선거에서 의원들의 탈당을 막을 속셈으로 긴축정책 포기를 공약했다.[2] 이처럼 미심적은 공약과 희망적 사고가 어지럽게 난무하는 가운데 유권자들은 마크롱에게 하원의 다수 의석을 안겨 줌으로써 그의 중도 노선에 강력한 지지를 표했다. 하지만 상원은 2017년 9월 선거 이후에도 공화당이 장악한 상태였다.[3]

흔히 "다수대표제"majoritarian로 표현되는 대다수 국가가 과반 득표가 필요 없는 단순다수제인 것과는 달리, 프랑스에서는 의원이나 대통령이 되려면 최다 득표만으로는 부족하고 실제로 과반 득표의 요건을 충족해야 한다. 그래서 대개 두 차례의 투표가 필요하다. 유권자는 1차 투표에서 원하는 후보에게 투표하며, 이때 바로 과반을 득표하는 후보는 드물다. 다시 2주일 뒤에 실시되는 2차 투표에서 유권자는 과반 득표할 승산이 있는 후보 가운데 자신의 선호에 가장 근접하는 인물에게 투표한다.

프랑스의 과반수 결선투표제는 광범위한 연합을 형성하려는 의도를 담고 있으며, 또 실제로도 그런 효과를 낸다. 그러나 종종 의도하지 않은 부작용이 장점을 압도한다. 예를 들어 다수를 대표하지 않는 군소 정당들이 계속 선거전에 남아 경쟁할 유인을 갖게 되는데, 이는 2차 투표에서 이길 것으로 예상되는 후보자를 밀어주고 그 대가로 자신들이 원하는 자원을 얻어낼 수 있기 때문이다.[4] 또한 군소 정당이 이런 식으로 존재하는 것은 더 큰 정당 소속의 의원들이 당의 정강 정책에 반대하고자 할 때 그들에게 탈당이라는 선택지를 제공한다는 것을 뜻하기 때문에 해로울 수 있다. 개별 의원들의 탈당은 비교적 드물지만, 그래도 그런 가능성은 (앞서 언급한 2017년 프랑스 공화당의 사례처럼) 당 지도부가 의원들의 탈당을 염려해 강력한 정파에 양보할 수밖에 없도록 함으로써 당의 규율을 약화한다. 이 당내 소수파들은 흔히 지역적 또는 부문적 이익을 대변하며, 프랑스가 중앙집중화된 관료주의가 지배하는 나라라는 이미지를 무색하게 만든다.[5] 결국 정책이란 대규모 정치 연합의 지지가 있어야만 이행될 수 있으나, 그 과정에서 군소 정당의 존재 탓에 이익집단들이 나라 전체를 인질로 잡을 수 있다.[6] 또한 군소 정당은 극렬주의 집단이 번성하고 번식할 수 있는 세포 배양 접시가 될 수 있다.[7]

프랑스는 [잦은 정권 교체로] 입법 주기가 짧아 정책 결정이 제대로 이뤄지지 않는 현상에 대응하기 위해 1958년 드골 대통령을 수반으로 하는 제5공화국을 수립했지만, 이 제도적 조정은 결선투표가 초래한 근본적인 문제, 즉 의회의 규율 부족을 건드리기보다는 그 증상만 다루었을 뿐이다. 조반니 사르토리는 대통령과 총리가 함께 입법부를 주도하는 프랑스의 이원집정부제에 대해, 서로 고통스럽게 물어뜯는 일을 피하고 타협점을 찾는 쌍두 피조물이라며 경탄과 애정 어린 시각으로 바라보았다.[8] 그런 제도가 노골적인 싸움을 막을 수 있을지 모르겠지만,

물밑에서 벌어지는 싸움(이탈할지도 모르는 사람들을 달래기 위한 양보)은 약한 정강 정책을 낳는다.

이기기 위해 경기 규칙을 바꾸다

프랑스는 선거제 개정의 역사가 긴 나라로서, 표면적으로는 제도적으로 완벽함을 기하기 위해, 그러나 다른 한편으로는 집권 정당들이 앞으로의 상황을 자신들에게 유리하게 만들기 위해 선거제도를 바꾸었다. 프랑스 우파는 1870년 파리 코뮌에서 급진 좌파를 폭력적으로 진압한 뒤, 왕정복고를 가로막는 좌익 이념 세력을 물리칠 최선의 희망으로서, 보수파가 의회에서 다수를 차지하는 상황을 만들어 냈다.

[이런 상황을 막기 위해] 정치적 중도에 가까운 공화파 지도자들은 비례대표제로의 전환을 선호했다. 레옹 강베타 공화파 대표는 비례대표제를 택하면, 지주계급이 선심 공세와 영향력을 동원해 지지를 구축한 농촌 지역에서 보수파의 강세를 꺾을 것으로 계산했다. 다른 한편 그는 [비례대표제에 맞게] 공화파 정강을 구축하는 일에 어려움을 겪고 있었다. 그는 공화파 소속의 지역구 대표자들이 그동안 유권자들과 "지나치게 강한 친밀감"을 형성했다고 느꼈다.[9] 프랑스는 사실 1885~89년, 1919~27년, 1946~58년, 그리고 1985~86년에도 비례대표제를 시도한 바 있다.[10]• 그러나 1885~89년 조르주 불랑제 장군의 메시아적 포퓰리즘은

• 프랑스는 양원제로 상원의원 348명은 선거인단이 간접 선출하며, 하원의원

비례대표제에 대한 공화파의 열정을 식게 만들었는데, 비례대표제가 프랑스 유권자로부터 공화파가 바라던 바람직한 모습을 이끌어 내지 못했기 때문이다.[11]• 제1차 세계대전이 끝나고 혼합 체제 아래 시행된 두 차례의 선거는 사회주의 세력으로부터 공산주의자들이 갈라져 나갈 수 있는 틈을 열어 주었다. 이때 잔류한 사회주의자들이 이후 온건한 공화주의자들과 협력해 소선거구제를 부활시켰다.[12]

제2차 세계대전이 끝나고 재도입한 비례대표제는 "[정당들 간] 연합과 [유권자] 정렬의 변화무쌍한 이동"을 가져와 정부가 안정적인 경로로 나아가지 못하게 만들었다고 비난받았다.[13] 참담했던 건강보험 입법 과정은 프랑스 제4공화국이 왜 단명했는지를 보여 준다. 건강보험 기금은 주로 노동조합과 기업을 대표하는 이들에 의해 관리되었고, 고용주와 피고용자의 근로소득세로 재정이 충당되었으며, 의사들에게는 아무런 제약 없이 검사와 치료를 처방할 수 있는 자유가 주어졌던 것이다.[14] 제5공화국에 들어와서야 더 강해진 행정부가 의사들의 비대해진 영향력을 우회할 수 있었지만, 그것 또한 문제였다. 행정부는 끊임없이 이런저런 이해관계자들을 우회해야 했고, 그것도 가끔씩만 성공했다.[15]

577명은 국민이 소선거구제와 결선투표제로 직접 선출한다. 여기서 설명하고 있듯이 과거에 하원 선거에 비례대표제를 도입한 적이 네 차례 있으나 그 외에는 소선거구제로 선거를 치렀으며 현재도 그렇다.

• 조르주 불랑제Georges Boulanger
프랑스 제3공화국의 군인이자 정치인으로 큰 대중적 지지를 받았으며, 비례대표제가 그의 득세를 용이하게 하는 요소로 작용했다. 그에 대한 지지가 절정에 달했던 1889년 초에는 독재자가 될 위험이 있다고까지 여겨졌다. 지지 기반은 도시 노동자, 농촌의 전통적 가톨릭교도, 왕당파 등이었으며, 보불전쟁에 대한 복수를 주장하는 등 극렬한 국가주의로 인기를 끌었다. 불랑제파는 1889년 9월 선거에서 크게 패한 뒤 급속히 힘을 잃었다.

1958년 샤를 드골 대통령 아래 수립된 제5공화국은 규모가 크고 다양성이 높은 지역구에 단순다수제를 도입함으로써 무력한 원내 정당들의 문제를 다룰 수도 있었다. 그러나 드골은 정당들이 강해지는 것을 전혀 바라지 않았다.[16] 오히려 그는 알제리에서 일어난 봉기가 내전으로 확산될 것을 우려하는 분위기가 팽배해지자 이를 이용해 강력한 대통령제를 구축했다.[17] 그는 자신이 강력한 행정 수반으로서 충분한 권력을 갖추면 절름거리는 의회를 압도할 수 있다고 믿었다.[18] 새 헌법은 대통령에게 총리 임명권을 주고 "상황이 요구할 경우" 총리의 승인 없이도 정책을 집행할 수 있는 권한을 부여했다.[19] 입헌주의 이론가 카를 프리드리히는 당시 드골이 "입헌군주제의 전통을 좇으며 워싱턴 대통령이 그러했듯이 정당 위에 군림하는 정부를 중시했다."라고 지적했다.[20] 알제리 위기라는 혼란 속에서 프랑스인들은 그런 유형의 리더십을 받아들일 준비가 되어 있었다.

강한 대통령, 약한 입법부

드골은 과반수 결선투표제의 부활을, 공산당의 대표성을 제한하기 위한 하나의 방법으로 간주했다.[21] 하지만 그것은 전체적으로 정당들의 힘을 약하게 만들었다. 프리드리히는 2회 투표제가 "분열 세력이 자신의 위치를 고수할 수 있게" 해 줄 것으로 예견했다.[22] 두 개의 대규모 연합이 좌우 양편에서 등장했으나 그 연합들도 각각 좌파는 공산당과 사회당으로, 우파는 강한 국가를 원하는 드골파와 보수적인 재정 운영을 선호하는 지스카르파*로 분열된 상태였다. 그들 모두 정책에서 양보를 받아 내는 조건으로 유권자를 동원해 주겠다고 (또는 해주지 않겠다고) 서로에게 제안하며 버텼다.[23]

당시 드골파와 사회당이 맺은 중도좌파 연합의 구성원이었던 프랑수아 미테랑은 행정권을 강화하는 1958년 헌법 개정안에 반대했으나, 이 개정안은 통치 수단의 하나로 새롭게 도입된 바로 그 도구(국민투표)에 의해 국민의 압도적인 지지를 받아 통과되었다. 대통령은 의회가 움직이지 않을 경우 이를 우회해 직접 대중의 승인을 받을 수 있었다. 개정된 제도는 문제를 잘못 진단한 결과라기보다는 특정 문제 — 드골은 입법기관이 스스로 통치할 수 있도록 하는 것이 아니라, 입법기관을 통제하기를 원했다 — 에 대한 해법이었다.

제5공화국 헌법에 담긴 두 가지 특징은 입법부와의 관계에서 행정부가 우위를 점할 수 있게 해주었다. 첫 번째 특징은 모든 의회 중심제 정부가 활용할 수 있는 의회 해산권이다(프랑스에서는 적절하게도 이를 [처형 도구인] '기요틴'으로 부른다). 의원들은 새로 치러지는 선거에 자신의 정치 생명을 거는 일을 제일 싫어하므로, [의회를 해산하고] 재선거를 시행하겠다는 정부의 위협은 다루기 힘든 입법부로부터 때때로 다수표를 이끌어 낼 수 있다. 행정부에 유리한 두 번째 특징은 "패키지 투표"다. 정부는 법안을 분해해 (일종의 항목별 거부권처럼) 원하는 방안들만 고른 뒤, 그 선호 정책안들을 패키지로 묶어 의회에 그 묶음 전체에 대한 가부 표결을 요구할 수 있다.[24] 웨스트민스터 체제처럼 다수를 대표하는

---

* 지스카르파Giscardians
발레리 지스카르 데스탱을 지지하는 세력.

규율 있는 정당이 없는 상황에서 프랑스 정부는 이 두 가지 수단으로 여러 정당으로 이루어진 입법부를 압박해 원하는 결과에 가까운 결과를 얻어 낸다.

일단 알제리 위기가 지나가자 좌파 정당들은 행정부의 힘을 약화하려고 1962년에 또 한 번 헌법 개정을 시도했으나, 드골은 이미 두 발짝 앞서가고 있었다. 그는 (프랑스 상하원 의원과 지방정부 공직자 약 8만 명으로 구성되는) 선거인단을 폐지하고 직접선거로 대통령을 선출하는 방안을 국민투표에 부쳤다. 이 방안은 투표율 77퍼센트에 찬성 62.3퍼센트, 반대 37.7퍼센트로 통과되었다.

프랑스의 국력 신장을 위한 드골의 야심에 대기업은 자연스러운 파트너 역할을 했다. 피터 홀의 표현처럼 "프랑스의 산업 전략을 관리하는 일은 공무원과 기업가 공동의 노력으로 이루어졌다."[25] 드골은 핵 보유 전력을 포함해 프랑스의 국방력 확충을 촉진하고, 제조업, 운수업, 첨단 기술 분야에 걸쳐 "국가대표급" 업체에 보조금을 지급했다. 정치적 좌파의 관점에서 니코스 풀란차스는 정부가 경제 전반에 걸쳐 "독점 자본의 헤게모니"를 확립하고 있는 것으로 보았다.[26]

1964년에 좌파 의원으로서 정치적으로 부활한 미테랑은 1981년 대통령에 출마해 당선에 성공했다. 그는 대통령으로서의 생명도 드골보다 길어서 1981년부터 1995년까지 재임했다. 미테랑도 이제는 [행정부의] 행정권 행사를 도와주는 '기요틴'과 패키지 투표 제도를 선호했다. 그런 변심에 놀란 것은 순진한 사람들뿐이었다. 의회에서 절대다수를 점했어도 그는 좌파의 잠재적 이탈을 계속해서 막아야 했다. 경기 침체, 높은 실업률, 노동조합 가입자의 점진적 감소에 직면해 그는 기업별 노동자평의회를 의무화하는 오루법Auroux laws을 제정했다.[27]

기업별로 노사 협상을 하면 사용자가 경쟁 시장에서 파산할 위험을 내세워 노동자의 양보를 받아 낼 수 있어서 사용자 측에 유리한데 왜 개별 기업 단위로 권한을 이양하는 듯한 조치를 했는지 의문을 갖게 한다. 그러나 이 법의 핵심 규정은 공식 임금 합의서에 기업별 노동자평의회에 참여하는 노조 대표단이 서명하도록 한 것이다.[28] 선출된 노조 대표들은 해당 기업의 피고용자가 50명을 초과할 경우 노조 가입 여부와 무관하게 그 기업의 모든 피고용자를 대표한다.[29] 프랑스 법전에 규정된 이 조항은 노조 가입자가 지속적으로 감소하는 상황에서 임금, 노동시간, 휴가 기간을 정할 프랑스 노조의 권한을 보호해 왔다. 하지만 이 규정은 기업들이, 규정 적용 대상이 아닌 소규모 업체에 생산을 위탁하는 비중이 커지는 현상을 막지는 못했다.[30] 독일처럼 프랑스에서도 노사 합의에 포함되지 않은 업체에 외주를 맡기는 현상 때문에 대기업과 소기업 노동자 간에 소득 격차가 확대되었다.[31]

또한 미테랑은 각 지역의 도시계획, 지역 산업 발전을 위한 경제개발 보조금 지급, 공공 보건 및 복지 정책과 관련해 지방자치단체에 새로운 권한을 부여했다.[32] 1974년 이래로 프랑스에서는 지역별 토지 용도 지정 위원회가 소매점 개점의 승인 여부에 결정권을 행사해 혁신과 고용을 희생하더라도 기존 상점 주인들에게 힘을 실어 주었다.[33] 미테랑은 지방 정치 엘리트의 막강한 힘을 한층 더 확대해, 그들로 하여금 중앙정부의 재정 지원에 덜 의존하고 그들이 좋아하지 않는 중앙집중화 조치를 막을 수 있게 했다.[34] 예컨대 "운송의 장인"이라는 예스러운 이름으로 알려진 운수업자들이 상업용 화물차 운송업의 국유화를 막아 낼 수 있었고, 그로 인해 프랑스의 국내 상거래 비용이 높아졌다.[35] 한편, 단체장들은 정치적 동원에 유용한 서비스를 장악하고 있었는데, 국회의원에 출마해 당선되는 단체장의 수가 늘어난 점이 그 사실을 잘 말해 준다. 1989년에 프랑스 50개 대도시의 시장이었던 인물 가운데 4분의 3이 나중에 의원이 되었다.[36]

미테랑은 다양한 좌파 정당 세력 내부에서 자신의 지지 기반을 단단히 다지고자 또 한 차례 제도 개혁을 추진해 과반수 결선투표제를 다시 비례대표제로 바꾸었다. 그것은 오산이었다. 유권자들은 미테랑 정부의 긴축정책에 불만을 품고 1983년 미테랑이 이끄는 사회당을 벌해 그를 경악시켰다. 반면에 자크 시라크의 중도 우파 연합에 대한 지지는 대폭 올라갔고, 그때까지 의석이 없던 장마리 르펜의 극우 정당 국민전선도 35석을 획득했다.[37] 미테랑은 시라크를 총리로 임명할 수밖에 없었다. 이렇게 해서 상호 갈등적인 정치 의제를 가진 좌우파가 함께 정부를 운영하는 '동거 정부'가 등장했다.[38] 그들은 한 가지 점에는 서로 동의했다. 그것은 비례대표제가 결선투표제보다 안 좋다는 것이다.

『르 피가로』는 비례대표제일 경우와 그렇지 않을 경우에 각각 2012년 프랑스 의회가 어떤 모습일지 가상의 결과를 게재했다. 다른 모든 조건이 동일하다면 비례대표제일 경우 극우는 3석이 아니라 85석을 차지할 것이고, 극좌는 10석이 아니라 30석을 차지할 것이라는 결과가 나왔다. 이러니 군소 정당들이 꾸준히 비례대표제를 선호하는 것은 당연하다.

1988년에 같은 사회당 소속의 대통령과 총리가 다시 이원집정부를 이끌게 되었으나 이번에는 사회당이 의회 다수가 아니었다. 그래서 미테랑 대통령과 미셸 로카르 총리는 모든 원내 교섭단체에 국고보조금을 조용히 증액해 줌으로써 예산안 통과에 찬성하거나 최소한 기권하게 하는 방식(말하자면 간접적인 결탁 행위다)으로 다음 년도 예산안을 통

그림 7.1

비례대표제일 경우와 그렇지 않은 경우 2012년 프랑스 의회의 가상적 모습

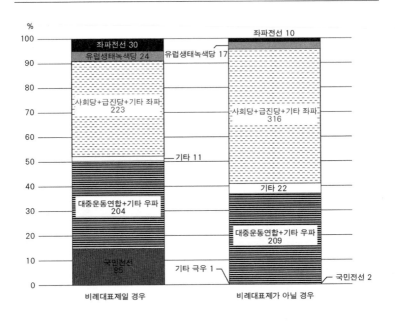

출처: Tristan Vey, "Le PS sans majorité avec la proportionnelle intégrale," *Le Figaro*, June 19, 2012의 자료를 재구성.

과시켰다.[39] 그 이듬해, 사회당의 당내 좌익 세력과 공산당은 그들을 지지하는 핵심 유권자층에 표를 구하는 신호로서, "재계에 대한 지나친 양보"를 비판하며 정부와 공개적으로 충돌했다. 행정부가 이번에도 막후 작업을 통해 [재계에] 양보하는 모습을 보였고, 좌파는 의회해산과 재선거의 위협 때문에 자신들이 동의할 수밖에 없었다는 뻔한 변명 뒤에 숨는 것을 조건으로 예산안 통과에 동의했다.[40] 이 일화는 기요틴[의회해산과 재선거]이 교착 상태의 해소에도 별로 효과적이지 않다는 것을 말

그림 7.2

정부에 참여한 프랑스 우파 정당들(1981~2015년)

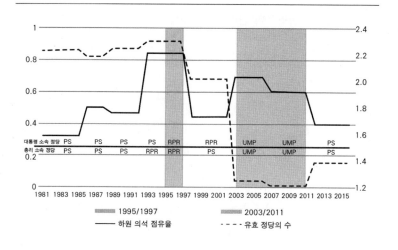

출처: 2002년 이전 자료는 위키피디아를 참고; 2002년 이후 자료는 다음을 참고. Interior Ministry of France, *Les résultats.*
https://www.interieur.gouv.fr/Elections/Les-resultats/Presidentielles/elecresult_presidentielle-2017/(path)/presidentielle-2017/index.html(검색일: 2017-12-25).

해 준다. 프랑스의 권력 배분 양상을 판단하기에 더 좋은 측정 기준은 법안 통과를 위해 정부가 양보한 사항을 정리한 목록일 것이다.

1993년에는 우파가 의회에서 다수를 차지했고, 그로부터 2년 후에는 우파 대통령이 취임했다. 자크 시라크 대통령이 이끄는 드골파 공화국연합RPR과 이를 계승한 대중운동연합UMP, 그리고 발레리 지스카르 데스탱이 이끄는 프랑스민주동맹UDF 등 다양한 우파 정당들이 느슨하게 연합해 다수 세력을 이루었다. 이들 정당은 서로 다른 정당이 실패하는 모습을 즐기는 것 같았다. 하지만 같은 드골파 내부에서도 유럽 통합과 같은 사안을 놓고 의견이 갈렸다. 공화국연합의 시라크와 알랭 쥐페는 당내 다수 의견에 반대하면서 마스트리흐트 조약을 지지했다. 1996년 쥐페 총리가 의사들의 이익에 반해 보건의료비 감축을 시도했을 때, 선거 및 입법상의 편익은 공화국연합과 프랑스민주동맹을 묶는 접착제로서 효과가 약한 것으로 드러났다. 선거 압력이 가중되자 이 같은 비용 감축 방안에 대한 지지는 눈 녹듯 사라졌다.[41]

2003년 보수 정당이 새롭게 다수를 점하자 시라크 대통령은 노조와 재계 대표들의 손에서 건강보험 기금에 대한 통제권을 빼앗아 옴으로써 "적은 비용으로 더 많은 것을 하는" 보건 의료 정책을 다시 한 번 시도했다. 그러나 쥐페의 방안과는 달리 이 개정법은 지나친 진료비를 청구하는 의사들을 제재하려는 시도조차 하지 않았으며, 의사들은 "압력을 가해" 의료 수가를 올리는 데 성공했다. 프랑스의 보건 의료 개혁은, 합리적인 수준을 넘은 비용을 대가로 치르더라도, 적어도 여당이 다수당이면 강한 행정부 주도로 잘 기능하는 단일 보험자 제도를 확립할 수 있다는 것을 보여 준다.[42]

연금 개혁을 둘러싼 골치 아픈 문제들도 공공 부문 노동자들처럼 잘 조직화된 유권자 집단의 힘을 보여 준다. 1995년 쥐페 총리가 이끄는 정부는 상하 양원에서 다수를 점한 유리한 상황에서 의회가 사회보장 예산과 보건 의료 방안에 투표할 수 있도록 헌법을 개정할 수 있었다. 그러나 공공 부문 노조가 보수 연합에 선거 압력을 가해, 공공 부문 노동자의 연금을 삭감하려는 정부의 계획을 포기시켰다. 2003년에도 또 다른 보수 정부가, 공공 부문 노동자가 연금을 완전하게 수급하기 위해 채워야 하는 가입 연수를 연장해 민간 부문과 일치시키려다가 통과시키지 못하고 철회했다.[43]

앞서 주장한 바와 같이 과반수 결선투표제는 부문 및 지역 이익집단의 힘을 강화한다. 그것이 초래하는 정치적 난국을 프랑스 국민은 지금까지 강한 대통령에 의지해 타개해 왔으나 대선 후보 예비 경선이, 만인의 복리를 위한 정책을 고안하고 실행해야 할 정당의 능력을 계속 약화시켜 왔다는 사실을 고려하지 않았다. 파리정치대학 프레데리크 사비키 교수는 2011년 [중도 좌파 성향의 일간지] 『리베라시옹』 기고문에서 대선 후보 예비 경선이 "정당을 홍보 전문가들을 통해 즉석 공약을 제조하는 기계로" 둔갑시켰다고 썼다.[44]

2011년 10월 사회당 예비 경선에서 선출된 프랑수아 올랑드는 대선에서 니콜라 사르코지 대통령과 경쟁해 당선됐으나, 당내 비판 세력이 올랑드를 "지나친 중도"라고 혹평함으로써 그를 불안정한 상태로 묶어 두었다.[45] 론 경쟁자들 스스로 정당 예비 경선의 분위기를 '너무 중도적'이라고 보는 것은 아니다. [마찬가지로 사회당 소속인] 장뤼크 멜랑숑 후보의 대변인은 2017년 예비 경선과 관련해 오히려 다수에 호소해야 할 필요를 언급했다. "우리는 좌파를 구해야 한다거나 좌익이 되어야 한다고 생각하는 사람들의, 정체성 중심의 애국주의에 호소하지 않는다. 그것은 지나치게 소수에 편중된 생각이다. 우리는 선거에서 승리하기를 원한다."[46] 그러나 사실상 예비 경선은 멜랑숑과 다른 여러 후보들을 극단으로 밀어붙였고, 그래야만 그들은 힘 있는 열성 지지자들의 지원을 받을 수 있었다. 자기 당의 경선에서 각각 승리한 대중운동연합의 프랑수아 피용과 사회당의 브누아 아몽은 선거라는 관점에서 봤을 때 좋은 후보가 아니었다. 자크 랑시에르 파리대학 철학 교수는 지도자 경선에 대해 다음과 같이 비평했다. "사회당 대선 후보 예비 경선을 둘러싼 대단한 열기는 대통령 선거가 민주주의의 박동하는 심장이라는 환상을 되살리지만, 사실 대통령은 그저 군주제의 최후의 모습이자 유산일 뿐이다."[47]

프랑스 과반 결선투표제의 소수 중심 정치

에마뉘엘 마크롱은 2017년 선거에서 프랑스 경제의 유연성 확대를 추진하기 위한 권한을 위임받았다. 여기에는 그와 같은 정책이 평범한 시민들의 삶을 개선할 것이라는 광범위한 합의가 반영되어 있었다. 그러나 프랑스를 광범위한 연합의 방향으로 추동하는 모든 제도(다양한 이익집단과 협상하게 만드는 결선투표제, 정책 수립과 후보 선출 방식의 분권화)에는 그 세부에 문제점이 도사리고 있다. 정당은 다수를 위한 정강 정책을 유권자 앞에 제시하기 위해 재량권이 가장 필요한 순간에 그것을 누리지 못한다. 지역적·부문적 이익집단은 선거를 치르는 바로 그 순간까지도 정당에 양보를 강요할 능력이 있어서 정당이 일반 대중의 광범위한 이익을 위해 장기적인 정책을 세우지 못하도록 방해한다. 전체적으로 판단했을 때 프랑스 정치체제는 보기보다 훨씬 다수를 덜 대변한다.

역사적으로 프랑스 유권자들은 의회의 교착 상태를 타개하고 지역집단의 힘을 억제하기 위해 강한 대통령을 선출해 왔다. 강한 대통령이 개혁 의제를 추진할 수 있을 때도 있지만, 대통령이라는 바로 그 존재가 근본적인 문제를 악화시킨다. 대통령은, 웨스트민스터 체제였더라면 자신들의 요구를 완화하지 않고서는, 다수를 널리 대표하고 정책 프로그램을 갖춘 원내 정당들 가운데 끼지 못했을 집단들을 엮어 입법 연합 legislative coalition 을 꾸린다. 분파 집단들로 하여금 대형 정당들에 협력하도록 강제하는 결선 투표제 때문에 대선 후보들은 도리어 그들을 매수해야 하는 처지가 된다. 그렇게 해서 산출되는 공공 정책을 보면, 분파 집단들의 영향력이 다수 유권자와 다수 의원에 의해 무력화되는 것이 아니라 단순히 가려질 뿐이라는 것을 알 수 있다. 다음 장에서 살펴보겠지만, 독일은 다른 방식으로 광범위한 연합을 추구해 왔다.

8장

래브라두들과 푸들도에 관하여 : 독일

여러 나라들이 본받고자 하는 관점에서 보자면, 인기상은 [소선거구제와 비례대표제를 혼합한] 독일의 혼합형 선거제도mixed-member electoral system에 돌아간다. 독일은 개의 품종으로 치면 "래브라두들"에 해당한다. 비례대표 명부와 소선거구제의 혼합은 전후 독일이 평화·국력·번영을 훌륭하게 성취해 내는 데 별 장애가 되지 않았던 것 같고, 오히려 그런 혼합이 바람직한 거버넌스를 도모했다고 높이 평가받는다. 그러나 이런 평가는 부분적으로만 옳다. 왜냐하면 전후 시대 내내 독일의 주축 정당들은 협소한 이해관계를 대표하는 집단들의 도전을 충분히 막아 낼 수 있을 만큼 크고 강력했기 때문이다. 바로 이 '국민정당들'Volksparteien이 중도로 이동해 경제의 장기적 건강에 유익한 여러 정책을 채택할 수 있었다.

이 체제에서도 연정 참여자는 원하는 것을 얻지 못할 때 연정에서 탈퇴할 수 있다. 전후 유럽의 정치경제와 지정학이 가져온 혜택이 사그라지기 시작하면서 다당제의 기저에 도사리던 긴장이 표출되기 시작했다. 2018년 초에 앙겔라 메르켈 총리가 직면했던 상황은 유럽 정치 지도자라면 너무도 익숙한 것으로, 그는 2017년 9월 총선에서 안정적인 다수를 얻지 못해 연정 구성을 위해 수개월을 고투해야 했다. 이 총선에서 주요 양당은 군소 정당에 지지자를 잃는 출혈을 겪었다. 극우 정당 "독일을 위한 대안"AfD이 연방의회에서 94석을 확보해 제3당이 된 것은, [기독교민주연합 소속인] 메르켈이 사민당에 실망한 유권자들의 표를 얻으려고 좌로 이동했다가 치른 대가였다.[1] 헤이르트 빌더스가 이끄는 네덜란드의 자유당PVV처럼 AfD도 도저히 연정 파트너로 삼기 어려운 정당으로 간주되었다. 한편 사민당은 총선 이전에 대연정에 참여했다가 소수당 파트너로서 고통받았던 경험 때문에 연정 참여에 동의하기까지 수개월이나 미적거렸다.[2]

군소 정당에 힘을 부여하면 때때로 유익한 효과를 낼 수 있다. 녹색당은 1983년 창당 이래로 의회 토론을 대중에게 더 많이 공개하도록 밀어붙였다.[3] 하지만 연정에 참여하는 정당들이 자기 당의 핵심 지지층이 좋아할 만한 거래를 추구하고 그 비용을 최대한 타자에게 외부화하는 것은 피할 수 없는 논리다. 광범위한 번영과 완전고용이 동반되는 동안에는 대기업과 조직 노동 사이에 맺어진 코포라티즘적 협의 체제는 무해했다. 그러나 세계화, 금융 위기, 이민 유입의 압력이 누적되면서 변화가 일어났다. 조직된 노동자의 정치적 영향력이 축소되고 약화됨에 따라, 그들이 선출한 대표자들은 빈민은 고사하고 자신의 지지층을 보호하는 일에도 어려움을 겪었다. 이런 상황에서는 극단주의 정당들이 1930년대처럼 슬슬 용인되기 시작하거나 오스트리아·핀란드·체코의 경우처럼 상황이 어려운 연정에 암묵적으로 힘을 보탤 위험이 있다.

다시는 되풀이하지 말자
: 바이마르 공화국 이후의 제도 설계

조직노동자들을 새로운 정치 세력으로 등장시킨 산업혁명은 유럽 전역에서 소선거구제를 비례대표제 쪽으로 옮겨 가게 했다. 1920년대에 노동당이 자유당을 대체할 때까지 지주와 도시 엘리트가 양당 경쟁 체제의 주축을 이루었던 영국과는 달리, 유럽 대륙의 엘리트들은 종교와 부문에 따라 뚜렷하게 나뉘었고 노동 세력의 흥기 앞에서 각기 궤멸될 일을 두려워했다.[4] 도시에 기반을 둔 사용자와 피고용자 조직들도 산업화 자체에 반대하는 농촌 지역구들의 장악력을 약화시키기 위해 비례대표제를 선호했던 것으로 추측된다.[5] 1919년까지 대다수 유럽 국가가 이런저런 방식으로 조합된 비례대표제를 받아들였다.

과거에 비추어 볼 때 오늘날 독일은 래브라두들 실험을 자랑으로 여길 만하다. 아마도 선거 역사상 최악의 '푸들도'는 히틀러에게 권력의 길을 열어 준 1919년 바이마르 헌법일 것이다. 존경받는 사회학자 막스 베버는 독일이 제1차 세계대전에서 패배한 직후에 사민당의 프리드리히 에베르트, 독일민주당의 후고 프로이스와 함께 [헌법 제정을 위한] 헌법 심의 위원회를 구성해 새 헌법을 기초했다. 베버는 독일이 정치적 난국을 헤쳐 갈 수 있도록 미국처럼 인민 다수가 선출하는 강한 행정부를 주장했다. 위원회는 의회 선출 방식으로서 순수한 비례대표제를 선택했는데, 이는 다수 의석을 차지하고 있던 에베르트의 사민당에도 유리했고, 다수대표제를 취하면 사민당에 압도될 수 있는 베버와 프로이스의 독일민주당에도 유리했다.

그러나 이 세 명의 위원은 다수대표와 비례대표의 요소 가운데 최고의 장점을 골라 혼합하려다가 그만 자신들도 모르는 사이에 재난을 가속화시키고 말았다. 전쟁 배상금의 부담으로 악화된 독일의 극심한 경제 불황은 어떤 정부였든 마비시켰을 것이다. 하지만 바이마르공화국에서 연속으로 들어선 다당 연정은 매번 심각하게 분열되어 대통령을 견제하지 못했으며, 연정이 남긴 공백은 대통령의 권력 확장으로 메

그림 8.1

1920~33년 독일 제국의회의 정당별 의석 분포

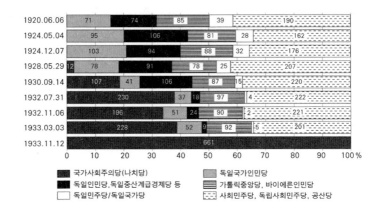

출처: Sefton Delmar, *Weimar Germany: Democracy on Trial*(New York: American Heritage, 1972), p. 96의 자료를 재구성.

꿔졌다. 만약 다수대표제를 취했더라면 아마도 사민당이 집권하고 나치당은 의회에서 입지를 얻지 못했을 것이다. 그러나 사민당은 1920년대 내내 가장 규모가 크고 인기 있는 정당이었음에도, 그들이 통제할 수 없는 제도 때문에 집권에 실패함으로써 나치에 권력을 내주었다.[6]

비례대표성이 강한 이탈리아 체제 역시 1919~22년 사이에 다섯 차례나 연속으로 연정이 구성되었으며, 어느 정당도 의회에서 다수를 차지하지 못했다. 무솔리니는 의회의 불안정을 틈타 "민주주의의 세기는 끝났다"고 선언하고 독재의 길을 열었다.[7] 이는 같은 시기의 영국과 극명하게 대조된다. 오즈월드 모즐리의 신당New Party과 이를 계승한 영국 파시스트 연합은 한때 5만 당원을 자랑했고, 1936년에는 어느 논평

표 8.1

1949년 독일 주 의회 정당별 의석 분포율　　　　　　　　　　　　(단위: 퍼센트)

	기민/기사련	사회민주당	자유민주당	공산당	기타
슐레스비히홀슈타인 주	30	61.4	0	0	8.6
함부르크 주	14.5	75.5	6.4	3.6	0
니더작센 주	20.1	43.6	8.7	5.4	22.1
브레멘 주	24	46	17	10	3
노르트라인베스트팔렌 주	42.6	29.6	5.6	13	9.3
헤센 주	31.1	42.2	15.6	11.1	0
라인란트팔츠 주	47.5	33.7	10.9	7.9	0
뷔르템베르크바덴 주	39	32	19	10	0
바덴 주	56.7	21.7	15	6.7	0
뷔르템베르크호엔촐레른 주	53.3	20	18.3	8.3	0
바이에른 주	57.8	30	5	0	9

출처: Kathleen Bawn, "Logic of Institutional Preferences: German Electoral Law as a Social Choice Outcome," *American Journal of Political Science* 37, no. 4 (November 1993), p. 970의 자료를 재구성.

가가 "성공적인 대중 집회와 시위가 보여 주듯 이들은 1928년 무렵 히틀러의 국가사회주의당보다도 더 활기차다."라고 평할 정도였지만, 다수대표 선거제는 이들이 의석을 전혀 얻지 못하도록 확실하게 막아 냈다.[8] 다수대표제가 과격파의 의회 입장을 불허한 것이다.

전후 독일의 정당 지도자들은 바이마르공화국의 비극적 종말을 교훈 삼아 전후 국가를 위해 좀 더 건전한 제도적 기초를 다지고자 했다. 또한 그들은 자기 정당의 당세를 확장하기에 유리한 제도를 선호했다.

1946년과 1947년 하위 지방자치단체 및 주 의회 선거를 이미 비례대표제로 치른 바 있기 때문에, 정당들은 1949년 전국 단위 선거제도를 정하기에 앞서 지역별 정당 지지의 양상을 미리 어느 정도 파악해 놓은 상태였다. 전국 단위 의회 선거제도의 설계를 맡은 의회 내 위원회는 각 주의 주 의회 지도자들로 구성되었는데, 이들은 [당원] 충원과 [후보자] 지명 권한을 갖춘 강한 지역 정당을 선호했고, 전국 단위의 지도자들은 이들을 관리하느라 씨름해야 할 터였다.

독일 기독교민주연합과 바이에른 기독교사회연합이 이룬 기민/기사련CDU/CSU의 지도부는 지역구에 기반한 제도를 선호함으로써 의회에서 확실한 다수를 점하고자 했다. 반면에 사민당은 강력한 지지 기반이었던 일부 지역구가 소련 점령하의 동독 지역으로 들어가는 바람에 당 지도부가 (사민당의 잠재적 연정 파트너로 간주되던) 소수 정당들에게 유리하도록 비례대표제를 추진했다. 그런 가운데 미국·영국·프랑스 점령 당국이 다수대표제 쪽을 밀면서 타협이 이루어졌다는 점에서, [혼합형 비례대표제는] 편파적이지 않은 사회공학의 산물로 보기 어려웠다.[9]

독일기본법(헌법)은 연방의회의 과반수가 비밀투표로 연방 정부의 총리를 선출해야 한다고 규정하고 있다.[10] 1949년 기민/기사련은 일반 투표의 31퍼센트를 얻어 29퍼센트를 얻은 사민당을 제치고 소규모인 자유민주당(자민당)FPD과 함께 독일연방공화국의 첫 연립정부를 수립했다. 이 연정은 1953년 각 주를 대표하는 상원에서 다수를 획득하는 데 실패했다. 기민/기사련 소속 콘라트 아데나워 총리는 다가오는 하원 선거에서 유리한 고지를 확보하기 위해 선거제도에서 다수대표제 요소를 강화하는 방안을 제안했다. 그러자 사민당은 기민/기사련의 연정 파트너인 자민당과 동맹해, 유권자에게 추가로 한 표를 더 부여하고 그 두 번째 표를 각 주 의회에서 마련한 정당 명부에 행사할 수 있게 해주자고 제안해 아데나워의 방안에 맞섰다. 만일 유권자들이 두 표를 같은 정당에 던진다면 의회 구성에 변화가 없겠지만, 일부 유권자가 두 번째 표를 지역구에서 의석을 얻기 어려운 군소 정당에 던지면 군소 정당의 의석 수 비율이 증가할 수 있었다.

정당들은 지역구에서 다수대표제로 선출하는 의석을 60퍼센트에서 50퍼센트로 줄이기로 합의하고, 의회 진입을 위한 5퍼센트 최소 득표율(봉쇄 조항)과 비례대표를 위한 두 번째 표를 도입하기로 했다. 이는 각 정당에 부분적인 승리를 안겨 주었을 뿐만 아니라, 통치 연합이 선거에서 수월하게 승리할 수 있도록 보장해 주었다.[11] 이후 연구에 따르면, 10~20퍼센트의 유권자가, 지역구 선거에서는 큰 정당을 선택하면서 두 번째 표는 소수를 대표하는 군소 정당에 주는 것으로 드러났다.[12]

불안하고 약한 정부라는 바이마르공화국의 문제점을 제거하려는 목적 하나만 갖고 독일 의회 선거제도가 설계된 것은 아니다. 어떤 순수한 설계 활동이 아니었다는 뜻이다. 선거 규칙을 만드는 데 참여한 정당들은 자기 당에 유리한 규칙을 만들기 위해 분투했다. 자민당은 선거제도 심의회를 구성하는 주정부에 참여하면서 영향력을 얻었는데, 이는 공산당이 사민당의 연정 파트너로서 달갑지 않은 존재가 됨에 따라 더욱 커졌다. 기민/기사련은 냉전기 독일 체제에 대한 미국의 비전과 긴밀하게 보조를 맞췄으며 "동쪽으로부터의 위협" 때문에 선거에서 이점을 누렸다. 기민당 당수 콘라트 아데나워는 14년간 총리로 재직하면서 전후 시대 초기에 획득한 대중적 지지를 계속 유지하는 한편, 미국 지원 하의 재무장 및 나토 가입에 반대하는 사민당을 "통일 독일이라는 성지의 관리인"이라고 부르며 조롱했다.[13]

1946년부터, 1952년 타계할 때까지 사민당을 이끈 쿠르트 슈마허는 제1차 세계대전의 영웅으로서 바이마르공화국에서 촉망받는 정치가로 출세 가도를 걷다가 나치에 의해 10년간 투옥되었던 인물이다. 슈마허는 자신이 동독과 서독을 민주적 사회주의 노선 아래 재통일로 이끌지 못한 일, 그리고 당수로 재직하는 동안 선거에서 이기지 못한 것에 낙담한 채 세상을 떠났다. 17년이나 집권하지 못한 사민당은 1966년 마침내 (기민/기사련과 함께) 집권 연정에 참여하게 되었다. 그러나 슈마허가 남긴 영원한 유산은, 소련의 동독 점령으로 인해 사민당이 지지층을 상실하고, 서독에서 마르크스주의에 대한 평가가 나빠진 상황에서 사민당이 나아가야 할 방향을 읽어 낸 점이었다.[14] 그는 중도로 향했다. 즉 정통 마르크스주의 유물사관과 필연적 계급투쟁 대신에 보편 윤리와 민주적 민족주의를 기반으로 한 독일 사회주의의 재건을 추구했다.[15] 교조적 원칙주의자들은 중산층 유권자를 포용하는 슈마허의 실용주의를 "집합적인 갈채를 노리고 일시적으로 유권자를 동원하는" 이기적이고 부당한 행위라고 비난했다.[16] 그럼에도 사민당은 1959년 바트 고데스베르크 당 대회에서 그의 다수 지향 방침을 승인했다. 한편 사민당이 중도로 이동한 덕택에 좌파 진영에 녹색당이 들어설 공간이 열렸다. 빌리 브란트는 녹색당을 가리켜 "사민당의 잃어버린 아이들"이라고 불렀다.[17] 다시 1990년에는 녹색당이 너무 우측으로 이동했다고 생각한 유권자의 표를 좌파당이 얻어냈다.

독일 정당은 후보 선정을 주 단위의 당 조직에 위임한다. "정당 지도자들은 예비선거, 당원대회 및 전당대회에서 정해진 대로 당원들에게 책임"을 진다고 독일기본법은 규정하지만, 독일 정당은 당에 충직하게 봉사해 온 현직자에게 도전하는 것을 대체로 불허하는 하향식 구조로 발달했다.[18] 공석이 생겼을 때 그 자리를 탐내는 후보들은 공식 지명이 이의 없이 확정될 때까지(이 지명을 종종 "대관식"이라고 일컫는다) 풀뿌리 동원이나 지역 정당 지도자들(그중 다수가 전국 정당의 간부와 겹친다)과의 만남을 통해 자신의 가능성을 점검한다.[19] 한 선거구를 대표해 당의 지명을 받는 것은 정당 명부에서 상위에 오르는 열쇠가 되며, 지역구에서 몇 석 얻지 못해 의회에 진입하려면 거의 정당 명부 의석에만 의존해야 하는 군소 정당의 경우도 이는 마찬가지다.

독일 의회의 백벤처들은 자신의 선거구가 요구하는 방향으로 정책을 움직일 수 없는 상황에 주기적으로 큰 불만을 드러낸다. 1956년 기민련의 노르트라인베스트팔렌 주 대의원들은 본Bonn의 당내 지도층과 3년간 난전을 벌인 끝에 분노한 나머지, 당 대회에서 기민련에 부대표 직 두 자리를 신설해 그중 한 자리에 아데나워 총리의 주요 경쟁자를 앉혔다. 이는 중앙당 간부들이 중요 법안을 마련하면서 다수 지역에서 그 정책들이 인기가 없다는 점을 고려하지 않았다가 벌어진 일이었다.[20] 좀 더 최근 사례로는 기민/기사련의 연계 정당인 바이에른 기사련이 전국적으로 후보를 출마시켜 기민련과 경쟁시키겠다고 위협한 일을 들 수 있다.* 2016년 테러 공격** 이후 앙겔라 메르켈의 난민 정책에 대해 바이에른 주의 불만이 깊었음에도 총리가 태도를 바꾸지 않았기 때문

* 기사련CSU과 기민련CDU
바이에른 지역에서 활동하는 지역 정당으로 기민련의 연계 정당이다. 선거에서 기민련과 연합해서 후보를 나누어 내고 있어서 기민/기사련(CSU/CDU)이라고 부른다. 그런데 바이에른에서만 후보를 내던 기사련이 메르켈 총리에 불만을 품고 전국적으로 후보를 내 기민당과 경쟁하겠다며 위협했다.
** 2016년 7월 바이에른 주 뷔르츠부르크에서 17세의 아프간 난민이 열차에서 5명에게 부상을 입혔다.

이다.[21] 사민당 지도부 또한 당 지지층으로부터, 연정에 참여해 비인기 정책을 도입한다는 비난을 받으면서 비슷한 압박에 놓였다. 이에 대응해 사민당은 근년에 연정 운영을 극적으로 민주화했다.* 그러나 기사련과 좌파당은 상향식 후보 지명 및 지도부 선출을 여전히 거부하고 있다.[22]

기민/기사련과 사민당은 모두 수십 년 동안 강력한 당 규율을 유지함으로써 득표의 극대화를 위해 중도를 걸어 왔으며, 이로 인해 당내 소수 과격파들은 일제히 목청 높여 꾸준히 반발의 목소리를 냈다. 1968년 조직노동자들은 파업권 약화를 우려해 "비상사태"에 관한 헌법 개정에 반대했다. 사민당 의원 202명 가운데 180명이 노조 출신이었다. 이들은 [사민당이 참여한] 연립정부의 방안에 반대 투표하라는 강한 압력을 받았으나 결국은 대다수가 정부의 노선에 따랐다. [개헌에 반대한] 자유민주당이 사민당 의원들을 한층 더 압박하기 위해 호명 표결을 요청해 개인 책임이 투명하게 드러나는 상황에서도 사민당이 잃은 이탈자는 소수에 불과했다.[23]

모든 의회 중심제 국가에서는 불신임 투표라는 위협 수단이 정당의 지도자들에게 대통령중심제에서보다 훨씬 큰 통제력을 안겨 준다. 원내 지도부에 거역해 투표했다가는 정치적 생명이 끝날 수 있다. 콘라트 아데나워 총리가 "점점 자신들을, 본격적인 경기장 밖에서 서성이며 투표나 하는 소 떼로 취급하고 있다."라고 느끼던 기민/기사련 의원들처럼 불만에 찬 일반 의원들조차 지도부가 선거에서 승리를 안겨 주는 한 대체로 지도부를 용인한다.[24]

---

* 연정 협상을 거쳐 합의하는 과정에서 기사/기민련과는 달리 사민당은 전 당원의 표결을 통해 동의를 얻어야 한다.

아데나워는 14년 동안 계속 선거에서 승리했지만, 그러는 동안 젊은 정치인 세대를 기다리게 만들었다. 1959년 당내 일부 의원들은 그가 당 대표와 총리에서 물러나 대통령이라는 좀 더 의전적인 역할로의 "승격을 수락"하기를 바랐으나, 아데나워는 이를 거부하고 자신에 대한 불신임 결의를 요청했다. 반란 세력은 물러섰다. 그는 1962년 스캔들*이 터지고 나서야 이듬해 총리직에서 밀려났다. 1966년 빌리 브란트도 기민/기사련과 대연정을 구성하기 위해 사민당 의원들의 지지를 확보하고자 같은 전략을 구사해 반대 세력을 물리치고 대연정을 꾸리는 데 성공했다.[25]

독일 정당이 강한 또 하나의 이유는 소선거구제이면서도 선거구의 크기가 크다는 점이다. 독일 선거구의 규모는 영국의 거의 3배, 프랑스의 2.5배다.[26] 크고 내적 다양성을 갖춘 선거구는 강한 선호를 가진 투표자 집단의 압력을 희석하는 효과를 낸다. 그런 선거구에서 의원들은 지역구 내의 다양한 이해관계 사이에서 균형을 유지해야 하며, 이는 지역구의 중위 투표자와 전국적인 중위 투표자 간의 간극을 줄인다. 게다가 정당 명부 투표로 당의 의석 비율이 결정되므로 정당들이 굳이 게리맨더링을 시도할 이유가 없다. 2013년 독일 헌법재판소는 어느 정당의 지역구 당선자 수가 정당 명부 투표로 배정받은 의석수보다 많아서 초과 의석을 얻게 되는 일에 위헌 결정을 내렸다.[27]

기민/기사련은 독일 선거제도를 단순 다수 소선거구제로 개정하고자 여러 차례 시도했으나 성공하지 못했다. 쿠르트 게오르크 키징거

• 1962년 10월, 서독의 주간지 『슈피겔』이 서독 방위 전략의 약점을 지적한 나토 문서를 기사화하자, 프란츠 요제프 슈트라우스 국방부 장관이 아데나워의 묵인하에 『슈피겔』 편집자 5명을 반역죄 혐의로 체포한 사건.

기민/기사련 대표는 1966년 사민당과 연정에 돌입하면서 "앞으로 연방의회 선거에서 원칙적으로 확실한 다수를 확보할 수 있도록 이 협력의 시기에 새로운 선거법이 제정되어야 한다는 것이 연방 정부의 견해"라고 언급했다.[28] 사민당 지도자들은 무엇보다도 단순 다수 소선거구제가, 사민당과 정부를 구성할 의향이 있는 파트너들을 탈락시키게 될까 봐 우려했다.[29] 사민당에 얼마간 남아 있던 소선거구제 지지는 1968년 1월 연방통계청 보고서에 의해 잦아들었는데, 이에 따르면 1965년 선거를 기준으로 했을 때 지역구를 500개로 나눈다고 가정하면 기민/기사련에 294석, 사민당에 206석이 돌아가고, 400개로 나누면 기민/기사련이 242석, 사민당이 158석을 얻는 것으로 나왔다.[30] 이는 사민당이 승리할 확률에 대한 불완전한 측정치이긴 하지만, 사민당이 얼마나 오른쪽으로 이동해야 선거에서 이길 수 있는가에 대한 하나의 합리적 추측일 수는 있었다.

비례대표제의 한 가지 결함은 여러 정당으로 구성된 연립정부의 정책 결정에 대해 유권자가 정당이나 정치인의 책임을 묻기 어렵다는 점이다. 이때 지지 기반이 좁은 정당들이 일반 대중의 이익과는 무관하게 자기 당 핵심 지지층의 강도 높은 선호를 꿋꿋이 지지하며 책임성을 천명하려 들 경우 문제는 더 심각해진다. 정치적 결탁은 예컨대 경쟁력이 없는 국내 산업에서 일자리와 투자를 보호하기 위해 소비자에게 높은 가격을 강제하는 식으로 정책의 비용을 일반 대중에게 외부화한다. 그래도 독일은 주로 대형 정당이 연정을 주도하기 때문에 이런 공공자금 전용 문제가 덜 심한 편이다. 또한 지금까지 독일의 각 정부는 정책의 중심축이 다수의 보호에서 벗어나지 않도록 예산편성 규칙, 의회의 감시 감독 구조, 중앙은행의 독립, 유럽연합의 반보호주의 협약을 확립했다.[31] 래브라두들처럼 훌륭한 교배종으로서 독일의 성공은, 이를 모방하려는 나라들이 깨달은 바 있듯이, 선거제 자체만의 효과라기보다는 이 같은 자기 억제의 도구들과 더 큰 관련이 있다.

독일 정당들이 전후 시대 초기에 중도 성향의 정책을 비교적 손쉽게 펼칠 수 있었던 것은 그때가 대기업 고용주들이 신규 시장 진입자들을 저지하기 위해 고임금 전략을 택하던 시기였기 때문이다.[32] 그 당시 다양한 공식적·비공식적 제도들이 총체적으로 노사 협력을 지원했다. 이를테면 정부의 금융 규제 방안은 경쟁 금지 조항으로 은행의 이윤을 보호해, 경제 침체기에 은행들로 하여금 기업의 높은 노동비용을 지원해 줄 수 있게 했다. 이 "참을성 있는 자본"patient capital은 사용자가 고임금에 장기 노동계약 조건으로 노동자를 고용할 수 있도록 했고, 이는 특정 산업 및 기업에 특화된 고도의 기술 인력을 양성하는 훈련 체제를 조성하기에 유리했다.[33] 이 체제는 (남성) 노동자와 그 가족에게 안락한 생계를 보장했을 뿐만 아니라 기업에는 산업 수출, 특히 정밀기계와 자동차 수출에 경쟁력을 부여했다. 이처럼 관리된 경쟁의 비용, 예컨대 벤처 자본 및 투자 유동성의 부재로 인해 발생하는 비용의 일부는 높은 수출 실적과 평화로운 노사관계로 보상받았다. 노동자의 기술은 높은 품질로 이어졌고, 이는 다시 안정적인 고임금을 지탱했다. 사용자는 이런 체제를 해체해야 할 이유가 없었다.[34]

노조가 생산성 증가의 범위 내에서 임금 인상을 요구하고 헬무트 슈미트 사민당 대표가 감독자로 있는 동안에는 독일 경제가 노동자의 복지를 희생하지 않으면서 계속 번영했다.[35] 1978년까지 독일은 두 번의 석유수출국기구OPEC 오일쇼크를 무난히 통과하면서 물가상승률 2.7퍼센트, GDP 성장률 3.7퍼센트라는 놀라운 실적을 올렸다. 슈미트가 의회에서 온건한 경제성장 촉진 법안을 통과시키는 동안 거대한 독일금속노조IG Metall는 임금 인상 제한을 수용했다.[36] 하지만 이 상태가 지속될 수는 없었다.

1982년 시위대가 거리로 나선 것은 긴축정책에 대한 불만 때문이었으며, 슈미트의 "모범 독일" 이미지를 퇴색시켰다. 타협적이어도 성실한 동맹자를 자신들이 쓰러뜨리고 있다는 사실을 알았더라면 그들이 분노를 자제했을지도 모른다. 슈미트는 (자신이 임명한) 오토 폴 총재가 이끄는 독일연방은행의 비협조 때문에 긴축정책으로부터 노동자들을 구해 주지 못했다. 1983년 총선을 앞두고 자민당은 사민당과의 연정에서 탈퇴해 기민/기사련과 새 연정을 구성했다. 사민당은 녹색당으로의 이탈자가 생기는 바람에 더 작아져서, 그 뒤 16년간 헬무트 콜이 기민/기사련 정부를 이끄는 동안 계속해서 내리막길을 걸었다.

1990년 독일통일을 계기로 사민당은 다시 반등했고 1998년 게르하르트 슈뢰더가 녹색당과 연립정부를 구성했다. 그러나 사민당 투표자들은 거의 바로 당을 징벌하기 시작했다. 슈뢰더는 독일의 노동시장 정책 및 보조금을 검토하는 위원회[노동개혁위원회]에 페터 하르츠 폭스바겐 노무관리 이사를 위원장으로 임명했다. 2003년 3월 슈뢰더는 의회에서 [어젠다 2010를 발표하면서] "합당한 노동을 거부하는 사람이라면 제재를 받아야 한다."라고 말했다. 이 방안에 대한 수사rhetoric는 사민당 지지자들에게 완전히 친시장적으로 들렸다. 2003~2005년 사이에 단계적으로 입법화된 하르츠 개혁안은 실업 급여의 지급 기간과 액수를 축소하고 실업자의 구직을 돕는 연방노동청의 조직을 개편했다. 이에 따라 2004년 6월 시점에 장기 실업 급여를 받고 있던 200만 명 이상의 수급자들이 6개월 내로, 즉 2005년 1월 1일까지 일자리를 찾지 못하면

그림 8.2

독일 연방의회 선거 결과와 그에 따른 정부 구성(1949~2005년)

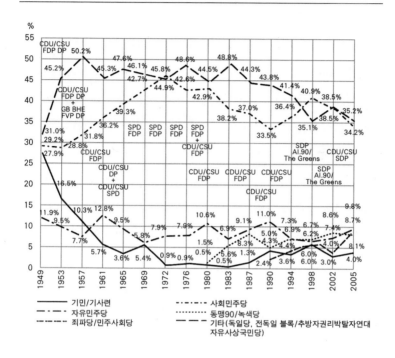

출처: San Jose, "German Parliamentary Elections Diagram de.png," Wikipedia,
https://commons.wikimedia.org/wiki/File:German_parliamentary_elections_diagram_de.png(검색일:
2017-12-24)의 자료를 재구성.

월 수급액을 대폭 삭감당해야 했다.[37] 이 개혁은 전반적으로 실업 노동
자를 고용보험 밖으로 밀어내 저임금·저혜택 일자리를 구하도록 하는
효과를 냈다.[38]

그러나 하르츠 개혁이 저임금 노동자가 급증하게 된 문제의 주범
이라는 비난은 부당한 평가일 수 있다. 반대로 독일이 "유럽의 병자"로

1990년대 후반을 지나온 뒤 경제적으로 재기한 것을 하르츠 개혁의 공로로 과장해서도 안 된다. 사용자들이 노동조합과 직장 평의회*로부터 양보를 받아 내기 위해, 제조 및 서비스 사업을 중부 유럽[과거 동유럽 공산주의 국가들]의 저임금 업체에 위탁하겠다고 위협하기 시작한 지는 이미 한참 됐다.[39] 하지만 수십 년 전 평화로운 노사관계를 위해 기업별 임금통제를 포기[하고 산별 교섭을 수용]한 독일 사용자들은 피고용자의 사기와 충성도를 진작하기 위해 노조 및 기업별 직장 평의회와 지금도 계속 단단한 관계 구축을 도모한다.[40] 그런 사용자를 상대하는 노조들은 고용 불안정 노동자의 증가를 감수하더라도 핵심 노동자의 임금과 혜택을 보호하는 쪽을 선택해 왔다. 전체 노동력의 약 30퍼센트를 차지하는(미국은 약 20퍼센트) 독일 제조업체의 핵심 노동자들은 2008년 금융 위기 때도 비교적 고용 안정을 누렸는데, 이는 고용주들이 그들의 충성도를 지키고 싶어 했고, 또 그럴 여건이 되었기 때문이다.[41]

하르츠 개혁은 이미 존재하던 노동시장의 관행을 인정하고 표준화함으로써, 그때까지 사민당을 지지해 온 많은 사람들로 하여금 불만을 터트리게 하는 촉발제가 되었다. 독일 경제에서 제조업 부문의 비중이 계속 (점진적으로) 감소함에 따라, 사민당이 동원할 수 있는 핵심 지지층도 함께 줄고 있다. 우파는 2005년 총선에서 확실한 승리를 거두었고, 그 뒤로도 메르켈이 선거에서 연속으로 승리하면서 경제 회생의 공을

• 직장 평의회

노동조합과 별개로 사업장 차원에서 노동자를 대표하는 기구로서 1920년대부터 법으로 확립된 제도다. 해당 사업장의 종업원들이 직장 평의회 위원들을 선출한다. 직장 평의회는 이사회 선출에 참여하며, 기업의 주요 의사 결정에서 노동자의 이익을 대변하고, 노사 간 갈등을 조정 및 해소하는 역할을 한다.

차지했다. 사민당뿐만 아니라 독일 전체가 안고 있는 위험은 노조가 일단 어떤 임계점[즉 주어진 역할을 하기 위해 필요한 최소한의 규모] 이하로 축소될 경우 독일 좌파의 결집력이 무너질 것이라는 점이다. 당파적 조직에 규율이 없으면 현 상태에 불만을 품은 사람들이 극좌로든 극우로든 쉽게 옮겨갈 수 있다.

털갈이 중인 래브라두들

독일의 혼합형 대표제는 선망의 대상이어서 각지의 낙관적인 제도 설계자들이 이를 모방하려고 자주 시도해 왔다. 독일식 혼합 체제는 민주주의가 지닌 최고의 특징 두 가지를 담아 낼 것을 약속한다. 그 하나는 선거 책임성electoral accountability으로, 소선거구제가 대형 정당들에게 정부 구성의 기회를 제공함으로써 실현된다. 다른 하나는 대표성representativeness으로, 정당 명부 비례대표제가 다양한 이익집단에 목소리를 부여함으로써 성취된다. 제2차 세계대전 이후 독일이 이룬 눈부신 경제적 성공은 이렇게 래브라두들 견종처럼 이상적으로 결합된 선거제가 가능하다는 생각에 타당성을 부여했다.

그러나 독일이 이뤄 낸, 경제 활력과 평화로운 노사관계의 매력적인 결합은 다른 곳에서는 쉽사리 복제되기 어려운 조건들에 기대고 있으며, 이 조건들은 독일에서도 사라질지 모르는 상황이다. 세계 시장에서 독일이 갖는 특별한 위치는 한때 고도의 숙련노동에서 비롯된, 제조 부문의 경쟁력을 바탕으로 하고 있었다. 조합 노동자들은 독일의 우수한 수출 성과의 기여자이자 수혜자였고 사회민주당의 중심축이었다. 사민당의 정치적 중도 전략이 성공했던 것도 노동자들이 자신을 중도로 인식했기 때문이었다. 그러나 안전한 고임금 직업 노동자의 비율이 줄고 주변화된 노동자계급이 증가함에 따라 좌로든 우로든 더 과격한 대안이 모색되기 시작했다. 1920년 이래로 독일에서 중도 세력을 지켜내기가 지금처럼 어려운 적은 없었다.

Wannabe Labradoodles: New Zealand, Italy, Japan, and Mexico

9장

래브라두들이 되고 싶은 나라

: 뉴질랜드, 이탈리아, 일본, 멕시코

독일이 전후에 독일 선거제도에 저작권을 행사할 수 있었다면 아마 더욱 대단한 수출 강국이 되었을 것이다. 그 대신에 독일은 최고로 진지한 형태의 칭송, 즉 독일의 경제적 성공과 사회복지의 결합을 본받고 싶어 하는 나라들이 독일식 선거제도를 널리 도입했다는 사실로 만족해야 했다. 이 장에서는 선거제를 독일식으로 바꾼 민주국가 4개국(뉴질랜드·이탈리아·일본·멕시코)을 중심으로 선거제가 정치과정과 정책에 어떤 효과를 일으키는지 살피고자 한다. 이때 "사전-사후" 비교 분석으로는 제도의 효과를 완벽하게 검증할 수 없다. 더 광범위한 경제적 요인들이 정책을 크게 좌우할 수 있고, 유권자는 현직자가 통제할 수 없는 전 지구적 경제 요인을 현직자의 공로나 책임으로 돌리는 오류를 흔히 범하기 때문이다.[1] 하지만 [선거제를 도입한] 정당들의 의도와 이후의 운명을 되짚어 보면, 선거제가 정치에 미친 효과의 전반적인 윤곽이 좀 더 분명하게 드러난다.

　모방한 나라들의 입장에서는 아쉽게도 독일 모델은 이미 지나간 시대를 위해 설계된 모델이다. 제2차 세계대전 이후의 전형적인 중위 투표자는 사회보험과 연금 혜택 등 미래의 재원을 확보하는 대가로 현재에는 세금도 잘 내고 소비도 기꺼이 포기하는 산업 노동자였다. 독일 사회민주당은 명확한 정강 정책과 강력한 당 규율을 갖추고서 책임감 있는 거시 경제정책을 약속할 수 있었다. 재정상 계산이 맞아떨어졌기 때문이다. 그러나 기술 변화로 말미암아 서로 다른 유형의 노동자들 사이에서 생산성의 차이가 계속 벌어지는 상황에서, 사민당은 당의 지지 기반을 이루는 집단들 간에 임금격차를 줄일 만한 충분한 저력이 없었다. 결국 좌파는 분열되었고, 희망적 사고에 빠진 극좌 세력이나 외국인 혐오를 일삼는 극우 세력과 협력할 수밖에 없었다. 경제의 장기적 건전성을 위해 타협할 의사가 있는 다양한 유권자 집단이 조화로운 연합을 구성하기란 어느 때보다 어려운 상황이다.

뉴질랜드

1994년 뉴질랜드는 기존의 웨스트민스터식 제도를 독일식 체계로 바꾸었다. 새 제도는 지역구 선거와 정당 명부제를 결합해 전체적으로 의석 배분의 비례성을 높였다.* 1996년 새 제도로 처음 치른 선거에서 유권자들이 다수의 새로운 정당들을 의회에 진출시킴으로써 기존 양대 정당은 다수 정부를 구성하지 못하게 되었다. 영국과 캐나다의 정당들이 웨스트민스터 모델을 버리고 비례대표제로 전환하지 않으려는 이유에 대한 앤서니 킹의 설명(칠면조는 일반적으로 추수감사절에 찬성하지 않기 때문이라는 것)을 염두에 둔다면 뉴질랜드 사례는 분명히 의문을 불러일으킨다. 다수를 대표하는 뉴질랜드의 기득 양당은 어째서 소수 정부 혹은

---

* 뉴질랜드는 득표와 의석의 불비례성을 시정하고 비례성을 높이기 위해 독일식 제도를 도입했다. 독일과 달리 권역 명부 방식이 아니라 전국 명부 방식을 택하고 있는데, 정당 투표의 결과로 총의석 120석을 결정한 후, 당선인은 지역구 의석을 먼저 배정한 뒤 그 나머지를 비례대표로 채우는 방식이다.

다른 정당과의 연립정부를 꾸려야 하는 체제를 선택했을까?

그 해답의 일부는 노동당이 인기 없는 경제정책의 쓰라린 여파로 내부 갈등에 휘말렸다는 데 있다. 제도 개혁이 있기 전까지 뉴질랜드의 단원제는 다수당 정부의 정책 이행에 대단히 큰 자유를 부여했다. 1984년 이전에 뉴질랜드는 [정부에 의한] 가격 유지, 유통위원회의 의무 설치, 수출 촉진 방안, 세금 감면, 비효율 제조업 분야를 위한 보호주의적 규제 등 고도의 개입주의 경제정책을 펼쳤다. 그러나 1970년대 오일쇼크로 말미암아 공공 부채가 증가하고 인플레이션 및 실업이 초래되면서, 정부가 넉넉하게 재정을 투입해 온 연금·건강보험·교육제도를 위협했다.[2]

1980년대에 들어서자 뉴질랜드의 양대 정당은 경제 효율성과 장기 번영을 확보할 방법으로 규제 완화를 선호했다. 뉴질랜드처럼 자원과 시장 규모가 제한적인 작은 나라는 경제적 보호주의를 취하면 특히 높은 대가를 지불해야 한다. 뉴질랜드는 지속 불가능한 공공 부문 부채에서 벗어나기 위해 불과 몇 년 사이에, 잭 나이절의 표현대로 "아마도 …… 자본주의 민주국가 중에서도 가장 보호주의적이고 규제가 강하며, 국가 중심적인 경제에서 개방, 경쟁, 자유 시장이라는 정반대의 극단으로 나아갔다."[3]

1984년에서 1988년까지 국가 경제의 상당 부분을 탈규제·민영화한 장본인은 다름 아닌 노동당 소속의 로저 더글러스 재무장관이었다.[4] 만약 그의 방안들이 그가 약속한 경제적 이득을 즉각적으로 가져왔더라면 상황은 다르게 전개되었을지도 모른다. 그러나 경제는 계속 나빠졌다.[5] 뉴질랜드의 긴축은 정도와 기간 면에서 실로 엄청났다. 1984년부터 1991년까지 1인당 GDP 기준으로 제로 성장을 기록한 "7년간의 불황기" 동안 아직 개혁 효과가 나타나지 않은 상태에서 수많은 노동자가 경제적 기반을 잃었다. 실질임금은 하락하고, 실업률은 1992년에 11퍼센트를 초과해 절정에 달했으며, 소득 불평등이 커지자 범죄도 증가했다.[6]

시장 자유화에 반대한 유권자들과 정치인들은 상황을 오판한 거만하고 권위주의적인 정당들에 대해 경제 침체의 책임을 물어, 의회 내로 더 다양한 목소리가 유입될 수 있도록 다당제를 촉구했다. 이는 선거구의 속성과도 관련이 있었다. 노동당을 지지하는 유권자가 도시에 지나치게 편중됨으로써 이들의 정치적 목소리가 축소되고 결국은 기존 제도에 대한 이들의 지지도 감소되었다.[7] 다양한 사회적 이해관계가 폭넓게 반영되는 선거구들은 최소한 패자loser에 대한 보상의 형식으로라도, 좀 더 대표성 높은 정책을 촉구하는 압력을 만들어 낼 수 있다. 이런 압력이 존재하지 않았기 때문에 노동당 지도부는 광범위한 유권자로부터 점점 더 멀어졌다.

1986년에 왕립 선거개혁위원회는 다수대표제에서 독일식 혼합형 비례대표제로 전환할 것을 권고하고 이 문제를 국민투표에 부치도록 촉구했다. 당시 상황에 대한 유권자의 불만이 그렇게 심각하지 않았다면, 그리고 정치인들이 서투른 정치 전략으로 그 불만을 부채질하지 않았다면, 다수를 대표하는 정당들이 그 권고를 차단했을 수도 있다. 그런데 노동당 소속 데이비드 롱이 총리가 1987년 텔레비전 인터뷰에서 브리핑 메모를 잘못 읽어 노동당이 선거제 개혁에 관한 국민투표 실시를 지지한다고 약속함으로써 동료들을 당황시켰고, 개혁 지지 여론이 확대되는 상황에서 후임 제프리 파머 총리는 그 약속을 철회할 수 없었다.

처신이 서툴기로 치자면 보수 야당인 국민당도 여기에 뒤지지 않아서, 당 지도부가 노동당을 난처하게 만들 요량으로 국민투표를 지지하기로 해버렸다. 국민당의 일반 의원들은 선거제 개혁에 반대했으나 지도부는 국민투표에서 개혁이 거부될 것으로 믿었다. 하지만 1990년 총선에서 국민당이 48퍼센트밖에 안 되는 득표율로 의석의 69퍼센트를 확보하자 여론의 개혁 요구가 드세졌다. 그때부터는 그저 시간문제였다. 개혁을 막으려는 다양한 시도가 이루어졌으나 전부 실패로 돌아가면서 1993년 11월 총선과 동시에 시행된 국민투표에서 찬성 53.9퍼센트, 반대 46.1퍼센트로 혼합형 비례대표제가 채택되었다. 이로써 국민당과 노동당 간의 힘의 균형이 두 개의 소수 정당에 의해 좌우되는 '과반 정당 없는 의회'hung parliament가 탄생했다.[8]

이렇게 아마추어 같은 정치 행태의 이면에서는 더 큰 요인들이 작용하고 있었다. 지난 몇 십 년 동안 전 세계 어느 민주국가를 보더라도 우파 정부보다는 좌파 정부가 선거에서 경기 침체의 충격을 더 많이 받았다. 경제적으로 어려움을 겪는 유권자들은 자신들을 구원하지 못하는 좌파를 원망했는데, 뉴질랜드도 예외는 아니었다.[9] 노동당은 1990년 총선에서 의석의 거의 절반을 빼앗겨 57석이 29석으로 줄었다. 당내 좌파 짐 앤더튼 노동당 의원은 총선 전 해에 탈당해, 노동당을 비롯해 유권자와 동떨어진 대형 정당들의 오만함에 맞서는 운동을 펼쳤다. 여기서 아이러니는 옛 노동당 의원 출신들이 서로를 공격하는 동안 국민당은 절대다수의 지위를 얻어 노동시장 규제를 한층 더 완화할 수 있었다는 점이다.[10]

기존 선거제에 대한 대중의 적대감은, 어떤 정당도 취약한 유권자를 경제 변동으로부터 보호하는 정책을 제시하지 못했기 때문에 더욱 커졌다. 경제가 난관에서 헤어나지 못하고 있음이 분명해지자 정당 지도자들은 재앙을 자초했다. 한편으로 그들은 잘못 편성된 선거구가 만들어 내는 유인에 반응하고 있었다. 하지만 정치인들이 유권자의 즉각적인 선호만이 아니라 유권자의 이익을 생각했더라면 더 현명했을 것이다. 이를 온정적 간섭주의로 일축하는 사람도 있을 것이다. 정치가들이 뭔데 유권자가 원하는 바를 추측한단 말인가? 그러나 이 문제를 바라보는 더 나은 방법은, 정치인이 유권자의 중장기적 이익을 증진시키는 데 실패하면 결국은 유권자의 즉자적인 선호에 직면하며, 이는 대체로 유쾌하지 않은 결과를 낳는다는 것이다. 무역 개방과 기타 친시장 개혁이 경제의 장기적 건전성에는 더 유리해도, 그런 정책이 경제의 전통적인 부문에 종사하는 노동자들에게 심각한 비용을 부과한다는 것은 잘 알려진 사실이다. 이 비용을 무시하는 정치인들은 포퓰리스트 선동가들이 설칠 여지를 만들어 주거나, 아니면 뉴질랜드처럼 양대 정당이 국민을 위한 정책을 펴는 데 실패할 때 유권자로 하여금 기존 제도를 적대하게 만든다.

뉴질랜드의 새 선거제도는 21세기 혼합형 비례대표제의 예상 가능한 장단점을 드러낸다. 뉴질랜드도 다른 모든 선진 민주국가와 마찬가지로 산업 노동자가 감소하면서 노동당이 전통적인 지지 기반을 잃고 있다. 1999~2008년처럼 노동당은 다수 의석을 차지했을 때에도 전국적으로 정책 의제를 밀어붙이기에는 힘이 너무 약했다. 연정이 구성될 경우, 어떤 정책에 대해 어느 정당이 책임질 것인가가 늘 불분명하거나, 지지 기반이 좁은 정책을 입법화하고 그 비용을 납세자에게 전가하기 위해 결탁하는 일이 비일비재했다.[11]

2017년 9월에 구성된 노동당과 뉴질랜드 제일당NZ First의 연정은 또 다른 위험을 자초했는데, 그것은 일부의 몫을 키우려다 모두를 위한 파이 전체의 크기를 줄여 버리는 경제 민족주의의 망령이다. 활기차고 젊은 노동당 정치인 저신다 아던은 감동적인 승리를 거두면서 총리에 올랐지만, 국가를 통치하는 데 있어 빌리 브란트나 헬무트 슈미트보다 더 힘든 도전에 직면한 상태다.

이탈리아

이탈리아는 저성장, 정책 불안정성, 선거제 개편안을 둘러싼 연이은 갈등의 시기를 거친 끝에 통치력을 강화하기 위해 2017년에 독일식 혼합형 선거제를 채택했다. 새 선거제는 의회에서 다수 의석을 차지하려는 대형 정당과 정치적 생존에 전념하는 군소 정당들 간에 이루어진 타협의 산물이었다. 새 제도에 따라 의석의 약 3분의 2(63퍼센트)를 중대선거구 정당 명부 비례대표제로 선출하게 되었는데, 이는 군소 정당에는 생명줄과 다름없었다. 대형 정당에 유리한 소선거구제로 선출하는 의석의 비율은 37퍼센트에 불과했지만, 그 대신 새 법안은 일반투표의 40퍼센트를 얻은 정당이나 정당 연합에 자동으로 의회 다수 지위를 부여했다.[12] 비판자들은 과거 상황이 재현될 것을 우려했다. 독일 바이마르 공화국에서 그랬듯이, 파편화로 이어지기 쉬운 1920년대 이탈리아의 비례대표제는 통치를 위해서는 불안정한 제도였다. 그래서 무솔리니도 히틀러처럼 안정을 약속했다. 무솔리니는 1924년 의회를 설득해, 일반투표의 25퍼센트를 얻어낸 정당에 하원 전체 의석의 3분의 2를 내주는 법안[아체르보 법안]을 통과시킴으로써 파시스트당이 정권을 장악할 수 있는 길을 열었다. 2013년 이탈리아 헌법재판소는 무솔리니가 옹호한

25퍼센트가 아니라 40퍼센트를 득표한 정당이나 정당 연합에 보너스 의석을 주는 방침을 허용했다.[13]

선거제 개혁 과정에서 민주당 마테오 렌치 총리는, 대형 정당들로 하여금 의회에서 다수를 점하기 쉽게 만드는 이 새 제도를 위해 치열하게 노력했지만, 바늘귀에 실을 꿰려고 애쓰는 렌치의 손을 반대자들이 자꾸만 내려쳤다. 결국 군소 정당들을 만족시키기 위해 어떤 정당이나 **정당 연합**도 보너스 의석을 얻을 수 있게 되었다. 렌치는 지역 후원자와 이익집단들에 의해 조종당하는 상원의 권력을 줄이기 위해 제안한 개헌안이 국민투표에서 부결되자 민주당 대표직을 사임했다.

렌치의 절박감이나 실패를 이해하기는 어렵지 않다. 이탈리아에서 정치적 안정은 이루기 힘들었다. 규율 잡힌 대형 정당을 탄생시키려는 노력을 지역의 정치 보스와 군소 정당들의 요구가 막아섰기 때문이다. 1946~92년 기독교민주당이 주도권을 잡고 있던 시기에 정부가 끊임없이 내각 붕괴와 개각을 거듭하면서, 캐럴 머션이 말하는 이른바 "영원한 현직자들의 단명 정부"가 만들어졌다. 1972~92년 사이에 총리를 세 차례나 연임한 줄리오 안드레오티는 "영원한 현직자"의 전형이었다.[14]

이탈리아 선거제에서 비롯되는 약한 정당 규율은 이 끊임없는 개각의 한 요인이었다. 대체로 비례대표 규칙을 따랐던 전후 이탈리아의 선거제도는 유권자가 최대 4개의 선호 투표를 행사할 수 있는, 이른바 개방형 정당 명부식 비례대표제였다. 선호 투표를 통해 당내 위계에서 위로 올라갈 수 있게 되자 권력에 이르는 탐스러운 길이 열렸고, 이에 따라 기독교민주당 내의 파벌들은 정부 지원금, 세금 혜택, 규제 완화 같은 인기 정책으로 표심을 잡으려고 경쟁했다. 이탈리아는 당내 경쟁에 시달리는 체제의 전형이었다. 즉 정책 결정이 "특수 이익집단들의 재정적 및 기타 특권을 위해 지출하는 적자 재정" 쪽으로 기울어졌다.[15] 정파들은 의회 상임위원회를 통해, 유권자에게 생색낼 수 있을 만큼 확실한 혜택을 제공하는 일을 목표로 삼았다.[16]

이탈리아가 몸살을 앓는 요인으로 흔히 꼽히는 잦은 정권 교체는 사실 문제가 아니다.[17] 그보다는 정당 내부의 파벌화가 더 큰 폐해를 일으키는데 그에 따른 비용이, 1990년대 초에 경제성장이 둔화하기 시작하면서 비로소 온전히 드러났다. 또한 정부가 체제 개선을 위해 강구할 방법이 거의 없다는 것도 분명해졌다.[18] 하락하는 투표 점유율을 올려 보려고 기독교민주당이 당치도 않은 거액을 쓰는 동안, [오히려] 북부 공업지역의 중소기업들은 이탈리아 정부로 하여금 유럽연합의 엄격한 GDP 대비 부채 비율을 준수해야 하도록 이탈리아의 유럽연합 가입을 위해 로비했다.[19]

기독교민주당에서 탈당한 마리오 세니는, 선호 투표제 폐지와 다수대표제로의 전환을 내용으로 하는 선거제도 개혁을 위해 1991년과 1993년에 두 차례에 걸쳐 국민투표를 추진했다. 개혁의 추동력이 된 것은 "탄젠토폴리"Tangentopoli(뇌물의 도시) 사건이었다. 정부 발주 사업을 둘러싼 이 어마어마한 뇌물 스캔들*로 수많은 저명 정치인과 기업인이 경력을 (일부는 스스로 생을) 마감했다. 다수대표제가 국민투표에서 승인되었음에도, 입법자들은 이를 창의적으로 해석해 비례대표제와의 혼합형을 만들어 냈다. 이로써 입법부 양원의 4분의 3(하원 630명 가운데 475명, 상원 315명 가운데 232명)은 소선거구제로 선출하고, 나머지 4분의 1은

• 낙찰자 결정 권한을 쥔 정당이 기업과 담합해 낙찰 금액을 부풀리고, 그 금액과 적정 가격의 차액을 기업이 다시 정당에 뇌물로 제공하면, 정당은 그것을 정치자금으로 쓰거나 개인이 착복했다.

27개 지역에서 비례대표제로 선출하게 되었다. 군소 정당의 생존을 독려하는 차원에서 최대 5개 정당까지 선거구에서 단독 후보를 낼 수 있었다.[20] 어느 한 로마 시민은 이 혼합형 제도를 가리켜 대형 정당과 군소 정당의 상반된 이익을 반영하는 반인반수 "미노타우로스"라고 꼬집었다.

이 제도가 정당 내부의 파벌 경쟁을 완화했을지는 모르지만, 정당 명부를 통해 선출된 군소 정당들은 의회의 동의를 얻으려는 정부에 계속 협상의 어려움을 안겼다.[21] 이 제도를 이용해 실비오 베를루스코니는 드러내 놓고 기회주의적인 전략을 구사했다. 그는 기독교민주당과 사회당에 환멸을 느낀 당원들을 모아 1994년 포르차 이탈리아(전진 이탈리아)라는 별 특징 없는 정당을 창당했다. 그리고 분리주의를 표방하는 북부동맹 및 이탈리아 남부에 근거를 둔 신파시스트 정당 국민동맹과 함께 이념을 뛰어넘는 선거 연합을 형성했다. 북부동맹은 베를루스코니가 각료직을 약속하며 의원들을 자기 당으로 유인하는 행태를 못마땅하게 여겨, 불과 2년 뒤 이 자기 이익만 챙기는 연합에서 탈퇴했다.

그러나 2001년 북부동맹은 총선에서 승자 쪽이 되고 싶다는 이유 하나로 베를루스코니 연합에 다시 한 번 가담했다. 이런 철새 정치 행태는 지역에서는 효과가 있었으나 전국적으로는 실패했으며, 이는 코미디언 출신 베페 그릴로가 2009년에 창당한 기성 체제 타파, 반세계화, 반유럽연합 정당 오성운동에 길을 터주었다. 북부동맹은 2013년 당 대표 예비 경선에서 오성운동과 비슷하게 포퓰리즘, 기성 체제 타파, 반이민을 주장하는 마테오 살비니를 대표로 선출함으로써 이에 대응했다. 살비니는 자신을 마린 르펜에 넌지시 비견하면서, 유럽연합과 특히 유로화를 "인류에 대한 범죄"라고 맹비난했다.[22]

2005년 베를루스코니 정부는 선거법을 개정해 소선거구 의석과 선호 투표제를 폐지하고 폐쇄형 정당 명부 비례대표제를 채택했으며, 개정된 제도에서는 어느 정당 연합이 단순 다수를 득표하면 자동으로 [상원] 의석의 55퍼센트[하원은 54퍼센트]를 얻어 다수를 점할 수 있게 되었다.[23] 이는 여론조사 결과 지지율이 하락하고 있던 베를루스코니 연합의 필사적인 조치였다. 베를루스코니는 개정된 선거법이 2006년 총선에서 로마노 프로디가 이끄는 중도좌파 연합의 승리를 막아 줄 것으로 기대했지만, 사실상 새 법은 프로디의 연합에 유리하게 작용해 민주당 세력의 집권으로 이어졌다. 득표 차이는 2만4755표에 불과했으나 중도좌파 연합이 보너스 의석을 얻어 349 대 281석으로 의회에서 다수 의석을 획득했다. 우파가 분통을 터뜨린 또 한 가지 사실은, 우파를 찍을 것으로 기대했던 해외 거주 이탈리아인들 덕분에 상원에서도 좌파가 다수 의석을 차지했다는 점이다.[24]

"활기 없는 경제"라는 표현만으로는 더 이상 2011년의 경기 침체를 포착하기 어려워졌다. 그 당시 이탈리아는 '잃어버린 10년'을 겪고 있는 것으로 널리 알려져 있었다.[25] 2008년 세계 금융 위기 이후 이탈리아는 그리스와 함께 경제 붕괴 경계 대상국에 올랐다. 베를루스코니는 11월 부채 감소 방안을 의회에서 통과시킨 뒤 사임했다. 주요 정당의 합의에 따라(북부동맹은 반대표를 행사했다) 총리로 취임한 비정치인 출신 경제 전문가 마리오 몬티는 비선출 전문가들로 새 정부를 꾸리고, IMF 및 유럽연합과의 합의에 따라 긴축정책을 이행했다. 경제재무부 장관직은 몬티 본인이 겸직했다.

몬티 정부는 2012년 마이너스 성장률 2.4퍼센트를 기록하고 앞으로 성장률이 더 하락할 것이라는 전망과 함께 한 해를 마감함으로써 경제 회복에 실패했다.[26] 2013년 2월 총선은 나쁜 경제 뉴스를 이용할 수 있는 기회를 좌파에게 제공했으나, "제3의 길"을 주장하는 마테오 렌치가 2012년 7월 민주당 대표 경선에서 피에르 루이지 베르사니에게 도전했다가 패배하는 등 좌파도 내부적으로 혼란스러운 상태였다.[27] 베르사니는 2013년 2월 총선에서 7개 정당으로 이루어진 선거 연합을 박빙의 승리로 이끌었지만, 이 정당들은 국가개발기금을 자신들의 다양한 지지층들에게 어떻게 분배할지 우선순위를 놓고 다투다가 정부 구성에 실패하고 말았다.[28] 그해 4월 베르사니가 스캔들로 얼룩진 베를루스코니와 대화를 시도해 민주당 소수 정부의 구성 가능성을 타진하자, 분노한 일반 의원들이 베르사니를 사퇴시키고 엔리코 레타를 총리로 내세워 폭넓은 좌우 연정을 구성해 냈다. 그로부터 1년도 안 된 2014년 2월, 레타의 위태위태했던 내각이 그의 눈앞에서 붕괴했고, 그 순간 마테오 렌치는 (마침내 민주당을 장악하는 데 성공함으로써) 총리직에 오를 기회를 포착했다.[29]

이런 골치 아픈 연합 정치의 와중에, 마치 롤러코스터와도 같은 이탈리아 정치는 2013년 12월 또 한 번 멀미나는 충돌을 겪었다. 헌법재판소가 2005년 선거법에 규정된 "보너스 의석"에 위헌 결정을 내린 것이다. 이 결정은, 어려운 선택을 할 역량을 갖춘 대형 정당들 쪽으로 구심력이 발생하지 않는 사실상의 비례대표제를 탄생시키고 말았다. 이로써 애초부터 실패작이었던 '이탈리아산 푸들도'는 사라졌지만, 그 뒤로도 상황이 개선되지는 못했다.

2014년 2월 레타의 뒤를 이어 민주당 대표 및 정부 수반에 오른 마테오 렌치는 이탈리아 사상 최연소 총리가 되었다. 렌치는 개혁에 대한 약속을 이행할 의욕을 보이며 "[이탈리아를 위한] 나의 야망은 그리스를 앞지르는 것이 아니라 독일을 앞지르는 것"이라고 선언했다.[30] 그해 12

월 렌치는, 노동자를 해고로부터 보호하는 제도를 없앤 논란 많은 일자리법을 통과시켰다(몬티가 시도했다가 실패한 법안이었다). 신규 제도는 재직 중인 기존 노동자와 350만 공공 부문 노동자에게는 적용되지 않았음에도 불구하고 오성운동, 북부동맹, 그리고 민주당 내부의 좌익 정파가 이 법안에 반대해 렌치는 가장 강력한 도구를 사용해야만 했다. 일자리법에 대한 표결을 자기 정부에 대한 신임투표와 연계한 것이다. 법안은 통과했으나 오성운동, 북부동맹, 그리고 렌치의 민주당 소속 의원 약 40명이 항의의 표시로 기권했다.

그의 승리는 오래 가지 않았다. 2018년 3월 4일 총선에서 포퓰리스트, 반이민, 반유럽연합 정당들이 대거 등장한 반면, 렌치의 민주당과 베를루스코니가 이끄는 정당 연합은 표를 잃었다. 이탈리아가 지금도 여전히 근대 민주국가 중에서 가장 통치하기 어려운 나라에 속하는 이유는, 군소 정당들이 혹시라도 자신들이 소외될 수 있는 그 어떤 개혁도 막아 왔기 때문이다. 렌치는 독일식 선거제도가 자신에게 의회 다수 의석을 안겨 주기를 바랐고, 군소 정당들과 타협해서라도 그것을 얻어 낼 의사가 있었다. 그는 그 내기에서 졌지만, 렌치가 아니라 다른 누구였더라도 주어진 재료로 더 나은 제도를 구축하기는 어려웠을 것으로 보인다. 그 작업은 마치 썩은 나무로 바다 위에서 배를 재건하는 것과도 같다. 유권자들이 대충 대표성만 갖춘 듯한 정부보다 능력 있는 정부를 요구하게 되려면 더 심각한 위기가 필요할지도 모른다.

일본

제2차 세계대전 이후 일본이 이룩한 성공은 너무도 찬란해서 다른 모든 것이 용납될 정도였다. 유권자는 자신들의 생활수준이 향상되는 한, 숱한 정치 스캔들을 못 본 척했다. 창피한 부정부패를 일류 경제가 보상해주었으므로 "삼류 정치" 정도야 일상적으로 웃어넘겼다.[31] 그러나 1991년 주식시장이 불과 몇 개월 만에 최고치의 절반으로 폭락하자, 정치인들은 선거제 개혁을 최우선 의제로 삼을 수밖에 없었다. 정치도 결국은 경제의 영향을 받기 마련이었다.

1994년에 도입된 선거제는 문제 많던 중선거구 단기 비이양식 투표제*를 대체했다. 단기 비이양식 투표제 아래에서 의회 다수 의석을 확보하거나 유지하려는 정당은 거의 모든 선거구에서 복수의 후보자를 내야 했고, 이것이 당 정강 정책의 가치를 가렸다. 후보들은 모두에게 공정하게 적용될 정책 처방을 제시하기보다는 유권자 집단들이 자기 개인을 지지하도록 엄청난 돈을 썼으며, 이는 기업으로부터 쉽게 후원금을 받아 낼 수 있었던 우파 정당에 유리했다. 1925년에 처음 도입된 이 선거제는 보수 세력을 기꺼이 아시아의 반공 방벽으로 삼으려는 미국 점령군 고위 관계자들의 묵인하에 1947년에 부활했다.**

---

* 단기 비이양식 투표제single nontransferable votes
투표자가 후보자 1인에게만 투표하고, 득표율 순으로 해당 선거구에 배정된 당선자 수만큼 선출하는 방식.
** 1945년 패전 후 1946년에 치러진 첫 총선거는 유일하게 대선거구를 채택했다. 이후 1947년 4월에 실시된 총선거에서 다시 중선거구제가 적용되었다. 소은영, "일본의 선거구획정에 대한 헌법적 검토,"『비교헌법연구』 2019-B-7 (헌법재판소 헌법재판연구원, 2019), 11쪽.

1955년 자유당과 민주당이 합당해 자유민주당을 형성하고 헤게모니를 쥐면서 중도 우파는 궁극의 카르텔을 확립했다. 그때 이후로 1991년 일본 경제가 붕괴할 때까지 다른 어떤 정당도 자민당의 주요 경쟁자가 될 수 있을 만큼은 모금하지 못했다. 자민당 정치인들은 공공 정책을 입안하고 옹호하는 데 거의 신경을 쓰지 않았다. 그런 활동은 같은 선거구에서 출마하는 같은 당 후보자와 경쟁하는 데 도움이 되지 않았기 때문이다. 선거에서 이기는 열쇠는, 특혜를 제공해 후보자 개인에 대한 특정 유권자 집단의 변함없는 지지를 매수하는 것이었다.

　　자민당 정치인들은 기업 후원금을 받아 내기 위해 보조금 지원, 세금 감면, 규제 관련 우대, 보호무역 조치를 제공했다. 그렇게 해서 받은 후원금으로 자기 지역구 유권자를 위해 온천 여행, 꽃꽂이 수업, 모든 손님에게 후한 술 인심을 베푸는 여름철 마을 축제 등 영국 빅토리아 시대의 "무제한 맥주 제공"에 맞먹는 오만 가지 값비싼 행사를 일 년 내내 벌였다. 힘 있는 정치인일수록 당내 전도유망한 후보자들을 자기 사람으로 만들기 위해 그들의 선거전에 더 많은 돈을 써야 했다. 이렇게 해서 파벌이 형성되고, 개별 정치인에 대한 충성심이 높아지고, 공공 정책은 득표에 가장 도움이 되는 세력이 원하는 우선순위에 의해 왜곡되었다.

　　일본 경제는, 이렇게 부패 정치가 횡행함에도 불구하고 급성장했다. 일본은 세계시장에서 미국의 지원을 받았는데, 일본 시장을 미국 제품에 개방하지 않으면서도 미국 시장에 진입할 수 있었던 것도 그런 지원의 일환이었다. 일본이 수입까지 개방했더라면 일본 경제의 기반이 좀 더 견실해졌겠지만, 그렇지 않은 상태에서도 일본 수출업계는 1971년까지 유리한 환율에 힘입어 번창했다.[32] 저물가정책과 수출 지향적 성장이 아니었으면 일본 경제의 선진국 추격은 표심만 노리는 경제정책에 의해 늦춰졌을 것이다.

일본 전후 경제의 신화는 과잉 유동성(환율 상승을 완충하기 위한 정치적 시혜 조치였다)이 유발한 부동산 거품이 꺼지고, 끝없는 성장이라는 비현실적 기대가 결국 붕괴하면서 1991년에 종언을 고했다. 그 붕괴의 충격적인 규모는 닛케이 225 주가지수에도 반영되어, 1989년 12월에 최고치 3만9916을 기록했던 지수가 1992년에는 1만5000으로 추락했다. 일본 기업들은 마침내 허리를 졸라매야 했다.

이제 벌거벗은 임금님이 되어 유권자의 분노에 직면하게 된 자민당은 1993년에, 더는 없는 자금을 지출하지 않아도 되도록 새 선거제도를 구상했다. 구세대 기성 정치인들은, 좀 다른 정치를 상상할 수 있는 젊은 정치인들의 압력을 받아 새로 독일식 선거제를 도입했다. 즉, [하원에 해당하는] 중의원에서 300석은 소선거구제로 선출하고 200석은 폐쇄형 정당 명부 비례대표로 선출하게 된 것이다.* 독일과 한 가지 다른 점은 다수대표제의 성격이 더 강해서 득표율로 의석 상한을 설정하지 않고 정당이 지역 정당 명부에서 획득한 의석과 소선거구에서 획득한 의석을 모두 차지했다. 이는 대형 정당에 유리했으나 군소 정당에도 미약하게나마 도움이 되었다. 정당 명부는 군소 정당들의 구명 튜브였다.

그 결과 예상대로 기존의 당내 경쟁이 정당 간 경쟁으로 대체되었다. 일본 유권자들과 정치인들은 놀랄 만한 속도로 새로운 상황에 반응했다. 두 개의 대형 정당이 빠르게 부상해 번갈아 집권할 것 같은 모양새를 한동안 유지했다.[33]

* 현재는 몇 차례 정수 조정을 거쳐 소선거구 의석 289석, 비례대표 의석 176석, 총 465석이다.

그러나 10년 안에 예상치 못한 또 다른 역학이 나타났다. 분열된 야권과 일당 우위의 상태로 회귀한 것이다. 우파 자민당이 버블 붕괴 이후의 경기 침체를 해소하기 위해 전통적으로 좌파의 정책인 재정 및 통화 확대 정책을 채택하자, 좌파는 여기에 경쟁할 방도를 찾다가 다방면으로 분파가 갈라졌다.[34] 게다가 더 안 좋은 것은, 군소 정당은 대형 정당 소속 의원들에게 성가신 존재이긴 하지만, 자기 선거구에서 인기를 잃고 싶지 않을 때 옮겨갈 수 있는 매력적인 대안이라는 점이다. 결과적으로 지배 정당은 자기 당 의원들이 군소 정당으로 이탈하지 않도록 채찍은 없고 당근만 가득한 정책을 내걸어 당내 지지를 구축한다. 버블 경제 이후의 상황이 재정 및 통화 긴축 완화를 요구하게 된 것은 다행이지만, 일본 정부는 장기적이고 구조적인 문제를 해결하기 위해 경쟁에 대한 장벽을 허물고 세금을 올려야 하는 강한 압박을 받고 있는 상태다.

멕시코

멕시코의 지배 정당인 제도혁명당PRI은 정치적 헤게모니를 장악한 지난 수십 년 동안 여러 차례 선거제도를 개정했으나, 여기에서는 현재 멕시코의 야권을 일본의 야권과 비슷하게 혼란 속에 가둬 두고 있는 독일식 혼합형 대표제의 효과에 초점을 두기로 한다. 멕시코도 소선거구에서 얻은 의석과 비례대표 정당 명부에서 얻은 의석을 합산한다. 소선거구 의석은 큰 정당을 구성할 유인을 제공하지만, 비례대표 의석은 정치적 생존을 위해 당의 규모를 키울 필요가 없도록 해 그 유인을 약화시킨다. 제도혁명당은 꾸준히 의석 점유율이 떨어졌으나 하원에서 여전히 최다 의석을 점하고 있으며, 야권의 분열 덕분에 의회에서 다수를 차지하기에 가장 유리한 위치에 있다.

멕시코의 혼합형 대표제가 정치에 어떤 식으로 영향을 주는지를 이해하기 위해, 다수대표제 아래에서 제도혁명당에 맞설 수 있는 튼튼한 야당이 형성되어 승리를 위해 중도로 이동한다고 상상해 보자. 그러면 양당은 각기 규제 완화와 재분배 정책을 내세워 번갈아 집권하게 될 것이다. 그러나 혼합형 대표제 아래에서는 수많은 정당이 다양한 차원에서 유권자에게 호소한다. 제도혁명당이 경제적 자원을 지배한다는 점이 상대적으로 부유한 유권자들의 입장에서 매력을 잃어 감에 따라 (매력이 아주 없지는 않았지만) 멕시코에서 정당 경쟁은 더 격화되어 왔지만, 분절화된 경쟁은, 장기적 편익을 가져다주는 일관성 있는 정책을 위해 유권자와 정당이 협조하지 못하도록 방해하고 있다.

멕시코의 대통령 제도와 의원 임기 제한*은 의회민주주의에는 없는 두 가지 제도적 어려움을 초래하는데, 이 두 가지 모두 정당이 유권자를 위해 장기적 편익을 가져올 정책을 구상하고 이행할 능력을 약하게 만든다.[35] 하나는 행정부와 입법부를 서로 다른 정당이나 정당 연합이 장악하는 분점 정부divided government로, 대통령과 의원들을 선출한 유권자들의 구성이 다르므로 정당 전략이 복잡해진다.[36] 다른 하나는 임기 제한인데, 이 때문에 의원들은 정당의 장기적 건전성에 헌신하기보다는 정치권 안이든 밖이든 다음에 갈 자리를 확보하는 데 신경 쓰게 된다.[37]

---

* 과거에는 의원들의 연임이 불가능했고 중임만 가능했다. 2014년 개헌을 통해 연임 제한 규정이 완화되었고 하원은 4선까지, 상원은 재선까지 가능하다.

1929년에서 1963년까지 소선거구 의석을 놓고 주기적인 선거 경쟁이 있었어도 야권은 제도혁명당에 거의 아무런 위협을 주지 못했다. 농민에게 토지를 재분배하고 노동자의 노동권을 보장해 준 혁명 정당으로서 제도혁명당의 유산은, 그 혜택을 입은 첫 세대의 후손들에게 정부가 계속 경제적 자원을 대주지 않았더라면 아마도 퇴색해 버렸을 것이다.[38] 제도혁명당은 정부의 자원과 정책 수단을 독점적으로 통제할 수 있는 위치를 이용해(1938년 석유산업 국유화로 이 능력은 크게 강화되었다) 야권이 대안이 될 수 있는 가능성을 차단했다.[39] 대다수 유권자의 입장에서는 외부에서 아무 희망 없이 분노하기보다는 부패한 체제라도 그 내부에 남아 있는 편이 더 나았다. 바로 그것이, 정부가 내미는 혜택을 포기하기에는 가진 자원이 너무 없는 보통 시민이 부담해야 하는 집합행동의 비용이었다. 정부가 시혜성 혜택을 베푸느라 교육, 공공 기반 시설, 기타 장기적 경제성장을 가져올 법한 정책에 덜 지출해도 시민들은 그런 시혜성 혜택이 지속되도록 투표했다.[40] 그 결과 "포용적 권위주의"로 불리는 체제가 초래되었다.[41]

　　제도혁명당은 중산층의 부상에 대응해, 민영화를 통해 새로 후견 기업들을 조성하고 그 기업들이 고수익을 얻어 그 수익을 다시 정치 후원금으로 쓰도록 약한 독점금지법을 유지하고자 했다.[42] 베아트리스 마갈로니의 표현대로, 이 기름칠 잘 된 기계를 통해 제도혁명당 의원들은 공공 자금을 자신의 선거구로 보내고 야당 의원이 대표하는 선거구에는 자금을 고갈시켰다.[43] 심지어 자산 조사에 기초한 빈곤 구제 프로그램인 국민연대프로그램PRONASOL마저도 현직 정치인들에게 유리했다.[44] 식료품, 보건의료, 기초 교육 비용 등을 보조하는 국민연대프로그램 지출액이 1989년 6억8000만 달러에서 1992년 21억 달러로 확대되면서 그때까지 제도혁명당에 대한 지지가 약했던 곳에서 지지가 강화되었다.[45] 경제 침체와 부문 간 노동 이동이 정부의 가용 자원을 축소해 어려움을 초래했지만, 대다수 정치인과 유권자에게는 제도혁명당을 선택하는 것이 여전히 최선의 길이었다.

멕시코 경제가 발전함에 따라 제도혁명당의 정책에 불만을 품은 두 집단의 대열이 불어났다. 한 집단은 제도혁명당 내부자들의 이익을 보호하는 정부 규제의 철폐 및 세금 인하를 원하는 자영업자들과 투자자들이었고, 다른 하나는 내부자의 유리한 협상에 끼지 못하는 비조직 노동자들이었다.[46] 멕시코의 지역 발전은 정당들의 삼파전 양상을 반영했다. 유권자 약 4분의 1의 지지를 받는 국민행동당PAN은 신종 산업 및 높은 교육 수준의 도시 유권자가 집중되어 있는 북부와 중서부 지역에서 가장 강세를 보이며, 유권자 10~15퍼센트의 지지를 받는 민주혁명당PRD은 가난한 남부 농촌 지역에서 강세를 보인다. 제도혁명당을 지지하는 유권자 비율은 3분의 1에 약간 못 미치며, 이들은 주로 소득과 교육 수준이 낮은 농촌 지역 유권자 및 노조에 가입된 전국의 산업 노동자들이다. 나머지 4분의 1 내지 3분의 1에 해당하는 유권자는 군소 정당을 지지하거나, 선거 때마다 다른 정당을 찍는다.[47]

혼합형 대표제를 통해 여기에 다양한 조정을 가한 것은 제도혁명당의 득표율이 내려가도 야권을 분열 상태로 유지할 수 있는 교묘한 전략이었다.[48] 국민행동당은 스스로 외부자 정당을 표방해 2000년과 2006년에 대통령 당선에 성공했으나, 의원 선거구에서는 제도혁명당이 국민행동당과 민주혁명당의 협력을 막아 낼 수 있었다.[49] 1997년 제도혁명당이 하원에서 다수당의 지위를 잃고 2000년 국민행동당의 비센테 폭스가 대통령에 당선됐어도 주요 통치 도구를 동시에 장악하는

데 성공해 본 정당은 제도혁명당 말고는 아직 없었다.[50]•

2017년 6월에 있었던 멕시코 주지사 선거는 야권 분열이 제도혁명당에 어떻게 유리하게 작용하는지를 분명하게 보여 준 사례였다. 손에 땀을 쥐게 했던 이 선거에서 반대당들이 후보 단일화에 합의하지 못하는 바람에 제도혁명당 후보 알프레도 델 마소 마사가 득표율 32퍼센트로 승리했다. 이것이 왜 문제인가 하면, 제도혁명당은 여전히 재계의 편의를 봐주면서, 자신들이 중도라고 주장할 수 있기 때문이다. 예를 들어 1997년 중간선거 이후 격렬한 선거 경쟁이 정당들에게 엄격한 금융 규제에 대한 압박을 가하고, 가장 큰 은행들을 외국인 투자자에게 개방했을 때, 제도혁명당 정부는 금융업계의 이익을 계속 보호했다. 가브리엘 아길레라는 "1998년 이후에도 멕시코의 금융 체제는 여전히 고도로 집중화되고, 비효율적이며, 멕시코의 재정적 필요에 비해 소규모"라고 평했다.[51]

혼합형 대표제의 위험과 제한적 장점

선거제도를 설계한 이들과 그들에게 조언하는 학자들은, 소선거구제와 비례대표제의 최고 장점 두 가지를 결합함으로써 (즉 다양한 목소리를 수용

• 2018년 대선에서 국가재건당의 안드레스 마누엘 로페스 오브라도르가 대통령이 되었으며, 함께 치러진 총선에서 국가재건당이 과반을 차지했다. 2021년의 중간선거에서 국가재건당은 의석은 줄었지만 하원에서 과반을 유지했다. 제도혁명당을 포함해, 국가재건당에 대항하는 선거 연합이 꾸려지는 형세다.

해 단순 다수대표제보다 대표성을 높이고, 정치적 중도층에 위치한 비조직 유권자층에 호소할 유인을 거대 정당에 제공해 책임성을 높임으로써) 혼합형 대표제가 그 두 제도보다 더 나은 제도가 될 수 있기를 소망했다.[52] 그러나 현실은 그보다 덜 낙관적이어서, 혼합형 대표제 아래에서 유권자·후보자·정당이 쥐고 있는 전략적 가능성들은 단순히 그 두 제도를 합쳐 평균을 낸 것보다 훨씬 더 복잡한 결과를 초래한다.[53] 일본과 멕시코처럼 패권 정당이 야권의 분열을 틈타 아무 제재 없이 지지자들의 편익을 봐줄 수도 있고, 뉴질랜드와 이탈리아처럼 극단주의 정당이 과도한 정치적 영향력을 갖게 될 수도 있다. 이 네 나라에 공통된 현상은 정당 명부 비례대표제의 원심력 효과로 말미암아 정치인들이 여차하면 군소 정당으로 이탈하면 된다고 여기므로, 정당이 개별 정치인을 통제하기 힘들다는 점이다.

탈산업화된 민주주의 사회에서 혼합형 대표제가 조성하는 분열 현상은 특히 좌파에서 심한데, 이는 노조 가입 노동자의 수가 줄면서 좌파의 핵심 지지층도 축소되었기 때문이다. 사회민주당이 오랜 세월 다수를 대표하는 전략으로 정치적 중도 유권자에게 호소해 온 독일에서마저 정치적 스펙트럼에서 좌파는 현재 분절화된 상태다. 유권자는 불경기에 대한 책임을 좌파에게 과하게 지우고 있으며, 일부 이탈자는 외국인 혐오주의적인 대안 우파*로까지 옮겨갔다. 독일식 체제는 경제 번영과 후한 복지국가의 결합이라는 훌륭한 이점을 누렸지만, 바로 그 결합을 가능하게 한 조건들이 다른 나라에서는 잘 재현되지 못했으며 곳곳에서 약화되고 있는 것 같다.

* 대안 우파alt-right
독일 극우파가 자칭 '대안적 우파'임을 표방하며 2013년 '독일을 위한 대안'(Alternative für Deutschland)이라는 이름으로 창당한 극우 정당.

10장

대통령중심제와 작고 약한 정당의 결합

: 중남미

중남미의 많은 나라의 경우, 정치제도가 거의 개탄할 수준이라 정부들이 부정부패와 정치적 교착 상태에 취약하다. 대통령제가 의회 바깥에 정치적 입신의 길을 열어 놓아 정당의 규율을 좀먹고, 지역주의와 분권화된 후보 선출이, 폭넓은 지지 기반을 고려해 공공 정책을 입안하는 의회의 역량을 약화시키며, 비례대표제는 이런 약한 정당들을 양산한다. 의회 다수는 선거 후에 대충 꿰맞춰 구성되며, 따라서 [투표한 대로 입법이 이루어지지 않는다는 점에서] 투표와 법안 사이의 명확한 관련성을 유권자로부터 박탈한다. 만성적으로 불만이 쌓인 유권자들은 좀 더 강력한 대통령에게 문제 해결을 의지했다. 이 과정에서 정당들이 다수 국민을 위해 장기적으로 유익한 정책을 입안·이행·홍보할 수 있는 능력은 줄었다.

중남미 국가들은 1990년대에 차례로 선거제도를 개정해 유권자가 정당들의 정강 정책 대결에 투표하기보다는 개별 의원을 선택할 수 있게 했다.[1] 1980년대의 외채 위기(외채의 고갈과 그에 따른 재정 붕괴) 이후에 시행된 신자유주의 긴축 개혁에 좌절한 유권자들은 지나치게 하향식인 정당들이 유권자의 뜻에 부응하지 않는다고 비판하면서 그들이 겪는 고통에 대한 책임을 이들에 돌렸다. 유권자들의 실망감은 이해할 수 있지만, 정당에 힘을 실어 주지 않고 정치인들을 개별적으로 심판하면 사태가 더 나빠진다는 사실을 유권자들은 알아차리지 못했다. 당의 집합적인 정강 정책이 없을 때 재선을 노리는 의원들은 필요한 비용을 무시한 채 모든 사람에게 무언가를 약속하는 경향이 있다. 이 의원들은 대통령이 원하는 법안에 투표해 주고, 그 대신 매수에 취약한 유권자 집단에 안겨 줄 선심성 정책, 다시 말해 나중에 큰 대가를 치르게 될 급속 당분 충전용 정책을 대통령으로부터 얻어낸다.

브라질

대통령은 새로운 상황에서, 분열된 의회보다 더 민첩하게 대응할 수 있다.[2] 좌파 대통령 후보들이 좌파 공약으로 선거운동을 하다가 1980~90년대에 와서 줄줄이 신자유주의 정책을 도입한 것은 이를 단적으로 보여 주는 사례다.[3] 강한 대통령들 덕분에(브라질의 경우 1988년 개헌으로 대통령의 권력이 강화되었다) 다양한 사안에서 정책 교착 상태가 해소되기도 한다. 1989~97년 브라질에서 제정된 법률 가운데 대통령이 제출한 법률안이 86퍼센트를 차지했다. 이에 비해 1946~64년에는 그 비율이 43퍼센트였다.[4]

좌절한 중남미 유권자들이 지지한, "대통령 권력을 강화"하자는 견해는 이 같은, 난국 타개를 위한 거래에서 발생하는 비용을 고려하지 않는다. 급진적으로 정책을 전환한 정당들은 기존의 충성도 높은 지지자를 다수 잃었다. 특히 불경기까지 겹치면서 의원들이 유권자의 지지를 되찾기 위한 실질적인 자원을 확보하려고 애쓰는 가운데 기성 정당들은 지치거나 완전히 무너졌다.[5] 1988년 이후 브라질 대통령들이 그렇게 많은 법률을 통과시킬 수 있었던 이유는 수많은 개별 의원들이 자신의 유권자에게 가져다줄 뭔가를 얻어 내는 대신 거래를 성사시키는

데 열심이었기 때문이다.[6] 정당이 이념적 의미와 응집력을 상실함에 따라 의원들은 지역 선거 브로커들을 매수하거나 부정 축재로 자신의 배를 불렸다.[7] 그 결과 제정된 법률들은 이념적으로 판별하기 어려울 만큼 뒤죽박죽이었다.[8] 다수당 정부가 결혼이고, 선거 후 구성하는 연정이 일시적 연애라면, 정치적 후원을 둘러싼 거래를 통해 형성되는 대통령 지지 연합은 매매춘에 해당한다. 어느 중남미 정치인의 노골적인 표현처럼 중남미의 강한 정당들은 이제 일부일처의 단계를 지나, 다부다처제를 거친 뒤, 대통령을 중심으로 흥정이 이루어지는 주지육림에 돌입한 상태다.[9]

2017년 7월 루이스 이나시우 룰라 다 시우바 전 대통령은 부정부패 혐의로 9년 6개월 형을 선고받았고, 그보다 1년 전에는 그가 직접 고른 후임자 지우마 호세프도 같은 혐의로 대통령직에서 강제로 물러났다.[10] 그 후임 미셰우 테메르 대통령의 부패 행위도 밝혀짐으로써 이것이 개인이나 정파의 문제가 아니라 구조적인 문제임이 드러났다.[11] 이제까지 브라질의 대통령들은 대기업 후원자들이 "카이샤 도이스"caixa dois, 포르투갈어로 "제2계좌", 즉 비자금을 조성해 뇌물을 제공하면, 그것으로 집권 연합을 구성하고 유지해 왔다. 기업은 정치인에게 비자금을 제공하고, 그 대가로 내부자 정보, 공공 조달 계약, 보조금, 감세, 보호무역 규제, 기타 온갖 특혜를 받아 냈다.[12]

2017년 브라질 정부는 입법 과정에서 부패의 유혹을 줄이기 위한 방안으로서 정당이 통제하는 폐쇄형 명부 방식을 고려하고 있었다.[13]• 만약 폐쇄형 정당 명부제가 대통령으로 하여금 개별 의원과 일일이 소

• 그러나 2018년 총선에서도 개방형 정당 명부 비례대표제로 치러졌다.

매 흥정을 하는 대신 정당을 상대로 도매 흥정을 하도록 만든다면, 브라질은 한 가지 문제는 해결할 수 있지만, 그 대신 또 다른 문제가 생길 수 있다. 즉, 부정부패는 줄어도 정책 교착 상태가 재발할 수 있다. 대통령이 챙기는 유권자는 정당이 공략하는 유권자와 다르며, 선거에서도 대통령과 정당의 운명은 별개로 결정된다는 점에서 대통령이 주도하는 연합은 의회 연합과 다르다. 그들은 같은 팀도 아니고, 적용되는 규칙도 다르며, 응원하는 팬도 달라서 교착 상태에 빠지기 쉽다. 그래서 그 교착 상태를 이면 합의나 매수를 통해 타결하려는 유혹에 빠지기도 쉽다.

콜롬비아

브라질은 1980년대 후반에 대통령 권력을 강화했으나 콜롬비아에서는 반대 방향의 실험이 이루어졌다. 1991년 헌법 개정은 대통령령 공포권을 제한해 대통령이 의회 위에 군림할 수 있는 권한을 축소했다. 또한 개헌 이전에는 대통령령을 거부하려면 상하 양원에서 3분의 2의 표가 필요했으나 지금은 하원 과반의 거부만으로도 충분하다.[14]

콜롬비아의 실험은 그것이 원내 정당들을 약화시키지만 않았어도 효과가 있었을 것이다. 새 선거제도는 여러 정파가 공동의 당명 아래 명부를 제시하도록 허용함으로써 실질적으로 개방형 정당 명부 비례대표제처럼 작동하는 기능적 등가물을 만들어 냈다. 2003년에 시행된 2차 선거법 개정은 각 정당에 복수의 명부 대신 하나의 통합된 후보 명부를 제시하도록 했다. 이때 풀뿌리 활동가들이 명부를 선호 투표에 개방하라고 압박만 하지 않았어도 정당들은 내부적으로 일관성과 규율을 강화할 수 있었을 것이다. 개방형 명부는 후보들에게 정당보다는 후보 개인을 추종하는 세력을 키우도록 했기 때문에, 이런 제도적 변화는 정당으로 하여금 다른 당과 정책적으로 차별화해야 할 동기를 부여하지 못했다. 의원들은 동원할 수 있는 모든 카리스마와 물질적 자원을 동원해 유권자의 호감을 얻기 위해 노력했다.[15]

대통령의 권력을 약화하려 했던 선거제가 오히려 정당을 심각하게 제약하는 바람에 1991년 이후 의원들의 법안 발의는 감소하고 대통령이 발의한 법안들이 사실상 더 성공적으로 채택되었다.[16] 브라질처럼 콜롬비아도 약한 원내 정당들이 지역 정치 보스들의 장단에 맞추어 지방정부에 점점 더 큰 예산을 배정했다. 콜롬비아의 재정 악화로 IMF가 개입하자 정부는 지방정부로의 재정 이전을 축소했으나, 그로 인해 지역 정치인들이 받는 타격을 완화해 주려고 그들의 임기를 3년에서 4년으로 늘렸다.[17] 2004년 콜롬비아는 대통령의 연임 제한을 폐지하고 연속으로 재출마할 수 있도록 허용함으로써 대통령 권력을 강화하는 중남미식 패턴으로 되돌아갔다.

아르헨티나

여타 대다수 중남미 국가와는 달리 아르헨티나는 1983년 민주화 이후 양원 선거에서 개방형보다는 폐쇄형 정당 명부 비례대표제를 유지해 왔다. 폐쇄형 명부를 택하면 정당이 후보자 선정을 통제할 수 있고, 그러면 공통의 우선 사항을 추구하기 위해 당내 표를 단속할 수 있기 때문에 정당에 피해가 적다.

그러나 아르헨티나에서 정당의 권위는 두 가지 제도적 특징 때문에 훼손된다. 우선 23개 주가 인구수와 상관없이 자동으로 각각 5석씩 할당받기 때문에 인구밀도가 높은 도시 지역 유권자에 비해 지방 유권자의 이해관계가 과다 대표된다.[18] 게다가 각 주의 정당 보스들이 주별 정당 명부에 올라갈 후보의 선정과 순위를 통제한다. 주의 장악력을 가늠할 수 있는 하나의 간접적인 척도는 대다수 연방 의원들이 짧은 임기를 마친 후 각 주의 지역당이나 주정부에서 공직을 맡는다는 점이다. 그러므로 나중에 자신들도 그런 자리를 하나 얻으려면 지역 보스들이 시키는 대로 고분고분 따르는 것이 경력상 유리하다. 한편 주지사들은 지방 선거의 시기를 결정할 수 있어서, 자신들에게 유리한 대로 이를 총선 시기와 일치시키거나 또는 겹치지 않도록 할 수 있다.[19]

지역 보스들은 1990년대 신자유주의 개혁에 대한 대중의 불만을 이용해 중앙정부의 재정 자원을 지방으로 이전시켰다.[20] 주지사의 소속 정당은 이 자원을 연방의회의 주별 정당 명부에 올라갈 후보를 선별하고 지원하는 일에 쓸 수 있는 반면에, 주지사를 내지 못한 정당들은 주로 예비선거에 의존해 후보를 고르게 된다.[21]

당연하게도, 이런 상황에서는 국가정책에 대통령과 각 주의 우선 사항들이 먼저 반영되고 연방의회의 역할은 축소된다. 브라질과 마찬가지로 아르헨티나 대통령도 전략적 특혜를 미끼로 의회에서 합의를 "매수"할 수 있다. 대통령이 좌파냐 우파냐에 따라 정책의 방향이 친기업으로 기울지 친노동으로 기울지를 예측할 수 있지만, 그보다 더욱 뚜렷하게 알 수 있는 것은 모든 정당이 자신들이 빚진, 잘 조직된 집단들에 특혜를 줄 것이라는 점이다. 이는 1990년대에 신자유주의 개혁이 한창일 때도 마찬가지였다. 국가 자산 민영화는 지역 기업체에 우선적으로 떡고물을 안겼으며, 건강보험 및 연금 개혁은 공공 부문 노조에 유리하게 이루어졌다.[22] 아르헨티나는 일반 유권자에게 도움이 되는 경제정책은 아직까지 확립하지 못하고 있다.

베네수엘라

베네수엘라는 1958년부터 비교적 힘이 약한 대통령에 의해 민주적으로 통치되었으며 아르헨티나처럼 폐쇄형 정당 명부 비례대표제로 의원들을 선출했다. 폐쇄형 정당 명부 비례대표제는 일반적으로 규율 잡힌 복수의 정당을 배출하지만, 베네수엘라에서는 어느 정도는 정부의 석유 수익 때문에 서로 거의 구별되지 않는 양당이 정치적 복점duopoly으로 등장했는데, 이들은 고도로 카르텔화한 경제를 번갈아 운영했다.[23] 그러나 베네수엘라의 풍부한 석유 매장량은 OPEC 성립 이후 조성되었던 오일 붐이 1983년에 붕괴하면서 최대의 저주가 되었다.* 이에 따라 정부가 채택한 긴축 방안이 광범위한 분노를 일으키자 기성 정당들은 1988년에 시장 및 주지사 직선제를 도입하고 1991년에 폐쇄형 정당 명부 비례대표제를 독일식 혼합형 대표제로 교체함으로써 이에 대응했다.[24]

• 1983년 국제 유가 급락으로 인플레이션이 발생하자 고유가를 가정하고 국가 부채를 늘려 왔던 베네수엘라는 경제 위기에 봉착했다.

정부는 정치적 분권화 및 지역분권 방침이 유권자의 반발과 [1992년 우고 차베스의] 실패한 군사 쿠데타에 대한 대중의 놀랄 만큼 높은 지지를 달래 줄 것으로 기대했다. 하지만 혼합형 대표제는 그런 효과를 발휘하기보다는 정당의 내부 규율을 약하게 만들었는데, 현역 의원들이 보신책으로 지역 보스와의 인맥을 기반으로 하는 신생 정당으로 이탈했기 때문이다.[25] 거의 하룻밤 사이에 정당의 수가 급증하자 유권자는 분명하지 않은 정강 정책을 기준으로 정당을 선택할 수밖에 없었으며, 정치인들 사이에서는 의회 다수를 구성하기 위한 불확실한 연합 협상이 벌어졌다.[26]

1993년 12월, 분노한 베네수엘라 유권자는 1960~70년대에 걸쳐 [1969~74년] 이미 한 차례 대통령을 역임한 바 있고, 이제는 신자유주의 반대자로 변신한 라파엘 칼데라를 대통령으로 선출했다. 그는 공언한 대로 베네수엘라 경제 전반에 영향을 미치던 뼈아픈 재정 긴축과 규제 완화 정책에 단단히 제동을 걸었다. 그러나 그는 정부의 이행 능력을 넘어서는 임금과 수당을 노동자들에게 약속함으로써 본인과 베네수엘라의 민주주의에 더 안 좋은 상황을 초래했다.[27] 시장 개방에 적응하기 시작했던 기업들의 투자는 헛수고가 되었고, 규제 완화가 장래에 가져다줄 경제적 편익은 무효로 돌아갔다.

베네수엘라 국민은 경제개혁이라는 투자에 선금을 지급해 놓고도 그에 대한 배당금을 누리지 못하고 말았다. 마이클 코페지에 따르면 "(콜롬비아·칠레·볼리비아·멕시코처럼) 개혁 과정이 충분히 긴 시간을 두고 진행된 곳에서는 경쟁력 있는 기업들이 우세해지고 국가와 상호 좀 더 만족스러운 관계를 발전시켰으며 이것이 경제 분야에 대한 국가의 통치 역량을 향상시켰다. 베네수엘라에서는 1993년 칼데라가 대통령에 선출되면서 경쟁력 있는 기업이 우위를 점하기도 전에 이 과정이 중단되고 말았다."[28] 모든 국민의 장기적 이익을 위해 집중 투입되었으면 좋았을 석유 수익은 비현실적인 기대만 불러일으킨 채 허비되었다.

분권화된 후보 선출 방식 때문에 정당들이 분열된 상황에서, 1999년 새로 취임한 우고 차베스 대통령은 막대한 권력을 자기 뜻대로 휘둘렀다.[29] 차베스는 1992년 군사 쿠데타를 주도했다가 실패한 장교들 가운데 한 명으로 1994년에 석방되었다. 그는 매력과 간교함의 강력한 조합을 통해 일반투표의 56퍼센트를 얻어내 제헌의회를 출범시키고 입법부를 무력화했다. 제헌의회는 대통령의 임기를 5년에서 6년으로 늘리고, 대통령에게 막강한 군사 통제권을 부여하고, 상원을 폐지하고, 대통령이 마음대로 국민투표를 요청하도록 허용하고, 정당에 대한 공공자금 지원을 폐지하고, 대통령이 지역 정치인을 파면할 수 있게 했다. 차베스가 장악한 의석이 2006년에는 95퍼센트에 이르렀다.[30] 그로부터 10년 후 베네수엘라는 실패 국가*가 되었다.

볼리비아

볼리비아는 신자유주의가 불러온 고통에 대한 대응책으로 1990년대 초에 폐쇄형 정당 명부 비례대표제에서 소선거구제와 개방형 정당 명

• 실패 국가failed state
정부가 자국의 영토와 국민에 대한 통치 능력과 정당성을 상실한 경우를 말하며, 파탄 국가라고도 한다.

부 비례대표제를 결합한 혼합형 대표제로 전환했다. 하지만 다른 나라에서 벌어진 상황과 마찬가지로 볼리비아에서도 분권화된 선거제가 정당들을 약화시켰고, 이에 따라 힘이 커진 대통령은 정당을 무시한 채 풀뿌리 포퓰리즘에 직접 호소할 수 있게 되었다.[31]

에르난 실레스 수아소 대통령이 이끄는 볼리비아의 좌파 연정은 1982년 외채 위기가 발생했을 때 화폐를 발행해 대처했다가 연간 6만 퍼센트의 물가상승률을 기록했다. 1995년 빅토르 파스 에스텐소로의 중도 우파 정권은 IMF의 처방에 따라 무역자유화, 환율 안정, 산업 민영화, 물가 통제 해제, 균형 예산을 추구했다.[32] 인플레이션이 잡히고 경제가 개선되기 시작했으나, 그동안 폐쇄 경제와 임금 지원에 의지해 왔던 유권자들은 큰 고통을 겪었다. 특히 광부, 교사, 퇴직 노동자, 산악지대 원주민들은 세계경제 통합의 수혜 대상에서 배제되었다.[33]

볼리비아 동부 저지대의 독점적인 경제 지배 집단은 그 지역에 대한 책임성과 국익을 희생하는 대신 자신의 이익을 챙기는 식으로 외국 투자자들과 거래한다는 의심을 오랫동안 받아 왔다.[34] 볼리비아의 한 유권자는 이렇게 말했다. "의원들은 자기 선거구에서 잘 알려지고 인정받는 대표자여야 하며 당 지도부가 정하는 이름 없는 대표자여서는 안 된다. 따라서 의원과 유권자가 직접 연결되면 의회의 정당성과 대표성이 높아질 것이다."[35] 2006년 원주민 출신 정치인 에보 모랄레스*가 대통령에 당선되어 천연가스 생산을 신속히 재국유화했다.[36] 정부가 천연가스를 통제하면 외국 투자자와의 거래에서 협상력을 높일 수 있지만, 강한 정당이 없을 경우 대통령은 강력한 이익집단들과 일회성 거래

• 모랄레스는 2019년 부정선거 논란 속에서 사임하고 멕시코로 망명했다.

를 맺는 식으로 아무런 견제도 받지 않고 독단적으로 공공 정책을 이행할 수 있다. 그 결과 국가 인프라의 저발전으로 이어지고, 이는 지속적인 번영을 가로막는다.[37]

코스타리카

코스타리카는 1990년대에 정치적 분권화에 대한 요구, 정당이 아니라 개인에게 책임을 물어야 한다는 요구를 거부한 보기 드문 중남미 민주 국가였다.[38] 의원들은 폐쇄형 정당 명부를 통해 정당 간 경쟁에 계속 연계되기 때문에 정부 계약이나 부정 거래, 또는 그 밖의 특혜를 약속하기보다는 정당의 정강 정책을 기반으로 선거운동에 임한다.

중도 정당 소속 오스카르 아리아스 대통령은 다른 중남미 정치 지도자처럼 신자유주의 개혁 때문에 비판을 받았으나 규제 완화와 민영화가 좀 더 점진적이고 사회적으로 충격이 덜한 방식으로 진행되도록 감독해 반체제 성향의 유권자가 크게 불어나지 않았다.[39] 또한 석유 경제의 거품이 붕괴한 베네수엘라와는 달리, 코스타리카는 일찌감치 토지개혁을 이행한 덕분에 중소 규모의 자영농 집단이 대규모로 형성되어 이들이 민주주의를 안정적으로 뒷받침한 것이 도움이 되었다. 최근에는 생태 관광이 외화 수입원으로 떠올라 경제 다각화를 한층 더 진전시켜, 불안정을 가져오는 물가 충격을 완충하는 역할도 하고 있다.[40] 코스타리카는 공공 보건(평균 수명 78.3세로 덴마크와 같은 수준)과 교육(식자율 97.8퍼센트) 면에서도 다른 대다수 중남미 국가를 꾸준히 능가하고 있다.[41] 빈곤선 이하의 인구 비율은 2013년 3.1퍼센트로, 이는 칠레를 제외한 모든 중남미 국가보다 양호한 수치다.[42]

폐쇄형 정당 명부제가 갖는 한 가지 취약점은 정당의 규모가 작을 경우 그 당 전체가 특정 유권자 집단에게 특혜를 제시하고, 또 다른 지지층의 이익을 챙기는 다른 정당들과 결탁해 그 특혜를 실현하려고 할 수 있다는 점이다. 유권자는 자신이 지지하는 정당에는 책임을 물을 수 있어도 정당 연합 전체에는 그럴 수 없으므로, 그런 결탁은 일반 대중의 이익을 희생할 수 있다. 게다가 대통령 예비선거에서는 잘 조직된 집단들의 목소리가 일반 대중의 목소리보다 훨씬 크다.[43] 코스타리카 정부는 지금까지 이런 식으로 해상 및 철도 운송, 농산물 등 모든 경제 부문에서 경쟁을 면제해 줬으며, 그 결과 이들 부문의 소비자 물가는 몇몇 (보호주의를 취하는) 이웃 나라와 비교해도 높은 편이고 혁신과 성장은 더 저조하다.[44]

칠레

1990년 칠레의 군사 독재자 아우구스토 피노체트가 물러나면서 남기고 간 헌법은 좌파가 선거를 통해 지배 세력이 되지 못하도록 교묘하게 고안되어 있었다. 칠레의 비례대표제는 선거구마다 두 명의 대표자를 선출했으나, 어느 한 정당이나 정당 연합이 해당 선거구에서 66퍼센트를 득표하지 못할 경우 최다 득표한 2개 정당이나 정당 연합이 각각 하나씩 의석을 차지했다.* 그런 압도적인 득표율 요건은 좌파가 수적으로 우세해도 쉽사리 집권하지 못하도록 효과적으로 방어했다. 한편 정당 연합은 전국적이어야 한다는 요건 때문에 지역 중심 정당들이 강한 대표성을 갖기란 애초에 불가능해, 정당들은 모든 선거구에 후보를 내보내 경쟁한다는 강력한 사전 합의에 동참할 수밖에 없었다.[45]

이 같은 이른바 '2석 선거구'binomial 제도는 예상 가능한 결과를 가져왔다. 두 중도 연합, 즉 중도좌파 연합인 '콘세르타시온'Concertación과 중도 우파 연합[알리안사Alianza]이 교대로 집권하게 되었다. 그래도 다수 대표 양당제를 강력히 촉진하는 소선거구제에 비하면 [두 정당 연합 가운데 어느 한쪽의] 정당 명부에 이름을 올리는 것은 작고 정체성이 뚜렷한 정당들의 입장에서 피난처나 다름없었다. 물론 이들은 양대 정당 연합 체제의 족쇄에서 자신들을 풀어 줄 선거제의 가능성을 절대로 포기하지는 않았다. 이들 군소 정당의 입장에서 볼 때, 선거구마다 한 명부에서 단지 한 사람만 선출시킬 수 있다는 점에 비추어, 전국의 선거구에 걸쳐 연합 파트너끼리 의석을 나눠 갖는 작업은 전략적으로 복잡했다. 이를테면, 군소 정당 후보들은 당선 기회를 얻기 위해 보통은 다른 군소 정당의 후보와 연합해야만 했다. 지명도 높은 대통령 후보를 낸 유력 정당 소속의 후보와 짝을 이룰 경우 약한 군소 정당 후보는 대체로 당선될 확률이 적었다.[46] 1997년까지 많은 정당이 지역 이익에 목소리를 부여하기 위해 예비 경선제를 도입했지만 많은 집단과 후보들은 여전히 소

• "칠레의 경우 한 선거구에서 두 명을 선출하는데 2위 득표자가 탈락하고 3위 혹은 4위 득표자가 당선될 수도 있다. …… 1위로 득표한 후보자와 3위 혹은 4위 득표자가 같은 정당 소속이면서 이 두 후보자의 득표율이 66.6퍼센트 이상이면 2위 득표자가 탈락하고 1위 후보자와 같은 정당의 후보자가 당선되는 방식"이다. 임수진, "칠레 선거법 개혁과 2017년 선거 결과 분석," 『한국과 국제사회』 제4권 2호(2020), 82쪽.

외감을 느꼈다.[47] "독립 좌파"를 자임하던 리카르도 라고스 전 대통령은 온갖 당명에 짜증을 내며 이렇게 비꼬았다. "칠레에서 선거할 때는 적포도주냐 백포도주냐의 선택만 있을 뿐이다. 미세한 선택의 여지는 존재하지 않는다. 카베르네 소비뇽, 메를로, 소비뇽 블랑 이런 식으로 고를 수 없다."[48]

2015년 1월 의회에서 선거제 개혁안이 통과되면서 칠레 국민들로서는 대표의 다양성이 확대되었다. 즉 유권자는 [하원의 경우 인구수에 따라] 3~8명을 선출하는 중대선거구에서 개방형 정당 명부 가운데 한 명에게 투표하게 되었다. 예상대로 2017년 11월에 새 제도로 처음 치른 선거에서 다양한 정당이 대거 등장해 대표성을 획득했다.[49] 하지만 미처 예상하지 못했던 것은 약한 정당들이 연정 통치를 하는 과정에서 겪게 될 어려움이었다. 규율 잡힌 정당들이 선거에 앞서 정책 타협을 이뤄냈던 앞선 제도와는 달리 새 제도는 선거 전에 개별 정치인들을 자기 지역구 유권자에게 속박시켰다.

대선 후보 예비선거로 선출된 대통령이 약한 정당들 여럿을 끌고 가는 칠레의 새로운 상황은 섬뜩할 정도로 익숙하다.[50] 중남미 지역의 대통령들은 국민의 이익을 위해 강력한 행정권을 행사할 위치에 있지 않다. 대통령도 분권화된 정당들처럼 지역에 신세를 지고 있어서, 약한 정당들로 하여금 강력한 선호를 지닌 집단에 영합하도록 유도한다. 이런 상황은 부정부패를 낳고 경제적 성과도 기준 이하인 경우가 너무 많다.

약한 대통령과 약한 정당

중남미 국가들은 제대로 기능하지 못하는 제도를 무거운 짐처럼 지고 가는 상태다. 그중 많은 나라가 정부의 책임성을 높이기 위해 1990년대에 개방형 정당 명부 비례대표제와 대선 후보 예비선거제를 비롯한 "민주화" 개혁 방안들을 채택했다.[51] 아쉽게도 그와 같은 개혁이 상황을 악화시키고 말았는데, 왜냐하면 그런 분권화 과정에서는 일반 유권자보다 특수 이익집단이 더 큰 영향력을 발휘하기 때문이다. 대통령들 그리고 임시로 구성된 입법 연합들은 다른 모든 사람을 희생시키는 대신, 농촌에 편중된, 잘 조직된 지역 단체들과의 부패한 거래를 계속해 왔다. 그들이 맺은 이 거래는 고통을 확산하고 분노를 키웠다.

실망스러운 경제 상황을 감안할 때 정당의 지배를 민주화하고 대표의 다양성을 증진하라는 유권자의 요구는 충분히 이해할 수 있다. 그러나 문제의 진단(유권자와 동떨어진 정당)이 부정확했다. 중남미 지역에 필요한 것은 그보다는 새로운 도시 유권자 계층을 위해 정책으로 승부하는 규율 잡힌 정당들이다. 정부가 장기적인 관점에서 폭넓은 지지층을 고려한 공공 정책을 입안하고 이행할 수 있으려면 정당의 수를 늘릴 것이 아니라 줄여야 하고, 정당의 규율도 완화할 것이 아니라 강화해야 한다.

차베스와 [그 뒤를 이어 현재까지 베네수엘라의 대통령으로 재임 중인] 니콜라스 마두로, 또는 트럼프를 봐도 알 수 있지만, 대통령은 상황을 개선하지 않는다. 이는 동유럽 유권자들이 배워야 할 교훈이기도 하다.

Creeping Authoritarianism in Eastern Europe

11장

동유럽에서 권위주의의 확산

동유럽은 1990년대 말 코소보 난민, 2011년 시리아 난민 등 폭력과 말살을 피해 피난길에 오르는 난민의 주요 유입 통로다. 이에 동유럽 전역에서 파렴치한 정치인들이 난민에 대한 유권자의 불만을 부추겨 선거에 유리하게 이용했다. 헝가리와 기타 국가에서는 유력 정치인들이 의회 민주주의를 훼손해 가며 외국인에 대한 혐오 정서를 이용해 대통령 권력을 강화할 수 있었다. 1990년대에 중남미 전역에서 의회 민주주의를 희생해 대통령 권력을 강화했던 것과는 조금 다른 위기였으나 그 결과는 우려스러울 정도로 비슷했다.[1]

이민자들의 유입이라는 충격은, 동유럽이 대단히 큰 비용을 들여 공산주의식 명령 통제 경제에서 시장경제로 전환한 직후에 찾아왔다. 소련 시절에는 국가의 통제하에 소박하지만 안정된 생활이 유지되었으나 그 보호막을 거두자 공업이 쇠퇴하고 경쟁력이 떨어지는 일부 지역에서는 실업률이 최고 30퍼센트까지 치솟았다.[2] 하지만 어느 정당이든 경제체제 전환의 실제 비용을 국민에게 지우려고 했다가는 실각을 각오해야 했다.[3] 장기적으로 모든 사람에게 해로운 근시안적 해결책을 내놓지 않도록 막는 정당 규율이 없을 때, 국민의 반발을 최소화하는 길은 지킬 수 없는 약속을 남발하는 일이었다.

동유럽의 정치제도는 이들 나라로 하여금 경제적·사회적 충격에 단기 성과주의로 대응하도록 만들었다. 1989년 소련의 지배가 종결되자 대다수 동유럽 국가는 독일에서 성공한 혼합형 대표제를 낙관적인 희망을 품고 도입했다. 하지만 그중 여러 나라에서 새 체제를 구축하던 정치가들은 변형된 대통령중심제, 자신의 관계망과 인지도를 활용하는 데 유리한 개방형 정당 명부 비례대표제 등 자신의 정치적 미래를 보장하는 일에 도움이 되는 각종 특징을 독일 모델에 접붙였다.[4] 특히 2001년 폴란드, 2004년 슬로바키아, 2006년 체코, 2008년 루마니아, 그리고 2009년 불가리아에서 이루어진 선거법 개정은 정당이 아니라 개인에게 책임을 묻는 쪽으로 한층 더 기울어졌다.[5]

동유럽의 제도적 혼합이 가져온 결과물은 푸들도 정도가 아니라 아예 프랑켄슈타인에 더 가까웠다. 우파 포퓰리즘이 급속히 부상하는 동안 힘없는 여러 원내 정당들이 점점 기력을 잃었으며, 어떤 경우에는 단일 정당 체계로 기우는 경향까지 보였다. 중남미에서처럼 동유럽의 의원들도 정책 수립보다는 독재자에게서 얻어낼 수 있는 것을 얻어내는 쪽으로 노력하려는 유혹을 받고 있다.[6]

폴란드

2017년 7월 폴란드의 법과정의당Law and Justice Party 야로스와프 카친스키 대표는 그동안 독립성을 유지해 온 언론과 사법부를 정부가 통제할 수 있도록 하는 법안을 하원에서 통과시켰다. 법과정의당과 시민연단 Civic Platform은 유럽연합에 관해서 전자는 회의적이고 후자는 호의적으로 당론이 엇갈렸지만, 카친스키는 두 우익 정당이 의회에서 다수를 차지한 상황을 이용해 이처럼 권력을 공고히 할 수 있었다. 대통령궁 앞에

표 11.1

동유럽의 헌정 체제(2005년)

국가명	의회중심제	대통령중심제	이원집정부제
알바니아	○		
벨라루스		○	
보스니아 헤르체고비나	○		
불가리아	○		
크로아티아			○
체코 공화국	○		
에스토니아	○		
헝가리	○		
라트비아			○
리투아니아		○	
마케도니아			○
몰도바			○
폴란드			○
루마니아			○
러시아		○	
세르비아			○
슬로바키아	○		
슬로베니아	○		
우크라이나			○

출처: Mirjana Kasapovic, "Parliamentarism and Presidentialism in Eastern Europe," *Politicka misao* 33, no. 5 (1996), p. 126의 자료를 재구성.

서 쇼팽의 구슬픈 선율에 맞추어 대규모 촛불 시위가 벌어졌음에도, 야당들은 카친스키의 조치를 막기에 무력하기만 했다.[7]

폴란드 우파의 득세가 불가피했다고 여기는 것은 잘못이다. 소련 시절에 소련에 협력한 좌파에 맞서 폴란드 노동자들이 폴란드 가톨릭 교회와 손잡고 항거했던 영웅적 유산에 우파가 한몫을 담당했던 것은 사실이다.[8] 1989년 첫 총선에서 공산당 및 [독립자치노동조합인] '연대'의

표 11.2

동유럽의 선거제도(1989~92년)

폐쇄형 정당 명부제	개방형 정당 명부제	혼합형 대표제	다수대표제
불가리아	체코슬로바키아(1991)	헝가리	폴란드(1989)
루마니아	에스토니아	리투아니아	
	라트비아		
	폴란드(1991)		
	슬로베니아		

출처: Alan Renwick and Jean-Benoit Pilet, *Faces on the Ballot: The Personalization of Electoral Systems in Europe* (New York: Oxford University Press, 2006), p. 100의 자료를 재구성.

후보들은 모두 중선거구제로 인해 같은 당내 후보들과 경쟁해야 했으나, 많은 유권자가 공산당 후보의 이름에 줄을 그어 지워 버리고 조직적으로 '연대' 후보들을 지지했다. 대중적 비호감의 뚜렷한 증거에 직면해 공산당은 완전히 쇠락하게 될 것을 우려한 나머지 여러 군소 정당을 규합해 비례성이 매우 높은 정당 명부에 의한 의석 배분 체계를 촉구했다. 그 결과 좌파 연합이 부활해 1990년대 내내 폴란드 정치에서 하나의 세력을 형성했다.

좌파의 성공적인 선거 결과에 가려 잘 보이지 않던 사실은 비례성과 인물 중심성이 점점 강해지는 선거제 때문에 내부 분열이 깊어졌다는 점이다. 좌파 정당들은 좌파 사상에 근거한 정강 정책을 홍보하기 위해 강력한 정당 규율을 선호했을 것 같지만, 비례대표제가 좌파 진영에서 3개 정당을 경쟁시켰기 때문에 이들은 선거 전략상 서로 공통점보다는 차이점을 강조해야 할 이유가 있었다.[9] 2001년 3월 폴란드 하원에서 통과된 새 선거법은 폐쇄형 전국 명부를 폐지해 정치인들이 자기 선거구 유권자에게 더 직접적으로 책임지도록 했다.[10] 좌파 연합은 언제나

그림 11.1

폴란드 정당들의 의회 선거 득표율(1991~2011년)

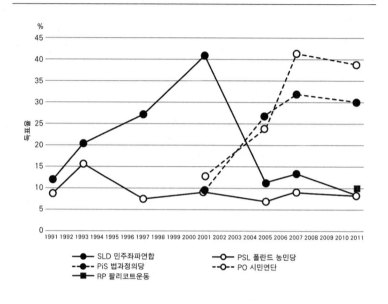

출처: Aleks Szezerbiak, 'The Polish Left Is in a State of Turmoil Ahead of the Country's 2015 Parliamentary Elections,' London School of Economics blog, http://bit.ly/1xYvBiF의 자료를 바탕으로 *Political Data Yearbook* http://www.politicaldatayearbook.com/Chart.aspx/85/Poland(검색일: 2018-02-12)에서 제공하는 최신 정보를 추가함.

사민당, 노동당, 폴란드농민당 간의 일종의 공개적인 결합이었는데, 언론이 그들의 과도한 지출을 알아내자 아예 공개적으로 다퉜다.[11] 사민당과 노동당은 2003년 뇌물 수수의 책임을 물어 폴란드농민당을 연합에서 축출했으나, 이 일로 이미지가 나빠진 것은 어쩔 수 없었다.[12]

좌파가 붕괴하자 두 우파 정당이 경제에 대한 불만과 이민자 유입의 우려를 등에 업고 여론조사에서 급부상했다. 2015년 선거에서 원내 제3

당으로 떠오른 쿠키스Kukiz는 법과정의당이나 시민연단보다도 더 심한 극우 포퓰리즘 정당이었다. 2015년에 좌파는 의석을 단 한 석도 얻지 못했다.

궁지에 몰린 좌파 유권자들이 반긴 뜻밖의 조치는, 안제이 두다 대통령이 법과정의당을 대표했음에도 불구하고 거부권을 발동하여 같은 당 소속인 카친스키가 주도한 언론 및 사법부 통제법 제정을 가로막은 일이다. 폴란드의 이원집정부제 아래에서 대통령은 의회(카친스키의 영역) 및 총리(법과정의당 소속 베아타 시드워)와 권력을 나눠 갖는다. 두다의 개입으로 인해 언론 및 사법부 통제법은 사법부의 독립성을 보장하도록 수정되었으나 판사의 65세 퇴직 규정을 그대로 유지함으로써 사법부 구성에 대한 다수 정당의 권한을 넓혀 주었다. 두다, 시드워, 카친스키가 공히 같은 당 소속이라는 점*을 고려하면, 통합되고 규율 잡힌 야권이 없는 이런 상황에서 사태는 매우 다르게 발전했을 수도 있다. 폴란드 민주주의가 안고 있는 위험은 두다 같은 인물이 사라지면 그렇게 될 가능성이 여전히 있다는 점이다.

---

* 안제이 두다는 법과정의당 소속으로 대선에 출마해 선출된 직후인 2015년 5월에 대통령은 특정 정당 소속이어서는 안 된다고 선언하고 탈당했으며, 2020년 대선에서도 무소속으로 출마했다. 그러나 실질적으로 법과정의당과의 관계는 유지되었으며 2020년 재선 캠페인 때도 법과정의당의 지원을 받았다.

헝가리

폴란드에서 카친스키가 실패한 일을 헝가리에서 오르반 빅토르가 해냈다. 오르반이 기성 정당들로부터 신속하게 정치적 지배력을 탈취한 일은 일견 이해가 안 될 수도 있는데, 왜냐하면 소련에 협력했던 좌파들이 유권자들의 심각한 불신에 직면한 폴란드와는 달리 헝가리 공산당은 소련이 점령했던 수십 년 동안 소련의 통제에 저항해 국민적 서사에서 고결한 위치를 점했기 때문이다. 1956년 소련의 침공 이후 헝가리의 공산당 정부는 부분적 자유선거 등 자유를 옹호했는데, 이는 1989년 헝가리가 완전히 민주화되었을 때 공산당이 사회민주당으로서 성공적으로 거듭날 수 있는 밑거름이 되었다.[13] 사회민주당 중심의 연합은 중도 우파 연합과 번갈아 집권했으며, 이것은 안정적인 민주주의를 위해 좋은 징조였다.

그러나 일견 질서 있어 보이는 체제의 이면에는 이해하기 힘든 선거제, 즉 총 386개 의석을 세 가지 공식에 따라 배정하는 선거제에 기반한 파편화된 의회가 존재했다. 유권자는 두 표를 갖는데, 지역구 후보 개인에게 한 표, 광역 지역구 정당 명부에 한 표를 행사해 각각 176명, 152명의 대표를 의회로 보냈다. [세 번째 공식인 전국구의] 나머지 58석은 이른바 "잉여 투표"fragment votes로 결정해 총 386석이 채워졌다. 잉여 투표는 지역구에서 당선되지 못한 후보의 득표수와 광역 선거구 명부로 의석을 배분받지 못한 득표수를 합산해 당선되지 못한 차순위 후보자들에게 의석을 배정하는 일에 쓰였다.* 이후에 제도를 개정해 소수민

* 민주화 이행 이후 헝가리에서 채택된 선거제도는 크게 1989~2010년, 2010

족을 위해 8석을 추가했다.[14] 앤서니 다운스가 1957년에 이미 알고 있었듯이, 이런 제도는 유권자로 하여금 "선거를, 국민이 정부를 직접 선택하는 장치로 바라보지 못하게 할" 가능성이 있었다.[15] 이 선거제는 의원들이 각자 개인적으로 유권자에게 지지를 호소하도록 방치함으로써 당의 규율을 무시할 동기를 제공했다. 심지어 집권당 내에서도 일반 의원들은 어떤 정책이 국민들에게 평균적으로 더 유익하지만 자기 지역구 유권자 집단에는 불리할 경우 이를 막기 위해 종종 법률 개정을 요구했다.[16]

오르반 같은 교활한 정치인에게 있어 그런 전략적 복잡성은 상황 파악이 더딘 사람들을 책략으로 압도하기에 좋은 기회를 제공했다. 그는 불협화음의 소음을 뚫고 유권자의 감정에 호소했다. 예컨대 2002년 그가 부다페스트에 '공포의 집'House of Terror이라는 이름으로 개관한 박물관은 헝가리의 잘못된 과거를 모두 좌파, 온건파, 외국의 탓으로 돌렸다. 가해 용의자로 그보다 더 광범위하게 싸잡아 공격하기도 쉽지 않은 일이다. 박물관에는 역사적 진실에 대한 존중도 거의 보이지 않는다. 1944년 헝가리가 나치 독일과 동맹을 맺고 헝가리 유대인들을 독일 수용소로 수송한 일은 묻지 말라는 듯, 무고하고 용감한 헝가리를 상징하

년 이후 시기로 구분할 수 있다. 2010년 이전에는 소선거구제의 다수대표, 광역 지역구의 비례대표, 전국구의 비례대표로 구성된 다층화된 선거구를 특징으로 하는 연동형 비례제를 채택했다. 2010년 이후에는 역시 연동형이지만 광역 지역구가 사라지고 유권자들이 소선거구제의 다수대표와 전국구의 정당 명부 비례대표에 투표하는 2계층 선거구제를 채택했으며 의석수도 축소했다. 저자가 설명하는 이 부분은 앞 시기에 해당한다. (김한나·박현석, "연동형 비례대표제의 정치적 결과: 헝가리, 루마니아의 선거제도 연구," 『유럽연구』 제37권 2호, 2019년 여름).

헝가리 의회의 의석 비율(1990~2018년)

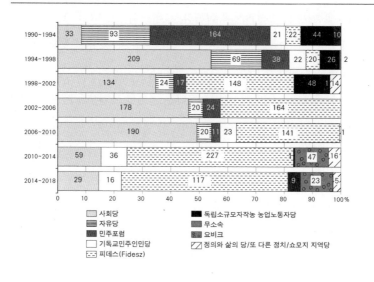

출처: "National Assembly(Hungary)," Wikipedia,
https://en.wikipedia.org/wiki/National_Assembly(Hungary)(검색일: 2017-12-24)의 자료를 재구성.

는 대천사 가브리엘이 독일의 상징인 독수리에 공격당하는 조형물이 전시되었다.[17] 그런 배외적인 태도는 당시 코소보 전쟁 난민의 유입을 우려하던 국민 정서와 맞아떨어졌다. 헝가리에서 소수민족은 인구의 약 10퍼센트다. 그 가운데 3분의 1은 [흔히 집시로 불리는] 로마족이고 다른 3분의 1은 외국 태생이다. 대략 헝가리인 세 명 가운데 두 명이 소수민족에 대해 부정적인 태도를 보인다.[18]

2010년 총선 때 상당수 선거구에서 오르반을 상대로 맹렬하게 경쟁한 세력은 요비크Jobbik 정당으로, 외국인에 대한 적대와 혐오를 조장하는 것으로 말하자면 오르반보다 훨씬 심했다. 텔레비전·라디오·인터넷에서 요비크는 반유대인·반로마족·반무슬림·반유럽연합·반자본주의 정강을 기반으로 선거전에 임했다. 요비크의 주장에 따르면 히틀러는 게르만 민족을 보호하기 위해 명예로운 시도를 한 사람인데, 서구의 중상모략으로 명예가 더럽혀졌다는 것이다.

총선 후 1년도 지나지 않아 오르반은 언론과 사법부를 통제하는 법을 제정하고 소선거구에 대한 게리맨더링을 통해 자기 당[피데스]에 유리한 안전 의석을 만들어 냈다.[19] 2014년 총선을 맞아 4개 야당이 연합을 형성했지만, 199개 의석* 가운데 고작 38석을 얻었으며 서로 비난하다가 연합을 해체하고 말았다. 한편 이 선거에서 오르반의 정당이 거둔 득표율은 2010년보다 8퍼센트 감소했다. 그때까지 구원을 기대했던 유권자들이 오르반도 결국 "부정부패, 기회주의, 정실 인사, 범속함, 만족을 모르는 권력욕"에 오염됐다며 그전에는 상상도 못했던 불평을 하기 시작한 것이다.[20] 그러나 선거구 개편 덕분에 오르반은 2014년 총선에서 의석의 3분의 2를 차지했다. 그뿐만 아니라 그는 총 19개 주의 주의회에서 일제히 다수 지위를 획득했으며, 총 23개 광역시 가운데 부다페스트 시의회를 비롯한 20개 광역시 시의회에서도 다수를 확보했다.[21]

헝가리 유권자의 관점에서 한 가지 어려움은 비례대표 의석 배정 요건인 최소 득표율이 낮아서 신당 창당이 쉽고, 따라서 단합된 야권을 형성하기 어렵다는 점이다. 2017년 7월에는 2018년 총선을 앞두고 새로 등장한 집단 하나**가 심지어 요비크보다 더 오른쪽에도 아직 확보

* 2010년 집권한 오르반 빅토르 정부와 피데스는 기존 386개 의석을 199석으로 축소했으며, 2014년 총선부터 이것이 적용되었다.

할 공간이 있음을 증명해 냈다. 그 지도자 한 사람의 표현에 따르면, "우리는 자유주의에 전쟁을 선포한다. 자유주의는 우리의 주적이며 우리는 대중 속에서 자유주의 이념의 파괴를 위해 전력을 다할 것이다. ……저들은 국적, 인종 의식, 그리고 머지않아 성 정체성도 상실할 것이다. 그런 인간들은 우리의 레벤스라움*에서 축출되어야만 한다."[22] 이들의 의석 비율이 얼마이든 간에 혐오를 부채질하는 그들의 연설과 선동은 헝가리 정치체제에서 단단한 극우적 기반을 구성하고 있다.

체코 공화국

체코슬로바키아 시절, 정부는 정당 명부에 오른 정치인들의 순위를 유권자가 쉽게 변경할 수 있도록 여러 해에 걸쳐 계속 선거제를 개정함으로써,** 불만에 찬 유권자를 달랬다. 체코가 단독 국가가 되고 난 이후인 2006년, 정당들은 유권자로 하여금 정당 명부에서 선호하는 후보를 더 쉽게 고를 수 있도록 함으로써, 새로 발생한 "정치적 신뢰의 위기"에 대응했다.[23] 그러나 2009년에 일부 정치인들이 2006년에 이루어진 개정

•• 박력과 투지(Force and Determination)를 가리킨다. 2022년 현재 의석은 없다.

• 레벤스라움生活圈, lebensraum
나치 독일이 체계화한, 범게르만주의적 영토 확장을 꾀하는 이념 및 정책으로, 단순히 사람들이 살아가기 위해 필요한 공간의 의미를 넘어, 국가나 민족이 국력을 신장하기 위해 반드시 확보해야 하는 영역을 가리킨다.

•• 1990년부터 2006년까지 6번의 하원 선거가 모두 다른 내용의 선거법으로 치러졌다.

을 번복하고자 시도했는데, 개방형 정당 명부제가 "의원들 사이에 포퓰리즘적이고 언론을 의식한 저항적 정서"를 자극한다는 점을 우려했기 때문이다. 그러나 사회민주당의 스타니슬라프 크레체크가 의회 연설에서 시인했듯이, 한 번 확대한 유권자의 투표 권한을 다시 축소하려면 "일본 가미카제 특공대의 용기"가 필요할 것이었다. 크레체크의 사회민주당을 비롯해 모든 주요 정당은 정당이 명부를 통제했던 이전 제도를 되살리는 자폭 임무를 꺼렸다.[24]

자기 당 일반 의원들의 재선 전망을 통제하지 못한다는 것은, 특히 정부가 긴축 방안처럼 인기 없는 정책을 이행하고자 할 때 당 지도자들이 정책에 대한 동의를 이끌어 낼 핵심 수단을 빼앗기는 것과도 같다. 바로 그래서 2009년 11월 증세안 표결에서 집권당 연합 소속 의원 7명이 지도부에 반기를 들었으며(4명이 반대표를 던지고 3명이 기권했다) 결국 그로 인해 불신임 표결이 이루어져 찬성 101표, 반대 96표로 집권 연합이 해체되었다.[25]

유권자의 입장에서 아무리 그랬으면 좋겠어도 어떤 희생도 없이 상황만 나아지기를 바라는 일은 불가능했다. 가장 손쉬운 처방만을 약속하는 정치인을 뽑아 주는 것은 정책 실패의 지름길이었다. 정부가 무능함을 드러내자 기업가들이 정당을 기업처럼 운영하는 새 모델을 제시했다. 2013년 선거에서는 정육업·시멘트업·언론사 등 다양한 업체를 소유한 억만장자 재벌 안드레이 바비시가 신당을 창당해 출마했다. 당명은 '불만 시민 행동'Akce Nespokojených Občanů으로, 그 약칭 ANO!는 체코어로 "예!"Yes!를 의미했다.* 이 긍정당은 바비시를 대표로, 그리고

---

* 이런 의미에서 ANO!는 긍정당으로 번역한다.

그의 기업 임원 두 명을 부대표로 하여 바비시의 노선이면 무엇이든 함께할 의사가 있는 후보들을 선정하는 작업에 나섰다. 바비시가 내세운 새 출발의 메시지는 주로 실업률이 높은 지방에 거주하면서 유럽연합에 회의적이고 이민자 유입에 반대하는 유권자들의 관심을 끌었지만, 자신이 소유한 기업의 이해관계가 유럽에까지 연결되어 있었으므로 그로서는 정책적으로 불명확한 태도를 유지할 수밖에 없었다. 가장 인기 있는 바비시의 구호가 반부패라는 것은, 그 본인이 부패와 사기의 장막 뒤에 가려져 있는 인물이라는 점에서 아이러니하다.

유권자를 동원할 수 있는 조직을 만들려면 지역 사무소도 개설하고 사람도 뽑아야 했는데, 바비시의 일부 인사 결정이 긍정당 전당대회에서 거부되자 그는 "내가 돈을 내니까 내가 결정한다"는 자신의 활동 원칙으로 답했다. 긍정당의 당규는 설립자 바비시가 모든 사안에서 독단적으로 행동할 수 있도록 허용하고 있다. 바비시와 그가 손수 엄선한 지도부는 2015년 선거를 위해 지역에서 작성된 정당 명부의 후보 순위를 변경하거나 어떤 경우에는 아예 처음부터 새로 작성했다.[26] 바비시는 정강 정책이 없는 선거운동을 하향식으로 운영했으며, [실질적인 사안보다는] 사람들의 기분을 띄워 주는 일종의 상징 같은 것들로 유권자들을 사로잡았다. 그 결과 2017년 총선에서 긍정당은 원내 다수당이 되었고 바비시는 총리에 올랐다.*

법률상 체코 대통령은 총리를 견제할 수 있다. 2012년 대통령 직선제 개헌은 대통령의 직무 수행에 더 큰 정당성을 부여했다. 그 직무에는 대통령이 총리를 임명할 권한(최대 원내 정당의 대표가 총리가 되는 것으로

* 2021년 총선에서 긍정당이 패배하면서 바비시는 총리직에서 물러났다.

해석되었다) 및 불신임 표결이 통과되거나 선거에서 패배할 경우 총리를 해임할 권한이 포함된다. 대통령은 총리와 공동으로 각료들을 임명하고 해임하지만, 두 행정부 수반 사이의 균형은 여전히 헌법적으로 불명확하다.[27] 현실에서는 약한 의회가, 비용이 많이 드는 인물 중심의 선거운동을 감당할 수 있을 만큼 자금을 가진 자들에게 휘둘린다. 만약 바비시가 대통령 선거에 출마한다면 체코 시민들은 그 대가를 치를 준비를 해야 한다. 만약 그가 법의 심판을 받고 어떤 호감형의 대통령다운 인물이 나타나 질서 회복에 나선다고 해도, 이때 체고 시민들은 그 대통령에게 힘을 실어 줘서는 안 된다. 그 대신 국민에게 나쁜 소식을 전달할 용기가 있는 정당, 그리고 정말로 중요한 문제들을 해결할 방안을 내걸고 선거운동을 할 수 있는 정당에 힘을 실어 주어야 한다.

슬로바키아

슬로바키아는 자생 가능한 좌파 정당이 존재하는 몇 안 되는 동유럽 국가 가운데 하나다. 그러나 이곳에서도 포퓰리즘은 뿌리치기가 어렵다. 중도좌파 정당 스메르SMER의 로베르트 피초 당수는 2016년 5월 세 번째 총리 임기를 시작하면서 "슬로바키아에 이슬람교가 들어설 자리는 없다."라고 선언했다. 정치인들이 이민 문제와 관련해 이렇게 한목소리를 내는 현상은 대선 후보 예비 경선 및 슬로바키아에서 채택한 개방형 정당 명부제가 가하는 압박을 보여 준다. 피초의 선언이 설사 극우의 논지를 선점하려는 의도였다 하더라도 파시스트들의 입지는 강화되었다.

[2016년 총선에서] 의석의 8퍼센트를 얻은 신당 '우리의 슬로바키아'는 당원 집회에서 나치 구호인 "지크 하일[승리 만세]!"을 선창했다.[28]

개정을 약속한 지 수 년 만인 2006년, 슬로바키아 의회는 유권자가 정당 명부를 변경할 수 있는 선호 투표 득표율 요건을 개별 정당의 총득표 가운데 10퍼센트에서 3퍼센트로 낮췄다.[29] 일반적으로 자신의 표를 명부 변경에 사용하는 투표자의 비율은 비교적 낮지만, 그래도 그런 위협의 존재가 정당을 다른 방향으로 몰아갔다.* 즉, 여러 해가 걸리더라도 유권자가 앞으로 높이 평가하게 될 정책을 실행하기 위해 당의 노선을 고수하기보다는 당장 선거 시점에 유권자가 원하는 것에 반응하는 정치인들에게 권한이 넘어 갔다. 다시 말해 인물화된 정당 명부 personalized lists는 눈앞의 관심 사안에 더 역점을 두게 만들었다.

체코와 마찬가지로 슬로바키아도 선거제도를 개정하자 신생 정당이 잔뜩 생겨났으나 이들은 기껏해야 '신생'이라는 것에 기댄 모호한 공약을 제시한다.[30] 좀 더 규모가 큰 정당에서는 일부 후보들이 선호 투표에서 많은 표를 끌어 모아 자신의 개인적 인기를 증명하기 위해 명부의 낮은 순위를 받아들인다.[31] 이처럼 내부적으로 약한 정당들로 이루어진 다당 체제에서는 유권자가 파렴치한 포퓰리즘 선동자들의 조종 대상이 되기에 딱 알맞다.

---

* 슬로바키아 총선에서 유권자는 자신이 선택한 정당 후보자에게 4표를 선호 투표할 수 있는데, 이 투표는 선택 사항이어서 선호 투표를 하지 않는 경우에는 정당 명부 순서에 동의한 것이 된다. 선호 투표가 이루어지면 정당 득표율 3퍼센트 봉쇄 조항을 넘은 후보자를 확인한 다음 선호 투표를 계산해서 명부 순위를 변경한다.

불가리아

불가리아 정부도 내부적으로 약한 정당들로 구성된 다당제에 기반하며 이웃 나라들처럼 독재정치에 취약하다.[32] 불가리아의 의회 민주주의를 가장 탄탄하게 떠받치는 안정 요인은 국민이 유럽연합 회원국 지위를 대중적으로 지지하고 그 지위를 유지하기 위해 희생을 감수할 의향이 있다는 점이다. 폴란드에서와 마찬가지로 불가리아의 대통령직은 대체로 의전적인 지위이지만, 의회의 수장인 보이코 보리소프 총리는 정책에 대한 책임 회피를 생존 전략으로 삼는 포퓰리스트로서, 폴란드로 치면 안제이 두다 같은 존재로부터 견제받지 않을 경우 카친스키처럼 행동할 수 있는 인물이다.[33]

2006년 소피아 시장을 지내던 시절, 보리소프는 전국 단위 정치에서 경쟁하기 위해 신생 중도 우파 포퓰리스트 정당 게르브GERB(불가리아의 유럽발전시민당)를 창당했다. 한때 소방관이었던 보리소프는 총리로서 부활의 명수로 변신해, 수 년 동안 신임투표에서 네 차례나 불신임을 받고도 이전보다 더욱 약화된 정당 연합에 맞서 선거를 치를 때마다 매번 재기했다.[34]• 2017년 3월 총선에서는 게르브가 총투표 수의 3분의 1, 사회당 연합이 4분의 1을 얻었고, 튀르키예 민족 세력을 비롯한 기타 정당들이 그 뒤를 이었다.[35]

당규상 게르브는 전당대회에서 선출된 대표의 지휘를 받으며, 그 대표는 9인으로 구성된 위원회와 함께, 대통령 후보를 비롯해 전국 및 지방정부 선거에 출마할 후보를 선정하게 되어 있다(게르브 당규 36조 11

• 2021년 11월 총선으로 물러났고 2022년 3월 부정부패 혐의로 체포되었다.

항). 그러나 실제로는 보리소프가 결정권을 쥔 것으로 보이며, 이는 강한 정당과 강자가 주무르는 정당의 차이를 잘 보여 준다.[36]

에스토니아

다른 여러 동유럽 국가처럼 에스토니아의 선거제도는 후보자가 당의 정강 정책을 걸고 폐쇄형 정당 명부로 출마하기보다는 개방형 정당 명부 비례대표제를 통해 후보 개인에 대한 충성도를 높이도록 허용한다.[37] 정강 정책을 희생시켜 가며 개인적으로 높은 순위에 올라서려고 드는 부류들을 배제하기 위해 에스토니아의 정당들은 규율을 유지할 수 있는 범위 내에서 당 지도부가 초기 단계부터 후보 선정을 반드시 관리해야 하는 상황이다. 하지만 [정치학자] 마르기트 타비츠에 따르면, 정당 지도자의 지역구 득표율을 그 정당의 차순위 후보의 득표율과 비교했을 때 정당 규율이 약한 체코와 헝가리의 정당 지도자들보다 에스토니아의 정당 지도자들이 더 단단한 지도력을 유지하는 것으로 나타났다.[38] 에스토니아 중도당Eesti Keskerakond은 지역당 조직을 양성하고 관리해 선거 역량을 키운 반면에 에스토니아 연합당Eesti Koonderakond은 지역 조직화를 간과하다 힘을 잃었다.[39] 인기투표하듯 후보를 선정하면 후보 개인들은 유권자들에게, 그 밖의 사람들에게 전가될 비용은 고려하지 않고 그들이 원하는 것을 제시하는데, 이는 당의 정강 정책을 무의미하게 만드는 지름길이다. 그러나 에스토니아의 정당들은 노르웨이와 스웨덴의 정당들과 유사하게 유권자에게 지역별 후보에 대한 정보를 충분히 제공함으로써, 후보 선정에서의 통제 권한을 잃지 않으면서도 유능한 정치인들을 밀어 줄 방도를 찾아 낸 듯하다. 이탈자를 찾아내 그들이 제멋대로 굴기 전에 고립시키는 작업은 집합적 자원을 요구하는데, 그런 자원은 구축하기는 어렵고 파괴하기는 쉽다.

약한 정당과 독재자의 등장

공산주의 체제에서 벗어난 동유럽 민주 정권들이 직면한 난관은 실로 어마어마하다고 말해도 과장이 아니다. 일부 국가에서는 공산 체제에 협력했던 전력 때문에 좌파 세력은 신임을 잃었다. 그러나 헝가리와 불가리아처럼 좌파가 잘 살아남은 곳에서도 시장경제로의 이행은 매우 인기 없는 경제정책으로 이어지고 장기적이고 지속적인 문제를 낳음으로써 집권 정당들이 정권을 거의 유지하지 못했다.

경제 재건이 가장 효과적으로 이루어지려면, 집권 정당이 미래에 큰 대가를 치러야 하는 단기적 해결책을 거부하고 개혁 비용에 대한 책임감을 가져야 한다. 이런 임무를 이행할 수 있는 동유럽 국가는 몇 곳 되지 않는데, 왜냐하면 공산주의 붕괴 이후에 등장한 정당들이 파편화되고 힘이 없었기 때문이다. 소련 시절의 공산당 기관원 출신이건 반소련 활동가 출신이건, 선거 규칙을 만드는 정치인들은 자신들이 가진 최대의 자산, 즉 개인의 인지도 및 지역 인맥에 유리한 제도를 선택했다. 게다가 권력을 다투는 여러 집단도 의회에서 여러 정당에 의석을 보장해 주는 비례대표제 쪽으로 기울어졌다. 애초부터 파편화되고 무력한 상태로 시작한 정당들은 유권자의 분노에 분권화 개혁으로 응답함으로써 상황을 더 악화시키고 말았다.

　난민 위기로 촉발된 두려움과 외국인 혐오는 마른 불쏘시개에 불붙듯 타올라 헝가리의 오르반 빅토르같은 파렴치한 정치인에게 안성맞춤인 상황을 조성했다. 동유럽 민중 사이에서 민주주의에 대한 요청은 여전히 강하고 광범위하지만, 할 수 있는 것 이상을 약속하도록 설계된 선거제도 때문에, 정치인들에게 더 높은 책임성을 부과하지 못하고 있다.

12장

앞으로 나아갈 길

전 세계의 대중은 정당이 유권자와 유리되어 당파적 이익을 위해 대중의 복리를 희생하고, 더 나쁘게는 자신의 지위를 이용해 자기 배를 불리는 욕심 많고 야심 많은 지도자를 키워 낸다고 비난한다. 물론 반反정당 운동은 위험하다. 이것은 민주주의를 두 가지 방식으로 저해할 수 있는데, 첫째로 민주적 책임성을 사실상 약화시키는 얄팍한 민주적 절차를 촉구하도록 시민을 부추기고, 둘째로 그 민주적 절차가 바람직한 결과를 내지 못했을 경우 시민들이 민주주의 자체를 포기하도록 유도한다.[1] 정당이 유권자에 무심하다고 믿는 인민은 포퓰리즘의 선동에 취약하다.

하지만 인터넷에 접근할 수 있고 정치에 관한 정보가 넘치는 이 시대에 중개자를 빼 버리고 대중이 직접 정책을 사안별로 바로바로 결정하면 왜 안 될까? 보편적인 정보에 접근할 수 있고 모든 해킹을 방지할 수 있다는 가정하에, 대의제 정부의 기구들을 없앰으로써 엄청난 비용이 절감되는 것은 말할 것도 없고, 유권자 등록 및 투표율이 개선되는 효과를 생각해 보라.[2] 온라인 직접민주주의를 옹호하는 사람들은 인민이 정당을 우회할 수 있고, 로비 활동과 기업의 정치 기부가 무력화되고, 인민의 의지가 당파성에 의해 왜곡되지 않고 승리할 수 있는 완벽한 세상을 상상한다.

그러나 많은 민주국가에서 정당의 중개자 역할이 약화되는 추세를 우리는 우려해야 한다. 당파적 분열, 정치적 부패, 유권자와 유리된 지도자는 대의제 민주주의의 필연적인 부작용이 아니라 나쁜 돌연변이에 해당한다. 정당은 민주적 경쟁의 핵심 기관이다. 왜냐하면 정당이 존재하기 때문에 유권자는, 유권자 복리의 핵심을 이루는 두 가지 약속, 즉 차기 선거를 넘어 그보다 더 장기적으로 미치는 정책 효과에 대해, 그리고 매력적인 여러 정책 대안들의 비용을 비교 계산한 것에 대해 대표자들을 상대로 책임을 물을 수 있기 때문이다.

그런 규율을 갖춘 정당이 없으면 유권자는 자신이 원하는 정책은 아무 비용도 안 들 것 같은 환상 속에 살 수 있다. 이는 마치 배앓이, 충치, 당뇨, 비만의 가능성을 생각지 않고 단것을 폭식하는 아이와도 같다. 정당이 사회적 이익이라는 폭넓은 관점을 대표할 수밖에 없는 한에서, 정당의 평판은 정치적 개개인의 평판보다 길게 존속하기 때문에, 직접 민주주의의 요소가 아무리 많이 담긴 체제라도 정당만큼 바람직한 결과물을 산출하지는 못하며, 가장 매력적인 개인 정치인조차 정당만큼 신뢰하기는 어렵다.

물론 나쁜 평판을 받아 마땅한 정당도 많다. 그러나 어떤 민주주의 체제든 그 질을 향상하기 위한 주요 관건은 기능이 부진한 이유를 파악해 그 문제를 근본적으로 바로잡는 것이다. 아래로 권한을 이양하라는 요구는, 과정을 효능으로 착각하고 정당의 장기적 관점과 광범위한 이익 고려를 과소평가함으로써 상황을 나쁘게 만들었다. 유권자들이 후보 선출과 홍보에 더 크게 개입하고 각종 사안마다 결정 과정에 참여하겠다고 주장함으로써 정당을 약화시키면, 대중으로부터 그들에게 가장 유익한 정책을 박탈하게 된다. 만약 정당들이, 자신들이 옹호하는 모든 정책의 비용을 다른 당의 경쟁 정책에 들어가는 비용과 일일이 비교 산정해 최대한 광범위한 유권자에게 호소할 수 있는 방식으로 여러 정책을 한 꾸러미로 묶어 공약해야 한다면, 그것이 장기적으로 대중의 이익에 부합할 가능성이 가장 높다. 바로 그 작업을 경쟁자보다 성공적으로 해내는 것이 선거에서 승리하는 비결이 되어야 한다.

분권화 개혁의 역설

전 세계 민주주의 국가의 유권자들이 느끼는 불만은 정당하다. 정부는 약속을 못 지킬 때가 많다. 경제의 장기적 변화에는 조정 비용이 뒤따르지만, 이를 기꺼이 시인하는 정치인은 극소수다. 1990년대 초에 중남미·뉴질랜드·동유럽에서 갑자기 시장이 자유화되었고 좀 더 최근에는 여러 부유한 민주주의 국가에서 엄청난 수의 제조업 일자리가 자동화되면서 유권자가 정치인들에게 해결책을 요구하고 있으나, 정치인들은 해결책을 찾기는커녕 서로를 비난하면서 폭발하는 유권자의 분노에 몸을 낮추고 있다.

하지만 내 손으로 직접 하는do-it-yourself 정치가 아무리 합당해 보여도, 그런 치료법은 병보다 더 해롭다. 여러 정책의 상대적 비용과 편익을 장기적으로 비교 산정할 능력이 유권자에게 없다는 사실은 정치 분야의 중요한 시장 실패에 해당하며, 이 시장 실패를 가장 잘 해결할 수 있는 것은 정당이다. 만약 내일 평판이 추락하는 대가를 치러야 한다는 것을 안다면, 정당은 오늘 당장 흥청망청하는 정치 행태의 유혹을 거부할 것이다. 만약 어느 집단에 편파적으로 대해 다른 집단의 표를 잃을 수 있다면, 정당은 최대한 많은 유권자에게 유익하되 그로 인해 손해를 입는 유권자가 부담해야 하는 비용을 최소화하는 정책을 추구할 것이다. 문제는 정당 자체가 아니라, 정당이 유권자를 대표해서 이런 판단을 내리고 감행하기에 힘이 너무 없다는 것이다. 유권자는 나약한 정당이 내놓은 결과물을 보고는 정당의 힘을 더 약하게 만드는 식으로 반응하지만, 그것은 방향이 완전히 잘못된 조치다.

미국 건국의 아버지들이 헌법에 담아 무한히 복제되도록 보장한 철학적 유전자는 정치적으로 히포크라테스 선서에 상응한다. 첫째, 해를 입히지 말라는 것이다. 정부의 모든 부서가 다른 부서에 의해 견제되고 정부의 모든 층위가 다른 층위에 의해 견제된다면, 재산권은 안전하며 아무도 해를 입지 않는다. 제퍼슨과 매디슨 같은 정치가들은 [정치체가] 작동할 수 있게 하기 위한(정치체의 파괴를 막을 뿐만 아니라 강화하기 위한) 도구로서 나중에 마지못해 정당을 만들었지만, 미국의 정당들은 여전히 여러 층의 제도적 제약 안에서 제한되고 종종 마비되기도 한다.

하지만 미국인들은 이런 방식을 좋게 본다. 특히 이들은 극단주의를 견제하고 정책을 광범위한 중도 쪽으로 몰아가는 초당파적 합의를 좋아한다. 이것도 내 손으로 직접 하겠다는 충동과 마찬가지로 대단히 합당해 보인다. 그러나 초당파주의가 상황을 개선하기 위한 하나의 길이 된 이유는 오로지 온건하고, 대중에게 이롭고, 유권자의 이익에 봉사하는 정책을 수립·홍보·실행하는 일에 정당들이 실패했기 때문이다. 대서양 건너 영국에서는 폭넓은 유권자의 지지를 얻도록 하는 제도적 유인과, 한 번에 한 정당이 통치하도록 하는 제도적 권한을 정당에 부여하는 체제를 통해, 초당파적 합의 없이도 국민건강보험, 양질의 공교육, 환경보호, 경제 활력을 확보할 수 있었다. 이 체제에서는 유권자가 정책 기안자를 가려내어 그 정책에 대한 책임을 정당에 더 쉽게 물을 수 있다. 반면에 여러 요인(대통령제와 연방제가 만들어 낸 다중적 입신 경로, 정치인을 극성 유권자와 부유한 기부자에게 속박시키는 예비선거제 등) 때문에 정당의 힘이 약한 미국에서는, 원내 정당들이 통과시키는 법안에 온갖 지역 프로젝트가 잔뜩 딸려 들어가 정작 건강보험, 교육, 기타 공공 기반 시설 같은 전국 단위 프로젝트에 지출할 비용은 부족해진다.

모든 정부 형태에는 장단점이 있지만, 그렇다고 그것들이 전부 동등한 창조물인 것은 아니다. 우리가 좋은 공공 정책(장기적으로 대다수 인민에게 대개의 경우 유익한 정책)을 중요하게 생각한다면 과거에 알렉산더 해밀턴이 나중에 비판을 받기는 했지만 중요한 사실을 발견했다는 것을 인정해야 한다. 일찍이 1780년에 나이 스물다섯의 해밀턴은 제임스 두웨인에게 미국 연합의 "근본적인 결함"은 "의회의 힘이 부족한 것"이라고 불평했다. 그는 재산권, 사회적 상호 관계, 조세에 관한 모든 사안과 관련해 의회에 "완전한 주권"을 부여해야 한다고 주장했다.[3] 7년 후 그는 필라델피아 제헌회의에서 "영국의 정부 형태는 이제까지 세계가 배출한 최고의 모델"이라고 주장했으며, 영국 정부가 "공공의 힘과 개인의 안전"에 초점을 둔다는 것을 그 이유로 들었다. "수많은 사람의 정신 속에서 그런 진보가 이루어졌으며 이 진리가 점점 더 힘을 얻을 것"이라던 그의 확신은 지금까지 이 책에서 살펴본 내용에 비추어 어쩌면 너무 낙관적이었는지도 모른다.[4] 해밀턴의 비판자들은 그를 군주제 지지자로 폄하했다. 당시로서는 지극히 혹독한 비난이었다. 하지만 그는 미국 헌법이라는 히포크라테스 선서가 지나치게 정부의 역량을 제약한다는 점을 인식한 몇 안 되는 사람에 속했다.

건국 시대 이래로 미국 정부는 헌법상의 제약을 우회하기 위해 애써 왔으며, 대공황과 두 차례의 세계대전처럼 드물게 정부의 확고한 대응을 필요로 하는 전 국가적 위기 상황에서 종종 그런 우회의 노력이 큰 성공을 거두기도 했다. 그리고 성공한 일에 트집을 잡기는 어렵다. 미국은 세계 패권을 장악했고, 세계 시장의 개방성을 유지해 왔고, 제3차 세계대전을 (아직까지는) 성공적으로 방지했다. 그러나 미국은 자국 시민이 잠재력을 충분히 발휘할 수 있도록 동등한 기회를 부여하는 일에서는 다른 나라에 뒤졌다. 재산권은 기업가적 활력의 핵심이기는 하지만, 미국에서는 재산권이 기초 생활 보장은 물론 전국 공공 기반 시설이나 미국의 풍요로운 재화에 동등하게 접근할 권한보다도 우선했다. 2013년에 미국인의 약 4분의 1이 의료비를 내는 데 심각한 어려움을 겪거나 아예 지불할 능력이 없는 것으로 보고되었는데, 이 비율은 대다수 선진 민주국가의 두 배 이상이며, 많은 국가의 세 배 이상이었다. 영국의 경우는 그 비율이 2퍼센트 미만이었다.[5] 확립된 지 오래되고 대단히 인기 있는 영국의 국민건강보험과 비교할 때 미국 건강보험 개혁의 지속적인 대실패는 약한 정당이 어떤 결과를 가져오는지를 극명하게 보여 준다.

비례대표제를 채택한 북유럽 국가들은 복지를 제공하는 데 탁월한 능력을 보여 주었으며, 그러면서도 자국 시장을 경쟁에 개방하고 튼튼한 경제를 구축해 냈다. 이 나라들은 적어도 부분적으로는 반영구적이고 견고한 노사 협의제를 기반으로(연립정부가 자본과 노동 사이에서 양보를 끌어냄으로써 이 체제를 지탱했다) 숙련 노동자의 임금을 높게 유지했다. 이 나라들이 고품질 제조업 생산품을 수출하는 틈새 주자로서 경쟁력을 유지하던 동안에는 노사 양측이 모두 혜택을 누렸다. 하지만 최근 몇 년 동안 자동화의 거센 물결이 밀려들면서 고용 안정과 임금 안정이라는 노사의 공동 혜택은 사라질 위기에 놓였다. 한때 장기 노동계약과 후한 실업 급여로 유명했던 나라들도 이제는 노동시장의 유연성을 높이는 방향으로 전환하는 중이며, 민생 악화에 대한 반응으로 수많은 유권자가 지금까지 그들의 이익을 옹호해 주었던 사회민주주의 정당을 등지고 있다. 또한 좌우 세력이 모두 여러 개의 과격파 정당으로 분절되고 있어서, 나치 세력이 분열된 정치의 해결사를 자처하며 나섰던 독일 바이마르공화국의 망령을 불러내고 있다.

후보 선출에 대한 통제권을 정당으로부터 빼앗고 싶어 하는 유권자는 시민의 관심사와 동떨어진 정당을 묘사할 때 종종 '카이사르주의'*라는 용어를 사용한다. 하지만 이들은 그 뜻을 완전히 반대로 이해하고 있다. 율리우스 카이사르는 로마 공화정의 수호자들이 우려한 대로 대중에게 직접 영합하는 포퓰리즘으로 집단적 통치의 구속에서 벗어나려고 시도했다. 오늘날의 몇몇 통치자처럼 카이사르도 자신에게 개인적으로 충성하는 군대를 등에 업고 이를 실행에 옮겼다.[6] 힘 있는 정당은 카이사르주의를 따르지 않는다. 정당이 강하면 유권자는 정치인의 위험하고 허황한 개인적 매력보다는 정당의 정강 정책에 끌리게되기 때문이다.

서유럽 민주국가들은 민주주의에 대한 깊은 헌신을 바탕으로 카이사르주의적 위협을 인식하고 이를 물리친다. 극우 정당이 인상적으로 입지를 넓힌 스웨덴·독일·네덜란드·벨기에·프랑스에서는 그런 극우세력과 연정을 구성하기를 거부하는 온건파 정당들에게 유권자가 지지로 보답한다. 그러나 민주주의의 역사가 짧은 민주국가에서는 극우의 득세에 저항할 수 있는 사회적·제도적 자원이 부족할 수 있다. 동유럽의 걱정스러운 포퓰리즘 경향은 헝가리 같은 나라들이 독재 체제로 완

• 카이사르주의Caesarism
통치자가 법의 지배를 받지 않고 절대 권력을 누리는 독재정치 제도.

전히 회귀하는 상황의 전조일 수 있다. 적어도 유럽이 번영을 유지하는 한, 유럽연합 회원국의 지위와 그것에 수반되는 경제 혜택은 안정화 요소로 작용한다. 그러나 유럽연합의 무게 중심 역할은 [언젠가는 소모될 수 있는] 한정된 자원이다.

더 나은 제도를 구축하려면

많은 나라에서, 기성 정당들이 기대에 부응하지 못했다는 유권자의 심판은 옳다. 그렇더라도 정당을 무기력하게 만들면 훨씬 더 심각한 불안정이 야기될 수 있다. 세계에서 가장 오래 존속한 민주국가이자 직접민주주의의 숙달된 이용자 스위스(경고 : 따라하지 마시오)마저도 전례 없는 수준의 정치적 분절화와 반동적인 외국인 혐오증에 직면해 있다. 스위스가 나치즘 따위에 굴복할 가능성은 적지만, 제도적·문화적 기반이 약한 나라들은 포퓰리즘의 선동에 취약하다.

우리는 지금까지 두 개의 강력한 정당이 서로 경쟁하는 것이야말로 대중을 위한 정책을 펼치는 데 최고의 기반이라고 주장했다. 여기에는 서로 중첩되고 연관되는 다섯 가지 근거가 존재한다.

- 어떤 정당이든 선거에서 다수를 획득 또는 유지하고자 한다면 폭넓은 대중의 지지를 받을 수 있는 정책을 제시해야만 한다.
- 소선거구제는 진입 장벽이 높아서 이탈자들이 신당을 창당하기 어렵기 때문에 정당의 규율을 강화한다.

- 경쟁하는 정당이 두 개뿐이면 정치적 경쟁은 유권자가 이해하기 쉬운 경제적 이익을 중심으로 이루어지는 경향을 보이며, 유권자의 이해는 정치인의 선거 책임성을 높이는 데 도움이 된다.
- 정강 정책으로 대결하면 기부자에게 영합할 필요가 줄기 때문에 개인적 매력이나 후견주의로 경쟁하는 것보다 비용이 적게 든다. 정책 프로그램을 잘 갖춘 정당은 부유층이나 극렬 세력에 양보하느라 중도 유권자들의 표를 포기할 이유가 없다.
- 소선거구제는 선거 사이 기간에 정부에 책임을 물을 수 있는 강하고 단합된 야당을 배출한다.

이 다섯 가지 특징이 가져오는 최종적인 결과는 정부가 대다수 유권자가 바라는 사항을 대부분의 시간 동안 충족하는 공공 정책을 제시하고, 그것에 책임질 수 있게 된다는 것이다.

웨스트민스터 체제는 그 절정기에 이런 이상적 상태에 가장 근접했으며 영국이 이룬 장기적 공공 정책의 성과는 세계 최고에 속한다. 하지만 이렇게 이상적인 형태를 갖춘 체제의 약점을 알아보는 것과, 영국이 어떻게 그 이상에 미치지 못했는지를 지적하는 것은 중요하다. 제일 취약한 시민 층의 관점에서 가장 중대한 문제는 소선거구제의 중도 지향성이 빈민층에게 적절한 보호 장치를 제공하지 못할 수 있다는 섬이다. 그러나 만약 시장의 예측 불가능성 때문에 자신도 자칫하면 빈곤층이 될 수 있다고 여기는 유권자가 충분히 많아진다면, 정당들은 빈곤에 대비하기 위한 사회보험을 대다수 유권자가 적정하다고 여기는 비용 수준에서 사실상 경쟁적으로 제시할 것이다. 웨스트민스터 체제가 가장 취약한 계층을 보호할 수 있느냐의 여부는 대다수 유권자가 자신도 취약해질 수 있다고 느끼는지에 달려 있다. 그러나 빈부 격차가 확대되면 취약 계층을 보호할 유인이 부유층에서 약해진다. 그 어떤 민주주의 형태와 마찬가지로 웨스트민스터 체제도 유권자가 대체로 서로 비슷비슷할 때 가장 잘 작동한다. 한편 비례대표제가 취약 계층에 부를 재분배하는 능력은 노동조합이 쇠퇴하고 좌파가 분열함에 따라 축소되고 있다. 비례대표제가 재분배와 관련해 누렸던 유리함은 점차 사라지고 있는 것으로 보인다.

전후 산업 시대에는 비례대표제 국가들이 연정에 참여하는 강한 정당들에 기대어, 강력하게 집결된 몇몇 집단의 이익을 한꺼번에 밀어주는 방식으로 안정된 경제를 이루었다. 강한 정당은 선거전에서 기업의 기부에 덜 의존하므로 정치체제가 자잘한 부정부패에 물드는 일을 방지할 수 있었다. 그러나 상대적으로 규모가 작은 정당들은 이익집단들과 유착 관계를 형성했다. 이렇게 카르텔화된 경제는 일정한 공적 편익을 가져왔는데, 이를테면 금융기관은 기업에 안정적인 신용 거래를 제공할 수 있었고, 그러면 기업은 그것을 바탕으로 장기 노동계약을 준수할 수 있었기 때문이다. 안정된 은행 융자는 주가가 하락했을 때 자본시장에 의존적인 영미권처럼 회사가 노동자를 해고하지 않아도 된다는 것을 의미했다. 신용 기반 경제는 유럽의 여러 연립정부들에 지속적인 번영을 가져다주었다. 비록 국제 경쟁에서 규모의 경제를 이용해 먹기 위해 주식시장을 필요로 하는 혁신·벤처 자본이 어느 정도 비용을 치러야 했지만 말이다. 노동자에게 넉넉한 복리가 보장되는 동안에는 그런 문제점 정도야 충분히 묵과할 수 있었으나, 좌파의 분열로 노동 세력이 약화되는 상황에서는 금융기관의 경제 장악력이 함께 약화되지 않으면 이런 협조 체제가 불안정해질 수 있다. 카르텔화된 경제는 생산성 및 복지의 손실을 메우지 못한 채 보호주의와 비효율로 경도될 수 있다.

영국이 최근 웨스트민스터 체제의 일부 핵심적 특징을 떨구어 내긴 했지만, 이전에도 웨스트민스터 체제의 완벽한 모델은 전혀 아니었다. 유권자가 당 지도부 선출에 더 큰 영향력 행사를 요구하기 전에도, 영국의 작은 선거구 크기 및 매우 이질적인 지역적 차이는 정당이 전국의 평균적 유권자를 대표할 수 있는 능력을 늘 제약해 왔다. 7만 유권자로 이루어진 선거구들(의원 1인의 평균적인 지역구 규모)은 인구의 다양성을 완전하게 반영하지 않기 때문에 정당은 정강 정책 중에서 어느 것을 느슨하게 해야 선거에서 다수를 얻을 확률이 가장 커질지 잘 계산해야 한다. 하지만 데이비드 흄이 두 세기 전에 인식한 대로 만일 선거구들이 인구학적으로나 경제적으로 나라 전체의 축소판이라면, 대표자들은 대다수 시민에게 가장 유익한 정책을 구상하려는 자기 당의 노력을 더 지지하게 될 것이다. 선거구 주민의 이익이 전국 중위 투표자의 이익과 일치될 경우, 당 내부의 토론은 누구의 이익을 보호하면 누가 손해를 보느냐는 것보다는 (물론 이것은 고매한 원칙론으로 위장된다) 무엇이 대다수에게 최선인가에 역점을 둘 수 있다.

달성할 수 없는 완벽함보다는 현실적으로 가능한 개선이 더 낫다는 점에서, 우리는 저마다 출발점은 다를지라도 각각의 정치체제를 민주적 경쟁의 목적을 향해, 다시 말해 더 나은 공공 정책을 위해 책임성을 높이는 방향으로 이끄는 개혁안을 제안한다. 이를 위해서는 선거에 앞서 광범위한 유권자 집단의 장기적 이익을 위한 일단의 정책을 약속할 수 있는 책임 정당을 구현해야 한다.

책임 정당 경쟁에 필요한 요소를 이미 두루 갖춘 영국의 경우, 가장 효과적인 제도 조정안은 규모와 다양성이 지금보다 크고 도시·교외·시골 유권자의 비율도 전국 비율과 비슷한 선거구를 확립하는 일일 것이다. 그런 선거구라면 전체적인 그림을 볼 줄 아는 의원을 의회로 보낼 것이다. 이 의원들은 매우 특수한 속성을 띤 선거구의 이익을 사수할 필요가 없으므로 정책 결정과 관련해 표를 단속할 권한을 당 지도부에 기꺼이 위임할 것이다. 선거구들이 서로 비슷비슷하면 좋은 선거 결과를 얻어내지 못한 당 지도자들을 백벤처들이 합심해서 표결로 물러나게 하기도 더 쉬워진다. 이상적으로는, 지역 간 소득 격차로 인한 효과를 상쇄하기 위해 지방 선거구 두 곳 중 한 곳과 런던의 한 구역을 묶어 하나의 선거구로 만드는 방법도 있다. 물론 이는 설득하기 어려운 방안이다. 영국인들은 런던에 살든 스코틀랜드에 살든 자신의 지역 정체성을 포기하려 하지 않을 것이다. 차선책은 지리적으로 인접하되 경제적 이질성이 폭넓게 분포하도록 도시·교외·시골 유권자를 아우르는 꽃잎 모양의 선거구 편성을 시도하는 것이다.

양당제가 불가능할 때 과연 최적의 정당 수라는 것이 존재할까? 정당이 많지 않아야 분절화가 제한되고 유권자의 시각에서 예측 가능성이 커지므로 일부 논평가들은 다섯 개를 최적으로 본다.[7] 하지만 그러면 집권당이 연정 파트너로 고를 수 있는 정당의 수가 줄어들기 때문에 연정 참여를 노리는 정당들이 자신들의 몸값을 높여 장관직이나 기타 약속 또는 양보를 많이 받아 내려고 할 수 있다. 2017년 독일과 네덜란드에서, 용인될 수 있는 범위를 벗어난 극우 정당들이 연정에 참여할 수 없었듯이, 일부 정당이 이념적인 이유로 연정에 참여하지 못할 때 이 현상이 특히 두드러진다. 이런 체제는 한 정당이 중도에 자리 잡고서 그 지배적 위치를 유지하기 위해 연정 파트너 및 말썽의 소지가 있는 세력을 후견주의적 혜택으로 매수하는 일당 우위 체제로 변질될 위험이 있다. 반대로 군소 정당이 난립하면 잠재적 집권 정당들의 선택지가 늘어나고, 연정에 들어가기 위해 앞 다투어 낮은 값을 부르는 군소 정당들의 협상력은 줄어든다.[8] 그러나 이 경우 군소 정당 지지자들은 의회에서 무력한 대표자들을 보고 크게 절망하게 된다. 즉 후견주의는 줄어들지만, 소외감이 늘어난다.

노르웨이와 스웨덴 같은 일부 비례대표제 국가는 후보들의 충원과 육성을 중앙에서 통제하는 규율 있는 정당들을 갖추고 있다. 당연히 이 정당들은 유권자가 정당 명부의 후보 순위를 변경할 수 있는 요건을 높게 설정함으로써 정당 명부에 대한 통제권 상실에 저항하고 있으며, 예비선거를 이용해 재능 있는 후보를 찾아내는 한편, 그들이 자기 정당에 잘 맞고 충성심이 있는지 확인한다. 스웨덴의 우파 정당들은 선거에서 승리하면 어떤 정부를 구성하고 어떤 정책을 이행하겠다고 유권자에게 알리는 선거 연합의 위력을 실감한 바 있다. 정당의 입장에서야 구속 받지 않으면 더 좋겠지만, 책임성의 혜택을 받는 유권자는 그 정당에 더 큰 지지로 보답한다. 역사적으로 우세했던 좌파 정당이 노조의 쇠퇴로 어려움을 겪고 있는 스웨덴의 상황에서, 이제 좌파 정당들도 우익의 득세에 대응하기 위해 선거 연합을 꾸려야 할지 모른다.* 그러나 2018년 독일 사민당과 기민/기사련의 길었던 연정 협상에서도 드러났듯이, 당시 사민당이 연정 합의안에 당원들의 승인을 받아야 했던 것처럼 정당들이 협상 권한의 분권화를 약속할 경우 선거 연합을 형성하기는 더욱

* 실제로 사회민주당은 2018년 총선에서 녹색당, 좌파당과 선거 연합으로 선거를 치렀으며 사회민주당 100석, 녹색당 16석, 좌파당 28석을 합쳐 349 의석 가운데 144석을 얻었다. 143석을 얻은 우파 연합에 1석 앞섰으나 과반 의석 달성에는 실패했다.

어려워질 것이다.

유권자의 열정과 참여를 되살리기 위한 하나의 방안으로서 개방형 정당 명부와 예비선거를 도입하는 방향으로 이미 옮겨간 에스토니아와 스웨덴 같은 비례대표제 국가들은 당 중앙의 통제와 후보를 더 폭넓게 충원하는 일 사이에서 균형을 맞출 방법을 찾을 수 있을지도 모른다. 그러나 이는 위험한 전략이다. 폭넓게 충원된 "후보 유형"은 당의 통제에서 벗어나려는 유인을 크게 받을 수 있으므로 두 목표가 서로 배치된다. 여러 연구 결과가 보여 주듯이, 개방형 명부를 취하는 정당이 의회에서 계속 합심해서 투표할 수 있을지는 미지수다. 개방형 명부의 효과를 가늠하기에 더 나은 기준은 당의 지도자가 일반 의원들의 표를 단속하는 일에 어려움을 겪을 때 그 당 정강 정책의 응집력에 어떤 일이 벌어지느냐다. 약한 정당들은 자기 당 의원들 사이에서 합의를 얻어내는 대가로 그야말로 얼마나 퍼주어야 할까?

독일이 전전 시대의 절망을 뒤로하고 전후에 찬란한 역사를 써내려 간 덕분에, 다른 나라나 다른 시점에도 늘 적용(수출)될 수 있는 건 아니지만, 독일식 모델은 대단한 인기를 누려 왔다. 독일의 선거구는 상대적으로 규모가 크고 내부적으로 다양해 강한 당 지도부에 권한을 위임하기에 적합한 조건을 갖추었으며, 두 대형 정당의 지도부가 중도 유권자를 겨냥하는 쪽으로 기울어지면서 양당이 안정적으로 번갈아 집권할 수 있는 여건이 조성되었다. 그러나 이제 좌파가 분열하고 극우 지지율이 급상승하는 상황에서 독일 선거제도에 포함된 비례대표제 요소는 과연 현명한 일이었는지 의문이 생긴다. 그러나 [후대를 위해 견종을 개량하는] 개 사육자와 달리, 정당은 자신의 영속을 위해 선거제의 혼합을 결정한다. 따라서 독일 혹은 여타 나라에서도, 군소 정당은 소선거구제를 지지하지 않을 것이며, 바로 그렇기 때문에 군소 정당과 연정을 꾸려 통치하고자 하는 그 어떤 대형 정당도 감히 소선거구제를 지지하지 못할 것이다. 그렇다고 두 개의 대형 정당이 협정을 맺기도 어렵다. 그런 정보가 섣불리 유출되면 선거에 재앙이 될 수 있기 때문이다.

분권화 때문에 의도치 않은 불쾌한 결과를 겪고 나서 정당이 완전히 태도를 바꾼 사례도 있다. 이스라엘에서는 2000년대 초에 여러 정당이 유권자의 지지를 확대하기 위한 방안으로 예비선거를 도입했다가 이후 일부는 예비선거를 포기하고 또 다른 일부는 당 지도자의 후보 지명권을 다시 강화해 예비선거의 영향력을 제한했다.[9] 인도 국민회의는 경쟁이 많아지면 더 우수한 후보를 유치하는 데 도움이 된다는 명제를 실험하기 위해 2014~16년 주의회 선거에서 몇몇 선거구에 한정해 예비선거를 도입했다. 그러나 예비선거 승리자들이 당의 위계질서만 흐트리고 총선에서 더 나은 성과를 내지 못하자 당은 실험을 중단했다.[10] 영국 보수당의 예비선거 실험도 단명한 것으로 보인다.

미국과 영국은 양국이 모두 다수대표제를 취한다는 이유로 한 묶음으로 분류되는 경우가 많다. 그러나 원내 정당의 규율이라는 측면에서 보면 미국은 아르헨티나에 더 가깝다. 대통령중심제, 양원제, 연방제, 분권화된 후보 선출제 등에 의해 정당 체계가 분절화된 중남미 국가들처럼 미국도 의회 지도자들이 법안을 수립하고 제정하는 과정에서 어마어마한 장애에 부딪힌다. 의회에서의 단결된 투표나 당파적 수사법으로 보면 미국 정당은 강하다고 할 수 있고, 심지어 적대적으로 양극화되었다고도 볼 수 있다. 그러나 성과를 내는 능력으로 보면 미국 정당은 기준 미달이다.[11] 미국은 (잠재적으로 당파와 기관을 초월해 의견 일치를 보여 줄 수 있는) 군사 강국이지만, 미국의 국민 보건, 교육, 복지는 일류가

못 된다.

1950년에도 일단의 학자들이 4년간 숙고한 끝에 『미국정치학회보』에 한 편의 보고서를 발표해 이와 유사한 경종을 울렸다. 저자들은 이렇게 적었다. "역사적 및 기타 요소로 인해 미국 양당제는 전국적 장치나 전국적 결속력이 거의 없이 국가 조직과 지방 조직이라는 두 개의 느슨한 연합체로서 운영된다. 그 결과 주요 양당 중에 어느 당이 집권해도 입법부와 행정부에서 자기 당 소속 대표들을 규합해 정강 정책을 지침 삼아 그것을 기반으로 하나의 단합된 정부를 조직해 내기에 역부족이다. 이에 따라 정당의 책임성은 여론조사 앞에서 자취를 감추는 경향을 보인다. 이것은 미국 민주주의의 심장 박동에 영향을 주는 매우 심각한 문제다. 또한 일관된 정책에 기반해서만 처리할 수 있는 사안을 단편적으로 처리했다가는 국가 안전이 위험한 요즘 시대에, 이는 대내외 정책 면에서도 심각한 문제가 될 수 있다."[12]

이 보고서를 내놓은 미국정치학회 정당분과위원회의 목표는 미국의 정당들이 미국 헌법이 허용하는 범위에서 최대한 웨스트민스터 체제처럼 행동하도록 유도하는 것이었다. 이 위원회는 정당의 조정력이 정부의 여러 부서와 층위에 두루 미칠 수 있도록 행정부, 입법부, 주 단위 및 지역 단위의 정당 지도부를 전부 통합한 정당 협의회Party Council의 신설을 제안했다.[13] 그로부터 30년 전, 정치학자 찰스 메리엄이 참가자 600~700명으로 이루어진 정당 협의회를 이미 제안한 바 있었다. 그 제안에 따르면, 참가자는 다음의 다섯 집단으로 구성되었다. ① 대통령, 부통령, 다수당의 각료 및 대선 후보 예비선거 결과에 의해 선정된 소수당의 주요 대선 후보들, ② 당 소속 의원들, ③ 당 소속 주지사들 및 주지사 후보로 지명되었다가 선거에서 패한 차점 후보자들, ④ 전국 위원회 위원들과 주 위원장들, ⑤ 전국 위원회, 주 위원회, 또는 민주당 청년회 및 공화당 청년회 같은 연계 조직이 선출하는 당 지도자들.[14] 미국정치학회는 메리엄의 정당 협의회 방안을 지지했으나 메리엄이 제안한 규모보다 작은 60~70명의 협의를 권했고, 이들이 "전당대회에서 규정하는 범위 내에서 당 운영과 관련해 더 큼직한 문제들을 숙고하고 해결할 수 있도록" 했다. 이 협의회는 1년에 최소한 네 차례 회합을 가지고 전당대회에서 승인받게 될 예비 정강 정책을 기초할 권한을 부여받았다.[15] 지역당 조직이 전국당 조직에 더욱 충성하게끔 정기적으로 정당 협의회에 출석해 보고하게 하고 "현저하거나 지속적인 신의 위반"에 대해서는 협의회가 그 구성원을 전당대회에서 퇴출하는 것으로 대응하도록 했다.[16]

　미국정치학회는 앞서 현직 정치인들이 메리엄의 제안을 거부하는 것을 봤기 때문에, 만일 협의회를 신설하는 일이 정치적으로 불가능하다면 현존하는 기구들이 정기적으로 조율에 나서 정강 정책을 명시적으로 조화롭게 조정하면 된다고 추가적인 방안을 제시했다.[17] 정당 협의회의 크기를 더 줄이고, 이 기구가 격년으로 모여 통일된 정강 정책을 모색하는 방법도 있었다. 전국 위원회 내부의 대표성은 인구 비례로 해서 효력과 정당성을 높이도록 했다.[18] 당 지도부 위원회는 '대통령의 정책 프로그램에 관한 합동 위원회'의 자격으로 매 의회 회기가 시작될 때마다 만나도록 했다.[19] 다수당 지도자는 의회 상임위원회의 위원장들을 정하고 당의 목표에 비추어 그들에게 책임을 묻도록 했다.[20] 각 주의 당 조직은 주와 지역 관련 사안에 초점을 두며 전국적 사안에 관해서는 전국당의 정강 정책을 준수하도록 했다.[21]

　미국 정당들이 여태 메리엄의 야심 찬 정당 협의회는 고사하고 미국정치학회가 권고하는 조율 장치조차 도입하지 않았다는 사실은 미국 체제가 타성에 젖어 있음을 말해 준다. 미국의 정치 구조는 [여러 모로 정당을 약화시키는] 헌법에 의해 만들어졌기 때문에, 선거와 선거 사이의 전 기간 동안 하나의 정당이 정부에 대한 장악력을 견고하게 하는 웨스트 민스터식의 처방을 실행하기 어렵다. 초당파성이란 어느 당 고유의 명확한 정강 정책이 부재할 때 다른 당과 맺는 분권화된 협상을 가리키는 또 다른 명칭이다. 미국인들이 초당파적 협상을 좋아하는 것은 그것을 교착 상태를 타개하는 방안으로 인식하기 때문이지만, 그들은 애초에 왜 교착 상태가 생기는지는 인식하지 못하고 있다.[22]

보고서가 발표된 후 반세기 동안 돈이 미국 정치를 황폐하게 만든 효과에 미국정치학회 위원들이 얼마나 경악했을지는 그저 짐작만 할 뿐이다. 연방대법원이 [1976년] 버클리 대 발레오 판결에서, 선호하는 정치인에게 마음껏 정치자금을 기부할 자유를 허락한 이래로, 정당들은 엄청난 교통 체증을 정리하려고 애쓰는 방콕의 교통경찰 같은 존재가 되었다. 현재 정계에 풀린 돈의 양은 정당이 현역 정치인들을 단속하는 데 쓸 수 있는 자원을 완전히 압도한다. 의회에서 호명 표결을 할 때는 의원들이 대부분 정당의 노선을 따르므로 문제점이 잘 안 보이지만, 호명 표결에 가려진 측면은 현직 의원들이 정당 노선에 따라 투표하는 대가로 수많은 양보를 요구할 수 있다는 점이다. 따라서 정당이 의회 통과에 필요한 표를 얻더라도, 정강 정책에 기반을 둔 의미 있는 법을 제정하기 위한 표는 얻어 내지 못한다. 이때 유권자는 그들의 안녕과 관련된 다양한 사안에 걸쳐 장기적으로 최저의 비용으로 최다 유권자에게 유익한 법률보다는, '시크릿 산타' 식(모두가 무언가를 선물받는 것처럼 보여도 실은 다른 모든 사람이 그 비용을 부담하는 방식)의 법률로 만족한다.

미국정치학회 위원들은 웨스트민스터 체제를 아무리 간절하게 바랐더라도 미국이 의회 중심제를 도입해야 한다고 제안하지는 않았다. 현 체제에 대한 미국 대중의 감정적 애착은 말할 것도 없고, 헌법상 확연한 장애가 있었기 때문이다. 그러나 이들이 고려하지 않은 헌법상 허용되는 한 가지 개혁 방안은, 강한 전국당 조직만이 이행할 수 있는 세심한 공약을 내거는 대표자에게 더 유리하도록 선거구를 의도적으로 크고 다양성 높게 편성하는 방법이다.[23] 알고 보면 웨스트민스터 체제에서 규율 잡힌 정당들이 등장한 것도 후보들이 선거구를 간단히 매수할 수 없을 정도로 선거구의 크기와 다양성이 커졌을 때 비로소 가능했다.[24]

당파적 게리맨더링에 대한 연방대법원의 관심은 선거구 편성이라는 사안을 논할 기회를 제공한다.[25] 이와 관련해 미국 민주주의에 가장 유익한 방안은, 정당들이 선거구에서 서로 경쟁할 뿐만 아니라 현직 의원들의 재선 전망이 나라 전체의 최선의 이익과 일치되도록 선거구를 편성하는 것이다.[26] 크고 다양성이 높은 선거구는 『페더럴리스트』 10번에서 제임스 매디슨이 사용한 표현에 따르면 공중의 의견을 "정제하고 확대"refine and enlarge* 한다(여기서 그는 데이비드 흄의 견해에 공명하고 있다). 각 선거구가 나라 전체의 모습을 닮은 축소판일수록 각 선거구의 대표자는 전 국민을 대표하는 전국적인 정치가처럼 사고할 수 있게 된다. 어느 행동 방안에나 불가피하게 뒤따르는 상충 관계(예컨대 성장과 평등) 때문에 정당들은 다른 당과 이념적으로 구별되는 정책을 계속 제시할 것이고, 그러면 같은 유권자라도 상황에 따라 그런 여러 목표들 사이에서 다른 균형점을 선호할 수 있다. 정당들이 서로 경쟁하는 세상에서

---

* 알렉산더 해밀턴, 제임스 매디슨, 존 제이, 『페더럴리스트』, 85쪽.

는, 집권당은 좋은 결과를 내려고 애쓰고, 야권은 대안을 제시할 준비를 하며, 유권자는 양자에 대한 신뢰할 수 있는 정보를 바탕으로 선택을 내린다.[27]

책임 정당 정치

이제까지 현대 민주정치를 간단히 돌아본 소감은 그리 고무적이 못하지만, 그렇다고 희망이 없는 것은 아니다. 유권자들은 정계의 여러 가지 속임수, 특히 선거 후유증을 낳는 공허한 약속들을 경계하고 있다. 그러나 앞서 살펴본 대로 유권자가 직접 운전대를 잡거나 아니면 카리스마 있는 유력자에게 맡기려는 해결책 중 다수는 좋은 공공 정책을 수립하지 못하는 정치인들의 퇴출을 어렵게 만듦으로써 정치적 책임성을 가로막는다.

고전적인 웨스트민스터 모델은 정당 책임의 수준과 명확성이 높기 때문에 크게 권장할 만하다. 그러나 요즘 세상에 고전적인 웨스트민스터 체제는 어디에도 존재하지 않는다. 정치인들은 자신들의 재선에 유리한 방향으로 체제를 살살 몰아가고 소득 불평등이 커져만 가는 세상에서 분권화된 상향식 의사 결정 뒤에 몸을 숨긴다. 영국은 선거구를, 규모도 내부적 다양성도 좀 더 크게 편성해 정치인들로 하여금 대중이 직면하고 있는 문제들을 넓은 시야에서 고려할 수 있도록 압박해야 한다. 그 외에도 영국은 당 지도자 선출이 직선제 쪽으로 흘러가는 (노동당의 경우는 아예 성급히 질주했다) 추세를 되돌려 놓아야 하고, 예비선거를 통한 후보 선출을 중단하고, 고정 임기 의회법을 폐지하고, 상원을 정당한 제2 의회로 만드는 개혁안을 포기하고, 국민투표에 대한 의존도가 증가하는 현상을 극복하는 것이 현명하다. 영국은 일단 불문 헌법이라는 훌륭한 이점을 누린다. 따라서 이제까지 그런 유감스러운 선택들을 어쩌다 보니 내리게 된 것처럼, 거기에서 대충 어떻게 다시 빠져나가기도 자유롭다.

미국은 그보다 더 거대한 도전에 직면해 있다. 오늘날 미국 정치는 돈이 전부다. 프랜시스 리의 표현대로 미국 정치인은 "영속적인 선거운동"을 할 수밖에 없다.[28] 돈의 수요 측면에서는, 정당이 약하다 보니 정치인들은 믿음직한 정책을 담은 일관성 있는 전국적 공약을 제시하는 대신에 돈을 써서(이를테면 흑색선전에 비용을 들이는 식으로) 선거에서 이길 확률을 높이려고 한다. 공급 측면에서는, 유권자를 끌어오기 위한 자금을 기부자가 정치인에게 기꺼이 후원한다. 평균적으로 정치인이 돈으로 표를 얼마나 잘 매수할 수 있는지는 불분명하지만, 그래도 그들은 이를 시도한다. 정치인들은 자신들이 지지를 얻어야 하는 유권자층을 격분시키는 정책을 혹시 기부자가 요구하더라도 그의 비위를 밤낮으로 맞춰야 하는 악몽 속에 갇혀 있다. 정치인들은 이 함정에서 벗어나기 위해 예컨대 유권자의 이익과 너무 동떨어져 있지 않은 기부자와 관계를 쌓거나 유권자의 주의를 경제 사안보다는 감정적인 사안들 쪽으로 유도한다. 그 어떤 탈출구를 택하든 좋은 공공 정책으로 가는 길은 아니다.

전후 시대에 계몽된 합리성의 보루였던 유럽 대륙 역시 실망스러운 변화에 직면해 있다. 규율이 확실하게 잡힌 정당들로 구성된 연립정부가 특정 이익집단에 대한 편애를 억제할 수 있었을 때는 통치가 잘 이루어졌다. 내각 합의에 의한 재정지출 총액 제한과 유럽연합의 시장 개방 유지 방식은, 동원력 있고 용의주도한 이해 관계자들이 서로 담합하려는 유혹에 제동을 걸었다. 노동조합은 자신들이 소비자와 납세자를 대변한다고 여길 만큼 충분한 비율로 노동인구를 대표했었기 때문에 지나친 요구를 자제했으며, 고용주들은 숙련 노동자에 의존해 제품을 수출할 수 있었으므로 장기적인 노동계약에 투자할 만한 이유가 있었다.

세계 시장에서 자동화로의 대전환이 일어남에 따라 산업 수출에서 유럽이 차지하던 위상이 축소되었고, 유럽 각국의 연정에 단골로 참여하던 사민주의 정당의 동원 기반인 노동조합 또한 약화되었다. 유럽 좌파가 파편화되자 유럽의 연정들은 포퓰리즘이 부추기는 외국인 혐오의 유혹을 뿌리치지 못하고 쩔쩔맸다. 그래도 스웨덴처럼 강력한 정당과 탄탄한 선거 연합을 갖춘 나라들은 현재까지 제일 잘해 나가고 있다. 정당 제도의 역사가 길지 않은 일부 동유럽 국가의 상황은 그렇지 못하다.

그 나라의 제도적 출발점이 어디였든 자칫 바이러스처럼 확산될 수 있는 대중 선동을 민주국가의 시민들이 사전에 제압할 수 있는 최선의 방법은 정강 정책을 갖춘 강한 정당들 간에 경쟁을 촉진하는 것이다. 강한 정당은 유권자 개인이 원하는 것을 그때그때 제공하지 못할 수는 있어도 서로 다른 정책 대안들의 비용을 비교해 산출해 내는 집합적인 조직체다. 따라서 강한 정당이 제시하는 방안은 겉보기에는 매력이 없을지 몰라도 더 정직하고 장기적 실행 가능성도 크다. 책임 정당은 유권자의 욕구를 더 잘 충족할 수 있으며, 불만에 찬 유권자는 민주주의의 생존을 위협하는 해법을 약속하는 포퓰리스트와 사기꾼의 손쉬운 표적이 된다.

미주

1장 민주주의의 질병을 오진하다

1 영국과 미국에서 시행되고 있는 소선거구제는 대다수 선거구가 더 큰 정체(polity)의 정치적 특성을 대체로 반영하는 한, 양대 정당을 배출한다. 인도처럼 지역적 차이가 크면 소선거구제를 채택해도 군소 정당이 난립한다. Maurice Duverger, *Political Parties: Their Organization and Activity in the Modern State* (New York: Wiley, 1963).

2 비례대표제의 오랜 옹호자 아렌트 레이파트는 신생 민주주의 국가들이 이 권고를 따를 것을 독려한다. Arend Lijphart, *Electoral Systems and Party Systems* (Oxford University Press, 1995), pp. 10-77.

3 Michael Ting, James Snyder, and Shigeo Hirano, "Primaries and the Provision of Public Goods," working paper 2016.

4 Joseph Schumpeter, *Capitalism, Socialism, and Democracy* (George Allen & Unwin, 1976[1943]), p. 283.

5 Walter Mears, "George McGovern: A 'Partisan without the Poison,'" US New on NBC News, October 21, 2012, http://www.nbcnews.com/id/49493282/ns/us_news/t/george-mcgovern-partisan-without-poison/#.WIkOxpI46RI (검색일: 2017-01-30).

6 Byron Shafer, *The Quite Revolution: The Struggle for the Democratic Party and the Shaping of Post-Reform Politics* (New York: Russell Sage, 1983), p. 4.

7 월리스는 일반 국민투표에서 거의 1000만 표(13.5퍼센트)를 얻었고 선거인단 투표에서는 46표를 얻었다.

8 Commission on Party Structure and Delegate Selection (Washington, D.C., April 1970), 48, 7. 위원회의 원래 의도는 당원 대회 제도를 개방하려던 것이었으나 복잡한 신규 규칙을 준수하지 못해 후보자들의 자격이 논란에 휩싸일 위험을 우려한 대부분의 주들은 재빨리 예비선거제를 도입했다. Austin Ranney, *Curing the Mischiefs of Faction: Party Reform in America* (University of California Press, 1975), pp. 203-9.

9 Commission on Party Structure, 37, 33; http://abacus.bates.edu/muskie-archives/ajcr/1971/McGovern%20Commission.shtml (검색일: 2017-12-07).

10 잭슨은 49개 중 3개 예비선거에서 승리해 득표율 18.1퍼센트를 기록하고 대의원

3128명 가운데 358명의 표를 얻었다.

11 Katherine Cramer, *The Politics of Resentment: Rural Consciousness in Wisconsin and the Rise of Scott Walker* (University of Chicago Press, 2016); Arlie Hochschild, *Strangers in their own Land: Anger and Mourning on the American Right* (New York: New Press, 2016)을 참조.

12 Arthur Paulson, *Realignment and Party Revival: Understanding American Electoral Politics at the Turn of the Twenty-First Century* (New York: Prager, 2000), pp. 126-31.

13 Scott Piroth, "Selecting presidential nominees: The evolution of the present system and the prospects for reform," *Social Education* 64, no. 5 (September 2000), https://www.uvm.edu/~dguber/POLS125/articles/piroth.htm (검색일: 2017-12-08).

14 Kathryn Pearson, *Party Discipline in the U.S. House of Representatives* (University of Michigan Press, 2015)을 참조.

15 Kathleen Bawn and Frances Rosenbluth, "Short versus Long Coalitions: Electoral Accountability and the Size of the Public Sector," *The American Journal of Political Science* 50, no. 2 (April 2006); Torsten Persson, Gerard Roland, and Guido Tabellini, "Electoral Rules and Government Spending in Parliamentary Democracies," *Quarterly Journal of Political Science* 2, no. 2 (May 2007).

16 Eric Chang et. al., "Electoral systems and real prices: Panel evidence for the OECD countries, 1970-2000," *British Journal of Political Science* 38 (July 2008), pp. 739-51; Joel Weinberg, "Do majoritarian electoral systems favor consumers: Identifying cross-national consumer bias," *International Studies Quarterly* 56 (December 2012), pp. 820-826; Frances Rosenbluth and Ross Schaap, "The domestic politics of banking regulation," *International Organization* 57, no. 2 (Spring 2003), pp. 307-36.

17 영국독립당은 2015년 3040만 표 가운데 약 390만 표를 획득했다. 만약 비례대표제였다면 그 주들은 유형에 따라 83-99석까지도 얻을 수 있는 득표율이어서, 의회에서 세 번째로 큰 정당으로 떠올라 내각 구성에 필수적 역할을 담당했을 수도 있다.

18 프랑스와 독일은 자국의 경제 규모가 커서 무역 개방이 국가적 생존에 절실하지 않기 때문에 다른 소규모 이웃 국가들과는 직면한 문제가 조금 다르다는 점은 잠시 접어 두자. 프랑스와 독일의 점진적 성장에 경제 효율성이 아무리 중요하다고 해도, 유럽의 작은 나라 정치인들에 비해 프랑스와 독일의 정치인들은 유권자에게 훗날의 더 큰 이익을 위해 현 상황을 참는 것이 좋다고 설득하기 어렵다.

19 18세기 영국 선거 개혁 당시 이를 인식한 월터 배젓은 그것을 가리켜 "효율적인 비밀"이라고 불렀다. Gary Cox, *The Efficient Secret: The Cabinet and the Development of Political Parties in Victorian Britain* (Cambridge University Press, 1987)을 참조.

20 이것은 전형적인 거래비용으로 Ronald Coase, "The nature of the firm," *Economica* 4, no. 16 (November 1937), pp. 386-45에서 소개되고 "The problem of social cost," *The Journal of Law and Economics* 3 (October 1960), pp. 1-44에서 부연 설명되었다.

21 E. E. Schattschneider, Party Government (Routledge, 2004 [1942]), p. 1.

22 Andrew Rehfeld, *The Concept of Constituency Political Representation, Democratic*

Legitimacy, and Institutional Design (Cambridge University Press, 2005)을 참조.

23 Ian Shapiro, *Politics Against Domination* (Harvard University Press, 2016), pp. 81-85를 참조.

24 Gary Cox and Jonathan Katz, "Why did the incumbency advantage in U.S. House elections grow?" *American Journal of Political Science* 40, no. 2 (May 1996).

2장 민주적 경쟁의 수단과 목적

1 이 표현은 미국 연방정부 대 캐롤린 프로덕트 컴퍼니(United States v. Carolene Products Company), 304 U.S. 144 (1938) 연방대법원 판결에서 할란 스톤 대법관의 의견에 들어간 유명한 각주에서 유래하는 것으로, 정치과정에서 자신을 쉽게 방어하지 못하는 "개별화되고 고립된 소수"를 겨냥하는 법은 그 합헌성에 대해 연방대법원의 까다로운 "엄격 심사"(strict scrutiny)를 받는다는 주장을 통해 법률의 합헌성을 전제하는 일반적 입장에 예외를 마련했다. 『민주주의와 법원의 위헌 심사』(*Democracy and Distrust*, Harvard University Press 1980; 전원열 옮김, 나남출판, 2006)의 저자 존 하트 일리(John Hart Ely)를 위시한 위헌 심사 옹호자들은 이 판례의 각주를 위헌 심사의 근거로 삼는다.

2 매디슨은 "정부의 헌법에서 각 부들의 경계를 정확하게 지정하고 나서 그런 [내용을 적은] 양피지 방벽에 의지하는 것으로, [서로를] 침해하는 권력의 기질을 방비하는 데 충분할까?"라고 말했다. "Federalist Papers 48," Alexander Hamilton, James Madison, and John Jay, *The Federalist Papers* ed. by Ian Shapiro (New Haven: Yale University Press, 2009), pp. 251-55.; 알렉산더 해밀턴, 제임스 매디슨, 존 제이 지음, 박찬표 옮김, 『페더럴리스트』(후마니타스, 2019), 380쪽.

3 Ian Shapiro, *The Real World of Democratic Theory* (Princeton University Press, 2011), pp. 68-70을 참조.

4 John Locke, "Second Treatise of Government," Ian Shapiro ed. *Two Treatises of Government and a Letter Concerning Toleration* (New Haven: Yale University Press, 2003 [1681]), p. 142.

5 Mayling Birney, Ian Shapiro and Michael Graetz, "The political uses of public opinion: Lessons from the estate tax repeal," Ian Shapiro and Peter Swenson eds., *Divide and Deal. The Politics of Distribution in Democracies* (New York: New York University Press, 2008), pp. 298-339을 참조.

6 Maeve Reston and Gabe Ramirez, "How the GOP lost California Latinos," *CNN Politics*, June 1, 2016, http://www.cnn.com/2016/06/01/politics/trump-california-proposition-187/index.html (검색일: 2018-01-02); Rosa Vargas, "Proposition 187: Redistribution for the undocumented." Unpublished paper, Yale University, 2017.

7 John Maynard Keynes, *The General Theory of Employment, Interest and Money* (New York:

Stellar Classics, 2016 [1936]), p. 80.

8 Gary Cox, "Centripetal and centrifugal incentives in electoral systems," *American Journal of Political Science* 34, no. 4 (November 1990), pp. 903-35; Gary Cox, *Making Votes Count: Strategic Coordination in the World's Electoral Systems,* (Cambridge University Press, 1997), pp. 99-122.

9 로젠블룸이 촉구한 당파심은 "대표제 민주주의의 기본 요건인 조정된 경쟁의 체계" 안에서 다른 정당들과 공감하는 것을 말한다. Nancy Rosenblum, *On the Side of the Angels: An Appreciation of Parties and Partisanship* (Princeton University Press, 2008), pp. 362-63.

10 Diaa Hadid, "Voters in Nazareth cheer gains by Arab Alliance," *New York Times,* March 17, 2015, https://www.nytimes.com/2015/03/18/world/middleeast/voters-in-nazareth-cheer-gains-by-arab-alliance.html?_r=0 (검색일: 2017-12-18).

11 Bawn and Rosenbluth, "Short versus Long Coalitions."

12 Jianzhong Wu and Robert Axelrod, "How to cope with noise in the iterated prisoners' dilemma," Robert Axelrod, *The Complexity of Cooperation* (Princeton University Press, 1999), pp. 33-39을 참조.

13 Frances Rosenbluth and Ross Schaap, "The domestic politics of banking regulation," *International Organization* 57, no. 2 (Spring 2003), pp. 307-36.

14 Archibald Foord, *His Majesty's Opposition, 1714-1830* (London: Clarendon Press, 1964). 린다 콜리에 따르면 "조지 2세와 캐롤라인 왕비가 주기적으로 각료들 앞에서 토리당의 집권 가능성을 언급해 [휘그당 당수인] 월폴과 그의 동조 세력을 불안하게 만들었다." Linda Colley, *In Defiance of Oligarchy: The Tory Party, 1714-1760* (Cambridge University Press, 1982), p. 49.

15 Jeremy Waldron, "The principle of loyal opposition," *Political Theory* (Harvard University Press, 2016), pp. 93-124을 참조.

16 Christopher Munnion, "Apartheid party fades into history by merging with the ANC," *The Telegraph,* August 9, 2004, http://www.telegraph.co.uk/news/worldnews/africaandindianocean/southafrica/1469022/Apartheid-party-fades-into-history-by–merging-with-ANC.html (검색일: 2017-06-12).

17 일본은 잘 작동하는 일당 우위 체제의 사례로 자주 거론되었지만, 자민당과 비효율적인 산업계 간의 부패한 관계가 인과응보로 되돌아오는 것은 시간문제였고, 결국 그렇게 되었다. Frances Rosenbluth and Michael Theis, *Japan Transformed: Political Change and Economic Restructuring* (Princeton University Press, 2012), pp. 53-154을 참조. 다른 논평가들은 효율적이고도 부패하지 않은 일당 우위 체제의 사례로 싱가포르를 든다. 그러나 싱가포르의 의회는 권위주의 체제의 거수기나 다름없는 존재다. 싱가포르의 미래에 관한 의문은, 과연 선한 권위주의가 지속할 수 있느냐는 것이다. 비교정치학 문헌에서 드러나는 증거에 따르면 그렇지 못하다. Samuel P. Huntington, *The Third Wave: Democratization in the Late 20th Century* (University of Oklahoma Press, 1993), pp. 131-137을 참조.

3장 취약한 소수파들

1 Richard L. Abel, *Politics by Other Means: Law in the Struggle Against Apartheid, 1980-1994* (New York: Routledge, 1995), pp. 15, 17, 171, 540.

2 Courtney Jung and Ian Shapiro, "South Africa's negotiated transition: Democracy, opposition, and the new constitutional order," *Politics & Society* 23, no. 3 (September 1995), pp. 286-92.

3 Alexis de Tocqueville, *Democracy in America* vol. 1 (New York: Doubleday, 1969 [1835]), pp. 12-13.

4 The Slaughterhouse Cases (1873) and U.S. v. Cruikshank (1876).

5 David Goldfield, *America Aflame: How the Civil War Created a Nation* (New York, Bloomsbury Press, 2011), pp. 483-505, 526-9.

6 United States v. Carolene Products Company, 304 U.S. 144 (1938).

7 Brown v. Board of Education of Topeka, 347.U.S. 483 (1954).

8 Gerald A. Rosenberg, *The Hollow Hope: Can Courts Bring About Social Change?* 2nd ed. (University of Chicago Press, 2008)을 참조.

9 Eric Posner and Adrian Vermeule, *The Executive Unbound: After the Madisonian Republic* (Oxford University Press, 2013); Steven G. Calabresi & Christopher S. Yoo, "The Unitary Executive During the First Half-Century," *Case Western Law Review* 47, No. 4 (1997), pp. 1451-1561; Steven G. Calabresi & Saikrishna B. Prakash, "The President's Power to Execute the Laws," *Yale Law Journal* (1994-5), pp. 541-665; John Ferejohn and Rick Hills, "Blank checks, insufficient balances" (working paper, NYU Law School, 2013).

10 다음을 참조할 것. Kevin T. McGuire and James Stimson, "The Least Dangerous Branch Revisited: New Evidence on Supreme Court Responsiveness to Public Preferences," *Journal of Politics* 66 (2004), pp. 1018-35; Michael W. Giles, Bethany Blackstone and Rich Vining, "The Supreme Court in American Democracy: Unraveling the Linkages between Public Opinion and Judicial Decision-making," *The Journal of Politics* 70 (2008), pp. 293-306; Nathaniel Persily, Jack Citrin, and Patrick Egan eds., *Public Opinion and Constitutional Controversy* (Oxford University Press, 2008); Barry Friedman, *The Will of the People: How Public Opinion has Influenced the Supreme Court and Shaped the Meaning of the Constitution* (New York: Farrar, Strauss & Giroux, 2010).

11 이 같은 결과주의적 고찰과는 별개로 사법 심사제를 비판하는 문헌은 다음을 참조할 것. Jeremy Waldron, "The Core of the case against judicial review," *Yale Law Journal* 115 (2006), pp. 1346-1409.

12 Lijphart, *Democracy in Plural Societies: A Comparative Exploration* (New Haven: Yale University Press, 1980), chapter 2.

13 Adam Przeworski, "Self-enforcing democracy," Donald Wittman and Barry Weingast eds., *Oxford Handbook of Political Economy* (Oxford: Oxford University Press, 2006), p. 312.

14 Donald Horowitz, *Ethnic Groups in Conflict* 2nd ed. (Berkeley and Los Angeles: University of California Press, 1985), p. 572; Brian Barry, "Political accommodation and consociational democracy," *British Journal of Political Science* 5, no. 4 (1975), pp. 477-505; Brian Barry, "The consociational model and its dangers," *European Journal of Political Research* 3, no. 4 (1975), pp. 393-412.

15 Lani Guinier, *The Tyranny of the Majority: Fundamental Fairness in Representative Democracy* (New York: Free Press, 1994).

16 Neal Lewis, "Clinton Abandons His Nominee For Rights Post Amid Opposition," *New York Times*, June 4, 1993, http://www.nytimes.com/1993/06/04/us/clinton-abandons-his-nominee-for-rights-post-amid-opposition.html?mcubz=3 (검색일: 2017-09-01).

17 Chaim Kaufmann and Robert Pape, "Explaining costly international moral action: Britain's sixty-year campaign against the Atlantic slave trade," *International Organization* 53, no. 4(1999), pp. 631-68.

18 이들은 1841년 멜버른 자작의 휘그당 정부를 실각시킴으로써 자신들의 진지한 의도에 어떤 의심의 여지도 없다는 것을 확고히 했으며, 그로 인해 로버트 필 경의 토리당 정부가 재집권함으로써 자유무역 사안 및 기타 그들이 지지한 휘그당의 대의가 (적어도 당분간은) 큰 타격을 입을 일마저 불사했다. Kaufman and Pape, "Explaining costly international action," p. 661. 이 일은 토리당이 곡물법(Corn Laws) 폐지와 관련해 자유무역 이슈에서 의견 분열을 겪기 5년 전에 일어났다. Cheryl Schonhardt-Bailey, *From the Corn Laws to Free Trade* (Cambridge: MIT Press, 2006), pp. 19-33, 191-292.

19 Ira Katznelson, *Fear Itself: The New Deal and the Origins of Our Time* (New York: Norton, 2016), p. 149.

20 Katznelson, *Fear Itself*, pp. 166-8, 176-82.

21 David Goldfield, *America Aflame: How the Civil War Created a Nation* (Bloomsbury Press, 2011), pp. 483-505; Katznelson, *Fear Itself*, pp. 131-94.

22 이 이야기는 Robert Caro, *Lyndon Johnson: The Passage of Power* (New York: Vintage, 2012), pp. 484-597에 자세히 소개되어 있다.

23 Steven Allen, "'We have lost the South for a Generation': What Lyndon Johnson said, or would have said if only he had said it," Capital Research Center, October 2014, https://capitalresearch.org/article/we-have-lost-the-south-for-a-generation-what-lyndon-johnson-said-or-would-have-said-if-only-he-had-said-it/ (검색일: 2017-08-16).

24 James Patterson, *The Eve of Destruction: How 1965 Transformed America* (New York: Basic

Books, 2012), pp. 33-48, 203-34.

25 다음을 참조. Nicholas Stephanopoulos, "The South after Shelby County," *Supreme Court Review* 2013, no. 1 (2013), pp. 55-134; Nicholas Stephanopoulos, "Race, place, and power," *Stanford Law Review* 68 (June 2016), pp. 1323-1408.

26 Jeremy Ashkenas, Haeyoun Park, and Adam Pearce, "Even with Affirmative Action, Blacks and Hispanics Are More Underrepresented at Top Colleges Than 35 Years Ago," *New York Times,* Aug 24, 2017,
https://www.nytimes.com/interactive/2017/08/24/us/affirmative-action.html?ref=todayspaper &_r=1 (검색일: 2017-12- 17).

27 Paul Frymer, *Uneasy Alliances: Race and Party Competition in America* (Princeton University Press, 1999).

28 Tom LoBianco and Ashley Killough, "Trump pitches black voters: 'What the hell do you have to lose?'" *CNN Politics,* August 19, 2016,
http://www.cnn.com/2016/08/19/politics/donald-trump-african-american- voters/index.html (검색일: 2017-12-17).

29 Michael Graetz and Ian Shapiro, *Death by a Thousand Cuts: The Fight over Taxing Inherited Wealth* (Princeton University Press, 2005), pp. 263-65.

30 루스 베이더 긴즈버그의 소수 의견. Shelby County v. Holder 570 US 33 (2013).

31 Desmond King and Rogers Smith, "The last stand? Shelby County v. Holder, white political power, and America's racial policy alliances," *The Dubois Review* (Spring 2016), pp. 13-14.

32 Reva Segal, "Constitutional culture, social movement conflict and constitutional change: The case of the de facto ERA," University of California Law Review 94 (2006), pp. 1323-1420. 아이러니하게도 ERA 도입 실패는 성차별 개선 조치를 소송으로 다투기 어렵게 만들어 여성에게 오히려 유리하게 작용했다. 연방대법원은 수정 헌법 제14조 인종차별 금지 규정의 의미를 다음과 같이 해석했다. 즉 명백하게 인종과 관련된 차별 개선 조치를 하려면 강력한 국가 이익에 밀접하게 부합해야 한다는 가장 엄정한 "엄격 심사"(strict scrutiny)의 요건을 충족해야 한다는 것이다. 이와는 대조적으로 성차별은 정부의 정당한 목적에 합리적 관계를 지닐 것을 요구하는 "중급 심사"(intermediate scrutiny)만 충족하면 된다. Craig v. Boren, 429 U.S. 190 (1976). 다음을 참조. Rosalie Berger Levinson, "Gender- Based Affirmative Action and Reverse Gender Bias: Beyond Gratz, Ricci, and Parents Involved," *Harvard Journal of Law and Gender* 34 (April 2010), pp. 8-10.

33 다음을 참조. the Republican 2012 post-mortem strategy document, "The growth and opportunity project," January, 2013, https://gop.com/growth-and-opportunity-project/ (검색일: 2017-09-04).

34 Michael Lind, *The Next American Nation: The New Nationalism and the Fourth American Revolution* (New York: Simon and Schuster, 1995), p. 150.

35 이 주제는 Michael J. Graetz and Ian Shapiro, *Fighting Economic Insecurity* (forthcoming from Harvard University Press in 2019)에서 좀 더 광범위하게 다루어졌다.

36 Hochschild, *Strangers in Their Own Land,* pp. 135-52.

37 Anthony Heath, Siana Glouharova, and Oliver Heath, "India: Two party contests within a multi-party system," Michael Gallagher and Paul Mitchel eds., *The Politics of Electoral Systems* (Oxford: Oxford University Press, 2006), pp. 139-40.

38 Desmond King and Rogers M. Smith, *Still A House Divided: Race and Politics in Obama's America* (Princeton University Press, 2011), pp. 168-91.

39 Ashkenas, Park, and Pearce, "Even with Affirmative Action, Blacks and Hispanics Are More Underrepresented."

40 Doug Bolton, "4 charts that sho exactly what Britain's ethnic 3m minority voters think of the political parties - and it's not good news for Labour," *The Independent* May 25, 2015, http://www.independent.co.uk/news/uk/politics/the-4-charts-that-show-labour-may-be-losing-the-ethnic-minority-vote-10274051.html (검색일: 2018-02-10).

41 Lester Holloway, "The Tories are becoming the party of ethnic diversity: Labour has to respond," *The Guardian,* April 7, 2015, https://www.theguardian.com/commentisfree/2015/apr/07/tories-party-ethnic-diversity-labour-bame-mps-race (검색일: 2018-02-10).

4장 크고 강한 정당: 웨스트민스터 체제

1 Jim Edwards, "This is the size of the majority in the House of Commons against Brexit," *Business Insider,* November 3, 2016, http://www.businessinsider.com/majority-house-of-commons-against-brexit-2016-11?r=UK&IR=T (검색일: 2018-02-12).

2 영국 국민건강보험의 재정은 일반 조세(81퍼센트), 급여세(14퍼센트) 그리고 치과 의료비 및 처방약에 대한 본인 부담금(4퍼센트)으로 충당된다. 영국 보건 의료 비용은 미국의 약 4분의 1이다. 2013년 미국은 보육 및 가족 지원 공공 지출 비중이 국내총생산 대비 1퍼센트인 데 비해 영국은 4퍼센트에 이른다. Sophie Jacobson, "Who Should Pay? Who Should Provide? American Childcare Preferences in Comparative Perspective" (working paper, Yale University, 2017); Phillip Lipscy, "The Electoral Politics of Energy" (working paper, Stanford University, 2017), https://web.stanford.edu/~plipscy/lipscyelectoralenergy.pdf (검색일: 2017-12-23).

3 "What if Large Tech Firms were Regulated Like Sewage Companies," *The Economist,* September 23, 2017, https://www.economist.com/news/business/21729455-being-treated-utilities-big-techs-bigges

t-long- term-threat-what-if-large-tech-firms-were (검색일: 2017-12-23). 『이코노미스트』의
계산에 따르면 [실리콘밸리의] 각 기업은 이익률 12퍼센트를 보장받고, 페이스북
이용자는 규제 자산 기반 모델 수익에 대한 대가로 1인 평균 연간 15달러를 내되
광고주들에게 개인 정보를 팔아 23달러를 벌거나 구글에 대해 연간 27달러를 지불하고
광고주로부터 45달러를 지급받는다.

4 존 킬러는 프랑스와 영국 양국에 관해 다음과 같이 서술한다. "1970년대가 되면서
정부가 공약 실행에 대체로 성공해도 시급한 사회경제 문제는 여전히 해결하지
못한다는 것이 분명해지면서 조직화된 정당정치에 대한 환상은 조용히 사라지고 냉담한
태도가 확산되었다." John Keeler, "Executive Power and Policy-making Patterns in France:
Gauging the Impact of Fifth Republic Institutions," *West European Politics* 16, no. 4 (October
1993), p. 539.

5 Gary Cox, "War, Moral Hazard, and Ministerial Responsibility: England After the
Glorious Revolution," *The Journal of Economic History* 71, no. 1 (March 2011), pp. 133-161.

6 Archibald Foord, "The Waning of 'The Influence of the Crown,'" *English Historical Review*
62, no. 245 (October 1947), pp. 488-89. 콕스와 모겐스턴은 포드의 이 구절을 인용해 그
시대의 영국과 근대 중남미 대통령제를 비교한다. Gary W. Cox and Scott Morgenstern,
"Latin America's Reactive Assemblies and Proactive Presidents," *Comparative Politics* 33, no. 2
(January 2001), pp. 185-187.

7 볼링브로크는 1734년에 이렇게 적었다. "매 회기마다 귀족 의원 16명이 추가되어 본원에
과도한 영향력을 발휘할 가능성이 있기 때문에 본원의 명예와 영국 헌법의 보호를 위해 그럴
가능성에 대한 순수한 의구심을 솔직히 피력하고 강력히 선언할 필요가 있다고 본다." 이
인용문의 출처는 다음을 참조. Clyve Jones and Stephen Taylor, "Viscount Bolingbroke and the
Composition of an Opposition Protest in the House of Lords in 1734 on the Election of the
Scottish Representative Peers," *The Yale University Library Gazette* 71, nos. 1-2 (October 1996),
p. 28.

8 흄은 이렇게 언급했다. "국왕은 자유롭게 동원할 수 있는 기관이 많아서, 정직하고
사심 없는 일부 원내 세력의 조력을 받을 경우 적어도 오래된 헌법을 위험으로부터
보호하기 위해서라면 언제나 전체의 결의를 지시할 것이다." David Hume, *Essays Moral,
Political and Literary* vol. 1 (London: Green and Grose, 1875 [1758]), p. 120. 다음에서
인용했다. Foord, "The Waning of 'The Influence of the Crown,'" p. 488.

9 Steven Pincus, *1688: The First Modern Revolution* (New Haven: Yale University Press,
2011). "휘그"는 원래 찰스 1세 시절에 원내 스코틀랜드 장로교회 반왕당파를
조롱하려고 사용된 용어로, 스코틀랜드의 가축을 잉글랜드의 곡물과 교환하던
스코틀랜드 서부 주민을 일컫는 "휘가모어"(whiggamor) 또는 소몰이꾼(cattle driver)에서
유래한다.

10 J. P. Kenyon, "The Earl of Sunderland and the King's Administration, 1693-1695," *The
English Historical Review* 71, no. 281 (October 1956), p. 580.

11 Kenyon, "The Earl of Sunderland and the King's Administration, 1693-1695," p. 580.
콕스에 따르면 "1700년대 초 무렵에 책임 각료제의 초기 형태가 등장했다. 국왕의 주요

자문역들이 각료로 **규정되었다.** 각 각료는 부당한 행위와 그들을 구체적으로 연결 짓는 증거 문서의 발견 여부와 관계없이 그들의 권한 분야에서 이루어진 모든 일을 책임졌다. 내각 전체는 분야를 막론하고 주요 정책 결정을 책임졌다. 그리고 의회는 정책이나 각료의 개편을 강제하기 위해서라면 예산을 거부할 준비가 되어 있었다." Gary W. Cox, "War, Moral Hazard, and Ministerial Responsibility: England After the Glorious Revolution," *The Journal of Economic History* 71, no. 1 (March 2011), p. 147.

12 Colley, *In Defiance of Oligarchy.*

13 죄르지 보루스는 1696-1714년에 정당 경쟁은 투표 매수에 지배되고 있었다고 말한다. György Borus, "Political Parties in the Years Before and After the Glorious Revolution," *Hungarian Journal of English and American Studies* 13, nos. 1-2 (Spring-Fall 2007), pp. 121-30; Jennifer Mori, "The Political Theory of William Pitt the Younger," *History* 83, no. 270 (April 1998), pp. 234-48.

14 Edward Porritt, "Political Corruption in England," *The North American Review* 183, no. 603 (November 1906), pp. 995-1004.

15 Emmett Avery and A.H. Scouten, "The Opposition to Sir Robert Walpole, 1737-1739," *The English Historical Review* 83, no. 327 (April 1968), pp. 331-36.

16 Wilbur Abbott, "The Origin of English Political Parties," *The American Historical Review* 24, no. 4 (July 1919), pp. 582, 600-601.

17 "Hanoverians: Parliament and politics from George I to the Reform Act of 1832," *The History of Parliament*, http://www.historyofparliamentonline.org/periods/hanoverians (검색일: 2018-02-12).

18 "Abstract of LB's Letter to Sir W. Windham," *The London Magazine; or Gentleman's Intelligencer*, May 1753, 234.

19 Colley, *In Defense of Oligarchy*, p. 79. 1740년 마치몬트 백작은 이렇게 적었다. "혁명 이후의 시기를 되돌아보면, 국왕의 권력은 여러 법에 의해 대폭 확대되었고, 인민의 자유는 크게 예속되고 때로는 노골적으로 제한받게 되었다는 것을 알 수 있다. …… 공적 자금의 확립 하나만으로 이 왕국의 헌법은 이전과는 아주 다른 토대 위에 놓이게 되었고, 정부는 강력한 힘을 갖게 되었다." Hugh Hume, Earl of Marchmont, "A Serious Exhortation to the Electors of Great Britain"(1740). 다음에서 인용. H.T. Dickinson, "The Eighteenth Century Debate on the Glorious Revolution," *History* 61, no. 201(February 1976), p. 38.

20 Colley, *In Defiance of Oligarchy*, p. 19.

21 Eveline Cruikshanks, *Political Untouchables. The Tories and the '45* (New York: Holmes and Meier, 1979).

22 Lewis Namier and John Brooke, *The House of Commons: 1754-1790* (New York: Oxford University Press, 1966).

23 Linda Colley, "The Loyal Brotherhood and the Cocoa Tree: The London Organization of the Tory Party, 1727- 1760," *The Historical Journal* 20, no. 1 (March 1977), pp. 77-95.

24 Gregoire Webber, "Loyal Opposition and the Political Constitution," *Oxford Journal of Legal Studies* 37, no. 2 (June 2017), p. 363.

25 "'전하의 각료들은 전하의 통치 도구일 뿐입니다.' ...... 왕은 웃으며 씁쓸하게 말했다. '이 나라에서는 각료가 왕이니라.'" 1745년 1월 5일 왕과의 대화를 하드윅 경이 언급한 것으로, 다음에서 인용했다. Edward Raymond Turner, "The Development of the Cabinet, 1688-1760," *The American Historical Review* 19, no. 1 (October 1913), p. 27.

26 Gary Cox, *The Efficient Secret: The Cabinet and the Development of Political Parties in Victorian England* (Cambridge University Press, 1987).

27 Porritt, "Political Corruption in England," p. 1001.

28 Alessandro Lizzeri and Nicola Persico, "Why did the Elites Exend the Suffrage? Democracy and the Scope of Government, with an Application to Britain's 'Age of Reform,'" *The Quarterly Journal of Economics* 119, no. 2 (May 2004), pp. 707-75.

29 Gary Cox, "The Developmental Traps of Britain's Fiscal Military State" (work in progress, Stanford University, 2017).

30 Walter Bagehot, *The English Constitution*, ed. Paul Smith (Cambridge University Press, 2001 [1867]), p. 8.

31 Bagehot, *The English Constitution,* p. 5.

32 밀은 비례대표제가 양당 경쟁 체제를 약화시킬 것으로 예상하지 않았다고 라이커는 말한다. William H. Riker "The Two-Party System and Duverger's Law: An Essay on the History of Political Science," *The American Political Science Review* 76, no. 4 (December 1982), p. 755.

33 밀은 1861년 이렇게 적었다. "그러나 ...... 각 선거구의 평균 유권자 수에 육박하는 유권자 집단이 어느 지역에 거주하든지 서로 힘을 합해서 대표를 낼 수 있는 권한을 가지지 못하는 한 진정한 대표의 평등은 실현될 수 없다. 거시적 안목에다 현실의 필요에 부응하는 실무 능력까지 겸비한 탁월한 능력의 소유자, 토머스 헤어(Thomas Hare)가 의회 개혁안 초안에서 구체적인 내용을 제시함으로써 그 가능성을 입증하기 전에는 이런 정도의 완벽한 대표는 불가능한 것처럼 보였다. 헤어의 구상은 과거 그 어느 것과도 비교할 수 없을 정도로 많은 장점을 가지고 있다. 그는 우리가 문제 삼는 특정한 목적을 달성하기 위해 위대한 정치 원리를 어떤 면에서는 완벽에 가깝게 현실화시킨다." John Stuart Mill, *Utilitarianism, On Liberty, and Considerations on Representative Government*, ed. H.B. Acton (London: J.M. Dent & Sons, 1972), p. 261.; 존 스튜어트 밀 지음, 서병훈 옮김, 『대의정부론』(아카넷, 2012), 141-142쪽.

34 Anthony King, *The British Constitution* (New York: Oxford University Press, 2007), p. 275의 내용을 다른 말로 바꾸어 표현했다.

35 R. T. McKenzie, *British Political Parties: The Distribution of Power Within the Conservative and Labour Parties* (New York: St. Martin's Press, 1955), p. 5.

36 Melvin J, Hinich and Michael C. Munger, *Analytical Politics* (Cambridge University Press, 1997); John Ferejohn, "The Spatial Model and Elections," Bernard Grofman ed.,

Information, Participation, and Choice: An Economic Theory of Democracy in Perspective (Ann Arbor: The University of Michigan Press, 1993).

37 영국 정당들은 각기 최대 2000만 파운드(한화로 약 315억 원)까지 쓸 수 있다. 이에 비해 미국 2008년 대선에서 후보들은 17억 달러(한화로 약 2조2000억 원)를 썼다.

38 Andrew Eggers and Arthur Spirling, "Ministerial Responsiveness in Westminster Systems: Institutional Choices and House of Commons Debate, 1832-1914," *American Journal of Political Science* 58, no. 4 (October 2014), pp. 873-87.

39 Ivor Jennings, *The British Constitution* (London: Cambridge University Press, 1941), p. 86.

40 Jeremy Waldron, "*Political* Political Theory: An Inaugural Lecture," *The Journal of Political Philosophy* 21, no. 1 (March 2013), p. 19.

41 Webber, "Loyal Opposition and the Political Constitution," p. 380.

42 Jennings, *The British Constitution*, p. 52. "백벤처 중에는 프런트벤처의 '정치 원로 같은' 태도를 싫어하는 '강경파'가 존재한다. 그럼에도 장기적으로 유권자의 지지를 얻어내는 데 성공하기 위해서는 여야 모두 일관된 원칙을 좇아야 한다."라고 제닝스는 말한다.

43 King, *The British Constitution*, p. 64.

44 Matthew Worley, "What Was the New Party? Sir Oswald Mosley and Associated Responses to the 'Crisis', 1931-1932," *History* 92, no. 1 (January 2007), pp. 39-63.

45 1919년 총선에서 여성은 노동자 쪽에 가담했다. *The Political Origins of the Female Franchise* (Princeton: Princeton University Press, 2018)에서 던 틸(Dawn Teele)은 자유당이 여성참정권에 관해 어물거리자 노동당을 지지하는 쪽으로 기울어진 여성참정권 운동가들의 역할에 관해 기록한다.

46 Jennings, *The British Constitution*, p. 50; Lewis Minkin, "The British Labour Party and the Trade Unions: Crisis and Compact," *ILR Review* 28, no. 1 (October 1974), pp. 7-37.

47 Robert McKenzie, 1955, "Power in British Political Parties," *The British Journal of Sociology* 6, no. 2 (June 1955), pp. 123-32.

48 McKenzie, "Power in British Political Parties," p. 129. 자유당의 규율은 다수 정당보다 약할 수 있는데, 당내에서 반대 의견이 나와도 다수 정당보다 잃을 것이 적기 때문이다. Christopher Kam, *Party Discipline and Parliamentary Politics* (New York: Cambridge University Press, 2009), pp. 155-62을 참조.

49 John Huber, "The Vote of Confidence in Parliamentary Democracies," *The American Political Science Review* 90, no. 2 (June 1996), pp. 269-82.

50 George Tsebelis, *Nested Games: Rational Choice in Comparative Politics* (Berkeley: University of California Press, 1990), p. 145; Geoffrey Garrett and Christopher Way, "Public Sector Unions, Corporatism, and Macroeconomic Performance," *Comparative Political Studies* 32, no. 4 (June 1999), p. 416.

51 King, *The British Constitution*, p. 71.

52 Tsebelis, *Nested Games*, p. 147.

53 Tsebelis, *Nested Games*, p. 155.

54 King, *The British Constitution*, pp. 71-72.

55 Øvind Bratberg, "Institutional resilience meets critical junctures: (Re)allocation of power in the three British parties post-devolution," *Publius* 40, no. 1 (Winter 2010), pp. 64-65, 69-70.

56 King, *The British Constitution*, p. 272.

57 Jason Rodrigues, "Clause Four at 20: Tony Blair changes the Labour party constitution," *The Guardian* April 29, 2015, https://www.theguardian.com/politics/from-the-archive-blog/2015/apr/29/clause-four-labour-party-tony-blair-20-1995 (검색일: 2018-02-12).

58 Brian Wheeler, Tony Blair's legacy 20 years on," *BBC News*, May 1, 2017, http://www.bbc.com/news/uk-politics-39717751 (검색일: 2018-02-12).

59 Tim Worstall, "Britain is poorer than any U.S. State: Yes, even Mississippi," *Forbes*, August 25, 2014, https://www.forbes.com/sites/timworstall/2014/08/25/britain-is-poorer-than-any-us-state-yes -even- mississippi/#2b57f40035ef (검색일: 2017-11-18).

60 Meg Russell, "Corbyn as an organizational phenomenon," *The Political Quarterly* 87, no. 1 (January-March, 2016), pp. 20-22.

61 "List of United Kingdom General Elections," *Wikipedia*, https://en.wikipedia.org/wiki/List_of_United_Kingdom_general_elections (검색일: 2017-11-23).

62 "Labour Party Leadership Elections," http://privatewww.essex.ac.uk/~tquinn/labour_party.htm (검색일: 2017-11-18).

63 "European Election 2009: UK Results," *BBC News*, June 8, 2009, http://news.bbc.co.uk/2/shared/bsp/hi/elections/euro/09/html/ukregion_999999.stm (검색일: 2017-11-19).

64 Meg Russell, "How leadership rules changes have led to a fight for the very soul of the Labour Party," *The Guardian*, July 16, 2016, https://www.theguardian.com/commentisfree/2016/jul/17/labour-leadership-battle-jeremy-corbyn-party-organisation (검색일: 2017-11-19).

65 유권자 55만4272명 가운데 42만2871명(76.3퍼센트)이 투표했고 무효표는 207표였다. "Labour leadership results in full," *BBC News*, September 12, 2015, http://www.bbc.com/news/uk-politics-34221155 (검색일: 2017-11-19).

66 Paul Waugh, "Labour Party membership soars by 35,000 in just few days—After 'Corbyn surge' in 2017 General Election," *HuffPost*, June 13, 2017, http://www.huffingtonpost.co.uk/entry/labour-party-membership-soars-by-33000-in-four-days-since-general-election_uk_59400feee4b0e84514ee 930f (검색일: 2017-11-19).

67 James Lyons and Sanya Burgess, "Corbyn Reelected as Labour Leader with Increased Mandate," *The Times*, September 24, 2016, http://www.thetimes.co.uk/edition/news/corbyn-re-elected-as-labour-leader-with-increased-mandate-c7jqjgjm7 (검색일: 2017-11-19).

68 "Labour manifesto at-a-glance: Summary of key points," *BBC News* May 16, 2017, http://www.bbc.com/news/election-2017-39933116 (검색일: 2017-11-23).

69 "General election 2017: Why did Theresa May call the election?" *BBC News*, June 9, 2017, http://www.bbc.com/news/election-2017-40210957 (검색일: 2017-11-20).

70 "General Election 2017: Full results and analysis," *Parliament UK*, September 22, 2017, http://researchbriefings.parliament.uk/ResearchBriefing/Summary/CBP-7979#fullreport (검색일: 2017-11-20).

71 "Labour rule changes backed by ruling NEC," *BBC News*, September 19, 2017, http://www.bbc.com/news/uk-politics-41323808 (검색일: 2017-11-19).

72 Vernon Bogdanor, "The Conservative Party," Gresham College public lecture, October 16, 2017, https://www.youtube.com/watch?v=rIlaLbCMa3U (검색일: 2018-01-31).

73 Shapiro, *Politics Against Domination* (Cambridge: Harvard University Press, 2016), p. 25.

74 Dick Leonard, *The Great Rivalry: Gladstone and Disraeli* (New York: I.B Taurus, 2013), p. 151.

75 Rozina Sabur, "Tory leadership battles: A history," *The Telegraph*, July 7, 2016, http://www.telegraph.co.uk/news/0/tory-leadership-battles-a-history/ (검색일: 2017-11-22).

76 "2005 General election results summary," *UK Political Info*, May 6, 2005, http://www.ukpolitical.info/2005.htm (검색일: 2017-11-22).

77 마이클 앤크램은 윌리엄 헤이그의 후계자로 여겨졌다. 그는 덩컨-스미스뿐만 아니라 친유럽연합 성향의 케네스 클라크, 사회적으로 진보적인 성향의 마이클 포틸로, 그리고 상대적으로 경험이 적고 한때 유럽연합 회의론자였다가 바뀌고 있는 데이비드 데이비스의 도전을 받았다. Sabur, "Tory Leadership Battles."

78 George Parker, "How Michael Gove forced Boris Johnson's Surrender," *Financial Times*, June 30, 2016, https://www.ft.com/content/26b55cfa-3eb5-11e6-8716-a4a71e8140b0 (검색일: 2017-11-22).

79 Vernon Bogdanor, "Tony Benn and the idea of participation." Gresham College public lecture, April 13, 2016, https://www.gresham.ac.uk/lectures-and-events/tony-benn-and-the-idea-of-participation (검색일: 2018-01-31).

80 "What works in candidate selection? A discussion paper for the party conferences 2011," Institute for Government, September 2017, 3, https://www.instituteforgovernment.org.uk/publications/what-works- candidate-selection (검색일: 2017-11-23).

81 "Innovations in candidate selection: How innovative forms of candidate selection might encourage broader participation," Institute for Government, September 2017, https://www.instituteforgovernment.org.uk/our-work/parliament/innovations-candidate-selec tion (검색일: 2017-11-23).

82 Akash Paun and Rhys Williams, "Party People: How do—and how should—British political parties select their parliamentary candidates?" Institute for Government, November 2011, 19, https://www.instituteforgovernment.org.uk/sites/default/files/publications/Party%20People.p df (검색일: 2017-11-23).

83 "What works in candidate selection?" 3.

84 영국독립당은 2015년 총선에서 12.6퍼센트를 득표했지만 2017년에는 1.8퍼센트를 득표했다. "General Election 2017: Results and Analysis," House of Commons Library, CBP 7979, September 8, 2017, http://researchbriefings.parliament.uk/ResearchBriefing/Summary/CBP-7979#fullreport (검색일: 2017-11-23).

85 "What works in candidate selection?" pp. 4, 7-8.

86 "Introduction to the Germen Federal Election System," German Law Archive, 2002, https://germanlawarchive.iuscomp.org/?p=371 (검색일: 2017-11-24); Kristin D. Burnett, "Congressional Apportionment. 2010 Census Briefs," United States Census Bureau, November 2011, https://www.census.gov/prod/cen2010/briefs/c2010br-08.pdf (검색일: 2017-11-17). 2017년에 선거구별 평균 유권자 수는 잉글랜드가 7만2400명, 스코틀랜드가 6만9000명, 북아일랜드가 6만6800명, 그리고 웨일스가 5만6800명이었다. Parliament UK, 2017, http://www.parliament.uk/about/how/elections-and-voting/constituencies/ (검색일: 2017-11-24).

87 Bruce Cain, John Ferejohn, and Morris Fiorina, *The Personal Vote: Constituency Service and Electoral Independence* (Boston: Harvard University Press, 1987).

88 F.N. Foreman and Nicholas Baldwin, *Mastering British Politics*, 5th ed. (London: Palgrave, 2007), p. 94.

89 Zig Layton Henry, 1976, "Labour's Lost Youth," Journal of Contemporary History 11, nos. 2-3 (July 1976), pp. 275-308.

90 R.T McKenzie, "Power in British Political Parties," *British Journal of sociology* 6, no. 2 (June 1955), pp. 123-132; Tsebelis, *Nested Games*.

5장 크지만 약한 정당: 미국식 변형

1 다음을 참조할 것. David Blumenthal and James Morone, *The Heart of Power: Health and*

Politics in the Oval Office (University of California Press, 2009), pp. 163-205.

2 몇몇 주에서도 단일 보험자 방식을 도입하려다가 실패한 일이 있다. 얼 워런 캘리포니아 주지사가 1940년대에 시도했다가 실패한 사례가 주목할 만한데, 만일 성공했으면 전국적인 본보기가 될 가능성도 있었다. Daniel Mitchell, "Earl Warren's California Health Insurance Plan," *Southern California Quarterly* 85, no. 2 (Summer 2003), pp. 205-28을 참조.

3 알렌 스펙터가 언론 매체에 공화당 현직 의원 노먼 콜먼이 앨 프랭큰을 누르고 의석을 지켜야 한다는 자신의 생각을 밝히자, 민주당 지도부는 알렌 스펙터를 연공서열에 따라 높이 우대하려던 일을 철회했다. 그 결과 스펙터와 프랭큰은 상원 사법위원회에서 최하급 위원으로 나란히 곁에 앉게 되었다.

4 Wendell Potter, "Elimination of the 'public option' threw consumers to the insurance wolves," *Wendell Potter Commentary*, February 16, 2015, https://www.publicintegrity.org/2015/02/16/16766/elimination-public-option-threw-consumers-insurance-wolves (검색일: 2017-09-13).

5 Kaiser Family Foundation, "Key facts about the uninsured population," September 9, 2017, https://www.kff.org/uninsured/fact-sheet/key-facts-about-the-uninsured-population/ (검색일: 2017-10-15).

6 Robert Pear, Maggie Haberman and Reed Adelson, "Trump to scrap critical health care subsidies, hitting Obamacare again," *New York Times*, October 12, 2017, https://www.nytimes.com/2017/10/12/us/politics/trump-obamacare-executive-order-health-insurance.html?_r=0 (검색일: 2017-10-15).

7 Margot Sanger-Katz, "Requiem for the individual mandate," *New York Times*, December 21, 2017, https://www.nytimes.com/2017/12/21/upshot/individual-health-insurance-mandate-end-impact.html (검색일: 2018-01-30).

8 [영국 국민건강보험 제도에 대한] 역사적 지지와 관련해서는 다음을 참조할 것. Rudolph Klein, "Public opinion and the national health service," *British Medical Journal*, May 12, 1979, pp. 1296-97; Martin Gorsky, "The British National Health service 1948-2008: A Review of the Historiography," *Social History of Medicine* 21, no. 3 (December 2008), pp. 437-60.

9 Rachel Jolley ed., *State of the Nation 2013: Where is Bittersweet Britain Heading?* British Future, January 2013, pp. 3-5, 16-17, http://www.britishfuture.org/wp-content/uploads/2013/01/State-of-the-Nation-2013.pdf (검색일: 2017-10-15).

10 이 현상은 특히 자기 당 대통령이 대승을 거둔 뒤 6년 후에 상원에서 두드러지게 나타난다. 대통령의 인기를 등에 업고 당선된 상원의원들이 재선에 도전하는 시기이기 때문이다.

11 다음을 참조. Ron Suskind, *Confidence Men: Wall Street, Washington, and the Education of* *a President* (New York: Harper Perennial, 2011), pp. 190-95, 261-63, 292-96, 317-26, 345-48, 383-85. 또한 연방대법원은 주가 연방 정부로부터 메디케이드 재정 지원을 받으려면 메디케이드 확대에 참여해야 한다는 규정을 완화함으로써 여기에 기여했다. National Federation of Independent Businesses v. Sebelius 567 U.S. 519 (2012) 판결에서 대법원은 이 요건을 주에 대한 연방 정부의 강압으로 보고 위헌 결정을 내렸다.

12 지출에 관해서는 다음을 참조할 것. https://www.nytimes.com/roomfordebate/2012/06/13/did-any-good-come-of-watergate/nixon-had-some-successes-before-his-disgrace (검색일: 2017-09-30).

13 대통령이 행사한 거부권이 의회에서 무효가 된 경우는 지난 30년 동안 총 여덟 번밖에 없었다. 이는 앞 시대보다 감소한 수치다(지미 카터는 열두 번, 로널드 레이건은 아홉 번 겪었다). History, Art, and Archives: US House of Representatives, http://history.house.gov/Institution/Presidential-Vetoes/Presidential-Vetoes/ (검색일: 2017-10-01). 이렇게 줄어든 이유는 의회에서 양극화 현상이 심화되었기 때문으로 짐작된다. 대통령의 거부를 무효로 하기 위해 필요한 3분의 2 다수결 요건을 충족하려면 거의 언제나 반대당의 표가 필요한데, 양극화가 심해지면 이것이 힘들어진다.

14 Stephanie Condon, "Arnold Specter loses Pennsylvania primary to Joe Sestak," CBS News, May 19, 2010, https://www.cbsnews.com/news/arlen-specter-loses-pennsylvania-democratic-senate-primary-to-joe-sestak/ (검색일: 2017-10-01).

15 "America Votes 2006," CNN, November 7, 2006, http://www.cnn.com/ELECTION/2006/pages/results/states/CT/S/01/epolls.0.html (검색일: 2017-10-01).

16 다음을 참조. Shiego Hirano, James Snyder Jr., Stephan Daniel Ansolabehere and John Mark Hansen, "Primary elections and partisan polarization in the U.S. Congress," *Quarterly Journal of Political Science* 5 (2010), pp. 169-91; Robert Boatwright, *Getting Primaried: The Changing Politics of Congressional Primary Challenges* (Ann Arbor: University of Michigan Press, 2014).

17 Gary Jacobson, "It's nothing personal: The decline of the incumbency advantage in U.S. House elections," *Journal of Politics* 77, no. 3 (July 2015), pp. 861-73.

18 다음을 참조. Robert Boatright, "In the shadow of Trump: How the 2016 Presidential campaign affected House and Senate primaries" (paper presented at the 2017 State of the Primaries conference, Akron, Ohio), 25, figure 5.

19 Nancy MacLean, *Democracy in Chains: The Deep History of the Radical Right's Stealth Plan for America* (New York: Viking, 2017), p. 216.

20 Graetz and Shapiro, *Death by a Thousand Cuts*, pp. 24-31을 참조.

21 데이비스 대 반데머(Davis v. Bandemer) 478 U.S. 109 (1986) 사건에서 법원은 당파적 게리맨더링(주 의회를 장악한 정당이 지역구를 자기 당에 유리하게 설정하는 경우)에 이의를 제기할 수 있다고 판결했다. 그러나 이 판결은 당파적 게리맨더링 주장을

타당하게 보지 않는 비스 대 주빌리에(Vieth v. Jubelirer) 541 U.S. 267 (2004) 판결에 의해 가로막혔다. 이 문제는 2017년 길 대 휫퍼드(Gill v. Whitford), U.S. Supreme Court, No. 16-1161 사건으로 또다시 법정에서 다루어졌다. 개프니 대 커밍스(Gaffney v. Cummings) 412 U.S. 735 (1973) 판결에서 판사들은 코네티컷 주 민주당과 공화당이 각자의 득표율을 대체로 반영하는 방식으로 주의 선거구를 나누는 합의(이른바 결탁 게리맨더링)를 반박할 이유가 없다고 보았다. 1982년 의회는 투표권법 제2절을 개정해 소수 인종 다수 선거구(MMD)를 마련했다. 이는 남부 전역에서 흑인 표의 영향력을 약화하기 위해 수십 년간 게리맨더링을 해온 속 보이는 시도에 대한 대응책이었다. 인종은 미국 헌법상 의심의 여지가 있는 범주라는 이유로 소수 인종 다수 선거구는 법원에서 "엄격 심사"에 직면했다. 1993년 쇼 대 리노(Shaw v. Reno) 509 U.S. 630, 664 (1993) 판결은 엄격 심사를 인정하고 이를 적용해 흑인이 압도적으로 다수인 선거구를 설정하려던 노스캐롤라이나 주의 계획에 대해 선거구가 지형적으로 "외견상 너무 이상해서" "인종 말고 다른 근거로는" 설명할 수 없다며 위헌 결정을 내렸다. 2년 후에도 판사들은 같은 논리를 적용해, 조지아 주에서 새로 생긴 소수 인종 다수 선거구에 대해 "지리적 기괴함"을 이유로 위헌 판결을 내렸는데, 이 소수 인종 다수 선거구는 1990년에 10년 주기 인구조사를 시행한 결과 주 인구의 27퍼센트를 차지하는 흑인이 추가로 선거구 하나를 가질 권리가 있다고 해석되어 이를 근거로 생성되었던 선거구였다. 밀러 대 존슨(Miller v. Johnson) 515 U.S. 900, 909 (1995). 이듬해 법원은 텍사스 주의 계획도 무효화했다. 소수 인종 다수 선거구 마련의 지배적 요인은 인종이기 때문에 정부의 강력한 이익(compelling governmental interest)에 부응하도록 엄정하게 재단되었음을 증명하는 엄격 심사의 부담을 지는데도 이를 이행하지 않았다는 것이 그 판결의 근거였다. Bush v. Vera 517 U.S. 952 (1996). 2003년 법원은 "소수집단이 [안전] 선거구에서 그들이 원하는 후보를 선출할 수 있다는 점에 지나치게 초점을 두었다"는 이유로 조지아 주의 계획에 위법 판결을 내렸다. 조지아 대 애슈크로프트(Georgia v. Ashcroft) 539 U.S. 461, 490 (2003). 그리고 3년 후에는 해당 선거구에서 소수자가 50퍼센트를 초과하지 않는 한 투표권법이 소수의 투표권이 저해되는 것을 막기 위한 소수 인종 다수 선거구 설정을 요구하지 않는다고 판결했다. 바틀릿 대 스트리클런드(Bartlett v. Strickland) 556 U.S. 1 (2009).

22 Mario Moretto, "State GOP rebukes Collins' primary challenger for Facebook comments about Michaud, Mandela," *State and Capitol* (Bangor, Maine), December 16, 2013, http://stateandcapitol.bangordailynews.com/2013/12/16/state-gop-rebukes-collins-primary-c hallenger-for-facebook-comments-about-michaud-mandela/#.Uq9_Fyd40m5 (검색일: 2017-11-10).

23 Seth McLaughlin, "Susan Collins has potential to reshape midterm elections with a bid for Maine governor," *Washington Times*, April 12, 2017, http://www.washingtontimes.com/news/2017/apr/12/susan-collins-maine-governor-bid-woul d-set-off-dom/ (검색일: 2017-10-19).

24 Clare Foran, "Trump threatens a 'fight' against the Freedom Caucus," *The Atlantic*, March 30, 2017,

https://www.theatlantic.com/politics/archive/2017/03/trump-house-freedom-caucus-primary
-challenge- fight/521307/ (검색일: 2017-10-19).

25 Alex Isenstadt, "Bannon plotting primaries against slate of GOP incumbents," *Politico*,
September 10, 2017,
http://www.politico.com/story/2017/09/10/bannon-gop-primaries-mcconnell-trump-242522
(검색일: 2017-10-19).

26 Pamela Ban, Dan Moskowitz and James Snyder, "The changing relative power of party
leaders in Congress," (working paper, Harvard University, 2016),
http://scholar.harvard.edu/files/jsnyder/files/pac_leadership_draft.pdf?m=1460063073
(검색일: 2017-10-07).

27 Jane Mayer, *Dark Money: The Hidden History of the Billionaires behind the Rise of the
Radical Right* (New York: Doubleday, 2016). 돈을, 수정 헌법 1조가 보호하는 표현의
자유와 동급에 놓은 1976년 버클리 대 발레오(Buckley v. Valeo) 판결 이후로 미국 정치에
돈의 영향력을 제한하기란 사실상 불가능해졌다. 돈을 지출하는 주체가 개인인지,
정치행동위원회인지, 아니면 — 2011년 시티즌스 유나이티드 판결 이후부터는 —
기업인지를 묻지 않고, 법원이 "독자" 지출을 규제 대상에서 면제하는 바람에 정치
후원금을 제한하려는 시도는 무의미해지고 말았다. 선거운동이 군비경쟁의 속성을 띠게
되면서 선거 비용이 올라가고 운동 기간도 길어졌다. 예비선거는 물론 빈번하게 일정이
짜인 선거 때문에 고비용의 선거운동이 길게 이어져서, 정치인들을 영원한 모금원으로
전락시켰다. 후보가 고정된 공공 선거 자금을 받게 해 군비 경쟁적 현상을 막아 보려던
시도는 하원 선거에서 수백만 달러를, 상원 선거에서 수천만 달러를 모금할 수 있는
후보들과 10억 달러 이상 드는 대통령 선거운동 앞에서 희생되었다. 이 모든 것은
당연히 돈을 제일 많이 기부할 수 있는 자들의 목소리만 높여 주었다.

28 Seth Hill and Gregory Huber, "Representativeness and motivations of the contemporary
donorate: Results from merged survey and administrative records," *Political behavior* 39, no. 1
(March 2017), pp. 3-29.

29 Richard Pildes, "Romanticizing democracy, political fragmentation, and the decline of
American government," *Yale Law Journal* 28 (2014), pp. 835-45.

30 제약업계 로비스트들이 어떤 식으로 원하는 바를 얻어냈는지에 관해서는 다음을
참조. "Negotiating for lower costs in Medicare Part D," National Committee to Preserve
Social Security and Medicare, April 22, 2014,
http://www.ncpssm.org/EntitledtoKnow/entryid/2061/negotiating-f (검색일: 2017-11-10).
미국은퇴자협회 로비에 관해서는 다음을 참조할 것. Steve Turnham, "AARP Endorses
Medicare Rx drug bill," CNN, November 22, 2003,
http://www.cnn.com/2003/ALLPOLITICS/11/17/medicare.congress/index.html (검색일:
2017-11-10). 대형 제약회사들과 미국은퇴자협회가 받은 혜택에 관해서는 다음을
참조할 것. Bruce Jaspen, "United Health Group, AARP extend Medicare partnership beyond
2025," Forbes, July 17, 2017,
https://www.forbes.com/sites/brucejapsen/2017/07/17/unitedhealth-aarp-

extend-medicare-partnership-beyond-2025/#6489f82271b5 (검색일: 2017-11-10).

31 이에 관한 상세한 설명은 다음을 참조. Ron Suskind, *Confidence Men: Wall Street, Washington, and the Education of a President* (Harper Perennial, 2011), pp. 292-97.

32 Timothy Noah, "Obama's biggest health reform blunder," *Slate*, August 6, 2009, http://www.slate.com/articles/news_and_politics/prescriptions/2009/08/obamas_biggest_heal th_reform_blunder.html (검색일: 2017-11-10).

33 Michael Suede, "Big Pharma and Insurance Industry Lobby for Obamacare," *Libertarian News*, March 30, 2010, https://www.libertariannews.org/2010/03/30/big-pharma-and-insurance-industry-lobby-heav ily-for-obamacare/ (검색일: 2017-11-11).

34 National Federation of Independent Business v. Sebelius, 567, U.U2 519 (2012).

35 다음을 참조할 것. Shapiro, Politics Against Domination, pp. 93-99.

36 Andrew O'Hehir, "Demo-catastrophe: It was worse than we thought, and bigger then Hillary vs. Bernie," *Salon*, November 4, 2017, https://www.salon.com/2017/11/04/demo-catastrophe-it-was-worse-than-we-thought-and-go es-way-beyond-bernie-vs-hillary/ (검색일: 2017-11-07).

37 Christina Marcos, "GOP lawmaker: Donors are pushing me to get tax reform done," *The Hill*, November 11, 2017, http://thehill.com/homenews/house/359110-gop-lawmaker-donors-are-pushing-me-to-get-ta x-reform-done (검색일: 2017-11-26). 비슷한 예로서 오바마케어 폐지가 여론의 지지를 받지 못함에도 기부자들이 폐지에 압박을 가한 사례에 관해서는 다음 기사를 참조할 것. Carl Hulse, "Behind new Obamacare repeal vote 'furious' GOP donors," *New York Times*, September 22, 2017, https://www.nytimes.com/2017/09/22/us/politics/republican-donors-obamacare-repeal.html (검색일: 2017-11-26).

38 Nolan McCarty, Keith Poole, and Howard Rosenthal, *Polarized America: The Dance of Ideology and Unequal Riches*, 2nd ed. (Cambridge: MIT Press, 2016); Jacob Hacker and Paul Pierson, *Off Center: The Republican Revolution and the Erosion of American Democracy* (New Haven: Yale University Press, 2006), pp. 5-9, 109-34, 163-82.

39 Benjamin Page and Martin Gilens, *Democracy in America: What has Gone Wrong and What We Can Do About it* (University of Chicago Press, 2017).

40 Frances E. Lee, *Insecure Majorities: Congress and the Perpetual Campaign* (Chicago: University of Chicago Press, 2016).

41 레이건 행정부 시절 첫 6년 동안 공화당이 상원을 장악했다.

42 2001년 1월 부통령 임기가 끝날 때까지 앨 고어가 50석씩 동수로 나뉜 상원에서 캐스팅보트를 쥠으로써 민주당이 상원을 지배했던 짧은 기간은 예외로 한다.

43 Ban, Moskowitz, and Snyder, "The changing relative power of party leaders in Congress"; Pearson, *Party Discipline in the U.S. House of Representatives*, pp. 5-6.

44 James Curry and Frances Lee, "Non-Party government: Bipartisan lawmaking and theories of party power in Congress" (paper presented at the Congress and History Conference, Library of Congress, Washington, DC, June 15-16, 2017), pp. 14-22.

45 David Brady, Hahrie Han and Jeremy Pope, "Primary elections and candidate ideology: Out of step with the primary electorate?" *Legislative studies Quarterly* 32, no. 1 (February 2007), pp. 79-105.

46 커리와 리의 연구 결과에 대한 드문 예외가 원칙을 증명한다. 빌 클린턴의 1993년 재정적자감축법과 오바마의 2009년 경기부양법, 오바마케어, 그리고 2010년 도드-프랭크법은 반대당의 지지를 거의 또는 완전히 받지 못하고 정당에 따라 표가 갈린 채 통과되었다. 그러나 두 경우 모두 민주당은 이듬해에 치른 중간선거에서 완패당해 상당한 다수를 점했던 위치를 잃고 하원 지배를 공화당에 내주었다. 클린턴 시절의 경우는 40년 만에 처음으로 민주당이 하원 다수당 위치를 상실했다. 압도적으로 민주당 성향을 보이고 당의 중위 투표자보다 더 좌편향된 선거구에서만 민주당 지지표가 증가했다. David Brady, Morris Fiorina and Arjun Wilkins, "The 2010 Elections: Why did political science forecasters go awry?" PS 44, no. 2 (April 2010), pp. 247-50.

47 Chris Cillizza, "The Republican Zombie repeal just died. Again," The Point/CNN Politics, September 26, 2017, http://www.cnn.com/2017/09/25/politics/health-care-fail/index.html (검색일: 2017-10-30).

48 David Rohde, *Parties and Leaders in the Post-reform House* (University of Chicago Press, 1991), p. 28.

49 펠로시는 처음으로 도전자와 맞섰으나 2 대 1의 득표 비율로 가볍게 승리했다. Emmarie Huetteman, "Nancy Pelosi beats back House Democratic challenge," *New York Times*, November 30, 2016, https://www.nytimes.com/2016/11/30/us/politics/nancy-pelosi-house-democrats-tim-ryan.html?_r=0 (검색일: 2017-10-27).

50 "Bill Clinton reacts to. Midterm loss," C-Span, November 9, 1994, https://www.c-span.org/video/?c4513731/president-bill-clinton-reacts-1994-midterm-loss (검색일: 2017-10-29); Barack Obama, "I took a 'Shellacking' last night," Real Clear Politics Video, November 3, 2010, https://www.realclearpolitics.com/video/2010/11/03/obama_i_took_a_shellacking_last_night.html (검색일: 2017-10-29).

51 Chris Cillizza, "Nancy Pelosi can't be beaten," CNN Politics. June 27, 2017, http://www.cnn.com/2017/06/27/politics/nancy-pelosi-2018/index.html (검색일: 2017-10-29).

52 Pearson, *Party Discipline in the U.S. House of Representatives*, p. 162.

53 Andrew Hall, "What happen when extremists win primaries?" *American Political Science Review* 109, no. 1 (February 2015), pp. 18-42.

54 Richard Berke, "The 1994 elections: Voters the outcome; Asked to place the blame,

American surveys choose: All of the Above," *New York Times* November 10, 1994, http://www.nytimes.com/1994/11/10/us/1994-elections-voters-outcome-asked-place-blame-americans-surveys-chose-all.html?pagewanted=all (검색일: 2018-01-23).

55 도널드 트럼프에 의해 법무장관에 임명된 제프 세션스 앨라배마 주 상원의원의 후임자를 뽑는 보궐선거에서, 대통령과 미치 매코널 상원 다수당 원내대표가 둘 다 반대했음에도 극우 극렬분자 로이 무어가 공화당 예비선거에서 승리했다. 그러고서 그는 보궐선거에 나갔다가 과거에 아동 성 학대를 저지른 혐의를 여러 건 받으면서 민주당 의석을 잃었다.

56 Mayer, *Dark Money*, pp. 226-39, 271-300.

57 Amber Phillips, "Five times Democrats came to John Boehner's rescue," *Washington Post*, October 29, 2015, https://www.washingtonpost.com/news/the-fix/wp/2015/10/29/5-times-democrats-came-to-john-boehners-rescue/?utm_term=.04bbaba00c6f (검색일: 2017-11-07).

58 Paul Waldman, "Paul Ryan no longer a conservative darling," Chicago Tribune, March 14, 2017, http://www.chicagotribune.com/news/opinion/commentary/ct-paul-ryan-obamacare-conservatives-20170314- story.html (검색일: 2017-11-07).

59 2016년 대통령 선거 예비선거 투표율은 예년보다 높았지만, 공화당 측은 인디애나 주를 비롯한 첫 29개 주에서 예비선거 평균 투표율이 16.6퍼센트였다가 마지막 9개 주 경선에서는 8.4퍼센트로 떨어졌다. 민주당의 예비선거 평균 투표율은 14.4퍼센트였다. Drew Desilver, "Turnout was high in the 2016 primary season, but just short of the 2008 record." Pew Research Center, June 10, 2016, http://www.pewresearch.org/fact-tank/2016/06/10/turnout-was-high-in-the-2016-primary-season-but-just-short-of-2008-record/ (검색일: 2018-01-23). 의원 예비선거 투표율은 더욱 낮았다. 다음을 참조할 것. Elaine Kamarck, "The importance of increasing turnout on congressional primaries," *Stanford Social Innovation Review*, Match 8, 2016, https://ssir.org/articles/entry/the_importance_of_increasing_turnout_in_congressional_primaries (검색일: 2019-01-23).

60 Thomas Jefferson to Francis Hopkinson, March 13, 1789, Founders Online, https://founders.archives.gov/documents/Jefferson/01-14-02-0402 (검색일: 2017-12-18).

61 Richard Hofstadter, *The Idea of a Party System: The Rise of Legitimate Opposition in the United States, 1780- 1840* (Berkeley: University of California Press, 1969), p. 19.

62 Edmund Burke, "Thoughts on the Cause of the Present Discontents," *Select Works*, vol. I (Indianapolis: Liberty Fund, 1999 [1770]), p. 150.

63 Dylan Matthews, "You can't understand what's happened to the Senate without these two graphs," *Washington Post*, April 8 2013, https://www.washingtonpost.com/news/wonk/wp/2013/04/18/you-cant-understand-whats-happened-to-the-senate-without-these-two-graphs/?utm_term=.1e780d79be90 (검색일:

2017-11-10).

64 알래스카, 델라웨어, 몬태나, 노스다코타, 사우스다코타, 와이오밍, 버몬트 주.
http://usgovinfo.about.com/od/uscongress/a/abouthouse.htm (검색일: 2017-11-10).

65 "The small-state advantage in the United States Senate," *New York Times*, March 10, 2013,
http://www.nytimes.com/interactive/2013/03/11/us/politics/small-state-advantage.html
(검색일: 2017-11-08).

66 Rosenblum, *On the Side of the Angels*, pp. 165-253을 참조.

67 다음을 참조. Kerry Picket, "RNC Rules Committee member: Every delegate at GOP Convention not bound on first ballot," *Daily Caller*, March 13, 2013,
http://dailycaller.com/2016/03/13/rnc-rules-comm-member-every-delegate-at-gop-conventio
n-not-bound-on-first-ballot/ (검색일: 2017-11-11).

68 David Weigel, "Democrats vote to bind most superdelegates to state primary results," *Washington Post*, July 23, 2016,
https://www.washingtonpost.com/news/post-politics/wp/2016/07/23/democrats-vote-to-bin
d-most-superdelegates-to-state-primary-results/?utm_term=.f2288dd12434 (검색일:
2017-11-10).

69 Marty Cohen et. al, *The Party Decides: Presidential Nominations Before and After Reform* (Chicago: University of Chicago Press, 2008).

70 Stephen Gardbaum and Richard Pildes, "Populism and democratic institutional design: Methods of selecting candidates for chief executive in the United States and other democracies." *NYU Law Review* (2018), pp. 17-22.

71 Federal Election Commission, "Official 2016 Presidential Results," January 30, 2017,
https://transition.fec.gov/pubrec/fe2016/2016presgeresults.pdf (검색일: 2017-11-11).

72 이 제도는 승자 독식제를 채택하지 않고 있는 메인 주와 네브래스카 주의 의회 선거구 산출 방식(congressional district method)과 혼동되어서는 안 된다. 이 두 주는 하원의원 선거구마다 1명의 선거인단이 배정되며 그 선거구에서 이긴 정당이 이 1명의 선거인단을 차지한다. 상원의원과 하원의원을 더한 수만큼 선거인을 배분하므로 상원의원 2명분에 해당하는 선거인 2인의 표가 남는다. 이 두 표는 주 전체의 승자가 가져간다.

Fairvote Archives: Maine and Nebraska, http://archive.fairvote.org/e_college/me_ne.htm
(검색일: 2017-11-11). 이 제도가 전국적으로 채택되면 도시 지역에 표가 집중된 민주당에 불리하게 작용할 가능성이 높다.

73 Monica Davey, Julie Bosman and Steve Eder, "Trump backers go to court to block vote recounts in three states," *New York Times*, December 2, 2016,
https://www.nytimes.com/2016/12/02/us/trump-recounts-wisconsin-michigan-
pennsylvania.html?_r=0 (검색일: 2017-11-11); Michael Tackett and Michael Wines, "Trump disbands commission on voter fraud," *New Your Times*, January 3, 2018,

https://www.nytimes.com/2018/01/03/us/politics/trump-voter-fraud- commission.html
(검색일: 2018-02-12).

74 Lydia Wheeler, "Dem member of Trump's voter fraud commission sues panel," *The Hill*, November 9, 2017,
http://thehill.com/regulation/359603-dem-member-of-trumps-voter-fraud-commission-sues-panel (검색일: 2017-11-11).

75 Jeffrey Jones, "Approval of parties in Congress Near Record Lows," *Politics, Gallup Mews*, October 5, 2017,
http://news.gallup.com/poll/220238/approval-parties-congress-near-record-lows.aspx
(검색일: 2018-01-23). 더 전반적인 내용은 다음을 참조할 것. Samara Klar and Yanna Krupnikov, *Independent Politics: How American Disdain for Parties leads to Political Inaction* (Cambrdige: Cambridge University Press, 2016).

76 캐런 오런과 스티븐 스코우로넥이 언급한 대로 전통적인 권력분립 체계를 통해 정책을 입법화하는 데 작용하는 장애물 때문에, 행정부는 업적을 내기 위해 이 체계를 우회하고자 시도하게 되고, 그러면 정당성 부족은 더욱 심화된다. Karen Orren and Stephen Skowronek, *The Policy State: An American Predicament* (Cambridge, Mass: Harvard University Press, 2017), pp. 151-98.

77 David R. Mayhew, *The Imprint of Congress* (New Haven: Yale University Press, 2017), p. 6.

78 John Hibbing and Elizabeth Theiss-Morse, *Congress as Public Enemy: Public Attitudes toward American Political Institutions* (Cambridge: Cambridge University Press, 1995), p. 104.

79 Kenneth Walsh, "Blocked by design," *U.S. News and World Report*, June 16, 2017,
https://www.usnews.com/news/the-report/articles/2017-06-16/president-trumps-ineffectiven
ess-shows-the-system-is-working-as-designed (검색일: 2018-01-23]; Sheila Lee, "The constitution trumps the President," *Huffington Post*, August 5, 2017,
https://www.huffingtonpost.com/entry/the-constitution-trumps-the-president_us_5985f114e
4b08b75dcc73d1e (검색일: 2018-01-23); Charles Krauthammer, "American democracy: Not so decadent after all," *National Review,* March 23, 2017,
http://www.nationalreview.com/article/446039/donald-trump-presidency-democratic-checks-balances-working (검색일: 2018-01-23).

6장 작은 유럽 민주국가들의 강한 정당

1 Douglas Amy, "What is 'proportional representation' and why do we need this reform?" *Fair Vote*, n.d.,
http://www.fairvote.org/what_is_proportional_representation_and_why_do_we_need_this_r
eform (검색일: 2017-12-19).

2 Francis Fukuyama, *The Origins of Political Order, vol. I, From Prehuman Times to the French Revolution* (New York: Farrar, Straus and Giroux, 2014), 14.

3 Jeffrey Sachs, "Why the World Needs the Nordics More than Ever," Morten Emil Hansen, Torbjørn Gjefsen, and Kjersti Kanestrøm Lie eds., *End of Nordic Exceptionalism?* (Copycat Lysaker, 2015), p. 36, https://www.kirkensnodhjelp.no/globalassets/utviklingskonf-2015/end-of-nordic-exceptionalism.pdf (검색일: 2017-12-22).

4 David R. Cameron, "The Expansion of the Public Economy: A Comparative Analysis," *American Political Science Review* 72, no. 4 (December 1978), p. 1253; Peter Katzenstein, *Small States in World Markets: Industrial Policy in Europe* (Ithaca: Cornell University Press, 1985); Cliff Carrubba, Matthew Gabel, and Charles Hankla, "Judicial Behavior under Political Constraints: Evidence from the European Court of Justice," *American Political Science Review* 102, no. 4 (November 2008), pp. 435-52.

5 Kathleen Thelen, *Varieties of Liberalization and the New Politics of Social Solidarity* (New York: Cambridge University Press, 2014), p. 24.

6 Tony Judt, *Postwar: A History of Europe Since 1945* (New York: Penguin, 2006), pp. 384-85.

7 Julian Brooks, "Postwar," *Mother Jones*, December 20, 2015, http://www.motherjones.com/politics/2005/12/postwar/ (검색일: 2017-12-02); Judt, *Postwar*, pp. 723-32.

8 이것은 맨슈어 올슨이 말한 포괄 집단(encompassing group) 대 분배 집단(distributional group) 관념에 근거한 직관이다. 이에 대한 설명은 다음을 참조. Lars Calmfors and John Driffill, "Bargaining Structure, Corporatism and Macroeconomic Performance," *Economic Policy* 3, no. 6 (April 1988), pp. 13-61.

9 "Brussels Protest Calls for Belgian Unity Government," *The Guardian*, January 23, 2011.

10 Katzenstein, *Small States; Peter Katzenstein, Corporatism and Change: Austria, Switzerland and the Politics of Industry* (Ithaca: Cornell University Press, 1984).

11 Thomas Cusack, Torben Iversen, and David Soskice, "Economic Interests and the Origins of Electoral Systems," *American Political Science Review* 101, no. 3 (August 2007), pp. 373-91.

12 Katzenstein, *Small States*, pp. 32-33; John Stephens, *The Transition from Capitalism to Socialism* (London: Palgrave Macmillan, 1979), p. 119; Philippe Schmitter, "Interest Intermediation and Regime Governability in Advanced Industrial/Capitalist Polities," Suzanne Berger ed., *Organizing Interests in Western Europe* (New York: Cambridge University Press, 1981), pp. 294, 297; Gerhard Lehmbruch, "Concertation and the Structure of Corporatist Networks," John Goldthorpe ed., *Order and Conflict in Contemporary Capitalism* (Oxford: Oxford University Press, 1984), pp. 65-67; David Cameron, "Social Democracy, Corporatism, Labour Quiescence, and the Representation of Economic Interest in Advanced

Capitalist Society," Goldthorpe ed., *Order and Conflict*, pp. 164-66; Calmfors and Driffill, "Bargaining Structure."

13 Stein Rokkan, *Citizens, Elections, Parties. Approaches to the Comparative Study of the Processes of Development* (Midland, Mich.: McKay, 1970); Carles Boix, "Setting the Rules of the Game: The Choice of Electoral Systems in Advanced Democracies," *American Political Science Review* 93, no. 3 (September 1999); Cusack, Iversen, and Soskice, "Economic Interests and the Origins of Electoral Systems"; Isabela Mares, *From Open Secrets to Secret Voting: Democratic Electoral Reforms and Voter Autonomy* (New York: Cambridge University Press, 2015), chapter 9.

14 Andrew McLaren Carstairs, *A Short History of Electoral Systems in Western Europe* (New York: Routledge, 2012[1980]), p. 53.

15 비례대표제에서 득표율을 의석으로 환산할 때 동트 방식은 소수점 이하의 의석을 큰 정당에 유리하게 배정한다.

16 Bo Rothstein, "Labor-Market Institutions and Working-Class Strength," Sven Steinmo, Kathleen Thelen, and Frank Longstreth eds., *Structuring Politics: Historical Institutionalism in Comparative Analysis*(New York: Cambridge University Press, 1992), p. 35.

17 Peter Swenson, *Capitalists against Markets: The Making of Labor Markets and Welfare States in the United States and Sweden* (New York: Oxford University Press, 2002), p. 10.

18 Swenson, *Capitalists against Markets*, p. 114.

19 Swenson, *Capitalists against Markets*, p. 125; Jonathan Leonard, Marc Van Audenrode, "Corporatism Run Amok: Job Stability and Industrial Policy in Belgium and the United States," *Economic Policy* 8, no. 17 (October 1993), pp. 355-400.

20 David Rueda, "Insider-Outsider Politics in Industrialized Democracies: The Challenge to Social Democratic Parties," *American Political Science Review* 99, no. 1 (February 2005), pp. 61-74.

21 Phillip Lipscy, "The Electoral Politics of Energy Policy" (working paper, Stanford University, 2017), https://web.stanford.edu/~plipscy/lipscyelectoralenergy.pdf (검색일: 2017-12-23).

22 Ronald Rogowski and Mark Kayser, "Majoritarian Electoral Systems and Consumer Power: Price-level Evidence from the OECD Countries," *American Journal of Political Science* 43, no. 3 (July 2002), pp. 526-39; Joe Weinberg, "Do Majoritarian Electoral Systems Favor Consumers: Identifying Cross-National Consumer Bias," *International Studies Quarterly* 56. no. 4 (December 2012), pp. 820-26; Eric Chang, Mark Kayser, David Linzer, and Ronald Rogowski, *Electoral Systems and the Balance of Consumer-Producer Power* (New York: Cambridge University Press, 2011); Eric Chang, Mark Kayser, and Ronald Rogowski, "Electoral Systems and Real Prices: Panel Evidence for the OECD Countries, 1970-2000," *British Journal of Political Science* 38, no. 4 (October 2008), pp. 739-51.

23 Lipscy, "Electoral Politics of Energy Policy," pp. 13-14.

24 Lars Jonung, 2009, "The Swedish Model for Resolving the Banking Crisis of 1991-93. Seven Reasons Why it Was Successful" (European Commission Working Paper, February 2009), http://ec.europa.eu/economy_finance/publications/pages/publication14098_en.pdf (검색일: 2017-12-22).

25 Torbjörn Bergman and Niklas Bolin 2011, "Swedish Democracy: Crumbling Political Parties, a Feeble Rikstag, and Technocratic Power Holders?" Kaare Strom and Torbjorn Bergman eds, *The Madisonian Turn: Political Parties and Parliamentary Democracy in Nordic Europe*(Ann Arbor: University of Michigan Press, 2011), p. 267.

26 Bergman and Bolin, "Swedish Democracy."

27 Thelen, *Varieties of Liberalization*, pp. 28, 146.

28 Lucio Baccaro and Chris Howell, *Trajectories of Neoliberal Transformation: European Industrial Relations Since the 1970s* (New York: Cambridge University Press, 2017), p. 149.

29 Nicholas Aylott and Niklas Bolin, "Towards a two-party system? The Swedish parliamentary election of September 2006," *West European Politics* 30, no. 3 (May 2007), pp. 621-633.

30 Jacob Christensen, "The December Agreement: What Would Sartori Say?" Now on JacobChristensen.eu, http://jacobchristensen.name/2014/12/27/the-december-agreement-what-would-sartori-say/ (검색일: 2017-12-2).

31 Aylott and Bolin, "Towards a two-party system?" p. 631.

32 Bergman and Bolin, "Swedish democracy," p. 279.

33 Linda Berg and Andrea Spehar, "Swimming against the Tide: Why Sweden Supports Increased Labour Mobility Within and from Outside the EU," *Policy Studies* 34, no. 2 (March 2013), pp. 142-61.

34 Carly Elizabeth Schall, *The Rise and Fall of the Miraculous Welfare Machine: Immigration and Social Democracy in Twentieth-Century Sweden* (Ithaca: Cornell University Press, 2016); Grete Brochmann and Anniken Hagelund, *Immigration Policy and the Welfare State, 1945-2010* (Basingstoke: Palgrave Macmillan, 2012).

35 Annika Freden, "Opinion Polls, Coalition Signals and Strategic Voting: Evidence from a Survey Experiment," *Scandinavian Political Studies* 40, no. 3 (September 2017), pp. 247-64.

36 Alan Renwick and Jean-Benoit Pilet, Faces on the Ballot: The Personalization of Electoral Systems in Europe (New York: Oxford University Press, 2016), p. 246.

37 Giuliano Bonoli, "Switzerland: The Impact of Direct Democracy," Ellen Immergut, Karen Anderson, and Isabelle Schulze eds., *The Handbook of West European Pension Politics* (Oxford: Oxford University Press, 2006), pp. 204-47. http://www.dw.com/en/swiss-voters-nix-pension-reform-in-national-referendum/a-40660501 (검색일: 2017-12-22).

38 "Switzerland's voters reject basic income plan." BBC Online. June 5, 2016, http://www.bbc.com/news/world-europe-36454060 (검색일: 2017-12-19).

39 Jean Christophe Schwaab, "Pourquoi les socialistes doivent s'opposer au 'revenu de base inconditionnel' (allocation universelle)," April 11, 2012, http://www.schwaab.ch/archives/2012/04/11/pourquoi-les-socialistes-doivent-s%E2%80%99 opposer-au-%C2%ABrevenu-de-base-inconditionnel%C2%BB-allocation-universelle/ (검색일: 2017-12-19); Philippe van Parijs, "Basic income and social democracy," *Social Europe*, April 11, 2016, https://www.socialeurope.eu/44878 (검색일: 2017-12-19).

40 Marina Popescu, "Political Parties and Electoral Systems: Preference Voting in New Democracies," 2014, http://www.policy.hu/popescu/PARTIESANDPREFERENCEVOTING.pdf (검색일: 2017-12-22).

41 Torbjörn Bergman, Wolfgang Müller, Kaare Strøm, and Magnus Blomgren, "Democratic Delegation and Accountability: Cross-National Patterns," Strøm and Bergman, *The Madisonian Turn*, p. 213.

42 Wolfgang Müller, "Austria: Imperfect Parliamentarism but Fully Fledged Party Democracy," Strøm and Bergman, *The Madisonian Turn*, p. 228.

43 Renwick and Pilet, *Faces on the Ballot*, pp. 136-142.

44 Tapio Raunio, "The Changing Finnish Democracy: Stronger Parliamentary Accountability, Coalescing Political Parties and Weaker External Constraints," *Scandinavian Political Studies* 27, no. 2 (June 2004), p. 144. 또한 핀란드의 개방형 정당 명부가, 후보자의 외모 같은 정치적으로 무관한 속성의 비중을 높인다는 증거가 있다. Niclas Berggren, Henrik Jordahl, and Panu Poutvaara, "The Looks of a Winner: Beauty, Gender and Electoral Success" (working paper no. 2311, Institute for the Study of Labor, IZA, Berlin, September 2006).

45 Indriði H. Indriðason and Gunnar Helgi Kristinsson, "Primary Consequences: The Effects of Candidate Selection through Party Primaries in Iceland," *Party Politics* 21, no.4 (2015), p. 567; Indriði H. Indriðason and Gunnar Helgi Kristinsson, "Primaries and Legislative Behavior," Robert G. Boatright ed., *Routledge Handbook of Primary Elections* (New York: Taylor and Francis, 2018), p. 350.

46 Renwick and Pilet, *Faces on the Ballot*, pp. 146-47.

47 Olle Folke, Torsten Persson, and Johanna Rickne, "The Primary Effect: Preference Votes and Political Promotions," *American Political Science Review* 110, no. 3 (August 2016), pp. 559-78.

48 Jens Hainmueller and Dominik Hangartner, "Does Direct Democracy Hurt Immigrant Minorities? Evidence from Naturalization Decisions in Switzerland" (working paper, Stanford University, 2015).

49 Cliff Carrubba, Matthew Gabel, and Charles Hankla, "Judicial Behavior Under Political Constraints: Evidence from the European Court of Justice," *American Political Science Review*

102, no. 4 (November 2008), pp. 435-52.

7장 프랑스식 혼합 체제

1 "드브레가 하나의 '진정한'(true) 의회 중심제라고 일컬은 ('아마도 여러 세대 만에 최초일') 제도는 내각과 의회의 관계를 영국의 그것처럼 조직하지만, 영국 내각에 우위를 부여하는 영국 체제의 주요 요소(즉, 실질 다수를 점하는 한 정당에 의한 권한 행사)가 프랑스에는 없다." Stanley Hoffmann, "The French Constitution of 1958: The Final Text and Its Prospects," *American Political Science Review* 53, no. 2 (June 1959), p. 335.

2 Sophie Louet, Simon Carraud, "After Macron Win, France's Main Parties Fret over Parliament Elections," *Reuters*, May 10, 2017, https://www.reuters.com/article/us-france-election/after-macron-win-frances-main-parties-fret-over-parliament-elections-idUSKBN186123 (검색일: 2017-12-24).

3 상원 선거는 지역 대표자들로 구성된 선거인단에 의한 간접 선거다. 한 선거구에서 1~2명의 당선자를 선출하는 상원 선거구들은 더 많은 정당을 탄생시켜, 특정 정당이 절대다수를 얻기 어렵다. 2017년 9월 선거에서 마크롱의 새 정당은 상원 의석의 11퍼센트를 얻어, 비례대표 요소 도입을 위해 개헌을 하려던 그의 소망에 차질이 생겼다.

4 David Goldey and Philip Williams, "France," Vernon Bogdanor and David Butler eds., *Democracy and Elections: Electoral Systems and Their Political Consequences* (New York: Cambridge University Press, 1983), p. 80.

5 "공식적 중앙집중화는 허구가 아니었지만, 지방 정치권력은 …… 체제를 여러 가지 방식으로 와해시켰다." Henry W. Ehrmann and Martin A. Schain, *Politics in France* (New York: Harper Collins, 1992), pp. 381-82. 비비언 슈미트는 지방 통제의 몇 가지 핵심 요소는 최소한 1세기 이전으로 거슬러 올라간다고 말한다. Vivien Schmidt, "Unblocking Society by Decree: The Impact of Governmental Decentralization in France," *Comparative Politics* 22, no. 4 (July 1990), pp. 459-81.

6 David Hanley, "Compromise, Party Management and Fair Shares: The Case of the French UDF," *Party Politics* 5, no. 2 (1999), pp. 171-89.

7 1986년도의 아슬아슬했던 선거 결과에 따라 드골과 공화국연합과 프랑스민주동맹은 새로운 이민 통제와 경찰력 증강에 대한 국민전선의 요구에 굴복했다.

8 Giovanni Sartori, *Comparative Constitutional Engineering: An Inquiry into Structures, Incentives, and Outcomes* (New York: NYU Press, 1994).

9 Amel Ahmed, *Democracy and the Politics of Electoral System Choice* (New York: Cambridge University Press 2013), p. 148; Gary Cox, Jon Fiva, and Daniel Smith, "Parties, Legislators, and the Origins of Proportional Representation" (manuscript, Stanford University, 2017), http://www.jon.fiva.no/docs/Cox-Fiva-Smith-2017.pdf (검색일: 2017-12-24).

10 Pierre Martin, "Industrial Structure, Coalition Politics, and Economic Policy: The Rise and Decline of the French Popular Front," *Comparative Politics* 24, no. 1 (October 1991), pp. 45-75.

11 Ahmed, *Politics of Electoral System Choice*, p. 152.

12 Ahmed, *Politics of Electoral System Choice*, p. 163.

13 12년 동안 24차례 정권이 교체되었다.

14 엘런 이머것이 말한 대로 "의회의 운신의 폭"이 정당의 당원 통제력을 약화시키고 의사들처럼 잘 조직된 단체의 힘에 영합하게 만든다. Ellen Immergut, "Institutions, veto points, and policy results: A comparative analysis of health care," *Journal of Public Policy* 10, no. 4 (October 1990), pp. 391-416. 2004년까지 프랑스는 고용주와 노동자로부터 건강보험 재정을 충당했다(각각 급여의 11.8퍼센트, 0.75퍼센트). 이에 비해 독일은 고용주와 노동자에게 각각 급여의 평균 7퍼센트를 부담시켰고, 영국은 완전히 일반 조세로 충당했다.

15 Immergut, "Institutions, veto points and policy results."

16 1962년 10월 국민투표와 11월 의회 선거에서 승리한 뒤 드골은 다음과 같이 큰소리쳤다. "나는 정당들을 깨부수고 싶었다. 그것을 할 수 있는 사람, 그것이 가능하다고 믿었던 사람은 오로지 나 하나뿐이었다. 다른 모든 사람보다 내가 옳았다." André Passeron, *Quand De Gaulle Parle* (Paris: Brooch, 1962).

17 Ben Clift, "The Fifth Republic at Fifty: The Changing Face of French Politics and Political Economy," *Modern & Contemporary France* 16, no. 4 (November 2008), p. 385.

18 Carl Friedrich, "The New French Constitution in Political and Historical Perspective," *Harvard Law Review* 72, no. 5 (March 1959), p. 817.

19 John Keeler, "Executive Power and Policy-Making Patterns in France: Gauging the Impact of Fifth Republic Institutions," *West European Politics* 16, no. 4 (1993), pp. 518-44.

20 Friedrich, "The New French Constitution," p. 813.

21 Friedrich, "The New French Constitution," p. 827.

22 Friedrich, "The New French Constitution," p. 835.

23 Frank Wilson, "Alternative Models of Interest Mediation: The Case of France," *British Journal of Political Science* 12 (April 1982), pp. 173-200.

24 John Huber, "Restrictive Legislative Procedures in France and the United States," *The American Political Science Review* 86, no. 3 (September 1992), pp. 675-87.

25 Peter Hall, *Governing the Economy* (Cambridge University Press, 1986), p. 167.

26 Wilson, "Alternative Models," p. 180.

27 Bernard Moss, "Industrial Reform in an Era of Retreat: The Auroux Legislation in France," *Work, Employment, and Society* 2, no. 3 (September 1988), pp. 317-34.

28 공산당 계열의 노동조합 노동총연맹(CGT)은 노동자평의회가 사용자의 도구로 전락할 것을 우려해 법안에 반대했다. Moss, "Industrial Reform," p. 325.

29 Luis Garicano, Claire Lelarge, John Van Reenen, "Firm Size Distortions and the Productivity Distribution: Evidence from France" (CEP Discussion Paper no. 1128, 2016). 경제학자들이 실증적으로 보여 주는 바에 따르면, 노동자들은 장기 노동계약을 체결하지만 연공서열에 기초한 더 낮은 임금을 받는다. 그렇게 해도 사용자는 노동자의 이탈을 걱정할 필요가 없기 때문이다. 다음을 참조. Magali Beffy, Mosche Buchinsky, Denis Fougère, Thierry Kamionka and Francis Kramarz, "The Returns to Seniority in France (and Why are they Lower than in the United States?)" (Discussion Paper no. 5486, Centre for Economic Policy Research, London, February 2006).

30 "Why French Unions are So Strong," *Economist*, March 17, 2017, https://www.economist.com/blogs/economist-explains/2014/03/economist-explains-15 (검색일: 2017-12-29); Lucio Baccaro and Christopher Howell, *Trajectories of Industrial Transformation: European Industrial Relations Since the 1970s* (New York: Cambridge University Press, 2017), p. 90; Francis Kramarz, "Outsourcing, Wages, Unions, and Employment: Evidence from Data Matching Imports, Firms, and Workers" (working paper, CREST-INSEE, CEPR, IZA and IFAU, July 2008). 베를린 장벽이 무너진 후 가장 큰 노동조합인 노동총연맹(CGT)은 공산당과 결별했으나 전반적으로 봤을 때 별로 변한 것은 없었다.

31 Philippe Askenazy, Jean-Baptiste Berry, and Sophie Prunier-Poulmaire, "Working Hard for Large French Retailers," Eve Caroli and Jerome Gautie eds., *Low Wage Work in France* (New York: Russell Sage Foundation, 2008), chapter six.

32 Mark Rousseau and Scott Hunt, "Political Decentralization in Socialist France: Alternative Theories, Alternative Struggles," *Mid-American Review of Sociology* 11, no. 2 (Winter 1986), pp. 45-74; Carla King, "The Early Development of Agricultural Cooperation: Some French and Irish Comparisons," Proceedings of the Royal Irish Academy: Archaeology, Culture, History, Literature 96C, no. 3 (1996), pp. 67-86.

33 Marianne Bertrand and Francis Kramarz, "Does Entry Regulation Hinder Job Creation? Evidence from the French Retail Industry," *Quarterly Journal of Economics* 117, no. 4, (January 2002), pp. 1369-1413.

34 Oliver Borraz, "Reforming Local Government in France: The Case of Two Communautés Urbaines," *Administrative Theory & Praxis* 21, no. 3 (Setptember 1999), pp. 252-64.

35 Joseph Jones, *The Politics of Transport in France* (Kingston and Montreal: McGill-Queens University Press, 1984), p. 214.

36 Ehrmann and Schain, *Politics in France*, pp. 379-80.

37 1988년 대통령 선거에서 르펜에 투표한 사람들 가운데 약 4분의 1이 2차 투표에서 미테랑 지지로 돌아섰다.

38 조반니 사르토리는 대통령과 총리가 근거리에서 서로 고통스럽게 물어뜯는 일을 피하기 위해 타협하는 경향을 보인다고 확신했다.

39 Huber, "Restrictive Legislative Procedures," p. 148.

40 Huber, "Restrictive Legislative Procedures," p. 138.

41 Paul Clay Sorum, "France Tries to Save Its Ailing National Health Insurance System," *Journal of Public Health Policy* 23, no. 2 (July 2005), p. 234.

42 폴 소럼은 1998년에 이렇게 적었다. "보건 의료에 대한 국가의 영향력은 …… 여러 면에서 제한적이다. 이익집단과 지역 유권자는 개별 의원과 중앙정부에 정치적 압박을 가한다. 게다가 (의료 기관 예산 규제나 빈민층 임산부에 대한 산전 관리 같은) 국가정책의 이행은 지역 관료에 의지할 뿐만 아니라 흔히 지역 유력 인사와 이해관계자를 포함하는 이사회의 협력에도 의존한다." Paul Sorum, "Striking Against Managed Care: The Last Gasp of La Médicine Libérale?" *JAMA* 280, no. 7 (August 1998), pp. 659-64. 거의 10년 후에도 상황은 마찬가지였다. Sorum, "France Tries to Save Its Ailing National Health Insurance System."

43 Eugenia da Conceicao-Heldt, "France: The Importance of the Electoral Cycle," Immergut, Anderson, and Schulze, *The Handbook of Western European Pension Politics*.

44 Frederic Sawicki, "Le prolo, l'expert et le mépris de classe," *Liberation*, June 11, 2011, http://www.liberation.fr/france/2011/06/10/le-prolo-l-expert-et-le-mepris-de-classe_741694 (검색일: 2017-12-22).

45 Bruce Crumley, "Hollande Wins French Socialist Primary, Looks to the Battle Ahead with Sarkozy," *Time* (October 17, 2011).

46 Cole Stangler, "France Rebels: An Interview with Raquel Garrido," *Jacobin*, April 4, 2017, https://www.jacobinmag.com/2017/04/france-insoumise-melenchon-elections-sixth-republic-national-front/ (검색일: 2017-12-30).

47 Jacques Rancière, "Des idées pour transformer une Republique encore oligarchique," *Le Monde*, May 6, 2013, http://www.lemonde.fr/idees/article/2013/05/06/des-idees-pour-transformer-une-republique-encore-oligarchique_3171667_3232.html#jkeXLCwkgjWDpZpK.99 (검색일: 2017-12-30).

8장 래브라두들과 푸들도에 관하여: 독일

1 1986년 기사련 당수 프란츠 요제프 슈트라우스는 기민/기사련이 다른 우파 정당이 합법적으로 등장할 만한 이념적 공간을 절대로 허용해서는 안 된다고 경고한 바 있다. 메르켈은 사실상 그 충고를 어겼다. "Wie Merkel Franz Josef Strauss auslegt," *Süddeutsche Zeitung*, May 21, 2016, http://www.sueddeutsche.de/politik/strit-in-der-union-wie-merkel-franz-josef-strauss-auslegt-1.3001791 (검색일: 2018-3-23).

2 새로 도입한 규칙에 따르면 연정 합의문은 당 대회에 더해 추가로 45만 명의 사회민주노동당원이 투표로 승인해야만 했다. Michelle Martin and Andreas Rinke,

"Update 6-Merkel's Conservatives Make Big Concessions to SPD in Coalition Deal," *Reuters/CNBC*, February 7, 2017,

https://www.cnbc.com/2018/02/07/reuters-america-update-6-merkels-conservatives-make-big-concessions-to-spd-in-coalition-deal.html (검색일: 2018-3-23).

3 Thomas Saalfield, "Germany: Multiple Veto Points, Informal Coordination, and Problems of Hidden Action," Kaare Strom, Wolfgang Muller, and Torbjorn Bergman eds, *Delegation and Accountability in Parliamentary Democracies* (New York: Oxford University Press, 2003), p. 361.

4 월터 번햄은 다음과 같이 경종을 울렸다."비유권자였다가 1871년에서 1912년 사이에 활발한 유권자층으로 유입된 사람의 대다수는 마르크스주의의 "정치 교회"인 사회민주노동당이 동원한 이들이다. Walter Dean Burnham, "Political Immunization and Political Confessionalism: The United States and Weimar Germany," *The Journal of Interdisciplinary History* 3, no. 1 (Summer, 1972), p. 4. 다음도 참조. Stein Rokkan, *Citizens, Elections, Parties: Approaches to the Comparative Study of the Process of Development* (Oslo: Universitetsforlaget, 1970); Carles Boix, "Setting the Rules of the Game: The Choice of Electoral Systems in Advanced Democracies," *The American Political Science Review* 93, no. 3 (September 1999), pp. 609-24; Isabela Mares, *Democratic Electoral Reforms and Voter Autonomy* (New York: Cambridge University Press, 2015), chapter 9.

5 Cusack, Iversen, and Soskice, "Economic Interests."

6 Matthew Shugart and John Carey, *Presidents and Assemblies: Constitutional Design and Electoral Dynamics* (New York: Cambridge University Press, 1992); Jonathan Sperber, *The Kaiser's Voters: Electors and Elections in Imperial Germany* (New York: Cambridge University Press, 1997); F. A. Hermens, "Proportional Representation and the Breakdown of German Democracy," *Social Research* 3, no. 4 (November 1936), pp. 411-33; Roger Myerson, "Political Economics and the Weimar Disaster," *Journal of Institutional and Theoretical Economics* 160, no. 2 (June 2004), pp. 187-209.

7 Robert Gerwarth, *The Vanquished: Why the First World War Failed to End* (New York: Farrar, Strauss & Girard, 2016), p. 162.

8 Hermens, "Proportional Representation," p. 424; Andrzej Olechnowicz, "Liberal Anti-Fascism in the 1930s: The Case of Sir Ernest Barker," *Albion: A Quarterly Journal Concerned with British Studies* 36, no. 4 (Winter, 2004), p. 643.

9 Kathleen Bawn, "The Logic of Institutional Preferences: German Electoral Law as a Social Choice Outcome," *American Journal of Political Science* 37, no. 4 (November 1993), p. 971; Marcus Kreuzer "Germany: Partisan Engineering of Personalized Proportional Representation," Josep Colomer ed., *The Handbook of Electoral System Choice* (New York: Palgrave Macmillan, 2004), p. 230.

10 Thomas Saalfeld, "Germany: Stability and Strategy in a Mixed-Member Proportional System," Michael Gallagher and Mark Mitchell eds., *The Politics of Electoral Systems*(New York: Oxford University Press, 2003), pp. 209-29.

11 Steven Fisher, "The Wasted Vote Thesis," *Comparative Politics* 5, no. 2 (January 1973); Kathleen Bawn and Michael Thies, "A Comparative Theory of Electoral Incentives: Representing the Unorganized Under PR, Plurality and Mixed-Member Electoral Systems," *Journal of Theoretical Politics* 15, no. 1 (January 2003), pp. 5-32.

12 윌리엄 라이커에 따르면 1961, 1965, 1969년에 자유민주당은 지역 득표수가 정당 명부 득표수보다 13~38퍼센트 적었다. 바꿔 말해 정당 명부에서 더 많이 득표했다. 두 번째 표를 배분하는 "최고 잔여" 동트 방식은 1987년 대형 정당에 유리하게 작용하지 않는 헤어/니마이어 방식으로 교체되었다. William Riker, "The Two-Party System and Duverger's Law: An Essay on the History of Political Science," *The American Political Science Review* 76, no. 4 (December 1982), pp. 753-66. 다음도 참조. Eckhard Jesse, "The West German Electoral System: The Case for Reform, 1949-87," *West European Politics* 10, no. 3 (1987), pp. 434-48.

13 Arnold Heidenheimer, "Foreign Policy and Party Discipline in the CDU," *Parliamentary Affairs* 13, no. 1 (August 1959), p. 71.

14 아데나워가 서베를린 의원들이 사회민주당 성향을 띤다는 이유로 연방의회에서 투표할 권리를 막았다는 추측이 일부 존재한다. 1969년 스위스 시민권을 획득한 카를 야스퍼스는 나치 출신들을 용인하면서까지 아데나워를 지지하는 서방 연합국들을 비난했다. 다음을 참조. Gracie Morton, "The Long March of the German 68ers: Their Protest, Their Exhibition, and Their Administration," 2007 (Electronic Theses and Dissertations, Paper 2141), p. 11, http://dc.etsu.edu/etd/2141 (검색일: 2017-12-30).

15 Stanley Vardys, "Germany's Postwar Socialism: Nationalism and Kurt Schumacher (1945-52)," *The Review of Politics* 27, no. 2 (April 1965), pp. 220-44; Klaus Epstein, "Review: A New Biography of Schumacher, Kurt Schumacher: A Study in Personality and Political Behavior by Lewis J. Edinger," *World Politics* 18, no. 4 (July 1966), pp. 727-34.

16 Peter Losch, "The Evolution of the SPD," *German Politics & Society* 14 (June 1988), pp. 32-40.

17 Sheri Berman, "The Life of the Party," *Comparative Politics* 30, no. 1 (October 1997), pp. 101-22.

18 Peter Pulzer, "Responsible Party Government in the German Political System," Herbert Doring and Gordon Smith ed., *Party Government and Political Culture in Western Germany* (New York: St. Martin's Press, 1982), p. 30.

19 Klaus Detterbeck, "Candidate Selection in Germany: Local and Regional Party Elites Still in Control?" *American Behavioral Scientist* 60, no. 7 (February 2016), pp. 837-52.

20 Geoffery Pridham, *Christian Democracy in Western Germany: The CDU/CSU in Government and Opposition, 1945-1976* (Routledge, 2014), pp. 82-87, 91-95; Arnold Heidenheimer, *Adenauer and the CDU: The Rise of the Leader and the Integration of the Party* (Springer, 1960), pp. 203-4.

21 "Bavaria's CSU conservatives urge changes to refugee policy," DW, September 10, 2016,

http://www.dw.com/en/bavarias-csu-conservatives-urge-changes-to-refugee-policy/a-1954164
0 (검색일: 2017-12-05).; David Large, "Merkel should beware Bavarians, not populists,"
Foreign Policy, January 3, 2017,
http://foreignpolicy.com/2017/01/03/merkel-should-beware-bavarians-not-populists/
(검색일: 2017-12-05). 다음도 참조. Jutta Helm, "Review: Parties, Stability, and Growth:
West German Politics in Transition," *Comparative Politics* 16, no. 4 (July 1984), pp. 481-94.

22 Klaus Detterbeck, "The Role of Party and Coalition Politics in Federal Reform," *Regional and Federal Studies* 26, no. 5 (August 2016), p. 845.

23 Jack Dowell, "The Role of the Social Democratic Party in the Grand Coalition," *Political Science* 22, no. 1 (July 1970), pp. 52-65. 1965년 산업 노동자는 사회민주당 지지층
전체에서 다수에 약간 못 미치는 비중을 차지했다. David Conradt, "Electoral Law Politics
in West Germany," *Political Studies* 18, no. 3 (1970), pp. 341-56.

24 Heidenheimer, "Foreign Policy and Party Discipline in the CDU."

25 Dowell, "The Role of the Social Democratic Party," p. 62.

26 2018년 소선거구 평균 유권자 수는 프랑스가 8만2000명, 영국이 7만2000명인 데
비해 독일은 20만6000명이었다.

27 메르켈의 기민/기사련이 그렇게 해서 2009년에 24석을 획득했다.

28 Jesse, "The West German Electoral System," p. 435.

29 Bawn, "Logic of Institutional preferences," p. 976.

30 Dowell, "The Role of the Social Democratic Party," pp. 60-61.

31 Mark Hallerberg, Rolf Rainer Strauch, and Jurgen von Hagen, *Fiscal Governance in Europe* (New York: Cambridge University Press, 2009); Lanny Martin and Georg Vanberg,
Parliaments and Coalitions: The Role of Legislative Institutions in Multiparty Governance (New
York: Oxford University Press, 2011); Susanna Lohmann, "Dynamics of Informational
Cascades: The Monday Demonstrations in Leipzig, East Germany, 1989-1991," *World
Politics* 47 (October 1994), pp. 42-101; Carrubba, Gabe, and Hankla, "Judicial Behavior
under Political Constraints"; Saalfeld, "Germany: Stability and Strategy in a Mixed-Member
Proportional System."

32 Peter Swenson, *Fair Shares: Union, Pay, and Politics in Sweden and West Germany* (Ithaca:
Cornell University Press, 1989), p. 38.

33 Baccaro and Howell, *Trajectories of Industrial Transformation*, p. 97.

34 David Soskice, *Divergent Production Regimes: Coordinated and Uncoordinated Market
Economies in the 1980s and 1990s* (New York: Cambridge University Press, 1999); Kathleen
Thelen, *How Institutions Evolve: The Political Economy of Skills in Comparative Perspective*
(New York: Cambridge University Press, 2004); Thelen, *Varieties of Liberalization*; Torben
Iversen and John Stephens, "Partisan Politics, the Welfare State, and the Three Worlds of
Human Capital Formation," *Comparative Political Studies* 41, nos. 4-5 (April-May 2008), pp.
600-637.

35 Jesse, "The West German Electoral System," p. 438; Lars Calmfors and John Driffill, "Centralization of Wage Bargaining," *Economic Policy* 3, no. 6 (April 1988), pp. 13-61.

36 Peter Lange and Geoffrey Garrett, "Strategic Interaction and Economic Performance in Advanced Industrial Democracies, 1974-1980," *The Journal of Politics* 47, no. 3 (August 1985), pp. 792-827.

37 Brendan Price, "The Duration and Wage Effects of Long-Term Unemployment Benefits: Evidence from Germany's Hartz IV Reform" (working paper, MIT Department of Economics, 2016).

38 Thelen, *Varieties of Liberalization*, pp. 138-40; William Tompson and Robert Price, "The Political Economy of Reform: Lessons from Pensions, Product Markets and Labour Markets in Ten OECD Countries," OECD, 2009, http://www.oecd.org/site/sgemrh/46190166.pdf (검색일: 2017-12-22).

39 Christian Dustmann, Bernd Fitzenberger, Uta Schönberg and Alexandra Spitz-Oener, "From Sick Man of Europe to Economic Superstar: Germany's Resurgent Economy," *Journal of Economic Perspectives* 28, no. 1 (2014), pp. 167-88.

40 Thelen, *Varieties of Liberalization*, p. 49.

41 Rueda, "Insider-Outsider Politics in Industrialized Democracies."

9장 래브라두들이 되고 싶은 나라: 뉴질랜드, 이탈리아, 일본, 멕시코

1 Justin Wolfers, "Are voters rational? Evidence from gubernatorial elections" (working paper, NBER, January 30, 2007), http://users.nber.org/~jwolfers/papers/Voterrationality(latest).pdf (검색일: 2017-12-2).

2 Jack Nagel, "Social Choice in a Pluralitarian Democracy: The Politics of Market Liberalization in New Zealand," *British Journal of Political Science* 28, no. 2 (April 1998), pp. 223-67.

3 Nagel, "Social Choice," p. 228.

4 1993년에 로저 더글러스는 노동당을 탈당해 자유주의 성향의 정당인 '소비자와 납세자를 위한 연합'(Association for Consumers and Taxpayers, ACT: 현 뉴질랜드 행동당의 원래 당명)을 창당했다.

5 John Quiggins, "Free Market reform in New Zealand: an Australian Perspective," *Victoria Economic Commentaries* 7, no. 2 (October 2000), p. 39, https://www.victoria.ac.nz/sef/research/pdf/Quiggin.pdf (검색일: 2017-12-20).

6 Nagel, "Social Choice," p. 224.

7 Nagel, "Social Choice," p. 240. 이 선거구 획정은 전혀 당파적이지 않았음에도 나라

전체의 다양성을 반영하도록 획정하는 데 실패했다.

8 Jack Vowles, "The politics of electoral reform in New Zealand," *International Political Science Review* 16, no. 1 (January 1995), pp. 95-96, 102-6; Jonathan Boston, Stephen Levine, Elizabeth McLeay and Nigel S. Roberts, "The 1996 General Election in New Zealand: Proportional Representation and Political Change," *The Australian Quarterly* 69, no.1 (Autumn, 1997), pp. 1-14. 그로부터 20년 후에 시행된 국민투표에서도 유권자는 57.8퍼센트 대 42.2퍼센트로 혼합형 대표제의 유지를 택했다.

9 Mark Kayser and Kassandra Grafström, "The Luxury Goods Vote: Why Left Governments are Punished for Economic Downturns" (working paper, Hertie School of Governance, 2016). 그렇지만 이때 뉴질랜드 노동당이 일자리와 임금 대신 사치재(다양성 촉진, 환경 정책)를 판촉했던 것은 아니다. 잭 나이절(Jack Nagel)이 지적한 대로 모든 좌파 유권자가 물질주의를 탈피할 만큼 경제적 여력이 있는 것은 아니다. Nagel, "Social Choice," p. 253.

10 David Denemark, "Choosing MMP in New Zealand: Explaining the 1993 Electoral Reform," Matthew Shugart and Martin Wattenberg eds., *Mixed-Member Electoral Systems: The Best of Both Worlds?* (New York: Oxford University Press, 2001), p. 78.

11 Andrew Geddis, "New Zealand's Ill-Fated Review of MMP" (working paper, Electoral Regulation Research Network, 2013), http://law.unimelb.edu.au/__data/assets/pdf_file/0004/1556023/WP_13_Geddis3.pdf (검색일: 2017-12-22).

12 투표용지에는 정당 로고와 함께 정당 명부가 실리고 각 명부의 상단에 후보자 성명이 표시되어 있는데, 각 선거권자는 정당 명부에 한 표를 행사한다. (Id. art. 2(4).) 투표자는 정당 명부 상단에 있는 후보들 이외의 후보 중에서 최대한 두 명까지 선호를 표시할 수 있다. (Id. art. 1(1)(c).) 하나의 명부에서 2순위 후보를 고를 때는 1순위로 택한 후보와 성별이 다른 후보를 골라야만 한다. (Id. art. 2(4).) 이 규정을 어기면 무효표가 된다. (Id. art. 2(4).) 하원 의석은 전국 단위로 정당 명부에 배정된다. (Id. art. 1(1)(d).) 의석 배정을 받으려면 정당은 최소한 전국 득표율 3퍼센트를 얻어야 한다. 단, 언어 소수자에게는 일정한 예외 규정이 적용된다. (Id. art. 1(1)(e).) 전국에서 최소한 유효표의 40퍼센트를 득표하면 340석, 즉 의회 총 의석의 55퍼센트를 획득할 수 있다. (Id. art. 1(1)(f).) 만일 40퍼센트 득표율을 얻은 정당이 없으면, 가장 많은 득표율을 기록한 두 정당을 놓고 새로 투표한다. (Id. art. 1(1)(f).) 결선투표에서 최대 투표수를 얻은 정당이 340석을 획득한다.

13 Valentina Consiglio and Gavin Jones, "Italy's Top Court Rules Electoral Law Breaches Constitution," *Reuters*, December 4, 2013, http://www.reuters.com/article/us-italy-law-unconstitutional-idUSBRE9B30YW20131204 (검색일: 2017-11-27).

14 Carol Mershon, "The Costs of Coalition: Coalition Theories and Italian Governments," *The American Political Science Review* 90, no. 3 (September 1996), pp. 534-54; Richard Katz and Luciano Bardi, "Preference Voting and Turnover in Italian Parliamentary Elections," *The American Journal of Political Science* 24, no. 1 (February 1980), pp. 97-114.

15 Vittorio Grilli, Donato Masciandaro, and Guido Tabellini, "Political and Monetary Institutions and Public Financial Policies in the Industrial Countries," *Economic Policy* 6, no. 1 (October 1991): 381; 다음도 참조. Eric Chang and Miriam Golden, "Electoral Systems, District Magnitude and Corruption," *British Journal of Political Science* 37, no. 1 (January 2007), pp. 115-37.

16 Miriam Golden, "Electoral Connections: The Effects of the Personal Vote on Political Patronage, Bureaucracy and Legislation in Postwar Italy," *British Journal of Political Science* 33, no. 2 (April 2003), p. 196.

17 Joseph LaPalombara, *Democracy Italian Style* (New Haven: Yale University Press, 1989).

18 이탈리아도 규율 잡힌 모습을 보여 준 몇몇 순간이 있었는데, 1995년 무소속 람베르토 디니 총리가 긴축 예산이 의회에서 통과하지 못하면 자신에 대한 불신임 발의를 하라고 요구해 통과에 성공했을 때가 바로 그런 사례에 속한다. 의원들은 새로 선거를 치르는 것을 무엇보다 싫어한다. John Huber, "The Vote of Confidence in Parliamentary Democracies," *The American Political Science Review* 90, no. (2) (June 1996), pp. 269-82.

19 Serafino Negrelli and Tiziano Treu, "European Integration as a Stabilizing Factor in Italian Industrial Relations" (working paper presented at the European Community Studies Association, 1993); Miriam Golden, "International Economic Sources of Regime Change: How European Integration Undermined Italy's Postwar Party System," *Comparative Political Studies* 37, no. 10 (December 2004), pp. 1238-74.

20 Mark Donavan, "The Politics of Electoral Reform in Italy," *International Political Science Review* 16, no. 1 (January 1995), p. 59.

21 Richard Katz, "Reforming the Italian Electoral Law, 1993," Shugart and Wattenberg, *Mixed Member Systems*; Stefano Bartolini, Alessandro Chiaramonte, and Roberto D'Alimonte, "The Italian Party System between Parties and Coalitions," *West European Politics* 27, no. 1 (January 2004), pp. 1-19.

22 " 'The Euro won't survive,' says Matteo Salvini from Italy's Northern League," *Euronews*, November 29, 2014, http://www.euronews.com/2014/11/29/the-euro-won-t-survive-says-matteo-salvini-from-ital y-s-northern-league (검색일: 2017-12- 22).

23 Gianfranco Pasquino, "Tricks and Treats: The 2005 Italian Electoral Law and Its Consequences," *South European Society and Politics* 12, no. 1 (March 2007), pp. 79-93. 특정한 정당 명부 또는 정당 연합 명부가 최다 득표하고서도 340석에 못 미쳐 다수를 점하지 못했을 경우, 340석에 도달할 수 있도록 추가로 의석을 배정했다. 이것을 법안 기초자의 이름을 따서 칼데롤리법(Legge Calderoli) 또는 돼지법(Legge Porcellum)[법안 기초자 로베르토 칼데롤리가 스스로 이 법을 'porcata' 즉 형편없는 법으로 자평한 데서 비롯되었으며 이것을 다시 라틴어로 재치 있게 표현한 것]으로 불렸다.

24 Pasquino, "Tricks and Treats," p. 90.

25 예컨대 다음을 참조할 것. Daniel Gros, "Here is what is REALLY behind Italy's lost decade," *Business Insider*, November 9, 2011, http://www.businessinsider.com/heres-whats-really-behind-italys-lost-decade-2011-11 (검색일: 2017-12-23).

26 Guido Gentili, "Against the Stalemate of a Country that is Already Kneeling but Can End up on the Ground," March 10, 2013, http://www.ilsole24ore.com/art/commenti-e-idee/2013-03-10/contro-stallo-151131.shtml?uuid=AbNt3gcH (검색일: 2017-12-22).

27 "E D'Alema stoppa le primarie di Bersani," *la Repubblica*, July 6, 2012, http://ricerca.repubblica.it/repubblica/archivio/repubblica/2012/06/07/alema-stoppa-le-prim arie-di- bersani.html?refresh_ce (검색일: 2017-12-30).

28 루이지 징갈레스는 이탈리아 신문『일 솔레 벤티콰트로 오레』(*Il Sole 24 Ore*)의 논평 칼럼에서 국가개발기금을 서로 다른 정당들끼리 결탁해 선심성 주고받기에 쓰기보다는 전국적 최저임금을 높이는 데 써야 한다고 권고했다. Luigi Zingales, "Il coraggio che Grillo non ha per cambiare davvero il Paese," *Il Sole 24 Ore*, March 10, 2013, http://www.ilsole24ore.com/art/commenti-e-idee/2013-03-10/coraggio-grillo-cambiare-davve ro-150150.shtml?uuid=AbBqjgcH (검색일: 2017-12-30).

29 "Alfano: 'Non sia un governo di centrosinistra.' Berlusconi guiderà la delegazione di Forza Italia al Colle," *la Repubblica*, February 13, 2014, http://www.repubblica.it/politica/2014/02/13/news/crisi_di_governo_alfano_e_lupi_a_palazz o_chigi_bondi_con_re nzi_premier_possiamo_collaborare-78490677/ (검색일: 2017-11-27).

30 "Renzi Revisited," *The Economist*, October 11, 2015, https://www.economist.com/news/europe/21623770-italian-prime-minister-stakes-his-credibility-passage-big-reformsbut-faces-plenty (검색일: 2017-12-22).

31 Keizai ichiryu, seiji sanryu. 일본어로 "경제 일류, 정치 삼류"라는 뜻.

32 Donald Davis and David Weinstein, "Why Countries Trade: Insights from Firm-Level Data," *Journal of the Japanese and International Economics* 17 (2003), pp. 432-47.

33 Frances Rosenbluth and Michael Thies, *Japan Transformed: Political Change and Economic Restructuring* (Princeton University Press, 2010); Amy Catalinac, "Positioning under Alternative Electoral Systems: Evidence from Japanese Candidate Election Manifestoes," *American Political Science Review* 112, no. 1 (February 2018), pp. 31-48.

34 허버트 키첼트는 실현 가능한 선택지를 제약하는 세계화 경제 속에서 좌파는 싫어도 어쩔 수 없이 비경제정책에 치중할 수밖에 없다고 주장한다. Herbert Kitschelt, "Diversification and Reconfiguration of Party Systems in Postindutrial Democracies," Institut für Europäische Politik Europaische Politik, March 2004, http://library.fes.de/pdf-files/id/02608.pdf (검색일: 2017-12-30). 다음도 참조. Mark Kayser and Cassandra Grafström, "The Luxury Goods Vote."

35 특히 멕시코와 일본의 차이점은, 제도혁명당 연합은 수십 년 전 대기업과 노조 사이의 조합주의적 합의를 기반으로 세워졌다는 점이지만, 대기업이나 노조나 이제는 모두 경제에서 그 역할이 축소되고 있다. 제도혁명당은 지금도 여전히 노조를 포용하지만, 이와는 달리 대기업과 농민이 연합을 형성한 일본 자민당은 마찬가지로 구식 경제에 기대어 휘청거리면서도 언제나 노동 세력을 배제해 왔고, 그래서 농민을 대상으로 하는 보조금 이외에는 멕시코보다 덜 관대한 복지 정책을 제시한다.

36 David Samuels and Matthew Shugart, *Presidents, Parties, and Prime Ministers: How the Separation of Powers Affects Party Organization and Behavior* (New York: Cambridge University Press, 2009), pp. 212-13.

37 John Carey, *Term Limits and Legislative Representation* (New York: Cambridge University Press, 1996).

38 Joseph Klesner, "Electoral Competition and the New Party System in Mexico," *Latin American Politics and Society* 47, no. 2 (Summer 2005), pp. 103-42.

39 Merrill Rippy, "The Nationalized Oil Industry of Mexico: 1938-55," *The Southwestern Social Science Quarterly* 38, no. 1 (June 1957), pp. 6-18.

40 Beatriz Magaloni, *Voting for Autocracy: Hegemonic Party Survival and its Demise in Mexico* (New York: Cambridge University Press, 2006).

41 Alan Knight, "The Peculiarities of Mexican History: Mexico Compared to Latin America, 1821-1992," *Journal of Latin American Studies* 24, quincentenary Supplement (1992), p. 137.

42 Gabriel Aguilera, "Party Discipline, Electoral Competition, and Banking Reforms in Democratic Mexico," *Comparative Politics* 44, no. 4 (July 2012), pp. 421-38.

43 Magaloni, *Voting for Autocracy.*

44 Ana de la O, *Crafting Policies to End Poverty in Latin America: The Quiet Transformation* (New York: Cambridge University Press, 2015).

45 Victoria Rodriguez and Peter Ward, "Disentangling the PRI from the Government in Mexico," *Mexican Studies* 10, no. 1 (Winter, 1994), pp. 163-86.

46 Klesner, "Electoral Competition," p. 114; Barry Ames, "Bases of Support for Mexico's Dominant Party," *The American Political Science Review* 64, no. 1 (March 1970), pp. 153-67. 배리 에임스는 신흥 부유층이 신흥 빈곤 집단을 창조하는 맨슈어 올슨의 이미지를 빌려 신흥 빈곤층은 "아예 빈곤밖에 모르고 살아온 자들보다도 더 크게 분개한다"고 설명한다(p. 156).

47 Klesner, "Electoral Competition," p. 119.

48 Juan Molinar Horcasitas and Jeffrey Weldon, "Reforming Electoral Systems in Mexico," Shugart and Wattenberg, *Mixed-Member Electoral Systems*, p. 211.

49 Klesner, "Electoral Competition," pp. 116-17.

50 Aguilera, "Party Discipline," p. 423.

51 Aguilera, "Party Discipline," p. 421.

52 Shugart and Wattenberg, *Mixed-Member Electoral Systems*; John Carey and Simon Hix, "The Electoral Sweet Spot: Low-Magnitude Proportional Electoral Systems," *American Journal of Political Science* 55, no. 2 (April 2011), pp. 383-97.

53 Yann Kerevel, "The Legislative Consequences of Mexico's Mixed-Member Electoral System, 2000-2009," *Electoral Studies* 29, no. 4 (December 2010), pp. 691-703.

10장 대통령중심제와 작고 약한 정당의 결합: 중남미

1 John Carey, *Legislative Voting and Accountability* (New York: Cambridge University Press, 2009). 케리는 이렇게 적고 있다. "유권자에 대해 정당 책임보다 개인 책임이 우선되는 것은 국가마다 인터뷰에서 반복해서 드러나는 주제였다. 표결 기록 제도의 도입에 아무 진전이 없는 나라조차 같은 현상을 보였다"(p. 90).

2 Samuels and Shugart, *Presidents, Parties, and Prime Ministers*.

3 Susan Stokes, *Mandates and Democracy: Neoliberalism by Surprise in Latin America* (New York: Cambridge University Press, 2001).

4 Argelina Cheibub Figueiredo and Fernando Limongi, "Presidential Power, Legislative Organization, and Party Behavior in Brazil," *Comparative Politics* 32, no. 2 (January 2000), pp. 151-70.

5 Noam Lupu, *Party Brands in Crisis: Partisanship, Brand Dilution, and the Breakdown of Political Parties in Latin America* (New York: Cambridge University Press, 2016).

6 Octavio Amorim Neto, "The Puzzle of Party Discipline in Brazil," *Latin American Politics and Society* 44, no. 1 (Spring, 2002), pp. 127-44.

7 Gary Cox and Scott Morgenstern, "Latin America's Reactive Assemblies and Proactive Presidents," *Comparative Politics* 33, no. 2 (January 2001), pp. 171-89.

8 Javier Corrales, "Presidents, Ruling Parties, and Party Rules: A Theory on the Politics of Economic Reform in Latin America," *Comparative Politics* 32, no. 2 (January 2000), pp. 127-49.

9 Eduardo Fidanza, quoted in Noam Lupu, Party Brands in Crisis, 59.

10 Brad Brooks, "Ex-Brazil President Lula sentenced to nearly 10 years for corruption," *Reuters*, July 12, 2017. https://www.reuters.com/article/us-brazil-corruption-lula/ex-brazil-president-lula-sentenced-to-nearly-10-years-for-corruption-idUSKBN19X2FO (검색일: 2018-02-16).

11 Jonathan Watts, "Brazil: Explosive recordings implicate President Michel Temer in bribery," *The Guardian*, May 17, 2017, https://www.theguardian.com/world/2017/may/18/brazil-explosive-recordings-implicate-president-michel- temer-in-bribery (검색일: 2017-12-21).

12 다음 문헌에서 인용됨. https://www.significados.com.br/caixa-2/ (검색일: 2017-11-22).

13 Meg Healy and Lusia Leme, "Update: Brazil's Congress eyes reforms ahead of 2018 elections," Americas Society/Council of the Americas, August 17, 2017, https://www.as-coa.org/articles/update-brazils-congress-eyes-reforms-ahead-2018-elections (검색일: 2018-02-12).

14 Mauricio Cardenas, Roberto Junguito and Monica Pachon, "Political Institutions and Policy Outcomes in Colombia: The Effects of the 1991 Constitution," Ernesto Stein and Mariano Tommasi, *Policymaking in Latin America: How Politics Shapes Policies* (Cambridge: Harvard University Press, 2008), p. 71.

15 Cardenas, Junguito, and Pachon, "Political Institutions," p. 210.

16 Cardenas, Junguito, and Pachon, "Political Institutions," p. 223. 또한 콜롬비아는 1990년에 대통령 예비선거를 도입함으로써, 강력한 선호를 지녔고 투표할 확률도 높은 집단에 대통령이 영합하도록 만들었다. Flavia Friedenberg, "La reina de las reformas: Las elecciones internas a las candidaturas presidenciales en America Latina," Universidad de Salamanca conference paper, July 2014, https://www.researchgate.net/publication/263735162-_La_reina_de_las_reformas_las_eleccio nes_internas_a_las_candidaturas_presidenciales_en_America-Latina (검색일: 2017-11-21).

17 Cardenas, Junguito, and Pachon, "Political Institutions," p. 229.

18 Pablo Spiller and Mariano Tommasi, "Political Institutions, Policymaking Processes, and Policy Outcomes in Argentina," Stein and Tommasi, *Policymaking in Latin America*, p. 81.

19 Mark Jones, Sebastian Saiegh, Pablo Spiller and Mariano Tommasi, 2002, "Amateur Politicians, Professional Politicians: The Consequences of Party-Centered Electoral Rules in a Federal System," *American Journal of Political Science* 46, no. 3 (July 2002), pp. 656-69; Spiller and Tommasi, "Political Institutions," pp. 90-91.

20 Spiller and Tommasi, "Political Institutions," p. 93.

21 Spiller and Tommasi, "Political Institutions," p. 95.

22 Spiller and Tommasi, "Political Institutions," p. 110. 1988년 도입되어 2009년에 법으로 의무화된 대통령 예비선거가 이 문제를 고착화하고 있다. Friedenberg, "La reina de las reformas."

23 Mark Blyth and Richard Katz, "From Catch-all Politics to Cartelisation: The Political Economy of the Cartel Party," *West European Politics* 28, no. 1 (January 2005), pp. 33-60.

24 Michael Coppedge, "Prospects for Democratic Governability in Venezuela," *Journal of Interamerican Studies and World Affairs* 36, no. 2 (Summer, 1994), pp. 39-64.

25 정부는 비례대표제를 보유한 독일 모델을 도입했으나 지역구 의석이 정치인들에게 개인적 추종자들을 양성하는 계기를 열어 주었다.

26 Francisco Monaldi, Rosa Amelia Gonzalez, Richard Obuchi and Michael Penfold, "Political Institutions and Policymaking in Venezuela: The Rise and Collapse of Political Cooperation," Stein and Tommasi, *Policymaking in Latin America*, p. 378.

27 Coppedge, "Prospects," p. 59.

28 Coppedge, "Prospects," p. 60.

29 1998년[원문의 1968년은 오기로 보인다] 대통령 예비선거가 도입되었다. Friedenberg, "La reina de las reformas."

30 Monaldi, Gonzalez, Obuchi, and Penfold, "Political Institutions and Policymaking in Venezuela," pp. 293, 401.

31 Benjamin Kohl, "Bolivia under Morales: A Work in Progress," *Latin American Perspectives* 37, no. 3 (May 2010), p. 113.

32 Jeffrey Sachs, "Bolivian Hyperinflation and Stabilization," *The American Economic Review* 77, no. 2 (May 1987), pp. 279-83.

33 Moisés Arce and Roberta Rice, "Societal Protest in Post-Stabilization Bolivia," *Latin American Research Review* 44, no. 1(2009), pp. 88-101.

34 Mark Weisbrot, "Bolivia's Economy: The First Year"(issue brief, Center for Economic and Policy Research, January 2007), https://www.issuelab.org/resources/749/749.pdf (검색일: 2017-12-30); Kohl, "Bolivia Under Morales."

35 Carey, *Legislative Voting*, p. 32.

36 Kathleen Schroeder, "Economic Globalization and Bolivia's Regional Divide," *Journal of Latin American Geography* 6, no. 2 (2007), pp. 99-120.

37 또한 볼리비아의 개방형 정당 명부 비례대표제는 여성의 정치적 대표성을 축소했다. 득표를 겨냥한 남성들이 당이 고른 후보들을 힘으로 밀치고 명부에 올랐기 때문이다. Mark Jones and Patricio Navia, "Assessing the Effectiveness of Gender Quotas in Open-List Proportional Representation Electoral Systems," *Social Science Quarterly* 80, no. 2 (June 1999), pp. 341-55.

38 Carey, *Legislative Voting*, p. 37.

39 Bert Hoffmann, "Why Reform Fails: The 'Politics of Policies' in Costa Rican Telecommunications Liberalization," *European Review of Latin American and Caribbean Studies* 84, no. 3 (April 2008), p. 8.

40 John Booth and Mitchell Seligson, "Political Legitimacy and Participation in Costa Rica: Evidence of Arena Shopping," *Political Research Quarterly* 58, no. 4 (December 2005), pp. 537-50.

41 Hoffmann, "Why Reform Fails," p. 5.

42 Ricardo Monge González, "Innovation, Productivity, and Growth in Costa Rica: Challenges and Opportunities"(Technical Note No. IDB-TN-920, Inter-American Development Bank, January 2016), p. 31.

43 Friedenberg, "La reina de las reformas."

44 OECD, "Competition: Modernising Costa Rican Competition Law," Better Policies Series, February 2016, https://www.oecd.org/countries/costarica/costa-rica-modernising-competition-law.pdf (검색일: 2017-12-30).

45 Cristobal Aninat, John Londregan, Patricio Navia and Joaquin Vial, "Political Institutions, Policymaking Processes, ad Policy Outcomes in Chile," Stein and Tommasi, *Policymaking in Latin America*, p. 173.

46 Peter Siavelis, "The Hidden Logic of Candidate Selection for Chilean Parliamentary Elections," *Comparative Politics* 34, no. 4 (July 2002), pp. 419-38. 시어벨리스의 설명은 사안의 복잡성을 말해 준다. "궁극적으로 콘세르타시온[연합]을 구성한 정당들은 콘세르타시온 내부에 존재하는 좌파 하위 연합(subpact)과 중도 하위 연합 사이에서 지역구를 공평하게 나누기로 합의하고, 이 각각의 하위 연합이 군소 정당들을 얼마나 포용할 의사가 있는지에 따라 약간의 조정을 가했다. 또한 사회당(PS)-민주당(PPD) 하위 연합과 기독교민주당(PDC) 하위연합, 그리고 국가당(PAIS) 간에도 묵시적 합의가 존재했는데, 콘세르타시온이 그 두 하위 연합 사이에서 후보자의 수를 똑같이 분배하되, 국가당이 정당 명부를 내는 지역만은 예외로 한다는 내용이었다"(p. 431).

47 Siavelis, "The Hidden Logic," p. 425.

48 "Bye-bye Binomial?" *The Economist*, February 12, 2012, https://www.economist.com/blogs/americasview/2012/02/chiles-electoral-system (검색일: 2017-12-30).

49 "A shake-up in Chile's Presidential election," US News & World Report, November 29, 2017, https://www.usnews.com/news/best-countries/articles/2017-11-29/chile-heads-into-a-preside ntial-runoff-with-a-transformed-political-landscape (검색일: 2017-02-12).

50 베네수엘라·코스타리카·아르헨티나·콜롬비아·칠레는 1980년대까지 또는 그 이후까지도 대통령 예비선거를 도입하지 않았다. Friedenberg, "La reina de las reformas."

51 볼리비아·브라질·과테말라 등 일부 중남미 국가는 대통령 예비선거를 도입하지 않았다.

11장 동유럽에서 권위주의의 확산

1 토마스 포군트케와 폴 웨브는 "대통령 권한 강화"의 추세를 더 광범위하게 검토하고 있다. Thomas Poguntke and Paul Webb, *The Presidentialization of Politics: A Comparative Study of Modern Democracies* (New York: Oxford University Press, 2005).

2 Mares, *From Open Secrets to Secret Voting*, chapter 9.

3 Abby Innes, "Party Competition in Postcommunist Europe: The Great Electoral Lottery," *Comparative Politics* 35, no. 1 (October 2002), p. 87.

4 Barbara Geddes, "Initiation of New Democratic Institutions in Eastern Europe and Latin

America," Arend Lipjhart and Carlos Waisman eds., *Institutional Design in New Democracies* (New York: Westview Press, 1996); Kenneth Benoit and Jacqueline Hayden, "Institutional Change and Persistence: The Evolution of Poland's Electoral System, 1989-2001," *The Journal of Politics* 66, no. 2 (May 2004), pp. 396-427.

5 Renwick and Pilet, *Faces on the Ballot*, pp. 45-48.

6 Samuels and Shugart, *Presidents, Parties, and Prime Ministers*, p. 2.

7 Rick Lyman, "In Poland, an Assault on the Courts Provokes Outrage," *New York Times*, July 19, 2017, https://www.nytimes.com/2017/07/19/world/europe/poland-courts-law-and-justice-party.html?_r=0 (검색일: 2017-12-30).

8 Genevieve Zubrzycki, "We, the Polish Nation: Ethnic and Civic Visions of Nationhood in Post-Communist Constitutional Debates," *Theory and Society* 30, no. 5 (October 2001), pp. 629-68.

9 Renwick and Pilet, *Faces on the Ballot*, p. 65.

10 Renwick and Pilet, *Faces on the Ballot*, p. 46.

11 Frances Millard, "Poland's Politics and the Travails of Transition after 2001: The 2005 Elections," *Europe-Asia Studies* 58, no. 7 (November 2006), p. 1008.

12 Millard, "Poland's Politics," p. 1009.

13 Anna Grzymala-Busse, "Coalition Formation," *Comparative Politics* 34, no. 1 (2001), pp. 85-104.

14 Barnabas Racz, "Political Pluralisation in Hungary: The 1990 Elections," *Soviet Studies* 43, no. 1 (1991), pp. 107-36.

15 다음에서 인용. Raymond Duch and Harvey Palmer, "Strategic Voting in Post-Communist Democracy?" *British Journal of Political Science* 32, no. 1 (January 2002), p. 69.

16 Margit Tavits, "Party Organizational Strength and Party Unity in Post-Communist Europe," *European Political Science Review* 4, no. 3 (November 2012), pp. 409-31.

17 Krisztian Ungvary, "One Camp, One Banner: How Fidesz Views History," Balint Magyar and Julia Vasarhelyi eds., *Twenty-Five Sides of a Post-Communist Mafia State* (Budapest: Central European University Press, 2017), p. 394.

18 OECD, *Trends in International Migration 1998: Continuous Reporting System on Migration*, Annual Report, 2001.

19 Imre Voros, "A Constitutional Coup in Hungary between 2010 and 2014," and Julia Vasarhelyi, "The Workings of the Media: A Brainwashing and Money Laundering Mechanism," Magyar and Vasarhelyi, *Twenty-Five Sides*.

20 Kristof Szombati, "The Revolt of the Provinces: Anti-Gypsism and Right Wing Politics in Rural Hungary"(Ph.D. diss., Central European University, 2016), p. 203.

21 Viktor Szigetvári, Csaba Tordai, Balázs Vető, "Beyond democracy: The model of the new

Hungarian parliamentary electoral system," Haza És Haladás, 2011, http://lapa.princeton.edu/hosteddocs/hungary/Beyond%20democracy%20-%2027%20Nov%202011.pdf (검색일: 2017-12-30).

22 "Hungarian far right launches new political party," *Guardian*, 8 July, 2017, https://www.theguardian.com/world/2017/jul/08/hungarian-far-right-launches-new-political-party (검색일: 2017-12-30); Andrea Pirro, *The Populist Radical Right in Central and Eastern Europe: Ideology, Impact, and Electoral Performance* (London: Routledge, 2015), p. 175.

23 Renwick and Pilet, *Faces on the Ballot*, p. 155; Goldie Shabad and Kazimierz Slomczynski, "The Emergence of Career Politicians in Post-Communist Democracies: Poland and the Czech Republic," *Legislative Studies Quarterly* 27, no. 3 (August 2002), pp. 333-59.

24 Renwick and Pilet, *Faces on the Ballot*, p. 156.

25 Tavits, "Party Organizational"; "Czech Government Collapses After Losing No-Confidence Vote," *Voice of America News*, November 2, 2009, https://www.voanews.com/a/a-13-2009-03-25-voa5-68798172/411904.html (검색일: 2017-12-30).

26 Lubomîr Kopeček, "I'm Paying, So I Decide: Czech ANO as an Extreme Form of a Business-Firm Party," *East European Politics and Societies and Culture* 30, no. 4 (November 2016), pp. 725-49.

27 Vît Hloušek, "Is the Czech Republic on its way to Semi-Presidentialism?" *Baltic Journal of Law & Politics* 7, no. 2 (2014), pp. 95-118.

28 David Edgar, "The Politics of the Right: A Review Article," *Race and Class* 58, no. 2 (October 2016), pp. 87-94.

29 Renwick and Pilet, *Faces on the Ballot*, p. 160; Miroslav Beblavy and Marcela Veselkova, "Preferential Voting and the Party-Electorate Relationship in Slovakia," *Party Politics* 20, no. 4 (2014), p. 525.

30 Beblavy and Veselkova, "Preferential Voting," p. 527.

31 Beblavy and Veselkova, "Preferential Voting," p. 527.

32 불가리아의 좌파 세력은 그때까지 소선거구제를 선호했으나, 야당 연합과 타협해 군소 야당들에게 유리한 비례대표제를 도입했다. Renwick and Pilet, *Faces on the Ballot*, p. 101.

33 Dobrinka Kostova, "Report on Bulgaria: Elites' Europeanness and their Trust in Institutions," *Historical Social Research* 41, no. 4 (2016), pp. 39-253.

34 "Bulgaria center-right Prime Minister Boyko Borisov set for return to power," DW, March 27, 2017, http://www.dw.com/en/bulgaria-center-right-prime-minister-boyko-borisov-set-for-return-to-power/a-38129504 (검색일: 2017-12- 30).

35 Duch and Palmer, "Strategic Voting," pp. 63-91.

36 Tatiana Kostadinova, "Organizational Structure and Trends in Bulgarian Party Politics," Katarzyna Sobolewska-Myslik, Beata Kosowska-Gastol, and Piotre Borowiec eds.,

Organizational Structures of Political Parties in Eastern and Central European Countries
(Krakow: Jagiellonian University Press, 2016), pp. 85-108; Barry Levitt and Tatiana
Kostadinova, "Personalist Parties in the Third Wave of Democratization: A Comparative
Analysis of Peru and Bulgaria," *Politics & Policy* 42, no. 4 (August 2014), pp. 513-47.

37 레인 타게페라는 정당을 약화하는 단기이양식 선거제를 선호한다. Renwick and Pilet,
Faces on the Ballot, p. 102.

38 Margit Tavits, "Organizing for Success: Party Organizational Strength and Electoral
Performance in Postcommunist Europe," *The Journal of Politics* 74, no. 1 (January 2012), pp.
83-97.

39 Tavits, "Organizing for Success," p. 89.

12장 앞으로 나아갈 길

1 설문 조사에 따르면 자신들을 전 세계 민주주의의 옹호자로 여기는 미국 유권자
사이에서조차 민주주의 제도에 대한 지지가 약해지고 있는 것으로 드러났다. 2017년 총
유권자의 10퍼센트와 공화당 지지 유권자의 25퍼센트가 의회 폐쇄를 선호했다. German
Feierhard, Noam Lupu and Susan Stokes, "How Committed are Americans to U.S.
Democracy?" (working paper, Yale University, 2017).

2 Michael Alvarez and Thad Hall, *Point, Click, and Vote: The Future of Internet Voting*
(Washington, D.C.: Brookings Institution Press, 2003).

3 Alexander Hamilton to James Duane, September 3, 1780,
https://founders.archives.gov/documents/Hamilton/01- 02-02-0838 (검색일: 2017-12-10).

4 Max Farrand, *The Records of the Federal Convention of 1787*, vol. 1 (New Haven: Yale
University Press, 1911 [1787]), p. 299.

5 Kathleen Thelen, Andreas Widemann, and Bruno Palier, "The anxiety of precarity: The
United States in Comparative perspective" (working paper, MIT, 2018), p. 24.

6 Thomas Poguntke and Paul Webb, *The Presidentialization of Politics: A Comparative Study
of Modern Democracies* (New York: Oxford University Press, 2005).

7 Carey and Hix, "The Electoral Sweet Spot."

8 Eric Browne and Mark Franklin, "Aspects of Coalition Payoffs in European Parliamentary
Democracies," *American Political Science Review* 67, no. 2 (June 1973), pp. 453-69; Paul
Warwick and James Druckman, "Portfolio salience and the proportionality of payoffs in
coalition governments," *British Journal of Political Science* 31, no. 4 (October 2001), pp.
627-49. 군소 정당의 경쟁이 장관직 획득으로 이어지지 않는다는 증거에 관해서는
다음을 참조할 것. Hanna Bäck, Henk Erik Meier and Thomas Persson, "Party size and
portfolio payoffs: The proportional allocation of ministerial posts in coalition governments,"

The Journal of Legislative Studies 15, no. 1 (March 2009), pp. 10-34.

9 다음을 참조. Gideon Rahat and Reuven Hazan, "Increased personalization in an unstable party system: The 2013 elections in Israel," *Representation* 49, no. 3 (2013), pp. 375-89; Gideon Rahat, Reuven Hazan and Pazit Ben-Nun Bloom, "Stable blocs and multiple identities: the 2015 elections in Israel," *Representation* 52, no. 1 (2016), pp. 99-117.

10 Pallavi Polanki, "Congress' Primaries: Will Rahul's experiment win elections?" *First Post*, February 25, 2014, http://www.firstpost.com/politics/congress-primaries-will-rahuls-experiment-win-elections-1408107.html (검색일: 2017-12-30).

11 Curry and Lee, "Non-Party Government."

12 "Toward a More Responsible Two-Party System: A Report of the Committee on Political Parties, American Political Science Association," *The American Political Science Review*, Supplement: 44, no. 3, part 2 (1950): foreword.

13 "Toward a More Responsible Two-Party System," p. 40.

14 "Toward a More Responsible Two-Party System," p. 41; 다음을 참조. Charles E. Merriam, "Nomination of Presidential Candidates," *American Bar Association Journal* 7 (February, 1921), p. 83; Charles E. Merriam and Harold F. Gosnell, *The American Party System*, 4th ed. (New York: Macmillan, 1949), pp. 356-60.

15 "Toward a More Responsible Two-Party System," p. 43.

16 "Toward a More Responsible Two-Party System," p. 48.

17 1919년 12월에 공화당 전국위원회가 소규모의 정당 협의회를 설치했으나 분권화된 권력을 한데 모으는 데 실패해 몇 년 후 기능이 정지되었다.

18 "Toward a More Responsible Two-Party System," pp. 38-39.

19 "Toward a More Responsible Two-Party System," p. 60.

20 "Toward a More Responsible Two-Party System," p. 63. "상임위원회의 정당 비율을 하원의 정당 비율에 언제나 근접하도록 맞추는 일은 건전성과는 무관하다. 이를테면 소수당 6인, 다수당 7인과 같은 식으로 소수당도 위원회에서 다수당과 거의 비슷하게 많은 자리를 차지한다는 것을 뜻한다. 이렇게 되면 다수당의 개별 의원들에게 세력 균형의 결정권이 주어져 혼란이 일어난다. 결과적으로 정당의 책임성이 저해된다."

21 "Toward a More Responsible Two-Party System," p. 54.

22 교착 상태를 일으키는 구조적인 원인들은 대부분 너무나 뿌리 깊어서 해결하기 어려울 수 있지만, 5장에서 논의한 대로 예비선거 결과의 유효성을 위한 최소 투표율 요건 같은 온건한 조치들이 최소한 올바른 방향으로 압력을 가할 수는 있다.

23 의회는 하원의 규모와 관련해 자주권을 보유하며, 헌법의 선거 규정은 의회에 주의 법규를 제정 또는 수정할 권한을 부여한다. 단, 이는 특정한 예외에 구속된다. 제1조 4항은 이렇게 규정한다. "상원의원과 하원의원을 선거할 시기, 장소 및 방법은 각 주에서 그 주의회가 정한다. 그러나 합중국의회는 언제든지 법률에 의해 그러한 규정을 제정 또는 개정할 수 있다. 다만, 상원의원의 선거 장소에 관해서는 예외로

한다."[국회전자도서관 미국 헌법 번역 참조]. 또한 유권자가 최소한 3만 명이고 주마다 최소한 하원의원 1인을 두어야 하는 등의 추가적 제약 요건이 존재한다.

24 미국정치학회는 선거구 편성을 통한 해결책을 제시하는 대신, 내생적으로 창조된 정당 규율의 직관을 인정했다. "그런 정당은 자신의 존재를 정당화하기 위해 공공 정책의 진로를, 스스로 발표한 정강 정책의 방향으로 끌고 갈 역량을 증명해야만 한다. 이는 결국 정당의 대표자들이 통일된 행동 방침을 따라야 한다는 것을 의미한다. 그렇지만 지도자들이 공공 정책에 관해 목표도 완전히 다르고 생각이 근본적으로 다른 구성원들을 대표해야 할 경우 지도부는 단합하기 어렵다." "Toward a More Responsible Two-Party System," p. 66.

25 입법부에 대한 지지율이 낮으면 사법부가 선거구 재편성을 주장하기 쉬워진다. 2009년에서 2017년 말까지 이루어진 각종 여론조사를 미국 여론조사 기관 리얼클리어폴리틱스(RealClearPolitics)가 종합한 평균치에 따르면 의회에 대한 지지율은 14.7퍼센트, 반대율은 73.3퍼센트였다. 2010년 초 이후로 지지율이 30퍼센트를 넘긴 적은 한 번도 없었다. RealClearPolitics Congressional Approval Polls on December 25, 2017, https://www.realclearpolitics.com/epolls/other/congressional_job_approval-903.html (검색일: 2017-12-25).

26 그런 선거구 지도가 미국에서 어떤 모습을 띨지 그 예시를 다음 문헌에서 찾아볼 수 있다. Aaron Bycoffe et. al, "The Atlas of Redistricting," The Gerrymandering Project, Fivethirtyeight, January 25, 2018, https://projects.fivethirtyeight.com/redistricting-maps/#Competitive (검색일: 2018-02-06).

27 최종 제안 중재 방식(last-best-offer arbitration)과의 유사성에 주목하라.

28 Lee, *Insecure Majorities*, pp. 198-210.

찾아보기